해석 사주명리학

解釋 四柱命理學

(입문서)

사주상담 순으로 편집

壬辰年 芒種 易林關

유경진(劉庚辰)

약　　력 :

원광대학교 동양학대학원 문학석사(명리학전공)

동방대학원대학교 미래예측학 박사(명리학 전공)

경　　력 :

동방대학원대학교 미래예측학 연구소 연구원

동방대학원대학교 미래예측학과 박사과정 명리해석실습 외래교수 역임

동방대학원대학교 명리분야 민간자격검정 시험출제위원 역임

< 박사학위논문 >

「命理學 用神 導出의 方法論에 관한 硏究」

< 석사학위논문 >

「實定法 違反에 관한 命理學的 硏究」

명리학 질병론의 비교연구(명리원전을 중심으로)」 동방대학원대학교 백악론총(2008)

「여씨 명리학의 특성과 내용」공주대학교 정신과학연구소(2010)

< 수상 >

동방대학원대학교 미래예측학과 명리인상학전공 박사과정 학업성적 우수상(2009)

< 저서 >

사주용신정법론(2002, 연해명원)

명리학 용신론(2009, 연해명원)

사주용신 및 통변론(2011, 역림관)

해석 사주명리학

解釋 四柱命理學

(입문서)

사주상담 순으로 편집

역 림 관

이 책을 내는 목적

도계 박재완 선생님의 遺志(유지)를 받들어 동양 최고의 정통사주명리학을 널리 알리고 韓國(한국) 四柱命理學(사주명리학)을 한 단계 더 높이는데 있다.

自　　序

命理學 古典 중 명나라 때 만민영이 편찬한 『삼명통회』의 요약 체계를 보면, 陰陽五行, 四時節氣, 節氣深淺 등의 季節에 대한 내용이 根幹을 이루고 있다.

여기에 의하면 "四柱八字는 氣象의 規模에 좌우됨." 으로 "반드시 氣象의 規模를 먼저 보고 富貴貧賤의 綱領을 살핀 다음으로 용신의 출처를 논하면 死生窮達의 精微함에 달할 수 있을 것이다." [1] 라고 했다.

즉 四柱命理學은 기상의 변화 즉 계절의 변화를 사람에게 대입하여 吉凶禍福을 예측하는 학문이다.

이해를 돕기 위하여 기상은, 다른 요소 즉 지구와 달과 태양 등의 인력차로 인한 변화들은 고정되어 있다고 가정하고, 태양에서 오는 에너지(표시단위: 온도)만으로 비롯된다고 가정할 때,

사람도 식물과 마찬가지로 봄에는 따사로운 氣, 여름은 더운 氣, 가을에는 선선한 氣, 겨울은 추운 氣의 영향을 받아가면서 일생동안 살아가게 된다. 즉 기상의 변화에 따라서 사람의 길흉화복이 다분히 결정된다고 할 수 있다.

---

1) 是必先觀氣象規模, 乃富貴貧賤之綱領. 次論用神出處 盡生死窮達之精微. 만민영, 『삼명통회』, (대북: 무릉출판유한공사), 2003, p.833

이와 같은 기상의 변화는 어떤 모습으로 나타내어지고, 어떤 과정을 통하여 개개의 사람에게 적용되고, 그 결과에 의해서 그 사람의 운명은 어떻게 전개되는 가를 연구하는 학문을 사주명리학이라고 할 수 있다.

이 사주명리학에 대해서 수십년동안 연구한 결과 전문인을 위하여 『사주용신정법론』과 『명리학 용신론』을 펴냈다. 그동안 애독해주신 많은 독자들과 후학들에게 보다 더 나은 이론서를 공급해야 되겠다는 마음에서 『사주용신정법론』에 대해서는 부족한 점을 보충하여 『사주용신 및 통변론』이라는 제호로 다시 펴냈다.

이번에는 초보자도 쉽게 접근할 수 있도록 기초이론까지도 해석을 달고 사주팔자를 상담하는 순서에 따라서 편집한 『해석 사주명리학』(입문서)을 펴낸다.

이에 이 책이 사주명리학을 연구하는 후학은 물론 누구라도 이 학문에 쉽게 접근할 수 있는 지름길이 될 수 있기를 바라며, 사주팔자를 여기에 비추어 스스로 자기의 미래를 예측해 볼 수 있을 뿐만 아니라 주변의 관심 있는 분의 미래도 예측해볼 수 있도록 하는데 지침서가 될 수 있기를 희망한다.

일러두기

사주명리학을 정복하는 지름길은 실관과 이론을 반드시 겸해야 한다.

내공을 제대로 쌓자면 한 2만 여명을 감정해봐야 된다고 하는데, 이 말은 그만큼 유사한 명조를 반복·반복해가면서 실증적 경험을 쌓으라는 말도 된다.

따라서 졸저를 읽어 가면서 지루할 정도로 반복되는 내용이 있다고 생각되더라도 인내하면서 완독을 하고 나면 무언가 건져지는 것이 있으리라고 본다.

그러고 나면 사주 여덟 자를 써 나가면서 3초 이내에 벌써 용신을 가려낼 수 있는 능력이 생길 것이고 거기에 따라서 작성한 미래의 길·흉, 직업·적성, 건강, 육친관계 등에 대한 인생설계도면을 의뢰인에게 쉽게 제공할 수 있을 것이다.

사주감정 순서에 따라서 편집한 이 『해석 사주명리학(입문서)』과 명리학 고전(『이허중명서』, 『연해자평』, 『명리정종』, 『삼명통회』, 『자평진전』, 『궁통보감』, 『명리약언』, 『적천수천미』)의 용신론과 관련된 이론을 총망라하여 비교분석한 『명리학 용신론』과 명리실관의 지침서가 되는 『사주용신 및 통변론』, 이 세권이면 독학으로도 사주명리학을 정복할 수 있다는 확신을 가져 의심치 않는다.

*. 이 책을 연구면서 생소한 용어 등에 대한 해석은 곧 따라 나온다.

目次(목차)

1. 먼저 四柱八字(사주팔자) 原局(원국)을 세워야 한다.

2) 유경진, 『사주용신 및 통변론』, (역림관), 2011년, pp.861~863.

(의뢰인)1981년 양력 2월 15일 08:00~09:00時前(시전)에 태어난 남자가 자기의 미래가 궁금하여 찾아왔다.

1. 먼저 四柱八字(사주팔자) 原局(원국)을 세워야 한다.

문: 四柱八字(사주팔자)란 무엇인가?

답: 네 개의 기둥을 四柱(사주)라고 한다. 즉 出生年度(출생년도)의 年柱(년주), 出生月(출생월)의 月柱(월주), 出生日(출생일)의 日柱(일주), 出生時(출생시)의 時柱(시주) 모두 네 개의 기둥이다. 그리고 한 기둥에 두 字(자)씩 즉 年柱(년주)에 두 字(자), 月柱(월주)에 두 字(자), 日柱(일주)에 두 字(자), 時柱(시주)에 두 字(자)해서 모두 여덟자가 되니 八字(팔자)라고 한다. 그래서 四柱八字(사주팔자)다.

1.1 年柱(生年의 干支)를 세우는 법

萬歲曆[3]에서 1981年度를 펴면 辛酉年이라고 되어 있다.

여기에서 辛酉가 1981年度의 年柱가 된다. 그 다음해인 1982년은 辛酉년 다음인 壬戌이 年柱가 되고, 나머지도 이와 같이 定하면 된다. 따라서 2012年度의 年柱는 壬辰이 된다. 이 年柱는 만세력에서 찾아서 정할 수밖에 없다. 年柱는 60年을 주기로 순환되기 때문에 어떤 年柱이든 60년마다 같은 년주가 반복된다.

1.1.1 문: 왜 年柱는 60년을 주기로 하여 순환하는가?

답: 氣에는

3) 萬歲曆: 앞으로 百年 동안의 日月 星辰과 節候를 추산하여 만든 冊曆. 시중에 판매되는 萬歲曆 中에는 부정확한 것이 간혹 있다. 만세력이 부정확하면 四柱八字를 정확하게 세울 수 없고 四柱八字가 정확하지 않으면 사주팔자의 干支에 따라서 하는 運命鑑定이 불가능하게 된다. 따라서 정확한 萬歲曆을 선택하여야 한다.

1.1.1.1 天干(천간)

하늘을 상징하는 氣(기)의 종류에는 甲(갑) 乙(을) 丙(병) 丁(정) 戊(무) 己(기) 庚(경) 辛(신) 壬(임) 癸(계)의 열 가지의 氣(기)가 있는데, 이것을 十天干(십천간)이라고 한다. 이중에서 甲(갑) 丙(병) 戊(무) 庚(경) 壬(임)은 陽干(양간)이라고 하고, 癸(계) 辛(신) 己(기) 丁(정) 乙(을)은 陰干(음간)이라고 한다. 즉 甲(갑) 乙(을) 丙(병) 丁(정) 戊(무) 己(기) 庚(경) 辛(신) 壬(임) 癸(계)는 陽干陰干(양간음간) 陽干陰干(양간음간) 陽干陰干(양간음간) 陽干陰干(양간음간) 陽干陰干(양간음간)의 순서로 배열되어 있다. 이것은 陰陽(음양)의 속성상 양 다음에 음이 있고 음 다음에 양이 있고 또 음 가운데 양이 있고 陽(양) 가운데 陰(음)이 있는 까닭이다.

여기에서 陽干(양간)은 甲(갑) 丙(병) 戊(무) 庚(경) 壬(임)의 순으로 順行(순행)하는데 비하여, 陰干(음간)는 癸(계) 辛(신) 己(기) 丁(정) 乙(을)의 順(순)으로 逆行(역행)하는 것도 陰陽(음양)의 속성에서 오는 차이다.

1.1.1.2 地支(지지)

땅을 상징하는 氣(기)의 종류에는 子(자) 丑(축) 寅(인) 卯(묘) 辰(진) 巳(사) 午(오) 未(미) 申(신) 酉(유) 戌(술) 亥(해)의 열두 가지의 氣(기)가 있는데 이것을 十二地支(십이지지)라고 한다. 이중에서 子(자) 寅(인) 辰(진) 午(오) 申(신) 戌(술)은 陽支(양지)라고 하고, 丑(축) 亥(해) 酉(유) 未(미) 巳(사) 卯(묘)는

陰支(음지)라고 한다. 이것도 天干(천간)에서 처럼 子(자) 丑(축) 寅(인) 卯(묘) 辰(진) 巳(사) 午(오) 未(미) 申(신) 酉(유) 戌(술) 亥(해)는 陽支(양지)陰支(음지) 陽支(양지)陰支(음지) 陽支(양지)陰支(음지) 陽支(양지)陰支(음지) 陽支(양지)陰支(음지) 陽支(양지)陰支(음지)의 순서로 배열되어 있다. 이것 또한 陰陽(음양)의 속성상 음 다음에는 양이 있고 양 다음에는 음이 있고 또 陰(음) 가운데 陽(양)이 있고 陽(양) 가운데 陰(음)이 있는 까닭이다.

여기에서 陽支(양지)는 子(자) 寅(인) 辰(진) 午(오) 申(신) 戌(술)의 순으로 順行(순행)하는데 비하여, 陰支(음지)는 丑(축) 亥(해) 酉(유) 未(미) 巳(사) 卯(묘)의 순으로 逆行(역행)하는 것도 陰陽(음양)의 속성에서 오는 차이다.

1.1.1.3 六十甲子(육십갑자)

하늘은 고정되어 있으므로 하늘을 상징하는 甲(갑) 乙(을) 丙(병) 丁(정) 戊(무) 己(기) 庚(경) 辛(신) 壬(임) 癸(계)의 順(순)으로 十天干(십천간)이 배열되어 고정된다. 그리고 지구는 공전과 자전을 하므로 지구를 상징하는 子(자) 丑(축) 寅(인) 卯(묘) 辰(진) 巳(사) 午(오) 未(미) 申(신) 酉(유) 戌(술) 亥(해)의 十二地支(십이지지)를 十天干(십천간)의 순서에 따라서 十二地支(십이지지)를 차례로 돌려서 조합해 나아가면 六十甲子(육십갑자)가 구성된다. 여기서 하늘을 뜻하는 天干(천간)은 고정되고 지구를 상징하는 地支(지지)만을 돌려 배합함으로써 六十甲子(육십갑자)가 구성되는 관계에서와 같이 하늘은 움직이지 않고 지구가 움직여서 公·自轉(공자전)하고 있음을 우리는 알 수 있다.

여기서 우리가 또 알 수 있는 것은 陽干(양간)은 陽支(양지)만과 조합을 이루고 陰干(음간)은 陰支(음지)만과 조합을 이루게 됨이다. 이것은 天干(천간)에서는 陽陰順序(양음순서)로 되어있는 열(짝수)개의 天干(천간)의 첫 번째가 되는 甲(갑)(陽干(양간))부터 시작하고, 地支(지지)에서는 陽陰順序(양음순서)로 되어있는 十二(십이)(짝수)개의 地支(지지)의 첫 번째가 되는 子(자)(陽支(양지))부터 시작해서 天干(천간)과 地支(지지)를 순서대로 조합해 나아가기 때문이다. 따라서 甲子(갑자)에서 보는 바와 같이 甲子(갑자)는 陽干(양간)과 陽支(양지)만의 조합이 되고. 乙丑(을축)에서 보는 바와 같이 乙丑(을축)은 陰干(음간)과 陰支(음지)만의 만남이 되는 것이다. 때문에 六十甲子(육십갑자)에서는 甲丑(갑축)과 乙子(을자)처럼의 陽干(양간)과 陰支(음지)의 조합이라든가 陰干(음간)과 陽支(양지)의 만남은 나타나지 않는 것이다.

이 六十甲子(육십갑자)를 반복하다 보면 자연히 암송이 되며, 역으로 종횡으로도 외우면 편리하다.

六十甲子表(육십갑자표)

甲子	乙丑	丙寅	丁卯	戊辰	己巳	庚午	辛未	壬申	癸酉
甲戌	乙亥	丙子	丁丑	戊寅	己卯	庚辰	辛巳	壬午	癸未
甲申	乙酉	丙戌	丁亥	戊子	己丑	庚寅	辛卯	壬辰	癸巳
甲午	乙未	丙申	丁酉	戊戌	己亥	庚子	辛丑	壬寅	癸卯
甲辰	乙巳	丙午	丁未	戊申	己酉	庚戌	辛亥	壬子	癸丑
甲寅	乙卯	丙辰	丁巳	戊午	己未	庚申	辛酉	壬戌	癸亥

1.1.2 1981年度(년도)에 辛酉(신유)가 年柱(년주)로서 작용하는 범위

1981年(년) 陽曆(양력) 1月(월) 1日(일)부터 12월 31日(일)까지 全(전) 구간동안 辛酉(신유)가 年柱(년주)로서 작용하는가? 그렇지 않다.

四柱命理學(사주명리학)에서는 立春節入時點(입춘절입시점)[4]부터 그해 年柱(년주)의 영향이 시

4) 왜 그해의 시작은 一陽(일양)이 시작하는 冬至(동지)를 기준으로 하지 아니하고 立春節入時點(입춘절입시점)을 기점으로 하는가? 사람의 一生(일생)은 어머니 뱃속에서부터 시작해서 태어나서 죽음에 이르는 동안을 말하는 것이 아니고, 태어나서부터 죽음에 이르는 순간까지를 말한다. 그리고 식물의 일생에서도 봄에 새싹이 트는 시점부터 시작하여 여름동안은 무성하게 자라고 가을에 결실을 맺고 겨울에는 씨앗으로

작되어 다음해의 시작점 즉 다음해 立春節入時點前까지 유지된다. 따라서 1981년은 立春節入時點인 陽曆 2月 4日 06時 56分부터 年柱인 辛酉의 영향이 시작되어 다음해의 立春節入時點인 1982年 양력 2月 4日 12시 46分前까지 辛酉의 지배아래 놓이게 된다.

따라서 1952년 2월 2일(음력 1월 7일)生으로 알려진 박근혜는 그 해 立春入節인 1952년 2월 5일 05시 54분 이전에 태어났으므로, "박근혜 한나라당 비상대책위원장도 52年 흑룡띠,"[5] 라고 기사화된 것은 잘못 집고 있음을 알 수 있다. 정확하게는 壬辰年生이 아니라 辛卯年生이다.

1.1.3 1981年度와 年柱인 辛酉는 어떤 관계에 있는가?

收藏함으로서 끝나는 것처럼 시작점은 立春節이다. 여기에 비추어 볼 때 계절이 시작하는 시점도 만물이 收藏하는 동안의 冬至가 아니고 새싹이 움트는 立春節임을 알 수 있다.

5) 조선일보, 2012년 1월 1일 52판 A29면

1.1.3.1 天干(천간)의 陰陽五行(음양오행)

甲(갑): 陽木(양목)	丙(병): 陽火(양화)	戊(무): 陽土(양토)	庚(경); 陽金(양금)	壬(임): 陽水(양수)
乙(을): 陰木(음목)	丁(정): 陰火(음화)	己(기): 陰土(음토)	辛(신): 陰金(음금)	癸(계): 陰水(음수)

봄은 한해의 시작으로 만물의 싹이 트는 따뜻한 木旺節(목왕절)이고, 甲(갑)은 陽木(양목)이고 乙(을)은 陰木(음목)이다.

여름은 만물이 번성하는 天地(천지)가 더운 火旺節(화왕절)이고, 丙(병)은 陽火(양화)이고 丁(정)은 陰火(음화)다.

가을은 만물이 결실을 맺는 서늘한 金旺節(금왕절)이고, 庚(경)은 陽金(양금)이고 辛(신)은 陰金(음금)이다.

겨울은 만물이 마감하는 때로서 거두어 감추는 추운 水旺節(수왕절)이고, 壬(임)은 陽水(양수)이고 癸(계)는 陰水(음수)다.

戊己(무기)는 중앙의 精氣(정기)로 사계절에 通(통)하며, 戊(무)는 陽土(양토)이고 己(기)는 陰土(음토)다.

1.1.3.2 地支의 陰陽五行

子	丑	寅	卯	辰	巳	午	未	申	酉	戌	亥
陽 水	陰 土	陽 木	陰 木	陽 土	陰 火	陽 火	陰 土	陽 金	陰 金	陽 土	陰 水

周易에서 말하기를 天一 地二 天三 地四 天五 地六 天七 地八 天九 地十이라고 하고, 여기서 一·三·五·七·九 즉 홀수는 陽이고, 二·四·六·八·十 즉 짝수는 陰이라고 했다.

그리고 子(11)月인 冬至에 一陽이 시작하여 丑(12)月은 二陽이고 寅(正)月은 三陽이며 卯(2)月은 四陽이고 辰(3)月은 五陽이며 巳(4)月은 六陽으로 陽이 極에 이른다. 陽이 極에 이르면 달도 차면 기우는 법이니 午(5)月에 一陰이 시작하여 未(6)월에 二陰이고 申(7)月에 三陰이며 酉(8)月에 四陰이고 戌(9)月에 五陰이며 亥(10)月에 六陰이 된다. 亥(10)月에 陰이 極에 이르렀으니 그 다음 子月에 또 一陽으로 시작하여 이와 같이 계속 반복한다.

여기에서 體로 볼 때는,

홀수에 해당하는 子(11月 一陽)는 陽水, 寅(1月 三陽)은 陽木, 辰(3月 五陽)은 陽土, 午(5月 一陰)는 陽火, 申(7月 三陰)은 陽

金, 戌(9月 五陰)은 陽土에 해당한다.

그리고 짝수에 해당하는 丑(12月 二陽)은 陰土, 卯(2月 四陽)는 陰木, 巳(4月 六陽)는 陰火, 未(6月 二陰)는 陰土, 酉(8月 四陰)는 陰金, 亥(10月 六陰)는 陰水에 해당된다.

그래서 子·丑·寅·卯·辰·巳·午·未·申·酉·戌·亥는 陽·陰·陽·陰·陽·陰·陽·陰·陽·陰·陽·陰順으로 배열되어 있다.

여기에서 體(몸)와 用(쓰임)이 다른 경우가 있다. 즉 子는 陽水인데 用은 陰이고, 巳는 陰火인데 用은 陽이며, 午는 陽火인데 用은 陰이고, 亥는 陰水인데 用은 陽이다.

이는 一陽이 시작(이 때부터 낮이 길어지기 시작한다)하는 子月의 冬至에 天道가 열려서 子丑·寅卯·辰巳·午未·申酉·戌亥順으로 즉 陽陰·陽陰·陽陰·陽陰·陽陰·陽陰順으로 운행한다. 이때 子는 陽의 위치에 있고, 巳는 陰의 위치에 있으며, 午는 陽의 위치에 있고, 亥는 陰의 위치에 있다. 따라서 子는 體가 陽이고, 巳는 體가 陰이며, 午는 體가 陽이고, 亥는 體가 陰이 된다.

그러나 이 十二地支를 地道에 맞추어 운행시킬 때에는 亥子丑 寅卯辰 巳午未 申酉戌의 順으로 된다. 여기에서 亥는 子보다 먼저 나오니 體에서는 亥가 陰이지만 用에서는 陽이 되고 子는 體

가 陽(양)이지만 用(용)에서는 陰(음)이 된다. 마찬가지로 巳(사)가 먼저 나오고 午(오)는 다음에 나오므로 體(체)에서는 巳(사)는 陰(음)이지만 用(용)에서는 陽(양)이 되고, 午(오)는 體(체)에서는 陽(양)이지만 用(용)에서는 陰(음)이 된다. 아래 地支藏干圖表(지지장간도표)에서도 이를 확인할 수 있다.

*. 地支藏干(지지장간)이라는 것은 十二地支(십이지지) 안에 숨어있는 天干(천간)을 말한다.

地支藏干圖表(지지장간도표)

地支(지지) / 藏干(장간)	餘氣(여기)	中氣(중기)	正氣(정기)
子(자)	壬(임) 10日(일)5分(분)	-	癸(계) 20日(일)7分(분)
丑(축)	癸(계) 9日(일)3分(분)	辛(신) 3日(일)1分(분)	己(기) 18日(일)6分(분)
寅(인)	戊(무) 7日(일)2分(분)半(반)	丙(병) 7日(일)2分(분)半(반)	甲(갑) 16日(일)2分(분)半(반)
卯(묘)	甲(갑) 10日(일)5分(분)半(반)	-	乙(을) 20日(일)6分(분)半(반)
辰(진)	乙(을) 9日(일)3分(분)半(반)	癸(계) 3日(일)1分(분)	戊(무) 18日(일)6分(분)
巳(사)	戊(무) 5日(일)1分(분)半(반)	庚(경) 9日(일)3分(분)半(반)	丙(병) 16日(일)5分(분)
午(오)	丙(병) 10日(일)3分(분)半(반)	己(기) 9日(일)3分(분)半(반)	丁(정) 10日(일)3分(분)半(반)
未(미)	丁(정) 9日(일)3分(분)	乙(을) 3日(일)2分(분)	己(기) 18日(일)6分(분)
申(신)	戊己(무기) 7日(일)2分(분)半(반)	壬(임) 7日(일)2分(분)	庚(경) 16日(일)6分(분)
酉(유)	庚(경) 10日(일)5分(분)半(반)	-	辛(신) 20日(일)6分(분)半(반)
戌(술)	辛(신) 9日(일)2分(분)	丁(정) 3日(일)2分(분)	戊(무) 18日(일)6分(분)
亥(해)	戊(무) 7日(일)2分(분)半(반)	甲(갑) 7日(일)1分(분)	壬(임) 16日(일)5分(분)

. 지지장간도표를 암기하기 쉽게 배열하면 다음과 같다.

藏干 / 地支	餘　氣	中　氣	正　氣
子	壬 10日 5分		癸 20日 7分
午	丙 10日 3分半	己 9日 3分半	丁 10日 3分半
卯	甲 10日 5分半		乙 20日 6分半
酉	庚 10日 5分半		辛 20日 6分半
寅	戊 7日 2分半	丙 7日 2分半	甲 16日 2分半
申	戊己7日 2分半	壬 7日 2分	庚 16日 6分
巳	戊 5日 1分半	庚 9日 3分半	丙 16日 5分
亥	戊 7日 2分半	甲 7日 1分	壬 16日 5分
辰	乙 9日 3分半	癸 3日 1分	戊 18日 6分
戌	辛 9日 2分	丁 3日 2分	戊 18日 6分
丑	癸 9日 3分	辛 3日 1分	己 18日 6分
未	丁 9日 3分	乙 3日 2分	己 18日 6分

*. 意味(의미): 寅月(인월)이라면 立春(입춘)절입시점부터 7日(일) 2分半(분반)은 戊土(무토)가 主帝(주제)하고, 다음 7日(일) 2分半(분반)은 丙火(병화)가 主帝(주제)하고, 그 다음 16日(일) 2分半(분반)은 甲木(갑목)이 主帝(주제)하여 1月間(월간)(30日(일))이 된다는 뜻이다.

우리가 일상생활에서 느끼는 계절의 변화는, 봄의 경우를 예를 들면 어느 일정시점부터 봄이 딱 시작되어서 어느 시점에서 봄이 완전히 끝나버리고, 끝나는 그 시점다음부터 여름의 계절로 변하여 넘어가는 것은 아니다. 다시 말하면 봄의 기운이 채 끝나기도 전에 이미 여름의 기운은 다가와서 남아 있는 봄의 기운과 닦아오는 여름의 기운이 겹쳐지는 가운데 봄에서 여름으로 계절은 변해간다. 가령 寅(인)

(正)月의 경우는 寅月이 시작하면서 처음에는 戊土 性分이 7日 2分半이 主宰하다가 다음은 丙火 性分이 7日 2分半 主宰하고 그 다음은 甲木 性分이 16日 2分半 순차적으로 主宰하다가 다음 月인 卯月로 넘어 간다. 여기서 戊土는 前月인 丑土의 正氣인 己土에서 왔고, 丙火는 寅木의 三合 즉 寅午戌의 火 즉 寅中에 所藏된 丙火에서 왔다. 그리고 甲木은 寅木中의 正(本)氣에서 왔다. 다른 달의 餘氣 中氣 正氣도 이와같이 산출한다.

1.1.3.3 三合

. 三合에는 亥卯未木, 寅午戌火, 巳酉丑金, 申子辰水 네 가지가 있다. 여기서 寅申巳亥는 각각의 長生地에 해당하고, 子午卯酉는 각각의 帝旺地에 해당되며 辰戌丑未는 각각의 庫藏에 해당한다. 가령 寅午戌火의 경우 寅은 火의 長生地이고 午는 火의 帝旺地이며 戌은 火의 庫藏이 된다. 이 셋이 모이면 合을 이루어 旺盛한 火局을 이룬다. 다른 三合도 마찬가지다. 長生 帝旺 庫藏은 十二運養生에서 온 것인데 이는 아래와 같다.

十二運 養生圖(胞胎法)
(십이운 양생도 포태법)

十二星(십이성) / 生日(생일)		絶(절)	胎(태)	養(양)	生(생)	沐浴(목욕)	冠帶(관대)	臨官(임관)	帝旺(제왕)	衰(쇠)	病(병)	死(사)	葬(장)
甲(갑)		申(신)	酉(유)	戌(술)	亥(해)	子(자)	丑(축)	寅(인)	卯(묘)	辰(진)	巳(사)	午(오)	未(미)
乙(을)		酉(유)	申(신)	未(미)	午(오)	巳(사)	辰(진)	卯(묘)	寅(인)	丑(축)	子(자)	亥(해)	戌(술)
丙(병)		亥(해)	子(자)	丑(축)	寅(인)	卯(묘)	辰(진)	巳(사)	午(오)	未(미)	申(신)	酉(유)	戌(술)
丁(정)		子(자)	亥(해)	戌(술)	酉(유)	申(신)	未(미)	午(오)	巳(사)	辰(진)	卯(묘)	寅(인)	丑(축)
命理(명리) 正宗(정종)	戊(무)	巳(사)	午(오)	未(미)	申(신)	酉(유)	戌(술)	亥(해)	子(자)	丑(축)	寅(인)	卯(묘)	辰(진)
	己(기)	午(오)	巳(사)	辰(진)	卯(묘)	寅(인)	丑(축)	子(자)	亥(해)	戌(술)	酉(유)	申(신)	未(미)
淵海(연해) 子平(자평)	戊(무)	亥(해)	子(자)	丑(축)	寅(인)	卯(묘)	辰(진)	巳(사)	午(오)	未(미)	申(신)	酉(유)	戌(술)
	己(기)	子(자)	亥(해)	戌(술)	酉(유)	申(신)	未(미)	午(오)	巳(사)	辰(진)	卯(묘)	寅(인)	丑(축)
庚(경)		寅(인)	卯(묘)	辰(진)	巳(사)	午(오)	未(미)	申(신)	酉(유)	戌(술)	亥(해)	子(자)	丑(축)
辛(신)		卯(묘)	寅(인)	丑(축)	子(자)	亥(해)	戌(술)	酉(유)	申(신)	未(미)	午(오)	巳(사)	辰(진)
壬(임)		巳(사)	午(오)	未(미)	申(신)	酉(유)	戌(술)	亥(해)	子(자)	丑(축)	寅(인)	卯(묘)	辰(진)
癸(계)		午(오)	巳(사)	辰(진)	卯(묘)	寅(인)	丑(축)	子(자)	亥(해)	戌(술)	酉(유)	申(신)	未(미)

이 十二段階(십이단계)를 胞胎法(포태법)이라고도 하는데 이는 사람의 ①태어나서 ②성장하고 ③병이 들어 ④죽음에 이르는 과정을 풀이한 것으로 한 단계 한 단계를 사람의 生育過程(생육과정)에 견주어 설명하면 다음과 아래와 같다.

絶(절)은 父母結合(부모결합)의 時期(시기)에 該當(해당)하며 人間(인간)의 生命(생명)이 母胎(모태)에 入胎(입태)

하기 直前段階이다. 따라서 十二運中에 그 영향력이 가장 미약하다.

胎는 한 生命이 母體에 入胎된 단계이다.

養은 그 생명이 어머니 뱃속에서 열달동안 점차 성장해가는 과정이다.

生(長生)은 어머니 뱃속에서 열달동안 성장해서 세상에 태어나는 것을 뜻한다.

沐浴은 어린 아이인 동안으로 목욕시키고 대변 소변을 씻겨 주는 시기다.

帶는 스스로 옷을 입고 띠를 맬 줄 아는 소년시절을 말한다.

官은 결혼을 하고 벼슬을 하는 시기다.

旺은 一生에서 가장 極盛한 長年時節을 뜻한다.

衰는 一生의 極盛한 長年時節을 지나서 늙고 衰弱한 老年期를 말한다.

病은 病든 老年期를 말한다.

死는 生命이 끊어진 죽음의 상태를 말한다.

葬(庫)은 죽어서 葬事지내고 지하에 묻혀 一生이 끝났음을 말한다.

이 十二段階(胞胎法)를 四柱命理學에 응용하는 방법은 十天干

이 十二地支字中에 어느 地支字를 만났을 때 힘을 얻고 어느 지지를 만났을 때 힘을 잃게 되는 관계를 나타낸다.

가령 불(火)은 나무를 만나면 더 잘 타는 것처럼 힘을 얻고, 물(水)을 만나면 불이 꺼져버리 듯 힘을 잃게 되는데, 바로 이런 원리를 四柱命理學에 응용하여 사람의 운명을 예측하게 된다.

앞의 1981年度와 年柱인 辛酉는 어떤 관계에 있는가? 라는 물음에서,

우리는 1981年 立春節入時點부터 1982年 立春節入時點前까지는 年干에는 하늘을 상징하는 열 가지 天干의 氣 中에서 辛金이 지배하고 年支에는 땅을 상징하는 열두 가지 地支의 氣 中에서 酉金이 지배하고 있음을 알 수 있다.

*. 年柱라고 할 때는 年干과 年支를 合해서 말하는데, 여기의 경우는 辛酉를 말한다. 年干은 辛金을 말하고 年支는 酉金을 말한다.

*. 年柱는 四柱命理學에서는 祖上과 父母자리가 된다. 따라서 本人인 日干에게 金이 필요하고 좋은 역할을 하면 祖上과 父母德이 있다고 推理하고, 金이 日干에게 나쁜 역할을 하면 祖上과 父母

德이 없다고 推理한다. 四柱八字를 감정하면서 이 이론을 적용해보면 그 적중함이 놀라울 정도다. 年柱(生年의 干支)를 세웠으면 이제 月柱(생월의 간지)를 세워야 한다.

1.2 月柱(生月의 干支)를 세우는 법

生月의 干支인 月柱를 세우는 방법은 만세력에 있는 各月의 月建[6]에 의한다. 주의할 것은 年柱를 세울 때는 立春節入日時點을 基準으로 하였듯이 各月의 月柱는 그달의 節入日時點을 표준으로 한다.

1.2.1 節氣法

---

6) 月支(月柱의 地支)를 月建,月令이라고도 한다. 正月은 寅이, 二月은 卯가, 三月은 辰이, 四月은 巳가 五月은 午가 六月은 未가 七月은 申이 八月은 酉가 九月은 戌이 十月은 亥가 十一月은 子가 十二月은 丑이 바로 月建이다.

四柱命理學(사주명리학)의 모든 標準(표준)은 徹頭徹尾(철두철미) 氣象節候(기상절후)의 法則(법칙)에 두게 되므로 氣象變化(기상변화)로서의 節氣(절기)는 중요한 근간적 기준이 된다. 따라서 各(각) 月(월)의 시작은 사회적으로 통용되고 있는 달력상에 표시된 그 달의 1일을 표준으로 하는 것이 아니고, 節候上(절후상)의 月節(월절)인 立春(입춘), 驚蟄(경칩) 등 節氣(절기)의 入節時點(입절시점)을 표준으로 한다. 가령 正月(정월)은 立春(입춘)이 드는 그날의 그 時刻(시각)부터 正月(정월)인 寅月(인월)로 보며 雨水(우수)가 되면 寅月(인월)의 中氣(중기)로 본다. 中氣(중기)를 지난 寅月(인월)의 寅木(인목)은 다음 달인 2月(월) 즉 卯月(묘월)의 시작 시점인 驚蟄節入時點前(경칩절입시점전)까지 主帝(주제)하고, 驚蟄節入日時點(경칩절입일시점)부터는 다음 달인 2月(월) 즉 卯月(묘월)의 卯木(묘목)이 主帝(주제)하기 시작한다. 그 다음 달도 이와 같은 順(순)으로 세워나가면 된다.

1年(년) 12月(월)의 節(절)(節入時點基準(절입시점기준))과 候(후)(中氣(중기))

月(월)	一(일)月(월)	二(이)月(월)	三(삼)月(월)	四(사)月(월)	五(오)月(월)	六(육)月(월)	七(칠)月(월)	八(팔)月(월)	九(구)月(월)	十(십)月(월)	十一(십일)月(월)	十二(십이)月(월)
月支(월지)	寅(인)	卯(묘)	辰(진)	巳(사)	午(오)	未(미)	申(신)	酉(유)	戌(술)	亥(해)	子(자)	丑(축)
節(절)(節入時期(절입시기))	立春(입춘)	驚蟄(경칩)	淸明(청명)	立夏(입하)	芒種(망종)	小暑(소서)	立秋(입추)	白露(백로)	寒露(한로)	立冬(입동)	大雪(대설)	小寒(소한)
候(후)(中氣(중기))	雨水(우수)	春分(춘분)	穀雨(곡우)	小滿(소만)	夏至(하지)	大暑(대서)	處暑(처서)	秋分(추분)	霜降(상강)	小雪(소설)	冬至(동지)	大寒(대한)

따라서 1981年(년) 陽曆(양력) 2月(월) 15日(일) 08:00~09:00時(시)에 태어난 이 사람의 경우는, 그해 立春節入時點(입춘절입시점)이 陽曆(양력) 2月(월) 4日(일) 06時(시) 56分(분)인데, 이 사람은 立春節入時點(입춘절입시점) 以後(이후)에 태어났으므로 庚寅(경인)이 月柱(월주)가 된다. 그러나 만약 이 사람이 2月(월) 4日(일) 06時(시) 56分前(분전)에 태어났다면 立春節入時點(입춘절입시점) 前(전)에 태어났으므로 月柱(월주)는 그 前月(전월)인 己丑月(기축월)이 된다.

各 節入日時點(각 절입일시점)은 만세력에 기재되어 있으니 이것을 참조하면 된다.

各月(각월)의 月柱(월주)는 만세력에서 찾아서 세우면 되지만 만세력 없이 生月(생월)의 月柱(월주) 즉 生月(생월)의 干支(간지)를 세우는 방법이 있다. (이 방법을 알아두면 편리하다.) 이 방법은 그 달의 月支(월지)를 알고 있을 때만이 가능하다.

우선 各月(각월)의 節入日時點(절입일시점)을 基準(기준)으로 月支(월지) 즉 正月(정월)인 寅月(인월), 2月(월)인 卯月(묘월), 3月(월)인 辰月(진월), 4月(월)인 巳月(사월), 5月(월)인 午月(오월), 6月(월)인 未月(미월), 7月(월)인 申月(신월), 8月(월)인 酉月(유월), 9月(월)인 戌月(술월), 10月(월)은 亥月(해월), 11月(월)인 子月(자월) 12月(월)인 丑月(축월) 중 어느 하나가 定(정)해진다. 그 다음은 年柱(년주)의 天干合(천간합)을 生(생)하는 五行(오행) 中(중) 陽天干(양천간)부터 시작해서 1月(월) 즉 寅月(인월)에서부터 차례로 짝지어 나아가면 生月(생월)의 干支(간지) 즉 月柱(월주)가 定(정)해진다.

가령 1981年(년) 陽曆(양력) 2月(월) 15日(일) 08:00~09:00時前(시전)에 태어난 남자의 年柱(년주)의 天干(천간)은 년주(생년의 간지)를 세우는 법에서 산출했듯이 辛金(신금)이다. 天干合(천간합)에서 辛(신)은 丙辛水(병신수)가 되는데, 이 丙辛水(병신수)를 生(생)하는 天干(천간)은 庚金(경금)과 辛金(신금)이고, 이 中(중)에서 陽干(양간)인 庚金(경금)부터 시작해서 차례로 인월(정월)에는 경인, 묘월(이월)에는 신묘, 진월(삼월)에는 임진의 순으로 定(정)해진 月支(월지)까지 짝지어 나가면 生月(생월)의 干支(간지)가 定(정)해진다. 위 命造에서 年柱는 辛酉이고 寅月에 태어났으므로 年柱의 天干合인 丙辛水를 生하는 庚金으로 시작해서 寅月에서부터 짝지어 나아가면 生月의 干支는 庚寅이 된다. 만약 辛酉年 巳月에 태어났다면 寅月에는 庚과 짝을 이루어 庚寅이 되고, 卯月은 辛과 짝을 이루어 辛卯가 되고, 辰月은 壬과 짝을 이루어 壬辰이 되고, 巳月에는 癸水와 짝을 이루어 癸巳가 되므로 巳生月의 干支는 癸巳가 됨을 알 수 있다.

가령 年柱의 年干이 丙火가 되는 경우에도 年干이 辛金인 경우와 마찬가지로 生月의 干支는 同一하게 定해진다. 가령 丙戌年生에 巳月에 태어난 사람이라면, 이 사람의 生月의 干支는 年柱의 天干合인 丙辛水를 生하는 天干인 庚金과 辛金 中에 陽干인 庚金부터 시작해서 寅月부터 짝지어 나가면 庚寅 辛卯 壬辰 癸巳해서 巳月에 닿는 天干은 癸가 되어 生月의 干支는 癸巳가 되므로 위의 辛酉年의 癸巳月生과 月柱가 同一함을 알 수 있다. 月干支早見表는 다음과 같다.

月干支早見表
월간지조견표

月 월	年干 년간 ＼ 節入日 절입일	甲己年 갑기년	乙庚年 을경년	丙辛年 병신년	丁壬年 정임년	戊癸年 무계년
一月(寅) 일월인	立春 입춘	丙寅 병인	戊寅 무인	庚寅 경인	壬寅 임인	甲寅 갑인
二月(卯) 이월묘	驚蟄 경칩	丁卯 정묘	己卯 기묘	辛卯 신묘	癸卯 계묘	乙卯 을묘
三月(辰) 삼월진	淸明 청명	戊辰 무진	庚辰 경진	壬辰 임진	甲辰 갑진	丙辰 병진
四月(巳) 사월사	立夏 입하	己巳 기사	辛巳 신사	癸巳 계사	乙巳 을사	丁巳 정사
五月(午) 오월오	芒種 망종	庚午 경오	壬午 임오	甲午 갑오	丙午 병오	戊午 무오
六月(未) 육월미	小暑 소서	辛未 신미	癸未 계미	乙未 을미	丁未 정미	己未 기미
七月(申) 칠월신	立秋 입추	壬申 임신	甲申 갑신	丙申 병신	戊申 무신	庚申 경신
八月(酉) 팔월유	白露 백로	癸酉 계유	乙酉 을유	丁酉 정유	己酉 기유	辛酉 신유
九月(戌) 구월술	寒露 한로	甲戌 갑술	丙戌 병술	戊戌 무술	庚戌 경술	壬戌 임술
十月(亥) 십월해	立冬 입동	乙亥 을해	丁亥 정해	己亥 기해	辛亥 신해	癸亥 계해
十一月(子) 십일월자	大雪 대설	丙子 병자	戊子 무자	庚子 경자	壬子 임자	甲子 갑자
十二月(丑) 십이월축	小寒 소한	丁丑 정축	己丑 기축	辛丑 신축	癸丑 계축	乙丑 을축

1.2.2 天干合
천간합

丁壬合化木 정임합화목	戊癸合化火 무계합화화	甲己合化土 갑기합화토	乙庚合化金 을경합화금	丙辛合化水 병신합화수

하늘을 상징하는 天干(천간)을 하늘 모양으로 둥글게 甲 乙 丙 丁 戊 己 庚 辛 壬 癸(갑 을 병 정 무 기 경 신 임 계)순으로 배열한다. 여기서 天干合(천간합)이란 陽干(양간)이 여섯

번째의 陰干(음간)과 合(합)하여 본래 五行(오행)의 성질이 바뀌게 됨을 말한다. 이것은 마치 甲木(갑목)이라는 남자와 己土(기토)라는 여자가 결혼을 해서 土(토)라는 아이를 생산하는 것과 같은 이치이다. 마찬가지로 乙木(을목)은 庚金(경금)을 만나서 金(금)을 낳고, 丙火(병화)는 辛金(신금)을 만나서 水(수)를 나으며, 丁火(정화)는 壬水(임수)를 만나서 木(목)을 낳고, 戊土(무토)는 癸水(계수)를 만나서 火(화)를 낳는다.

여기서 우리는 月柱(월주)도 年柱(년주)와 마찬가지로 月柱(월주) 나름대로 六十甲子(육십갑자)를 주기로 순화하고 있음을 알 수 있다. 즉 1981年(년) 正月(정월)인 庚寅月(경인월)이 六十甲子(육십갑자)를 지난 1986年(년) 正月(정월)인 庚寅月(경인월)에 다시 나타난다.

月柱(월주)는 六親(육친)으로 볼 때는 兄弟(형제)자리다. 따라서 四柱八字(사주팔자)의 主體(주체)가 되는 日干(일간)을 中心(중심)으로 庚金(경금)이 좋은 작용을 하면 어느 정도의 兄弟德(형제덕)이 있다고 판단하고, 나쁜 작용을 하면 형제덕이 없다고 판단한다. 그리고 寅木(인목)이 日干(일간)에게 吉神(길신) 작용을 하면 형제덕이 있다고 판단하고, 나쁜 작용을 하면 兄弟德(형제덕)이 없다고 판단한다.

年柱(년주) 辛酉(신유)를 분석하면 年干(년간)의 辛金(신금)은 年支(년지)의 酉金(유금)과 같은 金(금)이기 때문에 단단한 뿌리를 내리고 있다. 또 十二運養生圖(십이운양생도)에서도 酉金(유금)의 辛金(신금)에 대한 관계는 臨官地(임관지)에 해당한다. 따라서 金(금)의 氣運(기운)이

旺盛(왕성)하다.

月柱(월주) 庚寅(경인)을 분석하면 十二運養生圖(십이운양생도)에서와 같이 庚金(경금)은 寅(인)에서 節地(절지)가 된다. 즉 庚金(경금)은 寅(인)에서 전혀 뿌리를 내리지 못한 상태다. 따라서 庚金(경금)은 나약하다. 그러나 月支(월지)인 寅木(인목)은 木(목)의 季節(계절)이니 旺盛(왕성)하다. 庚寅(경인)과 같이 天干(천간)과 地支(지지)의 氣(기)가 서로 끊어져 단절된 상태를 絶脚(절각)이라고 한다.

1.2.3 地支(지지)가 더 중요하다.

*. 천간과 지지를 100%로 볼 때, 天干(천간)은 30%정도 地支(지지)는 70% 정도의 영향력이 있다. 아무리 茂盛(무성)한 잎이라도 뿌리가 없으면 이내 시들어버리지만 잎은 없어도 뿌리가 있으면 새로운 싹이 돋아나 이내 茂盛(무성)해질 수 있는 원리와 같다.

1.2.4 六親解說(육친해설)

六親(육친)은 父(부)와 母(모), 兄弟(형제)와 男妹(남매), 配偶者(배우자), 子息(자식)이다. 四柱命理學(사주명리학)에서 六親은 六神으로 표시된다.

1.2.5 六神의 意義

四柱八字 가운데 日柱(나중에 설명한다.)의 天干인 日干(日主)은 四柱八字의 主體(命主 自身)가 된다.

四柱를 판단할 때는, 四柱八字原局(년주와 월주와 일주와 시주를 합한 것.)에서 이 日干과 다른 일곱 字와의 五行上의 旺弱關係(旺하나 弱하나)와 調候關係(더우나 추우나)가 어떠한가,

그리고 四柱八字原局이 10年마다 바뀌는 大運과 해마다 바뀌는 歲(年)運과의 五行調和는 어떻게 變化하느냐 를 가지고 決定하게 된다.

*. 大運과 歲(年)運은 四柱八字原局을 다 세우고 난 다음 運을 넣을 때 설명한다.

四柱八字原局에서 本人이 되는 日干과 다른 일곱 字와의 관계와 大運과 歲運이 日干에게 미치는 영향을 分析할 때는 다음과 같

은 六神(육신)을 표준으로 하여 검토한다.

1.2.5.1 六神(육신)의 種類(종류)

육신에는 ①印星(인성), ②官星(관성), ③財星(재성), ④食傷星(식상성), ⑤比劫星(비겁성)의 五星(오성)에 ⑥日干(일간) 즉 나를 포함하면 여섯 가지의 星(성)이 있게 된다. 이것을 세분하면 印星(인성)에는 ①正印星(정인성)과 ②偏印星(편인성)이 있고, 官星(관성)에는 ③正官星(정관성)과 ④偏官星(편관성)이 있고, 財星(재성)에는 ⑤正財星(정재성)과 ⑥偏財星(편재성)이 있고 食傷星(식상성)에는 ⑦食神星(식신성)과 ⑧傷官星(상관성)이 있고 比劫星(비겁성)에는 ⑨比肩星(비견성)과 ⑩劫財星(겁재성)이 있으니 모두 十神(십신)이 된다.

육신을 공부하자면 五行(오행)의 生克關係(생극관계)부터 알아야 된다.

다음과 같이 五行(오행)을 木(목) 火(화) 土(토) 金(금) 水(수)順(순)으로 배열할 때 앞과 뒤의 자리는 相生(상생)하는 관계가 되고, 한자리를 건너뛰면 相克(상극)하는 관계가 된다.

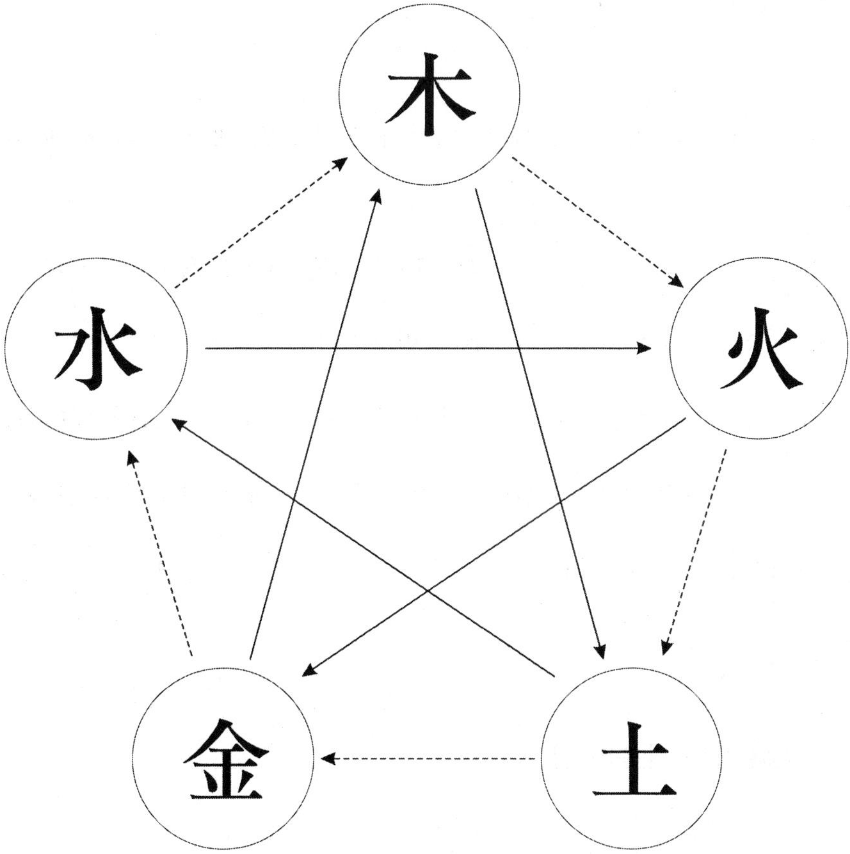

(生 ⇢ 克 →)

五行 相生 相克 圖

相生關係는 다음과 같다.

나무(木)는 불(火)을 生한다. 나무가 있음으로 해서 불이 타게 된다.

불(火)은 흙(土)을 生한다. 불이 타고 나면 재 즉 흙이 남는다.

흙(土)은 쇠(金)를 生한다. 金은 땅에서 난다.

쇠(金)는 물(水)을 生한다. 쇠를 낮은 온도에 두면 이슬이 맺힌다.

물(水)은 나무(木)를 生한다. 물이 있음으로 해서 나무가 자란다.

간단하게 정리하면 木生火, 火生土, 土生金, 金生水, 水生木이 된다.

相克關係는 다음과 같다.

弱한 흙(토)이 나무(목)를 만나면 함몰된다.

弱한 쇠(금)가 불(화)을 만나면 녹아 버린다.

弱한 물(수)이 흙(토)을 만나면 막히게 된다.

弱한 나무(목)가 쇠(금)를 만나면 꺾인다.

弱한 불(화)이 물(수)을 만나면 꺼져버린다.

간단하게 정리하면 木克土, 火克金, 土克水, 金克木, 水克火가

된다.

1.2.5.1.1 正印星(정인성)

나(日主(일주)=日干(일간))를 生(생)해주는 五行(오행)을 印綬(인수)라고 하고 陰對陽(음대양) 혹은 陽對陰(양대음)으로 陰陽上(음양상)의 調和(조화)를 이루고 있으므로 나를 生(생)해주는 성질이 지극하여 六親關係(육친관계)에서는 친어머니라고 하는데 나를 生(생)해주는 五行(오행) 中(중) 陰陽(음양)이 다른 것[7]을 말한다. 남녀 共(공)히 學問(학문)도 되고 文書(문서)도 된다.

*. 四柱命理學(사주명리학)에서의 調和(조화)를 이룬다고 함은 陰(음)은 陽(양)을 만나야 하고 陽(양)은 陰(음)을 만나야 하며, 强(강)하면 덜어주어야 하고 弱(약)하면 더해주어야 하며, 추우면 데워주어야 하고 더우면 식혀 주어야 하는 것을 말한다. 철학적인 면에서는 中和思想(중화사상)에 속한다. 正印星(정인성)의 관계는 다음과 같다.

---

7) 가령 甲陽木日主(갑양목일주)가 癸陰水(계음수)를 만나고 乙陰木日主(을음목일주)가 壬陽水(임양수)를 만나는 것과 같이 陽(양)이 陰(음)을 만나고 陰(음)이 陽(양)을 만나는 것을 말한다.

正印星(정인성)

日干(일간)	甲(갑)	乙(을)	丙(병)	丁(정)	戊(무)	己(기)	庚(경)	辛(신)	壬(임)	癸(계)
正印星(정인성)	癸(계)	壬(임)	乙(을)	甲(갑)	丁(정)	丙(병)	己(기)	戊(무)	辛(신)	庚(경)

1.2.5.1.2 偏印星(편인성)

正印(정인)과 같이 나(日主(일주)=日干(일간))를 生(생)해주는 五行(오행)이지만 陰對陰(음대음) 혹은 陽對陽(양대양)으로 <u>陰陽上(음양상)의 調和(조화)를 이루지 못하여</u>[8] 正印(정인)에 비하여 나를 生育(생육)해주는 性質(성질)이 미흡하다. 그래서 六親關係(육친관계)에서는 繼母(계모)에 비유한다. 나를 生(생)해주는 五行(오행) 中(중) 陰陽(음양)이 같은 것으로 食神(식신)을 탈취한다고 하여 一名(일명) 梟神(효신)이라고도 한다. 남녀 共(공)히 學問(학문)도 되고 文書(문서)도 된다. 偏印星(편인성)의 관계는 다음과 같다.

---

8) 가령 甲陽木日主(갑양목일주)가 壬陽水(임양수)를 만나는 것과 같이 陽(양)이 陽(양)을 만나는 것을 말한다.

偏印星(편인성)

日干(일간)	甲(갑)	乙(을)	丙(병)	丁(정)	戊(무)	己(기)	庚(경)	辛(신)	壬(임)	癸(계)
偏印星(편인성)	壬(임)	癸(계)	甲(갑)	乙(을)	丙(병)	丁(정)	戊(무)	己(기)	庚(경)	辛(신)

1.2.5.1.3 正官星(정관성)

나(日干(일간))를 剋(극)하는 五行(오행) 中(중)에서 陰陽(음양)의 調和(조화)를 이루고 있으면 正官(정관)인데, 陰對陽(음대양) 陽對陰(양대음) 陰陽(음양)의 調和(조화)를 이루고 있으므로 克(극)하는 정도가 弱(약)하다. 가령 甲木(갑목)(陽干(양간))이 辛金(신금)(陰干(음간))의 克(극)을 만나는 즉 陽(양)(남자)가 陰(음)(여자)의 克(극)을 만나는 관계이므로 克(극)하는 정도가 弱(약)하다는 것이다. 六親關係(육친관계)로 말하면 남자에게는 딸이고, 여자에게는 본 남편이다. 남녀 다 같이 직장도 된다. 正官星(정관성)의 관계는 다음과 같다.

正官星(정관성)

日干(일간)	甲(갑)	乙(을)	丙(병)	丁(정)	戊(무)	己(기)	庚(경)	辛(신)	壬(임)	癸(계)
正官星(정관성)	辛(신)	庚(경)	癸(계)	壬(임)	乙(을)	甲(갑)	丁(정)	丙(병)	己(기)	戊(무)

1.2.5.1.4 偏官星(편관성)

나를 克(극)하는 五行(오행) 中(중) 陰對陰(음대음) 陽對陽(양대양) 陰陽(음양)의 調和(조화)가 맞지 않으니 克(극)하는 정도가 極甚(극심)하다. 따라서 七殺(칠살)이라고도 한다. 가령 甲木(갑목)(陽干(양간))이 庚金(경금)(陽干(양간))의 克(극)을 만나는 것은 남자가 남자의 克(극)을 만남과 같으니 그 정도가 甚(심)하다. 六親關係(육친관계)로 말하면 남자에게는 아들이고 여자에게는 본 남편 이외의 남자다. 남녀 다 같이 직장도 된다. 偏官星(편관성)의 관계는 다음과 같다.

偏官星(편관성)

日干(일간)	甲(갑)	乙(을)	丙(병)	丁(정)	戊(무)	己(기)	庚(경)	辛(신)	壬(임)	癸(계)
偏官星(편관성)	庚(경)	辛(신)	壬(임)	癸(계)	甲(갑)	乙(을)	丙(병)	丁(정)	戊(무)	己(기)

1.2.5.1.5 正財星(정재성)

官星(관성)은 나를 克(극)해오는 五行(오행)인데 비하여 財星(재성)은 내가 克(극)하는 五行(오행)이다. 이 中(중)에 陰對陽(음대양) 陽對陰(양대음) 陰陽(음양)의 調和(조화)를 이루고 있는 경우를 正財星(정재성)이라고 한다. 六親關係(육친관계)로 말하면 남자에게는 本妻(본처)고 아버지의 형제이며 여자에게는 아버지의 형제다. 財物(재물)로 보기도 한다.

正財星(정재성)의 관계는 다음과 같다.

正財星(정재성)

日干(일간)	甲(갑)	乙(을)	丙(병)	丁(정)	戊(무)	己(기)	庚(경)	辛(신)	壬(임)	癸(계)
正財星(정재성)	己(기)	戊(무)	辛(신)	庚(경)	癸(계)	壬(임)	乙(을)	甲(갑)	丁(정)	丙(병)

1.2.5.1.6 偏財星(편재성)

官星(관성)은 나를 克(극)해오는 五行(오행)인데 비하여 財星(재성)은 내가 克(극)하는 五行(오행)이다. 이 中(중)에 陰對陰(음대음) 陽對陽(양대양) 陰陽(음양)의 調和(조화)를 이루지 못하는 경우를 偏財星(편재성)이라고 한다. 六親關係(육친관계)로 말하면 남자에게는 本妻(본처) 이외의 妻(처)이고 아버지이며 여자에게는 아버지다. 橫財(횡재)로 보기도 한다. 偏財星(편재성)의 관계는 다음과 같다.

偏財星(편재성)

日干(일간)	甲(갑)	乙(을)	丙(병)	丁(정)	戊(무)	己(기)	庚(경)	辛(신)	壬(임)	癸(계)
偏財星(편재성)	戊(무)	己(기)	庚(경)	辛(신)	壬(임)	癸(계)	甲(갑)	乙(을)	丙(병)	丁(정)

1.2.5.1.7 傷官星(상관성)

내가 生(생)하는 五行(오행)으로서 陰對陽(음대양) 陽對陰(양대음) 陰陽(음양)의 調和(조화)가 맞는 것을 말한다. 傷官(상관)이란 말은 官星(관성)을 傷害(상해)한다는 뜻인데, 甲木(갑목)의 傷官(상관)인 丁火(정화)가 甲木(갑목)의 正官(정관)인 辛金(신금)을 克傷(극상)하고, 甲木(갑목)의 偏官(편관)인 庚金(경금)을 甲木(갑목)의 傷官(상관)인 丁火(정화)가 克傷(극상)하므로 傷官(상관)이라고 한다. 六親關係(육친관계)로 말하면 남녀 공히 祖母(조모)이고 여자에게는 아들이다. 傷官星(상관성)의 관계는 다음과 같다.

傷官星(상관성)

日干(일간)	甲(갑)	乙(을)	丙(병)	丁(정)	戊(무)	己(기)	庚(경)	辛(신)	壬(임)	癸(계)
傷官星(상관성)	丁(정)	丙(병)	己(기)	戊(무)	辛(신)	庚(경)	癸(계)	壬(임)	乙(을)	甲(갑)

1.2.5.1.8 食神星(식신성)

내가 生(생)하는 五行(오행)으로서 陰對陰(음대음) 陽對陽(양대양) 陰陽(음양)의 調和(조화)가 맞지 않는 것을 말한다. 食神(식신)이란 나의 財物(재물)을 生(생)해 주는 것으로서 財物(재물)의 原神(원신)이 되기 때문에 食神(식신)이라고 한다. 가령 甲木日干(갑목일간)의 食神(식신)인 丙火(병화)가 甲木日干(갑목일간)의 財物(재물)인 戊己土(무기토)를 生(생)해주는 原神(원신)이 된다는 것이다. 六親關係(육친관계)로 말하면 남녀 공히 繼祖母(계조모)이고 여자에게는 딸이다.

食神星(식신성)의 관계는 다음과 같다.

食神星(식신성)

日干(일간)	甲(갑)	乙(을)	丙(병)	丁(정)	戊(무)	己(기)	庚(경)	辛(신)	壬(임)	癸(계)
食神星(식신성)	丙(병)	丁(정)	戊(무)	己(기)	庚(경)	辛(신)	壬(임)	癸(계)	甲(갑)	乙(을)

1.2.5.1.9 比肩星(비견성)

比肩(비견)이란 日干(일간)과 同一(동일)한 五行(오행)으로서 陰陽(음양)이 同一(동일)한 것이니 日干(일간)과 같은 天干字(천간자)를 말한다. 따라서 六親(육친)으로 말하면 兄弟(형제)가 된다. 比肩(비견)을 列擧(열거)하면 다음과 같다.

比肩星(비견성)

日干(일간)	甲(갑)	乙(을)	丙(병)	丁(정)	戊(무)	己(기)	庚(경)	辛(신)	壬(임)	癸(계)
比肩星(비견성)	甲(갑)	乙(을)	丙(병)	丁(정)	戊(무)	己(기)	庚(경)	辛(신)	壬(임)	癸(계)

1.2.5.1.10 劫財星(겁재성)

日干(일간)과 同一(동일)한 五行(오행)으로서 陰陽(음양)이 서로 다른 것을 말한다. 따라서 六親(육친)으로 말하면 男妹(남매)다. 劫財星(겁재성)이란 同一(동일)한 五行(오행)이니 六親(육친)으로 말하면 나의 男妹(남매)이지만 한편으로는 경쟁자로서 나의 財産(재산)을 劫奪(겁탈)한다는 뜻에서 왔다. 劫財(겁재)는 다음과 같다.

劫財星(겁재성)

日干(일간)	甲(갑)	乙(을)	丙(병)	丁(정)	戊(무)	己(기)	庚(경)	辛(신)	壬(임)	癸(계)
劫財星(겁재성)	乙(을)	甲(갑)	丁(정)	丙(병)	己(기)	戊(무)	辛(신)	庚(경)	癸(계)	壬(임)

이상을 일목요연하게 도식화하면 다음과 같다.

六神早見表
육신조견표

日主(일주) / 六神(육신)	甲(갑)	乙(을)	丙(병)	丁(정)	戊(무)	己(기)	庚(경)	辛(신)	壬(임)	癸(계)
比肩(비견)	甲(갑)	乙(을)	丙(병)	丁(정)	戊(무)	己(기)	庚(경)	辛(신)	壬(임)	癸(계)
劫財(겁재)	乙(을)	甲(갑)	丁(정)	丙(병)	己(기)	戊(무)	辛(신)	庚(경)	癸(계)	壬(임)
食神(식신)	丙(병)	丁(정)	戊(무)	己(기)	庚(경)	辛(신)	壬(임)	癸(계)	甲(갑)	乙(을)
傷官(상관)	丁(정)	丙(병)	己(기)	戊(무)	辛(신)	庚(경)	癸(계)	壬(임)	乙(을)	甲(갑)
偏財(편재)	戊(무)	己(기)	庚(경)	辛(신)	壬(임)	癸(계)	甲(갑)	乙(을)	丙(병)	丁(정)
丁財(정재)	己(기)	戊(무)	辛(신)	庚(경)	癸(계)	壬(임)	乙(을)	甲(갑)	丁(정)	丙(병)
偏官(편관)	庚(경)	辛(신)	壬(임)	癸(계)	甲(갑)	乙(을)	丙(병)	丁(정)	戊(무)	己(기)
正官(정관)	辛(신)	庚(경)	癸(계)	壬(임)	乙(을)	甲(갑)	丁(정)	丙(병)	己(기)	戊(무)
偏(편)	壬(임)	癸(계)	甲(갑)	乙(을)	丙(병)	丁(정)	戊(무)	己(기)	庚(경)	辛(신)

印										
正印	癸	壬	乙	甲	丁	丙	己	戊	辛	庚

위에서 보는 것처럼 十種의 六神이 있는데 日干과 他柱의 天干을 대조한 때에는 天星이라 하고, 日干과 地支를 대조한 때에는 地星이라고 한다. 가령 甲木日干에 대해 他柱天干의 甲木도 比肩이 되고 地支의 寅木도 比肩이 된다. 다른 日干에 대해서도 이와 마찬가지다.

年柱(生年의 干支)와 月柱(生月의 干支)를 세운 다음 日柱(生日의 干支)를 세워야 한다.

1.3 日柱(生日의 干支)를 세우는 법

日柱 즉 태어난 날의 天干과 地支는 만세력에서 찾아서 세우는 방법뿐이다.

1981年 陽曆 2月 15日 08:00~09:00時前에 태어난 경우, 年柱

즉 生年의 干支는 1981年의 年柱基準時點인 立春節入日時{1981年 陽曆 2月 4日(陰曆 1980年 12月 30日 06時 56分)} 이후에 태어났으므로 辛酉가 됨을 앞에서 보았다.

그리고 月柱도 1981年 陽曆 2月 15日(1981年 陰曆 1月 11日)은 正月에 해당하는 立春節入時點부터 驚蟄節入時點前 사이가 되므로 生月의 干支는 庚寅이 됨을 앞에서 보았다.

日柱 즉 生日의 干支는 1981年 陽曆 2月 15日(陰曆 1981年 1月 11日)을 만세력에서 陰曆 1月 1日은 干支가 甲寅 1月 2日은 干支가 乙卯 1月 3日은 干支가 丙辰順으로 차례로 짚어나가면 1月 11日은 干支가 甲子日임을 알 수 있다.

따라서 1981年 陽曆 2月 15日 08:00~09:00時前生의 年柱 月柱 日柱는 아래와 같다.

日	月	年
柱	柱	柱
甲	庚	辛
子	寅	酉

위에서 年柱의 시작기준은 立春節入日時點이고 月柱의 시작기준은 그달의 節入日時點이다. 그러나 하루는 그 前날 子時부터 시작하여 그날 亥時까지이다. 따라서 日柱 즉 生日의 干支는 그 前날 23時 00分부터 두 時間단위로 子時부터 시작하여 丑時 寅時 卯時 辰時 巳時 午時 未時 申時 酉時 戌時를 지나 그날의 21時 00分부터 23時 00分前까지의 亥時까지는 그날의 干支를 쓰고, 그날의 23時 00分부터는 다음 날의 干支를 쓴다. 그리고 그 前날 23時 00分前에 태어났으면 그 前날의 干支를 쓴다.

여기에서 日干은 本人(命主) 自身이고 日支는 配偶者宮이다. 따라서 日支가 日干에게 필요한 五行이면 대체적으로 배우자궁이 좋다고 보고 나쁜 역할을 하는 五行이면 대체적으로 配偶者德이 없다고 판단한다.

年柱(生年의 干支)와 月柱(生月의 干支)와 日柱(生日의 干支)를 세운 다음 時柱(生時의 干支)를 세워야 한다.

1.4 時柱(生時의 干支)를 세우는 법

月柱에서 月支는 寅月 卯月 辰月 巳月 午月 未月 申月 酉月 戌月 亥月 子月 丑月로 定해 있다. 여기에서 月干은 年干이 合化한 五行을 生하는 五行의 陽干부터 시작하여 寅月부터 짝을 지어 나아가다가 生月달에 닿는 五行의 天干이 月干이 됨을 앞에서 보았다.

이와 비슷하게 時柱에서도 時支는 子時 丑時 寅時 卯時 辰時 巳時 午時 未時 申時 酉時 戌時 亥時는 定해져 있다. 사주명리학에 있어서의 時는 오늘날 일반적으로 쓰이고 있는 時間과 다르다. 오늘날 일반적으로 쓰고 있는 시간은 하루를 24等分으로 나누어 24時間으로 하고 있지만 사주명리학에서는 하루를 12等分하여 12時間으로 하고 있다. 이 12時間은 아래와 같다.

時의 表

時	時間
子時	前날 23:00~ 당일 01:00前까지
丑時	01:00~03:00前까지
寅時	03:00~05:00前까지
卯時	05:00~07:00前까지
辰時	07:00~09:00前까지
巳時	09:00~11:00前까지
午時	11:00~13:00前까지
未時	13:00~15:00前까지
申時	15:00~17:00前까지
酉時	17:00~19:00前까지
戌時	19:00~21:00前까지
亥時	21:00~23:00前까지

여기에서 時間은 日干이 合化한 五行을 克하는 五行의 陽干부터 시작해서 子時 丑時 寅時 卯時 辰時 巳時 午時 未時 申時 酉時 戌時 亥時차례로 조합해 나가면 구할 수 있다.

月柱(生月의 干支)를 세우는 法에서 五行의 相克關係에는 木克土, 火克金, 土克水, 金克木, 水克火가 있음을 알았다. 이 상극관계를 사용하여 時間 즉 生時의 天干을 산출하면 된다.

1981年 陽曆 2月 15日 08:00~09:00時前에 태어난 사람의 日

柱(생일의 간지)는 만세력에 나오는 바와 같이 甲子이다. 따라서 日干의 合은 甲己合化土가 된다. 일간인 갑목과 기토가 합해서 새로 태어난 土를 克하는 五行은 甲과 乙이 있는데, 이 갑과 을 중에서 陽干인 甲木부터 시작해서 자시 축시 인시 묘시 진시 사시 오시 미시 신시 유시 술시 해시차례로 조합해가면 時間을 구할 수 있다. 따라서 이 命造는 辰時에 태어난 셈이므로 甲부터 시작해서 子時 丑時 寅時 卯時 辰時 차례로 조합하면 갑자 을축 병인 정묘다음으로 戊辰時柱가 된다. 時柱는 子息關係를 나타낸다. 즉 대체적으로 時柱가 日干에게 필요로 하고 吉한 오행이면 子息德이 있어 末年이 좋고 꺼리는 五行이면 그렇지 않다고 본다.

時柱(時干支)早見表
시주 시간지 조견표

日干 일간 / 時間 시간 / 時柱 시주	甲己日 갑기일	乙庚日 을경일	丙辛日 병신일	丁壬日 정임일	戊癸日 무계일
子 자	甲子 갑자	丙子 병자	戊子 무자	庚子 경자	壬子 임자
丑 축	乙丑 을축	丁丑 정축	己丑 기축	辛丑 신축	癸丑 계축
寅 인	丙寅 병인	戊寅 무인	庚寅 경인	壬寅 임인	甲寅 갑인
卯 묘	丁卯 정묘	己卯 기묘	辛卯 신묘	癸卯 계묘	乙卯 을묘
辰 진	戊辰 무진	庚辰 경진	壬辰 임진	甲辰 갑진	丙辰 병진
巳 사	己巳 기사	辛巳 신사	癸巳 계사	乙巳 을사	丁巳 정사
午 오	庚午 경오	壬午 임오	甲午 갑오	丙午 병오	戊午 무오
未 미	辛未 신미	癸未 계미	乙未 을미	丁未 정미	己未 기미
申 신	壬申 임신	甲申 갑신	丙申 병신	戊申 무신	庚申 경신
酉 유	癸酉 계유	乙酉 을유	丁酉 정유	己酉 기유	辛酉 신유
戌 술	甲戌 갑술	丙戌 병술	戊戌 무술	庚戌 경술	壬戌 임술
亥 해	乙亥 을해	丁亥 정해	己亥 기해	辛亥 신해	癸亥 계해

따라서 (의뢰인)1981年 陽曆 2月 15日 08:00~09:00時前生의 年柱 月柱 日柱 時柱는 아래와 같다.

時 日 月 年
柱 柱 柱 柱
戊 甲 庚 辛
辰 子 寅 酉

이 四柱八字를 四柱命理學에서는 四柱原局이라고 한다. 四柱命理學에서 四柱原局이 뜻하는 바는 1981年 陽曆 2月 15日(1981年 陰曆 1月 11日) 08:00~09:00時前에는 年柱 즉 出生年의 干支에는 辛酉의 氣가 形成되어 있고, 月柱 즉 出生月의 干支에는 庚寅의 氣가 形成되어 있으며, 日柱 즉 出生日의 干支에는 甲子의 氣가 形成되어 있고, 時柱 즉 出生時의 干支에는 戊辰의 氣가 形成되어 있다. 이 사람이 어머니뱃속에서 이 時點에 태어나 첫 울음을 운다는 것은 첫 呼吸을 의미하는데, 첫 呼吸하는 때, 바로 이 四柱 여덟 字의 氣를 흡입함으로서 이 사람의 四柱八字 즉 運命이 定해진다는 것이다. 여기에 더하여 살아가면서 맞이하게 되는 大運과 歲(年)運에 따라서 이 사람의 平生의 運命이 좌우된다는 것이다.

그러나 植物(식물)과는 다르게, 思惟(사유)하고 行動(행동)하는 人間(인간)으로서의 우리가 명심해두어야 할 점은 運七技三(운칠기삼)이라는 말이 있듯이 운명은 70여%정도의 영향력이 있고 자기의 노력이 30여%가 작용한다는 것을 잊어서는 안 된다.

안데스산맥의 마야문명도 이집트의 스핑크스에서도 모두 太陽神(태양신)을 숭배하고 있음은, 우리人間生命(인간생명)의 源泉(원천)은 太陽(태양)에너지에 있기 때문이다.

여기에 연유한 四柱命理學(사주명리학)은 太陽(태양)에너지와 나와의 關係(관계)를 糾明(규명)하는 학문이다. 사주명리학에서 말하는 '特定人(특정인)이 태어난 바로 그 時點(시점)에 우주공간에 形成(형성)된 四柱八字(사주팔자)의 氣(기)를 첫 호흡과 동시에 흡입함으로서 그 사람의 運命(운명)이 定(정)해지고, 또 살아가면서 맞이하게 되는 大運(대운)과 歲(年)運(세년운)에 따라서 그 사람의 一生(일생)이 좌우된다.' 는데 대해서는 그 누구도 否認(부인)할 수 없다.

식물만 太陽(태양)의 영향아래 있는 것이 아니라. 사람도 식물과 마찬가지로 태양에너지의 영향아래에 있다. 그러므로 木氣(목기)가 왕성한 봄에 태어난 사람은 목기의 영향을 가장 많이 받고, 火氣(화기)가 왕성한 여름에 태어난 사람은 火氣(화기)의 영향을 가장 많이 받으면서 살아간다. 그리고 金氣(금기)가 왕성한 가을에 태어난 사람은 금기의 영향을 가장 많이 받고, 水氣(수기)가 왕성한 겨울에 태어난 사람은 수기의 영향을 가장 많이 받으면서 일생을 살아가게 된다. 또 土氣(토기)가 왕성한 季節(계절)[9]에 태어난 사람은 土氣(토기)의 영향을 많이 받아가면서 살아가게 된다.

이처럼 태양에너지의 변화에 따라서 定(정)해지는 사람의 運命(운명)을 연구하는 사주명리학에서는, 太陽(태양)의 足跡(족적)인 時間(시간)의 變化(변화)[10]가 곧 太陽(태양)에너지의 변화가 된다는 等式(등식)이 성립하게 된다. 다시 말하면 太陽(태양)에너지의 변화는 시간의 변화를 測定(측정)함으로서 그 計算(계산)이 가능하고, 태양에너지의 변화에 따라서 좌우되는 사주팔자의 吉凶(길흉)도 시간의 변화를 측정함으로서 그 계산이 가능하다는 것이다. 時間(시간)의 變化(변화) 中(중) 年柱(년주) 月柱(월주) 日柱(일주) 時柱(시주)까지는 앞에서 이미 알아보았다.

때문에 사주명리학을 연구하는 사람이라면, 根幹的(근간적) 기준이 되는

---

9) 토기가 왕성한 季節(계절)이란 季春(계춘)(음력 三月(삼월)) 季夏(계하)(음력 六月(육월)) 季秋(계추)(음력 九月(구월)) 季冬(계동)(음력 섣달)을 말한다.

10) 태양의 족적은 사실은 태양은 고정되어 있으나 지구가 公轉(공전)과 自轉(자전)을 함으로서 나타남. 시간의 변화는 時柱(시주)에만 적용되는 것이 아니고 年柱(년주) 月柱(월주) 日柱(일주)에도 적용된다. 그리고 大運(대운)과 歲運(세운), 歲運(세운)속의 月運(월운) 日運(일운) 그리고 日運(일운)속의 時運(시운)까지도 적용된다. 이 모든 時間(시간)의 변화가 곧 太陽(태양)에너지의 變化(변화)이기 때문이다.

時間은 무엇을 기준으로 하여 그 時가 定해지고 변해가는 가를 알아둘 必要가 있다.

1.4.1 時間의 標準

지구의 공전과 자전은 一定한 法則에 의해서 움직이므로 거기에 따라 일어나는 氣象上의 時間은 변할 수 없다. 그러나 인간생활의 편의에 따라 人爲的으로 定한 시간은 생활환경이 변천함에 따라 時間의 標準이 바뀌게 된다.

가령 일제 때의 우리나라의 南中{正午(午時의 正中=낮 12:00)}은 일본을 시간표준으로 했기 때문에 우리나라 氣象에 맞지 않는 일본의 南中(正午)을 人爲的으로 우리나라의 南中(正午)으로 사용했었다. 그리고 해방 후「썸머타임」을 적용하는 때의 南中(正午)은 미국식을 따라 한 시간 앞당긴 南中(正午)이었으므로 이것역시 우리나라의 南中(正午)에 해당하는 시간은 아니었다.

사주명리학에서는 氣象學上의 과학적인 시간만을 사용할 뿐 인위적인 시간을 사용해서는 아니 됨으로 時間의 變更은 있을 수 없다.

때문에 사주명리학에서 말하는 南中(正午)은 어느 지역에서나 그 지역의 남중(정오)을 말한다. 그리고 子正(子時의 正中=밤 12:00)은 어느 지역에서나 그 지역의 正夜半(밤 12:00)을 말한다. 그러므로 중국의 子時와 서울의 子時가 같을 수 없고 일본의 南中(正午)과 서울의 南中(正午)은 일치할 수 없다. 그리고 우리나라 안에서도 전국의 南中(正午)과 子正이 꼭 일치한다고 할 수 없고 지역간의 經度가 서로 다르면 南中(正午)과 子正도 서로 다르다.[11] 다시 말하면 한국의 서울은 東經 127도에 위치하기 때문에 동경 135도를 표준시로 쓰고 있는 일본에 비하면 서울이 經度가 8度 더 서쪽에 위치한다. 따라서 서울의 南中(正午)은 일본보다 32分{(24시간×60분/360度(地球의 自轉)=4×8度)} 늦다. 따라서 동경 135도인 일본에서 12時 00分은 서울時間으로는 11時 28分이 된다.

마찬가지로 한국의 서울은 東經 127度에 위치하기 때문에 동경 120度를 標準時로 쓰고 있는 중국의 황저우에 比하면 서울이 經度가 7度 더 東쪽에 위치한다. 따라서 서울의 南中(正午)은 황저우보다 28分{(24시간×60분/360도(지구의 자전)=4×7도)}이 빠르다. 따

11) 우리나라 각 지방의 南中(正午) 時刻表 참조

라서 동경 127度인 서울에서 12時 00分은 황저우시간으로는 11時 32分이 된다.

다시 말하면 東經 127度인 서울에서 태어난 사람의 四柱에는 태양이 동경 127도를 지날 때를 午時로 보고, 동경 120度인 황저우에서 태어난 사람의 四柱에는 태양이 동경 120度를 지날 때를 午時로 계산하고, 일본 도쿄에서 태아난 사람은 太陽이 도쿄의 그 사람이 태어난 곳을 지날 때를 그 사람의 四柱에 午時로 계산한다는 것이다.

현재 우리나라에서 사용하는 시간은 1961年 陰曆 6月 29日 子時부터 12時 30分이 南中(正午)가 됨을 명심해야 한다. 이는 전쟁 발생 등 有事時에 한국군과 미군과 일본군이 同一한 時間體系아래서 一絲不亂하게 명령체계가 이루어지도록 人爲的으로 사용하는 時間이다.

1.4.2 時間의 變更

정치적, 시대적 형편과 인간생활의 便宜에 따라 시간의 표준을 인

위적으로 변경시킨 우리나라의 時間(시간)은 다음과 같다.

時間(시간)의 變更表(변경표)

區分 / 標準時 子午線	自			至		
	陽	(陰)	時刻	陽	(陰)	時刻
東經 135°	1910	(7月25日)		54. 3. 20	(2月16日)	亥時
東經 127.5°	54. 3. 21	(2月17日)	子時	61. 8. 9	(6月28日)	亥時
東經 135°	61. 8. 10	(6月29日)	子時		현 재	

따라서 동경 127.5度(도)를 우리나라표준시로 썼던 1961년 8월 9일 (음력 6월 28일)의 23時(시) 20分(분)에 태어난 사람은 23時(시) 00分(분)을 지났음으로 그 다음날인 8월 10일(음력 6월 29일) 子時(자시)로 계산하여야 하고, 동경 135度(도)를 우리나라표준시로 썼던 1961년 8월 10일(음력 6월 29일)의 23시 20분에 태어난 사람은 23時(시) 30分前(분전)이므로 8월 10일(음력 6월 29일) 亥時(해시)로 계산하여야 한다.

時縮(서머타임)의 表

區分 / 年度	自			至		
	陽	(陰)	時刻	陽	(陰)	時刻
1948年 (戊子)	5月 31日	(4月 23日)	子時	9月 12日	(8月 10日)	亥時
1949年 (己丑)	4月 1日	(3月 3日)	子時	9月 23日	(8月 2日)	亥時
1950年 (庚寅)	4月 1日	(2月 14日)	子時	9月 23日	(8月 12日)	亥時
1951年 (辛卯)	5月 6日	(4月 1日)	子時	9月 8日	(8月 8日)	亥時
1955年 (乙未)	4月 6日	(3月 14日)	子時	9月 21日	(8月 6日)	亥時
1956年 (丙申)	5月 20日	(4月 11日)	子時	9月 29日	(8月 25日)	亥時
1957年 (丁酉)	5月 5日	(4月 6日)	子時	9月 21日	(8月 28日)	亥時
1958年 (戊戌)	5月 4日	(3月 16日)	子時	9月 20日	(8月 8日)	亥時
1959年 (己亥)	5月 4日	(3月 27日)	子時	9月 19日	(8月 17日)	亥時
1960年 (庚子)	5月 14日	(4月 6日)	子時	9月 17日	(7月 27日)	亥時
1987年 (丁卯)	5月 10日	(4月 13日)	丑時	10月11日	(8月 19日)	子時
1988年 (戊辰)	5月 8日	(3月 23日)	丑時	10月 9日	(8月 29日)	子時

時縮(서머타임)을 시행하는 것은 여름에 낮의 긴 시간을 더 활용

하자는 것인데, 時縮(서머타임)을 적용하는 기간 동안은 가령 07시 20분을 예를 들면 08시 20분으로 된다. 따라서 동경 127.5도를 우리나라표준시로 했던 년도[12]에 있어서는 時縮(서머타임)기간 동안의 08시 20분은 07시 20분으로 환산하여 四柱에는 辰時가 된다. 그러나 동경 135도를 우리나라표준시로 했던 년도[13]에 있어서는 時縮(서머타임)기간 동안의 08시 20분은 07시 20분으로 환산하고 四柱에는 卯時로 한다.

12) 이때는 07:00분부터 09:00전까지가 辰時

13) 이때는 07:30분부터 09:30전까지가 辰時

우리나라 각 지방의 南中(正午) 時刻表
남중 정오 시각표

子午線 / 부근지역 / 12支時	東經 126.5°	東經 127°	東經 127.5°	東經 128°	東經 128.5°	東經 129°	東經 129.5°
부근지역	인천, 김포, 당진, 서산, 대천, 서천, 군산, 영광, 목포, 제주, 서귀포	서울, 과천, 안양, 수원, 송탄, 평택, 천안, 온양, 공주, 강경, 전주, 이리, 광주, 화순	가평, 양평, 중평, 여주, 이천, 청주, 대전, 진안, 장수, 남원, 구례, 순천	춘천, 홍천, 횡성, 원주, 충주, 점촌, 상주, 김천, 진주, 삼천포	속초, 양양, 정선, 영월, 영주, 군위, 대구, 마산, 창원, 진해, 거제	강릉, 동해, 삼척, 태백, 청송, 영천, 경주, 김해, 부산	울진, 영덕, 포항, 울산
子	전날 23:34~ 01:34	전날 23:32~ 01:32	전날 23:30~ 01:30	전날 23:28~ 01:28	전날 23:26~ 01:26	전날 23:24~ 01:24	전날 23:22~ 01:22
丑	01:34~ 03:34	01:32~ 03:32	01:30~ 03:30	01:28~ 03:28	01:26~ 03:26	01:24~ 03:24	01:22~ 03:22
寅	03:34~ 05:34	03:32~ 05:32	03:30~ 05:30	03:28~ 05:28	03:26~ 05:26	03:24~ 05:24	03:22~ 05:22
卯	05:34~ 07:34	05:32~ 07:32	05:30~ 07:30	05:28~ 07:28	05:26~ 07:26	05:24~ 07:24	05:22~ 07:22
辰	07:34~ 09:34	07:32~ 09:32	07:30~ 09:30	07:28~ 09:28	07:26· 09:26	07:24~ 09;24	07:22~ 09:22
巳	09:34~ 11:34	09:32~ 11:32	09:30~ 11:30	09:28~ 11:28	09:26~ 11:26	09:24~ 11:24	09:22~ 11:22
午	11:34~ 13:34	11:32~ 13:32	11:30~ 13:30	11:28~ 13:28	11:26~ 13:26	11:24~ 13:24	11:22~ 13:22

未	13:34~ 15:34	13:32~ 15:32	13:30~ 15:30	13:28~ 15:28	13:26~ 15:26	13:24~ 15:24	13:22~ 15:22
申	15:34~ 17:34	15:32~ 17:32	15:30~ 17:30	15:28~ 17:28	15:26~ 17:26	15:24~ 17:24	15:22~ 17:22
酉	17:34~ 19:34	17:32~ 19:32	17:30~ 19:30	17:28~ 19:28	17:26~ 19:26	17:24~ 19:24	17:22~ 19:22
戌	19:34~ 21:34	19:32~ 21:32	19:30~ 21:30	19:28~ 21:28	19:26~ 21:26	19:24~ 21:24	19:22~ 21:22
亥	21:34~ 23:34	21:32~ 23:32	21:30~ 23:30	21:28~ 23:28	21:26~ 23:26	21:24~ 23:24	21:22~ 23:22

예를 들면 인천은 東經 126.5도이고 울진은 東經 129.5도다. 인천과 울진의 경도가 3도 차다. 3도를 시간계산하면 12분이다. 다시 말하면 울지에서 12시 00분점이 인천에서는 11시 48분점이 된다. 그러므로 시간의 분기점근처[14]에서 태어난 사람은, 태어난 곳의 경도를 기점으로 계산한 시간을 사주에 적용해야 한다.

년주(생년의 간지)와 월주(생월의 간지)와 일주(생일의 간지)와 시주(생시의 간지)를 세운 다음 運路(운로)를 알아 봐야 한다.

14) 卯時(묘시)를 예를 들면 寅時(인시)와 卯時(묘시)의 分岐點(분기점) 혹은 卯時(묘시)와 辰時(진시)의 분기점을 말한다.

2. 다음은 運(운)을 정해야 한다.

運(운)에는 大運(대운)과 歲運(세운)이 있다.

2.1 大運(대운)을 定(정)하는 법

2.1.1 大運(대운)은 왜 月柱(월주)를 기준으로 정하는가?

답: 계절의 변화를 주관하는 것은 月建(월건)이기 때문이다.

大運(대운)이라 함은 사람이 태어나서 歲月(세월)이 흘러감에 따라 5年(년) 혹은 10年(년) 단위로 오는 運(운)과 사주원국과의 조화에서 오는 吉凶禍福(길흉화복)을 말한다. 사주원국이 아주 좋다고 하더라도 나쁜 運(운)을 만나면 후퇴하게 되고 四柱八字(사주팔자)의 조직이 아주 나쁘다고 하더라도 좋은 運(운)을 만나면 발전하게 되는 것이다.

大運(대운)은 月柱(월주)(出生月(출생월)의 干支(간지))를 기준으로 하여 定(정)한다. 年干(년간)이

陽(양)에 속하는 男子(남자)와 年干(년간)이 陰(음)에 속하는 女子(여자)의 대운은 未來(미래)로 向(향)하는 月建(월건)을 차례로 써 나아간다. 그리고 年干(년간)이 陰(음)에 속하는 男子(남자)와 年干(년간)이 陽(양)에 속하는 여자는 과거로 향하는 月建(월건)을 차례로 쓴다. 남자는 양이고 여자는 음으로서 陰陽上(음양상) 서로 반대이므로 運路(운로)의 흐름도 남자와 여자는 서로 반대 방향으로 이행한다. 여기서 陽干年(양간년)은 甲·丙·戊·庚·壬年(갑병무경임년)을 말하고, 陰干年(음간년)은 乙·丁·己·辛·癸年(을정기신계년)을 말한다.

미래의 月建(월건)으로 향하는 운을 順行(순행)이라 하고, 과거의 月建(월건)으로 향하는 운을 逆行(역행)이라고 한다.

(의뢰인)1981년 양력 2월 15일 08:00~09:00시전생 남자의 경우 년주 월주 일주시주는 아래와 같다.

時 日 月 年
柱 柱 柱 柱
戊 甲 庚 辛
辰 子 寅 酉

壬 癸 甲 乙 丙 丁 戊 己
午 未 申 酉 戌 亥 子 丑

이 명조는 年干(년간)이 陰干(음간)인 남자의 명조이므로 大運(대운)은 逆行(역행)한다.

따라서 月柱인 庚寅月을 기준으로 逆行으로 己丑 戊子 丁亥 丙戌 乙酉 甲申 癸未 壬午 辛巳順으로 逆行한다.

1981年 陽曆 2月 15日 08:00~09:00時前生 女子의 경우는 年柱 月柱 日柱 時柱는 아래와 같다.

時	日	月	年
柱	柱	柱	柱
戊	甲	庚	辛
辰	子	寅	酉

戊 丁 丙 乙 甲 癸 壬 辛
戌 酉 申 未 午 巳 辰 卯

이 명조는 年干이 陰干인 여자의 명조이므로 대운은 順行한다. 따라서 月柱인 庚寅月을 기준으로 순행으로 辛卯 壬辰 癸巳 甲午 乙未 丙申 丁酉 戊戌 己亥順으로 順行한다.

1977년 양력 1월 1일(음력 1976년 11월 12일) 04시 00분생의 남자

甲 戊 庚 丙

寅 午 子 辰

戊 丁 丙 乙 甲 癸 壬 辛

申 未 午 巳 辰 卯 寅 丑

이 사주는 年干(년간)이 陽干(양간)인 남자이므로 대운은 順行(순행)한다. 따라서 월주인 庚子(경자)를 기준으로 辛丑(신축) 壬寅(임인) 癸卯(계묘) 甲辰(갑진) 乙巳(을사) 丙午(병오) 丁未(정미) 戊申(무신) 己酉(기유)順(순)으로 順行(순행)한다.

1977년 양력 1월 1일(음력 1976년 11월 12일) 04시 00분생의 여자

甲 戊 庚 丙

寅 午 子 辰

壬 癸 甲 乙 丙 丁 戊 己

辰 巳 午 未 申 酉 戌 亥

이 사주는 년간이 양간인 여자이므로 大運(대운)은 역행한다. 따라서 월주인 庚子(경자)를 기준으로 己亥(기해) 戊戌(무술) 丁酉(정유) 丙申(병신) 乙未(을미) 甲午(갑오) 癸巳(계사) 壬辰(임진) 辛卯(신묘) 순으로 逆行(역행)한다.

大運은 順行 또는 逆行하여 十年만에 한 번씩 진행한다. 하나의 運이란 天干과 地支를 合한 두 字의 運이 흐르는 동안을 말한다. 이것을 天干과 地支 두 字로 분류하는 경우 한 字에 5年씩 머무르게 되는데, 天干에 5年간 머무르고 地支에 5年간 머무르니 十年만에 한 번씩 진행하게 된다. 大運은 몇 살에서부터 어느 대운으로 들어가는 가는 대운의 數에 의한다. 이것은 사주팔자를 통하여 運命을 판별하는 핵심적 요건 가운데 하나가 된다. 대운의 數를 아는 법은 다음과 같다.

2.1.2 大運의 數를 구하는 법

順行하는 陽年生 남자와 陰年生 여자의 경우의 順運은 출생일부터 다음 달의 節入日까지 계산한 日數를 3으로 나누어 얻은 수자로 대운의 數를 정한다. 逆行하는 음년생 남자와 양년생 여자의 경우의 逆運은 출생일부터 지나온 그달의 節入日까지 계산한 날수를 3으로 나누어 얻은 수자로 大運의 數를 정한다.

이 처럼 대운의 수를 구하는 경우에 나누고 남는 數가 2면 반올림하고 나머지 수가 1이면 버린다. 즉 생일부터 절입일까지 계산한 日數(일수)가 4이면, 4를 3으로 나누면 整數(정수)는 1이고 나머지는 1이다. 나머지 1은 버리고 정수인 1만 택하여 대운의 수는 1이 된다, 生日(생일)부터 절입일까지 계산한 일수가 5이면, 5를 3으로 나누면 整數(정수)는 1이고 나머지는 2가 된다. 나머지 2는 반올림하여 1이 되고 여기에 整數(정수)인 1을 더하면 大運(대운)의 數(수)는 2가 된다.

정확한 일수의 계산은, 順行(순행)하는 陽年生(양년생) 남자와 陰年生(음년생) 여자의 경우의 順運(순운)에서는 出生日時點(출생일시점)부터 다음 달의 節入日時點(절입일시점)까지의 日數(일수)를 계산하고, 逆行(역행)하는 음년생 남자와 양년생 여자의 경우의 逆運(역운)에서는 출생일시점부터 지나온 그달의 절입일시점까지의 日數(일수)를 계산하여야 한다.

대운의 數(수)를 구하는데 생일로부터 절입일까지의 일수를 왜 3으로 나누는가.

數(수)는 1에서 시작하여 2, 3, 4, 5, 6, 7, 8, 9까지 점점 커지다가 10에 이르러서는 數(수)의 極(극)을 이룬다. 陰(음)이 極(극)에 이르면 陽(양)으로 變(변)하고 양이 극에 이르면 음으로 변하듯이, 數(수)도 極(극)에 이르면 變(변)하게 되어 있다. 따라서 大運(대운)의 數(수)도 1에서부터 시작하여 1대운 2대운 3대운 4대운 5대운 6대운 7대운 8대운 9대운 다음 10대운에서 極限點(극한점)

을 이룬다. 즉 10대운에 이르면 變하기 때문에 10大運보다 큰 대운은 없다.

生日로부터 順行하여 다음 달의 節入日까지 계산하거나 혹은 생일로부터 逆行하여 지나온 그달의 절입일까지 계산한 日數가 가장 적게는 1일 가장 많게는 31일이 된다. 가장 적은 1日을 3으로 나누면 1/3大運이 되는데, 사람의 나이 1/3세부터 대운이 바뀐다고는 하지 않으니 보통 1運으로 계산하여 1歲부터 대운이 바뀐다고 하고, 가장 많은 31일을 3으로 나누면 10하고 나머지가 1인데 1은 버리고 통상 10大運으로 계산하여 10세부터 大運이 바뀐다고 한다. 따라서 3은 가장 적은 1대운부터 限界點이 되는 10大運까지를 도출하기 위한 하나의 요소라고 할 수 있다.

이와 같은 과정을 통하여 구한 대운의 數가 4라면 4세 14세 24세 34세 44세 54세 64세 74세----마다 大運이 바뀐다.

例를 들면 아래와 같다. 1

1981(辛酉)년 양력 2월 15일(1981년 음력 1월 11일) 08:00~09:00時前生 男子의 경우, 年干이 陰干인 男子가 寅(正)月生이므로 생일인 11일부터 逆行하여 지나온 그달의 절입일인 立春日까지의 일수를 계산하면 12日이 된다. 여기에 3으로 나누면 4와

나머지는 없다. 따라서 4大運(대운)이 된다. 그래서 이 사람은 04세 14세 24세 34세 44세 54세 64세 74세----마다 大運(대운)이 바뀐다. 따라서

(의뢰인)1981년 양력 2월 15일(1981년 음력 1월 11일) 08:00~09:00時前生(시전생) 男子(남자)의 경우는 年柱(년주) 月柱(월주) 日柱(일주) 時柱(시주)는 아래와 같다.

時 日 月 年
柱 柱 柱 柱
戊 甲 庚 辛
辰 子 寅 酉

74 64 54 44 34 24 14 04
壬 癸 甲 乙 丙 丁 戊 己
午 未 申 酉 戌 亥 子 丑

이 명조는 年干(년간)이 음간인 남자의 명조이므로 大運(대운)은 逆行(역행)한다. 따라서 월주인 庚寅月(경인월)을 기준으로 역행으로 04기축 14무자 24정해 34병술 44을유 54갑신 64계미 74임오 순으로 逆行(역행)한다.

이 명조는 4세부터 己丑運(기축운)이 들어와서 10年間(년간) 작용하고, 14세부터 戊子運(무자운)이 들어와서 10년간 작용하며, 24세부터 丁亥運(정해운)이 들어와서 10년간 작용하고, 34세부터 丙戌運(병술운)이 들어와서 작용하며, 44

세부터 乙酉運이 들어와서 10년간 작용하고, 54세부터 甲申運이 들어와서 10년간 작용하며, 64세부터 癸未運이 들어와서 10년간 작용하고, 74세부터 壬午運이 들어와서 10년간 작용한다.

1981년 양력 2월 15일(1981년 음력 1월 11일) 08:00~09:00時 前生 女子의 경우, 년간이 음간인 여자가 寅(正)月生이므로 생일인 11일부터 順行하여 다음 달인 二月의 절입일인 驚蟄日까지의 일수를 계산하면 20日이 된다. 여기에 3으로 나누면 6하고 2가 남는다. 따라서 나머지 2를 반올림해서 나오는 1과 6을 더하면 7大運이 된다. 그래서 이 사람은 07歲 17세 27세 37세 47세 57세 67세 77세 ----마다 대운이 바뀐다. 따라서

1981년 양력 2월 15일 08:00~09:00時前生(시전생) 여자의 경우는 년주 월주 일주 시주는 아래와 같다.

時 日 月 年
柱 柱 柱 柱
戊 甲 庚 辛
辰 子 寅 酉

77 67 57 47 37 27 17 07
戊 丁 丙 乙 甲 癸 壬 辛
戌 酉 申 未 午 巳 辰 卯

이 명조는 年干(년간)이 음간인 여자의 명조이므로 대운은 순행한다. 따라서 月柱(월주)인 경인월을 기준으로 순행으로 07신묘 17임진 27계사 37갑오 47을미 57병신 67정유 77무술 順(순)으로 순행한다.

이 명조는 7歲(세) 생일부터 辛卯運(신묘운)이 들어와서 10년간 작용하고, 17세 생일부터 壬辰運(임진운)이 들어와서 10년간 작용하며, 27세 생일부터 癸巳運(계사운)이 들어와서 10년간 작용하고, 37세 생일부터 甲午運(갑오운)이 들어와서 10년간 작용하고, 47세 생일부터 乙未運(을미운)이 와서 10년간 작용하며, 57세 생일부터 丙申(병신)운이 10년간 작용하고, 67세 생일부터 丁酉運(정유운)이 10년간 작용하며, 77세 생일부터 戊戌運(무술운)이 10년간 작용한다.

1977년 양력 1월 1일{음력 1976(丙辰(병진))년 11월 12일} 05時(시) 00分生(분생) 남자의 경우, 年干(년간)이 양간인 남자가 음력 子(자)(11)月生(월생)이므로 생일인 12일부터 順行(순행)하여 다음 달인 12월의 절입일인 小寒日(소한일)까지의 일수를 계산하면 5日(일)이 된다. 여기에 3으로 나누면 1하고 2가 남는다.

따라서 나머지 2를 반올림하여 얻은 1과 1을 合(합)하면 2대운이 된다.

그래서 이 사람은 02歲(세) 12세 22세 32세 42세 52세 62세 72세 ----마다 大運(대운)이 바뀐다. 따라서

1977년 양력 1월 1일(음력 1976(丙辰(병진))년 11월 12일) 05시 00분생의 男子(남자)

甲 戊 庚 丙
寅 午 子 辰

72 62 52 42 32 22 12 02
戊 丁 丙 乙 甲 癸 壬 辛
申 未 午 巳 辰 卯 寅 丑

이 四柱(사주)는 년간이 양간인 남자이므로 대운은 順行(순행)한다. 따라서 月柱(월주)인 庚子(경자)를 기준으로 02신축 12임인 22계묘 32갑진 42을사 52병오 62정미 72무신 순으로 順行(순행)한다.

이 명조는 2세부터 辛丑運(신축운)이 10년간 작용하고, 12세부터 壬寅運(임인운)이 10년간 작용하며, 22세부터 癸卯運(계묘운)이 10년간 작용하고, 32세부터 甲辰(갑진)운이 들어와서 10년간 작용하며, 42세부터 乙巳運(을사운)이 와서 10년간 작용하고, 52세부터 丙午運(병오운)이 10년간 작용하며, 62세부터 丁未運(정미운)이 10년간 작용하고, 72세부터 戊申運(무신운)이 들어와서 10년간 작용한다.

1977년 영력 1월 1일(1976(丙辰(병진))년 음력 11월 12일) 05시 00분생 女子(여자)의 경우, 年干(년간)이 양간인 여자가 음력 子(자)(11)月生(월생)이므로 생일인 12일부터 逆行(역행)하여 지나온 그달 즉 11월의 절입일인 大雪(대설)일까지의 일수를 계산하면 26日(일)이 된다. 여기에 3으로 나누면 8하고 2가 남는다.

따라서 나머지 2를 반올림하여 얻은 1과 8을 合(합)하면 9대운이 된다.

그래서 이 사람은 09歲(세) 19세 29세 39세 49세 59세 69세 79세 ----마다 大運(대운)이 바뀐다. 따라서

1977년 양력 1월 1일(음력 1976년 11월 12일) 05시 00분생의 여자

甲 戊 庚 丙
寅 午 子 辰

79 69 59 49 39 29 19 09
壬 癸 甲 乙 丙 丁 戊 己
辰 巳 午 未 申 酉 戌 亥

이 사주는 년간이 陽干인 여자이므로 대운은 역행한다. 따라서 월주인 庚子를 기준으로 09기해 19무술 29정유 39병신 49을미 59갑오 69계사 79임진 順으로 역행한다.

이 명조에서는 9세 생일부터 己亥運이 들어와서 10년 작용하고, 19세 생일부터 戊戌運이 들어와서 10년간 작용하며, 29세 생일부터 丁酉運이 들어와서 10년간 작용하고, 39세 생일부터 丙申運이 들어와서 10년간 작용하며, 49세 생일부터 乙未運이 들어와서 10년간 작용하고, 59세 생일부터 甲午運이 들어와서 10년간 작용하며, 69세 생일부터 癸巳運이 와서 10년간 작용하고, 79세 생일부터 壬辰運이 들어와서 10년간 作用한다. 대운을 定한 다음 歲(年)運을 알아 봐야 한다.

2.2 歲運(세운)을 定(정)하는 法(법)

歲運(세운)은 당해년도의 년주를 말한다. 이 年柱(년주) 즉 세운은 당해연도의 立春節入日時點(입춘절입일시점)부터 그 다음해의 立春節入日時點前(입춘절입일시점전)까지 年干(년간)과 年支(년지)를 合(합)해서 1년 동안만 작용하며 당해년도의 모든 사람에게 적용된다.

따라서 **(의뢰인)1981년 양력 2월 15일(1981년 음력 1월 11일) 08:00~09:00時前生(시전생) 男子(남자)의 경우는 2012年(년) 현재 32歲(세)이니까 亥水(해수) 大運(대운) 壬辰歲運(임진세운) 아래 있음을 알 수 있다.**

戊 甲 庚 辛

辰 子 寅 酉

74 64 54 44 34 24 14 04

壬 癸 甲 乙 丙 丁 戊 己

午 未 申 酉 戌 亥 子 丑

보통 大運(대운)의 영향력은 歲運(세운)의 영향력보다 크게 작용한다. 그러나 좋은 대운인 동안에도 凶(흉)한 歲運(세운)을 만났을 때 生死(생사)가 결정되는 경우도 있다.

가령 **노무현 전 대통령은 1946년 음력 8월 6일 辰時生(진시생)이다. 따라서 四柱八字(사주팔자)는 아래와 같다.**

丙 戊 丙 丙
辰 寅 申 戌

73 63 53 43 33 23 13 03
甲 癸 壬 辛 庚 己 戊 丁
辰 卯 寅 丑 子 亥 戌 酉

이 명조는 寅戌合化火(인술합화화)에 根(근)을 둔 三丙火(삼병화)가 투간하여 印星(인성)(화)이 旺(왕)하기 때문에 火(화)를 除去(제거)하는 財星(재성)인 水(수)가 用神(용신)[15]이다. 2009년은 64세로서 대운은 用神水(용신수)를 도와주는 癸水(계수)이므로 吉(길)하다. 그러나 歲運(세운)인 己丑土(기축토)가 용신인 水(수)를 막아버리므로 去世(거세)했다. 따라서 대운이 좋다고 하더라도 세운이 안 좋으면 生死(생사)가 결정될 정도로 흉하게 될 수도 있음을 알아두어야 한다.

사주팔자원국을 세우고 난 다음에 대운과 歲(年)運(세(년)운)을 정하는 법을 살펴보았다. 다음은 特定(특정) 명조가 어느 부류에 속하는지를 알아보기 위하여 格局論(격국론)을 알아본다.

15) 다음의 用神(용신) 참조

3. 格局論(격국론)

格局論(격국론)과 관련되는 理論(이론)으로는 格局論(격국론)과 月建(월건)의 重要性(중요성)이 있다.

3.1 格局論(격국론)

사주팔자는 60가지 다른 太歲(태세)를 가진 해, 12가지 달, 60가지 日辰(일진), 12가지 時刻(시각)이 있으므로 그것을 모두 곱하면 51만 8천 4백(60×12×60×12)가지의 氣象(기상)의 變化(변화) 즉 命造(명조)가 탄생한다. 이 많은 命造(명조)를 일일이 구분해서 접근할 수는 없기 때문에 格局(격국)으로 분류해서 部分別(부분별)로 접근하도록 한다.

月支(월지)는 계절을 나타내며 계절을 주관하는 五行(오행)은 그만큼 그 命造(명조)에서 차지하는 비중이 크기 때문에 格局(격국) 中(중)의 하나는 보통 月支(월지)를 中心(중심)으로 분류한다.[16] 이 경우에는 月支(월지)가 日干(일간)에 대하여 어느 六(육)

---

16) 심효첨 원저, 서락오 평주, 『자평진전평주』, (대북: 무릉출판유한공사), 1999,

神(신)에 속하며 또 관련이 있는가에 따라서 분류되는데, 여기에는 正官格(정관격), 偏官格(편관격), 正印格(정인격), 偏印格(편인격), 正財格(정재격), 偏財格(편재격), 傷官格(상관격), 食神格(식신격), 刦財格(겁재격), 比肩格(비견격)의 열 가지가 있고, 이들은 五行(오행)의 生剋制化(생극제화)를 통하여 中和(중화)가 실현되는 正格(정격)에 속하므로 十正格(십정격)이라고 한다.

그리고 다른 하나는 五行(오행)의 氣勢(기세)에 따라 분류되는 變格(변격)이 있는데, 여기에는 專旺格(전왕격)에 속하는 木曰曲直格(목왈곡직격), 火曰炎上格(화왈염상격), 土曰稼穡格(토왈가색격), 金曰從革格(금왈종혁격), 水曰潤下格(수왈윤하격)이 있다. 그리고 從格(종격)에 속하는 棄命從殺格(기명종살격), 從印格(종인격), 棄命從財格(기명종재격), 棄命從兒格(기명종아격)이 있다. 또 化格(화격)에 속하는 丁壬合化木格(정임합화목격), 戊癸合化火格(무계합화화격), 甲己合化土格(갑기합화토격), 乙庚合化金格(을경합화금격), 丙辛合化水格(병신합화수격)이 있다. 그리고 또 兩神成象格(양신성상격), 從强格(종강격), 從氣格(종기격), 從勢格(종세격), 母慈滅子格(모자멸자격)이 있다.

이와 같이 분류된 格局(격국)에 따라서 정리하면 복잡한 命造(명조)라도 一目瞭然(일목요연)해진다. 따라서 格局(격국)은 用神(용신)을 연구하고 가려내는데 큰 도움이 될 뿐만 아니라 重要(중요)한 기준과 틀이 된다.

---

pp.219~348

3.1.1 十正格(십정격)

월지의 일간에 대한 관계를 기준으로 정한다.

3.1.1.1 正官格(정관격)

月支(월지)가 日干(일간)에 대하여 正官(정관)(正官星(정관성))이 되는 격을 말한다. 아래 예와 같이 甲木日干(갑목일간)이 酉月(유월)에 태어나면 正官格(정관격)이다. 酉月(유월)은 庚金(경금)과 辛金(신금) 中(중)에 辛金(신금)이 主宰(주재)하므로 甲木(갑목)의 正官星(정관성)이다.

1965년 陰曆(음력) 9월 13일 02시 30분 女子(여자)

乙 甲 乙 乙

丑 午 酉 巳

71 61 51 41 31 21 11 01

癸 壬 辛 庚 己 戊 丁 丙

巳 辰 卯 寅 丑 子 亥 戌

3.1.1.2 偏官格(편관격)

月支(월지)가 일간에 대하여 偏官(편관)(偏官星(편관성))이 되는 格(격)을 말한다. 아래와 같이 甲木日干(갑목일간)이 申(신)월에 태어나면 편관격이다. 申(신)월은 경금이 주재하므로 甲木(갑목)의 偏官星(편관성)이다.

1970년 음력 7월 11일 20시 00분 여자

甲 甲 甲 庚

戌 子 申 戌

72 62 52 42 32 22 12 02

丙 丁 戊 己 庚 辛 壬 癸

子 丑 寅 卯 辰 巳 午 未

3.1.1.3 正印格(정인격)

月支(월지)가 일간에 대하여 正印(정인)(正印星(정인성))이 되는 格(격)을 말한다. 아래 예와 같이 갑목일간이 子月(자월)에 태어나면 正印格(정인격)이다. 子月(자월)은 壬水(임수)와 癸水(계수) 中(중) 계수가 주재하므로 갑목의 정인성이다.

1954년 음력 11월 20일 12시 남자

庚 甲 丙 甲

午 辰 子 午

78 68 58 48 38 28 18 08

甲 癸 壬 辛 庚 己 戊 丁

申 未 午 巳 辰 卯 寅 丑

1978년 음력 11월 9일 14시 30분 남자

辛 甲 甲 戊

未 辰 子 午

80 70 60 50 40 30 20 10

壬 辛 庚 己 戊 丁 丙 乙

申 未 午 巳 辰 卯 寅 丑

3.1.1.4 偏印格(편인격)

월지가 일간에 대하여 偏印(편인)(偏印星(편인성))이 되는 격을 말한다. 아래와 같이 갑목일간이 亥月(해월)에 태어나면 편인격이다. 해월은 壬水(임수)가 주재하므로 갑목의 偏印星(편인성)이다.

1956년 음력 11월 2일 08시 00분 여자

戊 甲 己 丙
辰 辰 亥 申

79 69 59 49 39 29 19 09
辛 壬 癸 甲 乙 丙 丁 戊
卯 辰 巳 午 未 申 酉 戌

3.1.1.5 正財格(정재격)

月支(월지)가 日干(일간)에 대하여 正財(정재)(正財星(정재성))가 되는 격을 말한다. 아래 예와 같이 갑목일간이 未月(미월)이나 축월에 태어나면 정재격이다. 미월은 己土(기토)가 주재하고 丑月(축월) 또한 己土(기토)가 주재하는데 기토는 갑목일간의 정재가 되므로 正財格(정재격)이다.

1970년 음력 7월 1일 15시 00분 여자

辛 甲 癸 庚

未 寅 未 戌

79 69 59 49 39 29 19 09

乙 丙 丁 戊 己 庚 辛 壬

亥 子 丑 寅 卯 辰 巳 午

음력 1990년 12월 19일 22시 30분 남자

乙 甲 己 庚

亥 辰 丑 午

71 61 51 41 31 21 11 01

丁 丙 乙 甲 癸 壬 辛 庚

酉 申 未 午 巳 辰 卯 寅

3.1.1.6 偏財格[편재격]

월지가 일간에 대하여 偏財[편재](偏財星[편재성])가 되는 격을 말한다. 아래와 같이 갑목일간이 辰月[진월]이나 戌月[술월]에 태어나면 편재격이다. 진월은 戊[무]土[토]가 주재하고 戌月[술월] 또한 무토가 주재하는데 무토는 갑목일간의 편재가 되므로 偏財格(편재격)이다.

1976년 음력 3월 13일 16시 30분 여자

壬 甲 壬 丙

申 午 辰 辰

73 63 53 43 33 23 13 03
甲 乙 丙 丁 戊 己 庚 辛
申 酉 戌 亥 子 丑 寅 卯

1981년 음력 9월 16일 여자

戊 甲 戊 辛

辰 子 戌 酉

79 69 59 49 39 29 19 09
丙 乙 甲 癸 壬 辛 庚 己
午 巳 辰 卯 寅 丑 子 亥

3.1.1.7 傷官格(상관격)

월지가 일간에 대하여 傷官(상관)(傷官星(상관성))이 되는 격을 말한다. 아래 예와 같이 갑목일간이 午月(오월)에 태어나면 상관격이다. 오월은 丁火(정화)가 주재하는데 丁火(정화)는 갑목일간의 상관이 되므로 상관격이다.

1976년 음력 5월 24일 05시 00분 여자

丙 甲 甲 丙

寅 辰 午 辰

75 65 55 45 35 25 15 05

丙 丁 戊 己 庚 辛 壬 癸

戌 亥 子 丑 寅 卯 辰 巳

3.1.1.8 食神格(식신격)

월지가 일간에 대하여 食神(식신)(食神星(식신성))이 되는 격을 말한다. 아래와 같이 갑목일간이 巳月(사월)에 태어나면 식신격이다. 사월은 병화가 주재하는데 병화는 갑목일간의 식신이 되므로 食神格(식신격)이다.

1975년 음력 4월 8일 08시 남자

戊 甲 辛 乙

辰 子 巳 卯

74 64 54 44 34 24 14 04

癸 甲 乙 丙 丁 戊 己 庚

酉 戌 亥 子 丑 寅 卯 辰

3.1.1.9 刦財格(겁재격)

월지가 일간에 대하여 劫財(겁재)(劫財星(겁재성))가 되는 격을 말한다. 아래 예와 같이 갑목일간이 卯月(묘월)에 태어나면 劫財格(겁재격)이다. 묘월은 갑목과 을목중에 乙木(을목)이 주재하는데 을목은 갑목의 겁재성이므로 겁재격이다.

1977년 음력 1월 19일 04시 여자

丙 甲 癸 丁

寅 子 卯 巳

80 70 60 50 40 30 20 10

辛 庚 己 戊 丁 丙 乙 甲

亥 戌 酉 申 未 午 巳 辰

3.1.1.10 比肩格(비견격)

월지가 일간에 대하여 比肩(비견)(比肩星(비견성))이 되는 격을 말한다. 아래와 같이 갑목일간이 寅月(인월)에 태어나면 비견격이다. 인월은 갑목이 주재하는데 갑목은 갑목의 比肩星(비견성)이므로 비견격이다.

1964년 음력 1월 13일 20시 30분 여자

甲 甲 丙 甲

戊 辰 寅 辰

77 67 57 47 37 27 17 07

戊 己 庚 辛 壬 癸 甲 乙

午 未 申 酉 戌 亥 子 丑

3.1.2 變格(변격)

변격에는 專旺格(전왕격) 從格(종격) 化格(화격) 兩神成象格(양신성상격), 從强格(종강격), 從氣格(종기격), 從勢格(종세격), 母慈滅子格(모자멸자격)이 있다.

3.1.2.1 專旺格(전왕격)

專旺格(전왕격)은 日主(일주)를 중심으로 凝集(응집)된 명조다.

여기에는 木曰曲直格(목왈곡직격), 火曰炎上格(화왈염상격), 土曰稼穡格(토왈가색격), 金曰從革格(금왈종혁격), 水曰潤下格(수왈윤하격)이 있다.

3.1.2.1.1 木曰曲直格(목왈곡직격)

甲木日主(갑목일주) 혹은 乙木日主(을목일주)가 사주팔자 중 月支(월지)를 포함하여 대부분의 木(목)과 약간의 水(수)로 이루어진 명조를 말한다. 즉 일간인 목으로 凝集(응집)되어 있는 사주팔자다. 가령

1963년 음력 2월 17일 22시 남자

乙 甲 乙 癸

亥 寅 卯 卯

72 62 52 42 32 22 12 02

丁 戊 己 庚 辛 壬 癸 甲

未 申 酉 戌 亥 子 丑 寅

이 命造(명조)는 갑목일주가 묘월의 木旺節(목왕절)에 태어나 사주 여덟자 中(중)에 목이 여섯이고 癸亥水(계해수)가 목을 생하고 있으니 목으로 응집된 木(목)曰曲直格(왈곡직격)이다.

1962년 양력 3월 18일 06시 여자

己 乙 癸 壬
卯 卯 卯 寅

74 64 54 44 34 24 14 04
乙 丙 丁 戊 己 庚 辛 壬
未 申 酉 戌 亥 子 丑 寅

이 命造(명조)는 乙木日干(을목일간)이 卯月(묘월)에 태어나 네 개의 比刦(비겁)이 도우고 두 개의 印星(인성)이 生(생)하고 있으므로 木曰曲直格(목왈곡직격)에 己土(기토)가 欠(흠)[17]이 된다.

3.1.2.1.2 火曰炎上格(화왈염상격)

丙火日主(병화일주) 혹은 丁火日主(정화일주)가 사주팔자 중 월지를 포함하여 대부분의 火(화)와 약간의 木(목)으로 이루어진 명조를 말한다. 즉 일간인 火(화)로 凝(응)

17) 뒤에 나오는 용신에서 많은 예시가 나온다.

集(집)되어 있는 사주팔자다. 가령

1977년 음력 3월 22일 12시 남자

甲 丙 乙 丁
午 寅 巳 巳

71 61 51 41 31 21 11 01
丁 戊 己 庚 辛 壬 癸 甲
酉 戌 亥 子 丑 寅 卯 辰

이 命造(명조)는 丙火日干(병화일간)이 巳月(사월)에 生(생)하여 寅午火(인오화)와 丁巳巳火(정사사화)가 도우고 갑을인목이 화를 生(생)하고 있으며 從神(종신)을 剋傷(극상)하는 官星(관성)인 水(수)가 없으므로 火曰炎上格(화왈염상격)[18]이 된다.

1977년 양력 6월 29일 10시 00분 여자

乙 丁 丙 丁
巳 巳 午 巳

73 63 53 43 33 23 13 03
甲 癸 壬 辛 庚 己 戊 丁
寅 丑 子 亥 戌 酉 申 未

18) 從格(종격)은 從神(종신)을 克(극)하는 五行(오행)이 없어야 成立(성립)된다.

이 명조는 정화일주가 午月(오월)의 화왕절에 태어나 사주 여덟자 중에 일곱자가 화이고 을목이 시상에서 日干(일간)을 생하고 있으니 일주인 화로 응집하는 火曰炎上格(화왈염상격)이다.

3.1.2.1.3 土曰稼穡格(토왈가색격)

戊土日主(무토일주) 혹은 己土日主(기토일주)가 사주팔자 중 월지를 포함하여 대부분의 土(토)와 약간의 火(화)로 이루어진 명조를 말한다. 즉 일간인 토로 응집되어 있는 四柱八字(사주팔자)다. 가령

1978년 양력 7월 5일 14시 00분 남자

己 戊 戊 戊
未 辰 午 午

71 61 51 41 31 21 11 01
丙 乙 甲 癸 壬 辛 庚 己
寅 丑 子 亥 戌 酉 申 未

이 명조는 무토일주가 午火月(오화월)의 화왕절에 태어나 일주를 포함하여 土(토)(戊土(무토)의 比劫(비겁))가 여섯이고 火(화)(무토의 印星(인성))가 둘이니 무토일

주로 凝集하는 토왈가색격이다.

1979년 양력 4월 22일생 08시 여자

戊 己 戊 己
辰 未 辰 未

75 65 55 45 35 25 15 05
丙 乙 甲 癸 壬 辛 庚 己
子 亥 戌 酉 申 未 午 巳

이 命造는 己土日主가 辰月에 戊土가 司令(淸明後 17日)하는 때에 태어나고 全局이 比刦이므로 土曰稼穡格이다. 즉 기토일주로 凝集된 사주다.

3.1.2.1.4 金曰從革格

庚金日主 혹은 辛金日主가 사주팔자 중 月支를 포함하여 대부분의 金과 약간의 土로 이루어진 명조를 말한다. 즉 일간인 金으로 凝集되어 있는 사주팔자다. 가령

1968년 음력 8월 16일 08시 여자

庚 庚 辛 戊

辰 戌 酉 申

80 70 60 50 40 30 20 10

癸 甲 乙 丙 丁 戊 己 庚

丑 寅 卯 辰 巳 午 未 申

이 命造(명조)는 庚金日主(경금일주)가 酉月(유월)에 生(생)하여 地支(지지)에 申酉戌西方合金(신유술서방합금)한 太旺(태왕)한 金(금)에 庚辛金(경신금)이 透干(투간)하여 도우고 무진토가 태왕한 금을 생하고 있으니 경금일주로 응집한 金曰從革格(금왈종혁격)이다.

1958년 음력 6월 27일 02시 남자

己 辛 庚 戊

丑 酉 申 戌

79 69 59 49 39 29 19

戊 丁 丙 乙 甲 癸 壬 辛

辰 卯 寅 丑 子 亥 戌 酉

이 명조는 辛金日主(신금일주)가 申月(신월)의 금왕절에 태어나 지지에 申酉戌西(신유술서)方金(방금)과 酉丑(유축)금과 경금이 일주를 돕고 토가 태왕한 금을 생하고 있으니 辛金日主(신금일주)로 응집된 금왈종혁격이다.

3.1.2.1.5 水曰潤下格(수왈윤하격)

壬水日主(임수일주) 혹은 癸水日主(계수일주)가 사주팔자 중 월지를 포함하여 대부분의 수와 약간의 금으로 이루어진 명조를 말한다. 즉 日干(일간)인 水(수)로 凝集(응집)되어 있는 사주팔자다. 가령

1972년 음력 10월 12일 자시생 남자

壬 壬 辛 壬
子 子 亥 子

77 67 57 47 37 27 17 07
己 戊 丁 丙 乙 甲 癸 壬
未 午 巳 辰 卯 寅 丑 子

이 명조는 壬水日主(임수일주)가 亥月(해월)의 수왕절에 태어나 사주 여덟자 중에 水(수)가 일곱이고 辛金(신금)이 수를 생하고 있으니 임수일주로 응집한 水曰潤下格(수왈윤하격)이다.

1972년 음력 10월 13일 22시 남자

癸 癸 辛 壬

亥 丑 亥 子

76 66 56 46 36 26 16 06

己 戊 丁 丙 乙 甲 癸 壬

未 午 巳 辰 卯 寅 丑 子

이 命造(명조)는 癸水日主(계수일주)가 亥月(해월)에 태어나 地支(지지)에 亥子丑(해자축)에 水(수)가 萬方(만방)이므로 水曰潤下格(수왈윤하격)이 된다.

3.1.2.2 從格(종격)

專旺格(전왕격)은 日主(일주)를 中心(중심)으로 凝集(응집)된 명조인데 비하여 從格(종격)은 六神(육신)을 중심으로 응집된 명조다.

종격에는 棄命從殺格(기명종살격), 從印格(종인격), 棄命從財格(기명종재격), 棄命從兒格(기명종아격)이 있다.

3.1.2.2.1 棄命從殺格(기명종살격)

의지할 印星(인성)과 比劫(비겁)이 거의 없는 太弱(태약)한 日主(일주)가 나머지 일곱자가 대부분의 官星(관성)(正官(정관)과 偏官(편관))과 약간의 財星(재성)으로 이루어진 명조를 말한다. 이때 正官(정관)이라도 둘 이상이면 殺星(살성)이 되므로 從官(종관)이 아니고 從殺(종살)이라고 한다. 기명종살격이란 말은 나를 버리고 官星(관성)을 쫓아 따른다는 뜻이다. 가령

. 甲·乙木日主(갑을목일주)가 申月(신월)이나 酉月(유월)에 태어나고 地支(지지)에 巳酉丑金局(사유축금국)이나 申酉戌西方金(신유술서방금)으로 되어 있고 나머지 대부분의 금과 약간의 토만으로 이루어진 명조를 말한다. 가령

1968년 양력 9월 12일 18시 10분 여자

乙 乙 辛 戊
酉 酉 酉 申

72 62 52 42 32 22 12 02
癸 甲 乙 丙 丁 戊 己 庚
卯 辰 巳 午 未 申 酉 戌

이 명조는 을목일주가 酉月(유월)의 관성인 금왕절에 태어나 무토의 생을 받은 다섯 관성이 일주를 극해오니 身(신)의 太弱(태약)함이 극에 이르렀다. 時上(시상)의 乙木(을목) 또한 의지처가 없으니 일주에게는 도움이 안 된다.

따라서 의지할 곳이 없는 을목일주는 官星(관성)의 무리를 따르는 수밖에 없다. 즉 官星(관성)으로 응집되는 기명종살격이다.

. 丙·丁火日主(병정화일주)가 亥月(해월)이나 子月(자월)에 태어나고 지지에 申子辰水局(신자진수국)이나 亥子丑北方水(해자축북방수)로 되어 있고 나머지도 대부분의 수와 약간의 금만으로 이루어진 命造(명조)를 말한다. 가령

1972년 양력 12월 12일 22시 30분 남자

辛 丁 壬 壬
亥 丑 子 子

78 68 58 48 38 28 18 08
庚 己 戊 丁 丙 乙 甲 癸
申 未 午 巳 辰 卯 寅 丑

이 命造(명조)는 丁火日干(정화일간)이 子月(자월)에 生(생)하여 의지할 곳이 없고 地支(지지)에 亥子丑(해자축) 등 官星(관성)이 萬方(만방)을 이루고 있으니 本身(본신)을 버리고 殺星(살성)을 따르는 棄命從殺格(기명종살격)이다.

. 戊·己土日主(무기토일주)가 寅月(인월)이나 卯月(묘월)에 태어나고 지지에 亥卯未木局(해묘미목국)이나 寅卯辰東方木(인묘진동방목)으로 되어 있고 나머지도 대부분의 木(목)과 약간의

水(수)만으로 이루어진 명조를 말한다. 가령

1923년 음력 1월 20일 22시 20분생 남자

乙 己 乙 癸
亥 卯 卯 亥

71 61 51 41 31 21 11 01
丁 戊 己 庚 辛 壬 癸 甲
未 申 酉 戌 亥 子 丑 寅

이 명조는 己土日主(기토일주)가 卯月(묘월)에 관성인 목이 왕한 계절에 태어나 亥卯亥卯木(해묘해묘목)에 근을 둔 雙乙木(쌍을목)이 투간하여 목을 돕고 계수는 태왕한 목을 또 생하고 있으니 관성인 목의 太旺(태왕)함이 極(극)에 이르렀다. 의지처가 전무한 기토일주를 官星(관성)무리에게 의지하는 수밖에 없다. 즉 나를 버리고 응집된 官星(관성)을 따르는 기명종살격이다.

. 庚·辛金日主(경신금일주)가 관성인 巳月(사월)이나 午月(오월)의 화왕절에 태어나고 지지에 寅午戌火局(인오술화국)이나 巳午未南方火(사오미남방화)로 되어 있고 나머지도 대부분의 화와 약간의 木(목)만으로 이루어진 명조를 말한다. 가령

1977년 음력 3월 26일 20시 30분생 남자

丙 庚 乙 丁
戌 午 巳 巳

73 63 53 43 33 23 13 03
丁 戊 己 庚 辛 壬 癸 甲
酉 戌 亥 子 丑 寅 卯 辰

이 명조는 경금일주가 巳月(사월)에 관성인 화왕절에 태어나 午戌火(오술화)와 丙丁巳巳火(병정사사화)에 을목이 태왕한 화를 생하고 있으니 관성인 화의 태왕함이 極(극)에 이르렀다. 태약한 경금일주는 화로 응집된 관성을 따르는 수밖에 없다. 즉 나를 버리고 관성을 따르는 棄命從殺格(기명종살격)이다.

. 壬·癸水日主(임계수일주)가 관성인 辰·戌·丑·未土月(진술축미토월)이나 巳午月(사오월)에 태어나고 地支(지지)에 진·술·축·미토가 전부이거나 巳·午火(사오화)가 한둘이 있더라도 나머지는 대부분의 토와 약간의 화만으로 이루어진 명조를 말한다. 가령

1958년 음력 5월 29일 미시생

己癸己戊
未巳未戌

73 63 53 43 33 23 13 03
辛 壬 癸 甲 乙 丙 丁 戊
亥 子 丑 寅 卯 辰 巳 午

이 명조는 계수일주가 未月(미월)의 토왕절에 태어나 여섯 개의 관성에 사화가 관성을 생하니 관성인 土(토)의 太旺(태왕)함이 極(극)에 이르고 계수일주는 의지처가 전혀 없다. 그러므로 나를 버리고 응집된 官星(관성)을 따르는 수밖에 없는 棄命從殺格(기명종살격)이다.

合理論(합이론)

1. 天干合(천간합)

丁壬合化木(정임합화목), 戊癸合化火(무계합화화), 甲己合化土(갑기합화토), 乙庚合化金(을경합화금), 丙辛合化水(병신합화수)

2. 地支合(지지합)

寅亥合化木(인해합화목), 卯戌合化火(묘술합화화), 子丑合化土(자축합화토), 辰酉合化金(진유합화금), 巳申合化水(사신합화수)

3. 地支三合局(지지삼합국)

亥卯未木局(해묘미목국), 寅午戌火局(인오술화국), 巳酉丑金局(사유축금국), 申子辰水局(신자진수국)

*. 三字中(삼자중) 一字(일자)가 빠지면 半合(반합)이라고 한다.

4. 方合(방합)

寅卯辰木方(인묘진목방), 巳午未火方(사오미화방), 申酉戌金方(신유술금방), 亥子丑北方(해자축북방)

*. 三字中(삼자중) 一字(일자)가 빠지면 準方合(준방합)이라고 한다.

5. 同合(동합)

子見子(자견자), 丑見丑(축견축), 寅見寅(인견인), 卯見卯(묘견묘), 辰見辰(진견진), 巳見巳(사견사), 午見午(오견오), 未見未(미견미), 申見申(신견신), 酉見酉(유견유), 戌見戌(술견술), 亥見亥(해견해)

6. 隅合(우합)

丑寅合(축인합), 辰巳合(진사합), 未申合(미신합), 戌亥合(술해합)

즉 丑中(축중)의 癸辛己(계신기)와 寅中(인중)의 戊丙甲(무병갑)이 戊癸火(무계화), 丙辛水(병신수), 甲己土(갑기토)로 合(합)한다. 辰巳(진사), 未申(미신), 戌亥(술해)도 一般(일반)이다.

7. 暗合(암합)

巳丑相合(사축상합)(戊癸(무계), 丙辛(병신)), 午亥相合(오해상합)(甲己(갑기), 丁壬(정임)), 子巳相合(자사상합)(戊癸(무계)), 寅丑未(인축미)(甲己(갑기)), 卯申(묘신)(乙庚(을경)), 辰戌子(진술자)(戊癸(무계))

冲理論(충이론)

1. 天干冲(천간충)

甲庚(갑경), 丙壬(병임), 乙辛(을신), 丁癸(정계)→ 冲七殺(충칠살)

甲戊(갑무), 丙庚(병경), 戊壬(무임), 乙己(을기), 丁辛(정신), 己癸(기계)→ 克七殺(극칠살)

2. 地支冲(지지충)

子午(자오), 辰戌(진술), 寅申(인신), 卯酉(묘유), 丑未(축미), 巳亥(사해)

三合局(삼합국)

삼합국에는 亥卯未木局(해묘미목국)과 寅午戌火局(인오술화국)과 巳酉丑金局(사유축금국)과 申子辰水局(신자진수국)이 있는데, 三合局(삼합국)을 이루면 강력한 凝集力(응집력)이 생긴다. 이 삼합국은 長生地(장생지)와 帝旺地(제왕지)와 墓庫地(묘고지)의 合(합)으로 이루어져 있다. 즉 亥卯未三合局(해묘미삼합국)에서 亥(해)는 甲木(갑목)의 長生地(장생지)이고 卯(묘)는 甲木(갑목)의 帝旺地(제왕지)이며 未(미)는 甲木(갑목)의 墓庫地(묘고지)가 된다. 나머지도 이와 같다.

方合(방합)

方合(방합)에는 寅卯辰東方木方合(인묘진동방목방합)과 巳午未南方火方合(사오미남방화방합)과 申酉戌西方金方合(신유술서방금방합)과 亥子丑北方水方合(해자축북방수방합)이 있는데, 방합을 이루면 강력한 응집력이 생긴다. 方合(방합)은 三合局(삼합국)보다 더 강력한 응집력이 생긴다. 왜냐하면 亥卯未木局(해묘미목국)을 分解(분해)해보면 亥(해)는 겨울의 水旺(수왕)한 계절이고 卯(묘)는 봄의 木旺(목왕)한 계절이고 未(미)는 여름의 火旺(화왕)한 계절인데 이들의 合(합)

은 다시 말해서 겨울과 봄과 여름의 합이다. 그러나 寅卯辰東方木의 方合은 寅月도 木旺한 계절이고 卯月도 木旺한 계절이며 辰月 또한 木이 旺한 계절이다. 이처럼 세 개의 旺한 木이 合을 이루고 있으니 亥卯未木보다 强함을 알 수 있다.

3.1.2.2.2 從印格

의지할 比劫이 없는 日主가 나머지 일곱 字는 대부분의 印星(正印과 偏印)과 약간의 官星(正官과 偏官)만으로 이루어진 명조를 말한다. 가령

. 甲·乙木日主가 亥月이나 子月에 태어나고 原局에 比劫은 없고 地支에 申子辰水局을 이루던지 亥子丑北方水를 이루고 나머지 대부분이 수와 약간의 金만으로 이루어진 사주팔자를 말한다. 가령

1983년 양력 12월 2일 18시 10분 여자

癸 甲 癸 癸
酉 子 亥 亥

72 62 52 42 32 22 12 02
辛 庚 己 戊 丁 丙 乙 甲
未 午 巳 辰 卯 寅 丑 子

이 명조는 갑목일주가 亥月(해월)의 印星(인성)인 수왕절에 태어나 사주팔자 중에 水(수)가 여섯이고 酉金(유금)이 또 수를 生(생)하고 있으니 인성인 수로 응집되어 있다. 甲木(갑목)은 陽干(양간)이지만 太旺(태왕)함이 극에 이른 수를 따를 수밖에 없어 從印格(종인격)다.

. 丙·丁火日主(병정화일주)가 寅月(인월)이나 卯月(묘월)에 태어나고 원국에 비겁은 없고 지지에 亥卯未木局(해묘미목국)을 이루던지 寅卯辰東方木(인묘진동방목)을 이루고 나머지 대부분이 木(목)과 약간의 水(수)만으로 이루어진 사주팔자를 말한다. 가령

1963년 음력 2월 10일 06시생 남자

癸 丁 甲 癸

卯 未 寅 卯

80 70 60 50 40 30 20 10

丙 丁 戊 己 庚 辛 壬 癸

午 未 申 酉 戌 亥 子 丑

이 명조는 丁火日主(정화일주)가 寅月(인월)의 목왕절에 태어나 卯未木(묘미목)에 甲寅(갑인)卯木(묘목)이 있어 인성인 목이 태왕한데 雙癸水(쌍계수)가 태왕한 목을 또 생하니 그 태왕함이 極(극)에 이르렀다. 따라서 음간인 정화일주는 태왕함이 극에 이른 印星(인성)을 따를 수밖에 없는 從印格(종인격)이다.

. 戊·己土日主(무기토일주)가 巳月(사월)이나 午月(오월)에 태어나고 원국에 비겁은 없고 地支(지지)에 寅午戌火局(인오술화국)을 이루던지 巳午未南方火(사오미남방화)를 이루고 나머지 대부분이 火(화)와 약간의 木(목)만으로 이루어진 사주팔자를 말한다. 가령

1977년 음력 5월 14일 10시 30분 남자

丁 戊 丙 丁
巳 午 午 巳

78 68 58 48 38 28 18 08
戊 己 庚 辛 壬 癸 甲 乙
戌 亥 子 丑 寅 卯 辰 巳

이 命造(명조)는 戊土日干(무토일간)이 午月(오월)에 태어나 印星(인성)이 滿局(만국)을 이루었으므로 從印格(종인격)이다.

. 庚·辛金日主(경신금일주)가 辰戌丑未月(진술축미월)에 태어나고 원국에 비겁은 없고 지지에 辰戌丑未全(진술축미전)을 이루던지 진술축미전부는 아니더라도 나머지 대부분이 土(토)와 약간의 火(화)만으로 이루어진 사주팔자를 말한다. 가령

1979년 음력 4월 8일 술시 여자

戊 辛 戊 己
戌 未 辰 未

71 61 51 41 31 21 11 01
丙 乙 甲 癸 壬 辛 庚 己
子 亥 戌 酉 申 未 午 巳

이 명조는 陰干(음간)인 辛金日主(신금일주)가 인성인 토가 萬方(만방)을 이루고 있으므로 印星(인성)을 따를 수밖에 없는 종인격이다.

. 壬·癸水日主(임계수일주)가 申月(신월)이나 酉月(유월)에 태어나고 원국에 비겁은 없고 지지에 巳酉丑金局(사유축금국)을 이루던지 申酉戌西方金(신유술서방금)을 이루고 나머지 대부분이 金(금)과 약간의 土(토)만으로 이루어진 사주팔자를 말한다. 가령

1988년 음력 8월 5일 유시생 남자

辛 癸 辛 戊
酉 酉 酉 辰

78 68 58 48 38 28 18 08
己 戊 丁 丙 乙 甲 癸 壬
巳 辰 卯 寅 丑 子 亥 戌

이 명조는 癸水日主(계수일주)가 印星(인성)인 金(금)이 다섯이고 戊辰土(무진토)가 또 금을 생하고 있으니 金(금)의 태왕함이 極(극)에 이르렀다. 더구나 陰干(음간)은 從(종)을 잘 하므로 태왕함이 極(극)에 이른 인성을 따를 수밖에 없는 從印格(종인격)이다.

* 棄命從印格이라고 하지 아니하고 從印格이라고 하는 것은 비록 日干을 도와주는 比劫은 없지만 太多한 印星이 日干을 生해줌으로 太弱하다는 이유로 나를 버리고 印星을 쫓아 가지는 않다는 뜻이다. 따라서 진소암은 『명리약언』에서 이 從印格을 인정하지 아니하고 있다. 그러나 박재완은 『명리요강』에서 從强格이라는 이름으로 從印格을 인정하고 있다.

3.1.2.2.3 棄命從財格

의지할 印星과 比劫이 거의 없는 太弱한 日主가 나머지 일곱 字가 대부분의 財星(正財와 偏財)과 약간의 食神과 傷官만으로 이루어진 명조를 말한다. 棄命從財格이란 말은 나를 버리고 財星을 쫓아 따른다는 뜻이다. 가령

. 甲·乙木日主가 財星인 辰·戌·丑·未月에 태어나고 지지에 辰戌丑未全나 辰戌丑未全은 아니더라도 대부분이 토가 되고 천간에도 대부분이 토이고 약간의 火金도 무방하다. 이런 경우 甲·乙木日主

가 의지할 곳이 없어 財星(재성)을 따를 수밖에 없는 棄命從財格(기명종재격)이 된다.

가령

1988년 양력 7월 9일 02시생 남자

丁 乙 己 戊
丑 丑 未 辰

80 70 60 50 40 30 20 10
丁 丙 乙 甲 癸 壬 辛 庚
卯 寅 丑 子 亥 戌 酉 申

이 명조는 乙木日主(을목일주)가 未月(미월)의 토왕절에 태어나 六土(육토)의 재성에 丁火(정화)까지 토를 생하고 있으니 재성이 萬方(만방)이다. 陰干(음간)인 乙木日主(을목일주)는 태왕함이 極(극)에 이른 財星(재성)을 따를 수밖에 없는 기명종재격이다.

. 丙·丁火日主(병정화일주)가 申月(신월)이나 酉月(유월)에 태어나고 地支(지지)에 巳酉丑金局(사유축금국)이나 申酉戌西方金(신유술서방금)으로 되어 있고 나머지도 대부분이 金(금)이고 약간의 土水(토수)도 無妨(무방)하다. 이런 경우 丙·丁火日主(병정화일주)가 의지할 곳이 없어 재성을 따를 수밖에 없는 棄命從財格(기명종재격)이 된다. 가령

1993년 음력 7월 27일 酉時生(유시생) 여자

己 丁 辛 癸
酉 酉 酉 酉

79 69 59 49 39 29 19 09
己 戊 丁 丙 乙 甲 癸 壬
巳 辰 卯 寅 丑 子 亥 戌

이 명조는 정화일주가 재성인 酉月(유월)에 태어나 다섯 개의 金(금)을 己土(기토)가 생하고 있으니 재성인 금의 태왕함이 極(극)에 이르렀다. 陰干(음간)인 정화일주가 財星(재성)을 따를 수밖에 없는 기명종재격이다.

. 戊·己土日主(무기토일주)가 亥月(해월)이나 子月(자월)에 태어나고 지지에 申子辰水局(신자진수국)이나 亥子丑北方水(해자축북방수)로 되어 있고 나머지도 대부분이 水(수)이고 약간의 金木(금목)이 있어도 무방하다. 이런 경우 무·기토일주가 의지할 곳이 없어 재성을 따를 수밖에 없는 棄命從財格(기명종재격)이 된다. 가령

1993년 음력 10월 1일 해시생 남자

乙 己 癸 癸

亥 亥 亥 酉

73 63 53 43 33 23 13 03

乙 丙 丁 戊 己 庚 辛 壬

卯 辰 巳 午 未 申 酉 戌

이 명조는 己土日主(기토일주)가 재성인 水(수)가 다섯인데 酉金(유금)까지 태왕한 수를 생하고 있으니 재성의 태왕함이 極(극)에 이르렀다. 陰干(음간)인 己土(기토)가 의지할 곳도 없으니 재성인 土(토)를 따를 수밖에 없는 기명종재격이다.

. 庚·辛金日主(경신금일주)가 寅月(인월)이나 卯月(묘월)에 태어나고 지지에 亥卯未木局(해묘미목국)이나 寅卯辰東方木(인묘진동방목)으로 되어 있고 나머지도 대부분이 목이고 약간의 水火(수화)가 있어도 무방하다. 이런 경우 경·신금일주가 의지할 곳이 없어 재성을 따를 수밖에 없는 棄命從財格(기명종재격)이 된다. 가령

1963년 음력1월 24일 14시생 여자

乙 辛 甲 癸
未 卯 寅 卯

76 66 56 46 36 26 16 06
壬 辛 庚 己 戊 丁 丙 乙
戌 酉 申 未 午 巳 辰 卯

이 명조는 辛金日主(신금일주)가 묘월의 목왕절에 태어나 卯·未木(묘미목)과 甲乙寅卯木(갑을인묘목)이 있고 癸水(계수)가 목을 생하고 있으니 재성인 목이 滿局(만국)을 이루었다. 음간인 신금일주가 의지처가 없으니 태왕함이 極(극)에 이른 財星(재성)을 따를 수밖에 없는 기명종재격이다.

*. 未土(미토)는 太燥(태조)함으로 金(금)을 生(생)할 능력이 없다.

. 壬·癸水日主(임계수일주)가 財星(재성)인 巳月(사월)이나 午月(오월)에 태어나고 地支(지지)에 寅午戌火局(인오술화국)이나 巳午未南方火(사오미남방화)로 되어 있고 나머지도 대부분이 화이고 약간의 木·土(목토)가 있어도 無妨(무방)하다. 가령

1977년 음력 4월 19일 05시 15분 남자

甲 癸 乙 丁

寅 巳 巳 巳

80 70 60 50 40 30 20 10

丁 戊 己 庚 辛 壬 癸 甲

酉 戌 亥 子 丑 寅 卯 辰

이 명조는 癸水日主가 巳月의 화왕절에 태어나 丁·巳·巳·巳火에 甲·乙·寅木이 생화하니 음간인 계수일주가 의지처가 없으니 태왕함이 極에 이른 財星을 따를 수밖에 없는 기명종재격이다.

3.1.2.2.4 棄命從兒格

의지할 印星과 比劫이 거의 없는 태약한 일주가 나머지 일곱자가 대부분의 食·傷(食神과 傷官)과 약간의 財星으로 이루어진 명조를 말한다. 棄命從兒格이란 말은 나를 버리고 食·傷을 쫓아 따른다는 뜻이다. 가령

. 甲·乙木日主(갑을목일주)가 巳月(사월)이나 午月(오월)에 태어나고 地支(지지)에 寅午戌火局(인오술화국)을 이루거나 巳午未南方火(사오미남방화)로 되어 있고 나머지도 대부분이 火(화)이고 약간의 土(토)는 있어도 무방하다. 가령

1918년생 음력 5월 8일 15시 20분생 남자

庚 甲 戊 戊

午 午 午 午

78 68 58 48 38 28 18 08

丙 乙 甲 癸 壬 辛 庚 己

寅 丑 子 亥 戌 酉 申 未

이 명조는 갑목일주가 死地(사지)가 되는 午火旺節(오화왕절)에 태어나 지지가 전부 傷官(상관)인 火(화)로 되어있으니 뿌리가 없는 갑목이 傷官(상관)을 따르지 아니할 수 없다. 즉 棄命從兒格(기명종아격)이다.

. 丙·丁火日主(병정화일주)가 辰·戌·丑·未月(진술축미월)에 태어나고 나머지도 대부분이 土(토)이고 약간의 금은 있어도 무방하다. 가령

1949년 음력 3월 19일 02시생 여자

辛 丁 戊 己

丑 丑 辰 丑

77 67 57 47 37 27 17 07

丙 乙 甲 癸 壬 辛 庚 己

子 亥 戌 酉 申 未 午 巳

이 명조는 정화일주가 辰月(진월)의 토왕절에 태어나 食(식)·傷(상)인 土(토)가 여섯이나 되니 식상으로 응집되어 있다. 陰干(음간)인 정화가 의지처가 없으니 식상인 토를 따르는 수밖에 없다. 즉 자기를 버리고 食(식)·傷(상)을 따라 棄命從兒格(기명종아격)이 된다.

. 戊(무)·己土日主(기토일주)가 申月(신월)이나 酉月(유월)에 태어나고 지지에 巳酉丑金局(사유축금국)을 이루거나 申酉戌西方金(신유술서방금)으로 되어 있고 나머지도 대부분이 금이고 약간의 水(수)는 있어도 무방하다. 가령

1980년 음력 8월 25일 유시생 남자

癸 己 乙 庚
酉 酉 酉 申

72 62 52 42 32 22 12 02
癸 壬 辛 庚 己 戊 丁 丙
巳 辰 卯 寅 丑 子 亥 戌

이 명조는 기토일주가 酉月(유월)의 금왕절에 태어나 乙庚金(을경금)과 辛·酉·酉·酉金(신유유유금)이 있으니 식상인 금의 태왕함이 極(극)에 이르렀다. 의지처가 없는 己土日主(기토일주)는 자기를 버리고 식상을 따를 수밖에 없는 기명종아격이다.

. 庚·辛金日主(경신금일주)가 亥月(해월)이나 子月(자월)에 태어나고 地支(지지)에 申子辰水局(신자진수국)을 이루거나 亥子丑北方水(해자축북방수)로 되어 있고 나머지도 대부분이 수이고 약간의 木(목)은 있어도 무방하다. 가령

1923년 음력 10월 26일 22:30시생 여자

己 辛 癸 癸
亥 亥 亥 亥

72 62 52 42 32 22 12 02
辛 庚 己 戊 丁 丙 乙 甲
未 午 巳 辰 卯 寅 丑 子

이 命造(명조)는 辛金日主(신금일주)가 亥月(해월)의 수왕한 계절에 태어나 여섯 개의 食傷(식상)이 설기하고 있으니 太弱(태약)이 極(극)에 이르렀다. 辛金日主(신금일주)가 뿌리가 없는 己土(기토)에게는 의지할 수 없으므로 식상무리를 따르는 수밖에 없다. 즉 자신을 버리고 食傷(식상)을 따르는 기명종아격이고 己土(기토)는 從神(종신)을 克(극)하는 病神(병신)이 된다.

. 壬·癸水日主(임계수일주)가 寅月(인월)이나 卯月(묘월)에 태어나고 지지에 亥卯未木局(해묘미목국)을 이루거나 寅卯辰東方木(인묘진동방목)으로 되어 있고 나머지도 대부분이 목이며 약간의 火(화)는 있어도 무방하다. 가령

1954년 음력 1월 13일 06시 여자

乙 癸 丙 甲
卯 卯 寅 午

74 64 54 44 34 24 14 04
戊 己 庚 辛 壬 癸 甲 乙
午 未 申 酉 戌 亥 子 丑

이 命造는 癸水日主가 寅月에 태어나 四柱原局에 傷食으로 萬方을 이루었으므로 棄命從兒格이다.

3.1.2.3 化格

化格에 속하는 丁壬合化木格, 戊癸合化火格, 甲己合化土格, 乙庚合化金格, 丙辛合化水格이 있다.

3.1.2.3.1 丁壬合化木格

. 丁火日主가 月上이나 時上에 壬水가 하나만 있고 天干과 地

支는 甲·乙·寅·亥·卯·未字 등으로 구성되고, 庚·辛·癸字와 申酉字가 없으면 丁火와 壬水가 合하여 木으로 化하는 丁壬合化木格이 된다. 가령

1975년 음력 2월 10일 04시 남자

壬 丁 己 乙
寅 卯 卯 卯

76 66 56 46 36 26 16 06
辛 壬 癸 甲 乙 丙 丁 戊
未 申 酉 戌 亥 子 丑 寅

이 命造는 丁火日干이 卯月 木旺節에 태어나 干支에 木이 太旺하고 金이 없으므로[19] 壬水와 合하여 丁壬合化木格이 된다.

. 壬水日主가 月上이나 時上에 丁火가 하나만 있고 天干에 甲乙과 地支에 寅·亥卯未木字 등으로 구성되고 干支에 庚·辛·癸字와 申·酉字가 없으면 丁火와 壬水가 合하여 木으로 化하는 丁壬合化木格이 된다. 가령

---

19) 從格에는 종하는 오행을 克하는 오행이 있으면 종격이 성립 안 된다.

甲 壬 丁 己

辰 午 卯 卯

辛 壬 癸 甲 乙 丙

酉 戌 亥 子 丑 寅

이 명조는 『적천수천미』에 나온다.

壬水가 仲春에 태어나 化象(丁壬合化木格)이 곧 참되다.

3.1.2.3.2 戊癸合化火格

. 戊土日主가 月上이나 時上에 癸水가 하나만 있고 天干과 地支는 丙·丁·寅·午·戌·巳字 등으로 構成되고 壬·癸·亥·子字와 庚·辛·申·酉字가 없으면, 戊土와 癸水가 合하여 火로 化하는 戊癸合化火格이 된다. 가령

1966년 양력 4월 19일 12시 10분 남자

戊 戊 癸 丙
午 寅 巳 午

76 66 56 46 36 26 16 06
辛 庚 己 戊 丁 丙 乙 甲
丑 子 亥 戌 酉 申 未 午

이 命造(명조)는 戊土日干(무토일간)이 巳月(사월)에 태어나 火旺(화왕)하므로 月上(월상)의 癸水(계수)와 合(합)하여 戊癸合化火格(무계합화화격)이 된다.

. 癸水日主(계수일주)가 月·時上(월시상)에 戊土(무토)가 하나만 있고 干支(간지)에 丙·丁·寅·午·戌·巳字(병정인오술사자) 등 火(화)가 滿局(만국)을 이루고 壬·癸·亥·子字(임계해자자)와 庚·辛·申·酉字(경신신유자)가 없으면 戊土(무토)와 癸水(계수)가 合(합)하여 戊癸合化火格(무계합화화격)이 된다. 가령

1977年 양력 6월 5일 11시 50분 남자

戊 癸 乙 丁

午 巳 巳 巳

80 70 60 50 40 30 20 10

丁 戊 己 庚 辛 壬 癸 甲

酉 戌 亥 子 丑 寅 卯 辰

이 命造(명조)는 癸水日主(계수일주)가 巳月(사월)에 生(생)하여 火(화)가 滿局(만국)을 이루고 있으니 癸水(계수)가 時上(시상)의 戊土(무토)와 合(합)하여 戊癸合化火格(무계합화화격)이 된다.

3.1.2.3.3 甲己合化土格(갑기합화토격)

. 甲木日主(갑목일주)가 月上(월상)이나 時上(시상)에 己土(기토)가 하나만 있고 다른 干支(간지)에 甲·乙·寅·卯·子·亥字(갑을인묘자해자)가 없으며 丙·丁·巳·午字(병정사오자)가 있고 辰·戌·丑·未字(진술축미자)가 많으면, 甲木(갑목)이 의지할 곳이 없어 己土(기토)와 合(합)하여 甲己合化土格(갑기합화토격)이 된다. 가령

1970년 음력 12월 13일 10시 30분 남자

己 甲 己 庚
巳 午 丑 戌

79 69 59 49 39 29 19 09
丁 丙 乙 甲 癸 壬 辛 庚
酉 申 未 午 巳 辰 卯 寅

이 命造는 甲木日主가 丑月의 토왕한 계절에 태어나 토가 넷이나 되는데 두 개의 火가 또 土를 生하니 갑목이 기토와 합하여 甲己合化土格이 된다.

*. 甲木日主가 月上이나 時上에 己土가 하나만 있어야 진정한 合이 되어 격이 높은데 이 명조처럼 기토가 두 개있으면 妒合이라고 하여 合의 효력이 떨어져 격이 낮아진다.

己土日主가 月上이나 時上에 甲木이 하나만 있고 다른 干支에 甲·乙·寅·卯·子·亥字가 없으며 丙·丁·巳·午字가 있고 辰·戌·丑·未字가 많으면 甲木과 合하여 甲己合化土格이 된다.

1967년 음력 3월 6일 12시 30분 여자

庚 己 甲 丁
午 酉 辰 未

77 67 57 47 37 27 17 07
壬 辛 庚 己 戊 丁 丙 乙
子 亥 戌 酉 申 未 午 巳

이 명조는 己土日主(기토일주)가 辰月(진월)의 土旺節(토왕절)에 태어나 토가 둘에 두 개의 火(화)가 토를 생하니 기토가 갑목과 合(합)하여 갑기합화토격이 된다.

己土日主(기토일주)가 月上(월상)이나 時上(시상)에 甲木(갑목)이 하나만 있고 干支(간지)에 壬·癸·甲·乙字(임계갑을자)와 子·寅·亥·卯字(자인해묘자) 등 약간의 水(수)와 木(목)으로만 局(국)을 이루고, 戊·己·巳·午·辰·戌·丑·未字(무기사오진술축미자)가 없으면 己土(기토)가 甲木(갑목)을 따라 合(합)하여 從木格(종목격)이 된다. 이 이론은 『궁통보감』에 나오는 이론이다.

1983年 음력 1월 8일 21시 50분 여자

乙 己 甲 癸
亥 卯 寅 亥

75 65 55 45 35 25 15 05
壬 辛 庚 己 戊 丁 丙 乙
戌 酉 申 未 午 巳 辰 卯

이 命造(명조)는 己土日主(기토일주)가 寅月(인월) 木旺節(목왕절)에 태어나 原局(원국)에 木(목)이 滿局(만국)을 이루고 있으니 己土(기토)가 甲木(갑목)을 따라 合(합)하여 從木格(종목격)이 된다.

3.1.2.3.4 乙庚合化金格(을경합화금격)

乙木日主(을목일주)가 月上(월상)이나 時上(시상)에 庚金(경금)이 하나만 있고 다른 干支(간지)에 申·酉·戌·西方金(신유술서방금) 혹은 巳·酉·丑三合金(사유축삼합금)과 약간의 土(토) 등으로 구성되고 壬·癸·甲·乙字(임계갑을자)와 亥·子·寅·卯字(해자인묘자)가 없고 丙·丁·巳·午字(병정사오자)가 없으면, 乙庚(을경)이 合(합)하여 乙庚合化金格(을경합화금격)이 된다.

1970年 음력 8월 12일 08시 30분 여자

庚 乙 乙 庚
辰 未 酉 戌

72 62 52 42 32 22 12 02
丁 戊 己 庚 辛 壬 癸 甲
丑 寅 卯 辰 巳 午 未 申

이 命造는 乙木日主가 酉月에 태어나 干支에 土金으로 滿局을 이루었으므로 乙木이 庚金을 좇아 乙庚合化金格이 된다.

庚金日干이 月上이나 時上에 乙木이 하나만 있고 다른 干支에 申·酉·戌西方金 혹은 巳·酉·丑三合金과 나머지도 대부분이 금과 약간의 土만으로 구성되고 壬·癸·甲·乙字와 亥·子·寅·卯字가 없고 丙·丁·巳·午字도 없으면[20] 乙庚이 合하여 乙庚合化金格이 된다.

20) 從格에는 종하는 오행을 克하는 오행이 있으면 종격이 성립 안 된다.

1980年 양력 10월 4일 18시 여자

乙 庚 乙 庚
酉 戌 酉 申

79 69 59 49 39 29 19 09
丁 戊 己 庚 辛 壬 癸 甲
丑 寅 卯 辰 巳 午 未 申

이 命造는 庚金日主가 酉月에 태어나 地支에 申酉酉戌과 天干에 庚金이 있으니 金의 太旺함이 極에 이르러, 雙庚金은 雙乙木과 合하여 金으로 從하는 乙庚合化金格이 된다.

3.1.2.3.5 丙辛合化水格

丙火日主가 月上이나 時上에 辛金이 하나만 있고 다른 干支에 甲·乙·寅·卯字와 丙·丁·巳·午字와 戊·己·戌·未字가 없고[21] 癸·申·子·辰·亥·子·丑 등으로 구성되어 있으면 辛金과 合하여 丙辛合化水格이 된다.

21) 從格에는 종하는 오행을 克하는 오행이 있으면 종격이 성립 안 된다.

1932年 양력 11월 11일 진시 남자

壬 丙 辛 壬

辰 子 亥 申

79 69 59 49 39 29 19 09

己 戊 丁 丙 乙 甲 癸 壬

未 午 巳 辰 卯 寅 丑 子

이 命造(명조)는 丙火日干(병화일간)이 亥月(해월) 水旺節(수왕절)에 태어나 原局(원국)에 水(수)가 滿局(만국)을 이루고 있으니 丙火(병화)는 辛金(신금)과 合(합)하여 丙辛合化水格(병신합화수격)이 된다.

辛金日主(신금일주)가 月·時上(월시상)에 丙火(병화)가 하나만 있고 다른 干支(간지)에 甲·乙·(갑을)寅·卯字(인묘자)와 丙·丁·巳·午字(병정사오자)와 戊·己·戌·未字(무기술미자)가 없고 癸·申·子·辰·亥·(계신자진해)子·丑字(자축자)와 약간의 金(금)만으로 구성되어 있으면 丙火(병화)와 合(합)하여 丙辛合化水格(병신합화수격)이 된다.

1983年 음력 10월 15일 16시 여자

丙 辛 癸 癸
申 亥 亥 亥

77 67 57 47 37 27 17 07
辛 庚 己 戊 丁 丙 乙 甲
未 午 巳 辰 卯 寅 丑 子

이 命造(명조)는 辛金日主(신금일주)가 亥月(해월) 水旺節(수왕절)에 태어나 水(수)가 滿局(만국)을 이루고 土(토)가 없으므로 辛金(신금)이 丙火(병화)와 合(합)하여 丙辛合化水格(병신합화수격)이 된다.

3.1.3 그 外(외)의 變格(변격)

3.1.3.1 兩神成象格(양신성상격)

이 格(격)은 『명리약언』과 『적천수천미』에 나오는 이론으로 相生(상생)關係(관계)의 兩神成象格(양신성상격)과 相克關係(상극관계)의 兩神成象格(양신성상격)이 있다.

*. 兩神(양신)이 서로 均衡(균형)을 이룬 상태에서, 相生(상생)으로 된 格(격)에서 또

生을 만나면 곧 流通의 妙가 있다.

3.1.3.1.1 相生關係로 된 兩神成象格

1970년 음력 3월 25일 진시생 남자

庚 庚 庚 庚
辰 辰 辰 戌

72 62 52 42 32 22 12 02
戊 丁 丙 乙 甲 癸 壬 辛
子 戌 亥 酉 申 未 午 巳

이 命造는 庚金日主가 辰月에 태어나 原局이 金과 土로 兩分되어 있는 相生關係의 兩神成象格이다.

*. 相剋으로 된 格에서 다시 剋을 만나면 또한 和合의 情이 된다.

3.1.3.12 相剋關係로 된 兩神成象格

1951年 음력 6월 17일 인시생 건명

庚 辛 乙 辛
寅 酉 未 卯

74 64 54 44 34 24 14 04
丁 戊 己 庚 辛 壬 癸 甲
亥 子 丑 寅 卯 辰 巳 午

이 命造(명조)는 辛金日干(신금일간)이 未月(미월)에 태어나 四字(사자)의 金(금)과 四字(사자)의 木(목)으로 균등하게 兩分(양분)되어 있다.

3.1.3.2 『적천수천미』 에 나오는 變格(변격)

『적천수천미』 에 나오는 변격에는 다음과 같이 從强格(종강격), 從氣格(종기격), 從勢格(종세격), 母子滅子格(모자멸자격)이 있다.

3.1.3.2.1 從强格(종강격)

四柱原局(사주원국)에 印綬(인수)가 重重(중중)하고 比刦(비겁)이 疊疊(첩첩)하며 日主(일주)도 當令(당령)하였으나 財星 官殺의 氣는 끊어져 터럭만큼도 없을 때 從强格이 된다.

“己己丙戊
巳巳辰戌
壬辛庚己戊丁
戌酉申未午巳

이 命造는 四柱가 火土로 이루어졌고 剋泄이 全無하며 土가 極旺하니 마치 金과 같다.“22)

라고 하므로, 『滴天髓闡微』衰旺에 나오지만 從强格에 대한 事例命造라고 할 수 있다.

3.1.3.2.2 從氣格

財, 官, 印綬, 食傷類를 막론하고 四柱原局이 木火의 氣 혹은 金水의 氣로 응집되어 있는 사주를 말한다.

---

22)
“己己丙戊
巳巳辰戌
壬辛庚己戊丁
戌酉申未午巳
此造四柱火土, 全無剋泄, 土旺極者, 似金也.“. 任鐵樵 增注. 袁樹珊 撰輯. 『滴天髓闡微』. 臺北: 武陵出版有限公司, 1999. p.143.

"丁庚癸癸
亥申亥酉
丁戊己庚辛壬
巳午未申酉戌
庚金(경금)이 孟冬(맹동)에 태어나 水勢(수세)는 當權(당권)하고 金(금)은 祿旺(록왕)을 만났으나 時干(시간)의 丁火(정화)는 뿌리가 없으니, 原局(원국)의 氣勢(기세)는 金水(금수)이기 때문에 역시 金水(금수)를 좇는 것으로 論(논)하여야 하며, 丁火(정화)는 오히려 病(병)이 된다."[23]

라고 하며, 金水從氣格(금수종기격)에 대한 事例命造(사례명조)다.

3.1.3.2.3 從勢格(종세격)

從勢格(종세격)이란 日主(일주)가 根(근)이 없고, 四柱(사주)에 食傷(식상) 財星(재성) 官星(관성)이 同等(동등)하게 旺(왕)하여 그 强弱(강약)을 구분할 수 없는 사주를 말한다.

---

23)
"丁庚癸癸
亥申亥酉
丁戊己庚辛壬
巳午未申酉戌
庚金生于孟冬, 水勢當權, 金逢祿旺, 時干丁火無根, 局中氣勢金水, 亦從金水而論, 丁反爲病.". 任鐵樵 增注. 袁樹珊 撰輯. 『滴天髓闡微』. 臺北: 武陵出版有限公司, 1999. p.333.

1949年 음력 5월 28일 사시생 (女命)

辛 乙 庚 己
巳 酉 午 丑

75 65 55 45 35 25 15 05
戊 丁 丙 乙 甲 癸 壬 辛
寅 丑 子 亥 戌 酉 申 未

이 命造(명조)는 乙木(을목)이 午月(오월)에 生(생)하여 傷食(상식)과 財星(재성)과 官星(관성)만으로 균등하게 이루어지고 의지처가 없으므로 從勢格(종세격)이 된다.

3.1.3.2.4 母慈滅子格(모자멸자격)

母慈滅子格(모자멸자격)은 太旺(태왕)한 印星(인성)이 欠(흠)이 된다. 比刦運(비겁운)만은 太旺(태왕)한 印星(인성)을 泄氣(설기)하여 日元(일원)을 도우니 吉(길)하다.

"戊辛丙戊
戌丑辰戌
壬辛庚己戊丁
戌酉申未午巳
辛金(신금)이 季春(계춘)에 生(생)하여 四柱(사주)에 모두 土(토)이므로, 丙火官星(병화관성)은 元神(원신)에 모두 泄氣(설기)되며, 土(토)가 重(중)하여 埋金(매금)이 되니 母慈滅子(모자멸자)다."[24]

라고 하여 母慈滅子格의 성립에 대해서 말하고 있다.

상기와 같이 格局論에 대해서 살펴 보았다.

따라서 **(의뢰인)1981년 양력 2월 15일 08:00~09:00時前에 태어난 남자.**

戊 甲 庚 辛

辰 子 寅 酉

74 64 54 44 34 24 14 04

壬 癸 甲 乙 丙 丁 戊 己

午 未 申 酉 戌 亥 子 丑

① 격국

이 명조는 甲木日主가 寅月의 比肩月에 태어났으므로 正格中에도 比肩格에 해당한다.

---

24)
"戊辛丙戊
戌丑辰戌
壬辛庚己戊丁
戌酉申未午巳
辛金生於季春, 四柱皆土, 丙火官星, 元神泄盡, 土重金埋, 母多滅子.". 任鐵樵 增注. 袁樹珊 撰輯. 『滴天髓闡微』. 臺北: 武陵出版有限公司, 1999. p.362.

*. 月建(月支)

氣象의 變化를 특정인에게 대입해서 그 사람의 吉凶禍福을 예측하는 학문이 四柱命理學이다.

. 寅卯辰月은 봄의 계절로 나무에서 새싹이 나와서 자라듯이 나무(木)의 氣가 旺盛한 때이므로 이때 태어난 사람은 木氣의 영향을 가장 크게 받는다.

. 巳午未月은 여름의 계절로 무더운 열기에 나무가 무성하게 자라듯이 불(火)의 氣가 왕성한 때이므로 이때 태어난 사람은 火氣의 영향을 가장 크게 받는다.

. 申酉戌月은 가을의 계절로 서늘한 肅殺의 氣에 나무가 열매를 맺듯이 쇠(金)의 氣가 旺盛한 때이므로 이때 태어난 사람은 金氣의 영향을 가장 크게 받는다.

. 亥子丑月은 겨울의 계절로 춥고 濕한 氣에 나무가 열매를 감추듯이 물(水)의 氣가 왕성한 때이므로 이때 태어난 사람은 水氣의 영향을 가장 크게 받는다.

이처럼 季節을 나타내는 生月支(月建)가 그 사람의 四柱八字에서 가장 큰 영향을 미치게 됨을 알 수 있다.

3.2 月建의 重要性[25]

"四柱八字 中 月建(季節)의 重要性을 왜 그렇게 강조하고 있을까.

. 天干은 輕하고 地支는 重하기 때문에 地支가 天干보다 더 重要함은 익히 알고 있을 것이다.

. 地支 中에서도 月建은 집에 비유하면 주춧돌이고 기둥과도 같다. 왜 그런지 分析해보자.

命理學은 自然氣象의 變化가 特定命造에게 特定時點에 어떠한 영향을 미쳐오는가를 糾明하는 學問이라고 할 수 있다. 그러면 自然氣象 中 다른 조건은 모두 일정하다고 가정하고 氣溫의 變化만을 獨立變數로 놓을 때, 그 氣溫의 變化가 年, 月, 日, 時에 따라서 四柱에 각각 어느 정도의 影響을 미치고 있는지를 알아보기로 한다. 그리고 또 하나의 조건은 氣溫間의 비교는 年度別 月別 日別 時刻別의 加重値를 적용하지 아니하고 單純比較를 原則으로 하여 單純化하였다.

2008年 12月 22日(陰, 戊子年 11月 25日) 서울의 最低 溫度가 -10℃, 最高 溫度가 -2℃ 라고 한다.[26]

① 年支를 비교하면, 前해(丁亥年) 12月 22日의 氣溫도 今年(戊子年) 12月 22日의 溫度와 별 差異가 없다. 즉 기온차이로 본다면 年支에 의한 변화

---

25) 유경진, 『사주용신 및 통변론』, (역림관), 2011년, pp.861~863.
26) 조선일보, 2008년 12월 22일, A1면.

는 그 영향력이 微微(미미)함을 알 수 있다.

② 日支(일지)를 비교하면, 어제와 오늘의 氣溫差異(기온차이) 또한 微微(미미)함을 알 수 있다.

③ 時支(시지)를 비교하면, 2008年(년) 12月(월) 22日(일) 子時(자시)서부터 亥時(해시)까지 最低氣溫(최저기온)이 -10℃이고 最高氣溫(최고기온)이 -2℃이니 時間(시간)의 變化(변화)에 따라 氣溫(기온)의 差異(차이)는 8℃정도에 불과함을 알 수 있다.

④ 月支(월지)를 比較(비교)하면, 冬月(동월)의 最低氣溫(최저기온)이 -20℃정도이고 夏節(하절)의 最高氣溫(최고기온)은 35℃정도이다. 무려 50℃以上(이상)의 기온차이가 난다. 그러므로 四柱八字中(사주팔자중)에서 月支(월지)의 비중이 가장 크다.

이 때문에 命理書(명리서)마다 月建(월건)의 重要性(중요성)을 그처럼 강조하고 있다. 따라서 우리는 月建(월건)이 내포하고 있는 五行(오행)이 어느 六神(육신)에 속하는가에 따라서 正格(정격)의 格局(격국)이 定(정)해지고, 强弱(강약)과 寒熱(한열)을 區分(구분)하는데도 基準(기준)이 됨을 알 수 있다."

月建(월건)의 重要性(중요성)에서 비교분석한 결과에서도 나타나듯이 月支(월지) 時支(시지) 日支(일지) 年支順(년지순)으로 그 사람의 사주팔자에 영향력을 미친다. 이 영향력의 順序(순서)는 다음에 나오는 用神論(용신론)의 核心(핵심)인, 用神(용신)을 가려내는데 根幹的(근간적) 基準(기준)이 된다.

앞에서 사주팔자원국을 세우고 大運(대운)과 歲(年)運(세년운)을 定(정)하는 法(법)을 알았다.

그리고 어느 부류에 속하는 命造(명조)인지를 알아보기 위하여 格局(격국)을

定(정)하는 法(법)을 살펴보았다.

다음 절차는 四柱命理學(사주명리학)에서 가장 난해하고 核心內容(핵심내용)이 되는 用神(용신)을 가려내어야 한다. 용신을 정확하게 가려내어야 지나온 過去(과거)의 吉凶(길흉)을 짚어볼 수 있고, 現在(현재)는 어떠한 상황에 놓여 있으며, 앞으로 다가올 좋고 나쁜 삶에 대한 올바른 예측이 가능하다. 그리고 用神(용신)에 따라서 職業適性(직업적성)과 事業運(사업운), 配偶者關係(배우자관계), 父母兄弟(부모형제)와 子息關係(자식관계) 등을 알 수 있으며 健康(건강)을 예측하는 것도 가능하다.

4. 用神論
용 신 론

命理의 판단은 사주팔자 중에서 日主(日干=命主自身)와 다른 일곱 字를 비교하여 五行上으로 旺한가 弱한가의 관계, 氣象的으로 燥熱한가 寒濕한가의 관계가 어떠한가,

그리고 歲月이 흘러가면서 맞이하는 大運의 天干·地支와 歲(年)運의 天干·地支의 五行調和는 어떻게 變化하느냐를 가지고 결정하게 된다. 다시 말해서 명리의 판단은 四柱原局上에서 日干을 제외한 다른 일곱 字와 大運의 두 字와 歲運의 두 字가 五行上으로 日干에게 좋은 作用을 하느냐 나쁜 작용을 하느냐를 가지고 결정하게 된다.

이 명리의 판단을 하기위하여 이제까지는 四柱八字原局을 세우고 大運과 歲運을 定하는 방법을 알았다. 다음은 앞에서 定해진 사주원국에서 日干을 제외한 다른 일곱 字와 大運의 두 字와 歲運의 두 字가 五行上으로 일간에게 미치는 길흉관계를 각각 알아보아야 한다. 이 길흉관계를 알아보려면 우선 사주원국에서 用神을 가려내

어야 한다. 用神은 다음과 같다.

4.1 用神의 槪念

正格에서의 命理學의 解法은 强弱[27]과 寒熱의 調和 즉 中和에 있는데, 그 强弱과 寒熱의 均衡을 이루는데 가장 核心이 되는 五行 혹은 六神을 用神이라고 한다.

變格에서의 命理學의 解法은 從하는데 있으므로 變格의 用神은 從하는 五行 혹은 六神이다.

4.2 用神의 種類

27) 사전적 의미로는 强과 弱이 서로 대응하는 개념이고 旺과 衰가 서로 대응되는 개념이니 强弱과 旺衰로 표현하는 것이 맞다. 그러나 오늘날까지 命理學에서는 旺弱으로 많이 쓰고 있다. 즉 身旺한 四柱다. 身弱한 四柱다. 라는 표현으로 많이 쓰고 있다.

抑扶用神: 四柱原局에서 日干을 중심으로 볼 때, 强하면 덜어주고 弱하면 도와주는 五行 혹은 六神을 말한다.

調候用神: 四柱原局에서 日干을 중심으로 볼 때, 더우면 식혀주고 추우면 데워주는 五行 혹은 六神을 말한다.

病藥用神: 四柱原局에서 日干을 중심으로 볼 때, 四柱原局에 病이 있으면 그 病을 除去해주는 五行 혹은 六神을 말한다.

通關用神: 四柱原局에서 日干을 중심으로 볼 때, 두 가지의 五行이 서로 대치하여 敵對관계에 있다면 그 사이를 疏通시켜주는 五行 혹은 六神을 말한다.

이들 네 가지 用神은 보통 正格命造에 쓰이는 用神의 槪念이다.

變格의 用神: 正格에 대해서 例外가 있는데 이는 變格命造에 쓰이는 用神으로서 從하는 五行 혹은 六神이 바로 用神이다.

4.3 用神과 關聯된 理論

四柱命理學에서의 用神은 命理理論에 綜合的이고도 複合的으

로 접근할 때, 비로소 五行中和(오행중화)의 실현점인 用神(용신)을 찾아낼 수 있다.

이와 관련되는 理論(이론)을 分類(분류)해보면 아래와 같다.

用神(용신)과 關聯(관련)된 理論(이론)

關聯理論(관련이론)	諸理論(제이론)	備考(비고)
格局論(격국론)	格局論(격국론), 月建(월건)의 重要性(중요성)	
抑扶用神(억부용신)	中和論(중화론), 節氣(절기)의 深淺(심천), 十二月(십이월)의 五行(오행) 旺弱(왕약), 胞胎法(포태법), 月建(월건)의 重要性(중요성), 生剋喜忌論(생극희기론), 通根論(통근론), 日主喜忌論(일주희기론), 强弱論(강약론), 六神論(육신론), 蓋頭說(개두설), 動靜說(동정설)	
調候用神(조후용신)	寒暖燥濕論(한난조습론), 日主喜忌論(일주희기론), 中和論(중화론)	
病藥用神(병약용신)	病藥說(병약설)	
通關用神(통관용신)	通關論(통관론)	

(資料(자료): 論者(논자)가 聚合(취합)하고 作成(작성))

4.3.1 格局論(격국론)

格局論(격국론)과 관련된 理論(이론)

格局論(격국론)과 관련되는 理論(이론)으로는 格局論(격국론)과 月建(월건)의 重要性(중요성)이 있다.

4.3.1.1 格局論(격국론)

. 하나는 月支(월지)가 日干(일간)에 대하여 어느 六神(육신)에 속하며 또 관련이 있는가에 따라서 분류되는데, 여기에는 正官格(정관격), 偏官格(편관격), 正印格(정인격), 偏印格(편인격), 正財格(정재격), 偏財格(편재격), 傷官格(상관격), 食神格(식신격), 刦財格(겁재격), 比肩格(비견격)의 열 가지가 있고, 이들은 五行(오행)의 生剋制化(생극제화)를 통하여 中和(중화)가 실현되는 正格(정격)에 속한다.

. 다른 하나는 五行(오행)의 氣勢(기세)에 따라 분류되는 變格(변격)이 있는데, 여기에는 專旺格(전왕격)에 속하는 木曰曲直格(목왈곡직격), 火曰炎上格(화왈염상격), 土曰稼穡格(토왈가색격), 金曰從革格(금왈종혁격), 水曰潤下格(수왈윤하격)이 있다. 그리고 從格(종격)에 속하는 棄命從殺格(기명종살격), 從印格(종인격), 棄命從財格(기명종재격), 棄命從兒格(기명종아격)이 있다. 또 化格(화격)에 속하는 丁壬合化木格(정임합화목격), 戊癸合化火格(무계합화화격), 甲己合化土格(갑기합화토격), 乙庚合化金格(을경합화금격), 丙辛合化水格(병신합화수격)이 있다. 그리고 또 兩神成象格(양신성상격), 從强格(종강격), 從氣格(종기격), 從勢格(종세격), 母慈滅子格(모자멸자격)이 있다. 여기에 대해서는 앞에서 이미 설명한 바 있다.

4.3.1.2 月建(월건)의 重要性(중요성)

月支(월지) 時支(시지) 日支(일지) 年支(년지)의 크기순으로 일간에게 영향력을 준다는 것도 이미 앞에서 설명한 바 있다.

* 實觀(실관)을 통하여 경험한 바로는 月支(월지)가 사주 여덟 자 전체에서

日干에게 미치는 영향력은 30% 이상이다.

4.3.2 抑扶用神

抑扶用神과 관련되는 이론

抑扶用神과 관련되는 이론에는, 中和論, 節氣의 深淺, 十二月의 五行 旺弱, 胞胎法, 月建의 重要性, 生剋喜忌論, 通根論, 日主喜忌論, 强弱論, 六神論, 蓋頭說, 動靜說이 있다.

4.3.2.1. 中和論

사주팔자에서 用神과 그 用神을 生하는 喜神과 그 용신을 剋하는 病神(忌神)과 그 病神을 剋制하는 藥神 等의 構造가 中道를 지키고 있으며, 五行이 서로 調和를 이루고 있으면 이것을 中和라고 한다. 즉 原局에 五行을 모두 구비하고 冲破가 없으며 天干과 地支가 서로 生助해 주고 있을 뿐만 아니라 有情하여 一字 一字가 精神이 뚜렷하고 氣和團結하며 燥熱한 中에 潤濕하고 寒濕한 中에 溫暖하면 富貴할 사람이다. 그리고 中和를 實現하는 五行이 곧

用神(용신)이 된다. 强弱(강약)과 寒熱(한열)의 調和點(조화점)을 이루는 五行(오행) 즉 用神(용신)이라는 用語(용어)의 導入(도입)은 中和思想(중화사상)에 연유하고 있다고 볼 수 있다.

4.3.2.2 節氣(절기)와 그 深淺(심천)

4.3.2.2.1 節氣(절기)

四柱命理學(사주명리학)의 原理(원리)는 氣象(기상)의 變化(변화)를 五行(오행)과 陰陽(음양)의 記號(기호)인 天干(천간)과 地支(지지)로 표현하는 것이다. 따라서 사주명리학의 모든 標準(표준)은 氣象(기상)의 法則(법칙)에 두게 되는데, 氣象變化(기상변화)의 過程(과정)으로서의 節氣(절기)는 月節變化(월절변화)의 標準(표준)이 되기 때문에 매우 重要(중요)한 根幹的(근간적) 基準(기준)이 된다.

節氣(절기)의 사전적 의미는 한 해를 스물넷에 등분한 하나라고 되어 있다. 이 24節候(절후)는 12節(절)과 12候(후)를 말한다.

月令(월령)은 立春(입춘), 驚蟄(경칩), 淸明(청명) 等(등)의 해당 節氣(절기)가 드는 時刻(시각)부터 바뀐다. 예를 들면 立春(입춘) 時刻(시각) 前(전)은 前年(전년) 丑月(축월)로 봐야 하고, 立春時刻(입춘시각) 以後(이후)부터는 新年(신년) 正月(정월)로 봐야 한다.

*. 1年(년) 12月(월)의 節(절)(節入時點基準(절입시점기준))과 候(후)(中氣(중기))참조

4.3.2.2.2 節氣의 深淺

節氣의 深淺이란 한 節氣(正月을 예를 들면, 正月의 시작인 立春節入日時刻부터 그다음달인 二月의 시작인 驚蟄節入日時刻前까지)가 進行되는 가운데서도 時間이 경과함에 따른 氣象의 變化에 의해 五行의 生成造化가 어떠한 秩序속에 끊임없이 일어나고 있다. 이 生成造化가 바로 十二地支 안에 숨어 있는 天干의 變化이다

앞에서 본 地藏干圖表에서, 寅月의 경우를 보면 寅月은 丑月의 繼續月로서 丑土餘氣가 넘어옴으로 初期는 戊土가 7日2分半이요 次期는 丙火가 7日2分半을 得勢하며, 그 후 16日2分半은 寅中의 正氣인 甲木이 管掌하는 것으로 되어 있다.

예를 들면, 1968年 음력 4月 7日 22:30分 여성. (淸明: 음력 3月 8日 02時 21分, 立夏: 음력 4月 8日 19時 56分)

時 日 月 年

乙 甲 丙 戊

亥 戌 辰 申

80 70 60 50 40 30 20 10

戊 己 庚 辛 壬 癸 甲 乙

申 酉 戌 亥 子 丑 寅 卯

淸明 以後 29日 째, 立夏 1日 前으로 辰中의 戊土가 管掌하는 때이니 乙亥時가 生扶하지만 剋泄이 겹쳐오니[28] 身弱한 命造로 판단한다. 다시 설명하면 日干인 甲木은 나 자신이다. 丙火는 木의 生을 받는 관계이므로 甲木의 힘을 빼앗아가는 관계 즉 甲木의 氣를 泄氣한다. 戊·辰·戌土의 財星은 비록 내가 克하지만 나와 대치하는 관계이니 나를 힘들게 하면서 나를 克하는 申金을 生하여 준다. 그리고 乙木은 나의 劫財로서 나의 財産을 빼앗아가는 관계이

28) 갑목일주가 辰月의 토왕절에 태어나 丙火食神이 갑목일주를 泄氣하고 갑목일주가 戊·戌·辰土財星을 克하고 申金官星이 일주를 극해오니 즉 食神은 泄氣하고 財星과 官星은 日主와 克하는 관계가 되니 克泄이 겹친다는 것이다.

지만 나의 兄弟(형제)로서 나를 돕는 관계이다. 亥水(해수)는 甲木(갑목)을 生(생)해주는 印星(인성)이다. 이와 같이 세분해 본 결과 나 즉 甲木(갑목)을 제외한 일곱 字(자) 中(중)에서 乙木(을목)과 亥水(해수) 2字(자)만 나를 돕고 生(생)해주니 나의 편이다. 그러나 丙火(병화)와 戊·辰·戌土(무진술토)와 申金(신금) 5字(자)는 내편이 아니다. 내편보다 내편이 아닌 五行(오행)이 더 많으니 이 命造(명조)는 身弱(신약)한 四柱(사주)다. 그러면 이 命造(명조)에서 나를 도와주고 生(생)하는 乙木(을목)과 亥水(해수) 中(중)에 어느 것을 用神(용신)으로 쓸 것인가에 대해서 생각해보자. 나를 힘들게 하는 5字(자) 中(중)에서도 나를 가장 힘들게 하는 五行(오행) 혹은 六神(육신)은 30% 이상의 영향력을 차지하는 月支(월지)인 辰土(진토)와 다른 戊·戌土(무술토) 즉 財星(재성)이다. 이 財星(재성) 즉 土(토)를 除去(제거)해주는 五行(오행)인 乙木(을목)이 用神(용신)이 된다. 이렇게 세부적으로 분석해가면 사주명리학을 몇 十年(십년)동안 공부하고서도 水木用神(수목용신)이니 火土用神(화토용신)이니 金水用神(금수용신)이니 하는 말은 아니 하게 된다. 特定命造(특정명조)에서 用神(용신)은 한 가지 五行(오행)일 뿐 여러 가지 五行(오행)이 한꺼번에 用神(용신)이 될 수는 없다. 이점 銘心(명심)하시길---

* 여기에서 土(토) 즉 財星(재성)은 나중에 설명하게 될 病藥用神(병약용신)에서 말하는 病(병)이 되는 것이다.

4.3.2.3 十二月의 五行 强弱

. 木(나무)은 寅月과 卯月에 스스로 강한 때이니 旺하며 亥月과 子月은 生함을 받는 달이기 때문에 强하고 다른 달은 弱하다.

. 火(불)는 巳月과 午月에 스스로 강하므로 强하며 寅月과 卯月은 生함을 받는 달이니 强하고 他月은 弱하다.

. 土(흙)는 辰·未·戌·丑月에 自强한 때이니 强하며 巳·午月에는 生함을 받는 달이니 强하고 다른 달은 弱하다.

. 金(쇠)은 申月과 酉月에 스스로 강하므로 强하고 辰·戌·丑·未月은 生함을 받는 달이므로 强하고 他月은 弱하다.

. 水(물)는 亥月과 子月에 스스로 강한 때이니 强하며 申月과 酉月은 生함을 받으므로 强하고 他月은 弱하다.

위에서와 같이 月別로 주관하는 五行과 그 强·弱을 앎으로서 四柱八字의 强弱과 寒熱을 용이하게 구분하여 용신을 쉽게 가려낼 수 있다.

4.3.2.4 胞胎法(포태법)

胞胎法(포태법)은 이미 앞에서 十二運養生圖(십이운양생도)라고 하여 제시한바 있다. 이것은 甲·乙·丙·丁·戊·己·庚·辛·壬·癸(갑을병정무기경신임계)의 十天干字(십천간자)가 子·丑·寅·卯·辰·巳·午·未·申·酉·戌·亥(자축인묘진사오미신유술해)의 十二地支字中(십이지지자중) 어느 地支(지지)를 만났을 때 生旺(생왕)의 氣(기)를 얻고 어느 지지를 만났을 때 死絶(사절)되는 관계를 말한다.

예를 들면 日主(일주)가 長生(장생)부터 시작하여 沐浴(목욕) 冠帶(관대) 臨官(임관)을 거치면서 점차 旺盛(왕성)해지다가 帝旺(제왕)에서 왕성함이 極(극)에 이른다. 그리고는 다시 衰地(쇠지)로부터 시작하여 病(병) 死(사) 葬(장)(墓(묘))을 거치면서 점차 쇠약해지다가 絶地(절지)에서 衰(쇠)함이 極(극)에 이른다. 胎(태)와 養(양)은 衰弱(쇠약)의 極(극)함과 장차 왕성해지는 長生(장생)의 中間(중간) 단계이나 대체적으로 弱(약)한 地支(지지)에 속한다. 이처럼 胞胎法(포태법)은 四柱(사주)를 풀어나가는데 그 强弱(강약)을 구분할 수 있는 아주 重要(중요)한 기준이 되기 때문에 빼놓을 수 없는 이론이다.

身强(신강)한 命造(명조)는 五行(오행)의 剋泄(극설)이 되는 死絶地(사절지)를 만나야 吉(길)하고 身弱(신약)한 四柱(사주)는 五行(오행)의 生助(생조)가 되는 生旺地(생왕지)를 만나야 吉(길)하다.

4.3.2.5 月建(월건)의 중요성

月建(월건)(월지)은 格局(격국)을 定(정)하는 기준이 될 뿐만 아니라, 强弱(강약)에 의한 抑扶用神(억부용신)을 가려내는데도 기준이 된다.

4.3.2.6 生剋喜忌論(생극희기론)

四柱八字(사주팔자)에는 强弱(강약)과 더불어 調候(조후)가 中和(중화)를 이루어야 가장 이상적인 命造(명조)가 된다. 너무 지나친 것도 欠(흠)이요 너무 부족한 것도 欠(흠)이 된다. 그래서 남아도는 것은 덜어내고 모자라는 것은 보태주어야 한다. 여기서는 五行(오행) 및 六神(육신)의 過·不及(과불급)으로 因(인)한 利害(이해)에 대해서 알아보기로 한다.

4.3.2.6.1 身旺(신왕)에 官星(관성)의 利(리)

木日干(목일간)의 관성 즉 木(목)을 극하는 金(금)은 목의 官星(관성)이 된다.

火日干(화일간)의 관성 즉 火(화)를 극하는 水(수)는 화의 관성이 된다.

土日干(토일간)의 관성 즉 土(토)를 극하는 木(목)은 토의 관성이 된다.

金日干(금일간)의 관성 즉 金(금)을 극하는 火(화)는 금의 관성이 된다.

水日干(수일간)의 관성 즉 水(수)를 극하는 土(토)는 수의 관성이 된다.

木(목)이 旺(왕)하면 金(금)을 만나서 木(목)을 다듬어 주어야 材木(재목)을 作成(작성)하고,

火(화)가 旺(왕)하면 水(수)를 만나서 식혀주어야 旣濟(기제)의 功(공)을 얻으며,

土(토)가 旺(왕)하면 木(목)을 만나야 疏通(소통)이 되는 功(공)이 있다. 그리고

金(금)이 旺(왕)하면 火(화)를 만나서 鍊金(연금)을 해주어야 器物(기물)을 作成(작성)하고,

水(수)가 旺(왕)하면 土(토)를 만나야 못과 늪의 功(공)이 있다.

4.3.2.6.2 身弱(신약)에 官星(관성)의 害(해)

木(목)이 弱(약)한데 金(금)을 만나면 木(목)이 부러지고,

火弱(화약)에 水(수)를 만나면 꺼져버리며,

土弱(토약)에 木(목)을 만나면 허물어진다. 또

金弱(금약)에 火(화)를 만나면 녹아버리고,

水弱(수약)에 土(토)를 만나면 막히게 된다.

4.3.2.6.3 印星過多(인성과다)의 害(해)

木日干(목일간)의 인성 즉 목을 생하는 水(수)는 木(목)의 印星(인성)이다.

火日干(화일간)의 인성 즉 화를 생하는 木(목)은 火(화)의 印星(인성)이다.

土日干(토일간)의 인성 즉 토를 생하는 火(화)는 土(토)의 印星(인성)이다.

金日干(금일간)의 인성 즉 금을 생하는 土(토)는 金(금)의 印星(인성)이다.

水日干(수일간)의 인성 즉 수를 생하는 金(금)은 水(수)의 印星(인성)이다.

木日主(목일주)가 水(수)가 많으면 木(목)은 떠다니고,

火日主(화일주)가 木(목)이 많으면 火(화)는 질식해서 꺼지며,

土日主(토일주)가 火(화)가 많으면 土(토)가 마른다. 그리고

金日主(금일주)가 土(토)가 많으면 金(금)은 묻히고,

水日主(수일주)가 金(금)이 많으면 水(수)가 濁(탁)해진다.

이는 身主(신주)가 弱(약)한 四柱(사주)에 印星(인성)이 太過(태과)하면 病(병)이 되는 경우이다.

4.3.2.6.4 財多身弱(재다신약)의 害(해)

木日干(목일간)의 재성 즉 목이 극하는 土(토)는 木(목)의 財星(재성)이다.

火日干(화일간)의 재성 즉 화가 극하는 金(금)은 火(화)의 財星(재성)이다.

土日干(토일간)의 재성 즉 토가 극하는 水(수)는 土(토)의 財星(재성)이다.

金日干의 재성 즉 금이 극하는 木은 金의 財星이다.
금일간 목 금 재성

水日干의 재성 즉 수가 극하는 火는 水의 財星이다.
수일간 화 수 재성

木日主가 土가 많으면 목은 부러지고,
목일주 토

火日主가 金이 많으면 火는 꺼지며,
화일주 금 화

土日主가 水가 많으면 土가 붕괴된다. 그리고
토일주 수 토

金日主가 木이 强하면 금은 이지러지고,
금일주 목 강

水日主가 火旺하면 수는 증발해버린다.
수일주 화왕

4.3.2.6.5 食神과 傷官過多의 害
식신 상관과다 해

木日干의 食神과 傷官 즉 木이 生하는 火는 木의 食·傷이다.
목일간 식신 상관 목 생 화 목 식상

화일간의 식신과 상관 즉 화가 생하는 土는 火의 食·傷이다.
토 화 식상

토일간의 식신과 상관 즉 토가 생하는 金은 土의 食·傷이다.
금 토 식상

금일간의 식신과 상관 즉 금이 생하는 水는 金의 食·傷이다.
수 금 식상

수일간의 식신과 상관 즉 수가 생하는 木은 水의 食·傷이다.
목 수 식상

木日主가 火가 많으면 木은 타버리고,
목일주 화 목

火日主가 土가 많으면 火는 어두워지며,

土日主가 金이 많으면 土가 變한다. 그리고

金日主가 水가 많으면 金은 가라앉으며,

水日主가 木이 많으면 水가 收縮(오그라짐)된다.

이는 虛弱한 日主에 食傷의 洩氣가 많으면 不利함을 말한다.

4.3.2.6.6 太旺에 食傷의 利

太旺이라고 함은 實觀을 통해서 얻은 경험에 의하면, 月支를 포함해서 日干을 도와 주는 比劫과 日干을 生해주는 印星의 合이 다섯 개 이상인 命造를 말한다. 즉 日干과 比劫과 印星을 모두 合해서 여섯 개 이상인 命造를 말한다.

이와 같이 태왕한 명조를 官星으로 제어하면 太旺함이 弱한 官星에 반발하므로 凶하고, 財星으로서 太旺함과 대치시켜서 제어한다고 하더라도 태왕함이 弱한 財星에 반발하므로 凶하다. 따라서 댐이 무너졌을 때 댐의 물을 작은 가래(財星과 官星)로 막기 보다는 食傷을 써서 그 물이 잘 흘러가도록 길을 터주어야 한다. 따라서 太旺한 命造는 食傷을 써서 泄氣(자연스럽게 흘러 가도록함.)함이 타당하다.

太旺한 木日主는 식상인 火를 써서 설기하고,

太旺한 火日主는 식상인 土를 써서 설기하고,

太旺한 土日主는 식상인 金을 만나서 설기하여야 길하다. 또

太旺한 金日主는 식상인 水를 만나서 설기하고,

太旺한 水日主는 식상인 木을 만나서 설기하여야 吉하다.

命造를 접할 때, 以上에서 본 바와 같이 五行과 六神의 太過·不及으로 因하여 나타나는 利害를 活用하면 抑扶用神을 보다 더 쉽게 가려낼 수 있다.

4.3.2.7 通根論

*. 앞에 나온 지지에 숨어있는 天干 즉 地支藏干은 암기하여야 한다.

天干의 五行이 地支에 동류의 五行이 있으면 通根하여 강왕한 生助를 얻어서 實하게 된다. 이 때문에 用神 喜神 藥神이 地支에 通根이 되어 있으면 貴命이 될 수 있지만, 凶神이 通根되어 있으면

不吉(불길)하다. 그래서 이 通根論(통근론) 또한 命造(명조)의 强弱(강약)을 구분하는데 중요한 기준이 된다. 通根(통근)의 强弱(강약)은 다음과 같으며, 地支(지지)에 印星(인성)이 있어도 通根(통근)이라 할 수 있다.

甲木(갑목): 갑목은 寅中(인중)의 갑목과 亥(해)중의 갑목에 通根(통근)하고, 다음으로 卯(묘)중의 을木(목)과 未(미)중의 을목과 辰(진)중의 을목에 通根(통근)한다.

乙木(을목): 卯中(묘중)의 을목과 未(미)중의 을목과 辰(진)중의 을목에 통근하고, 다음으로 寅中(인중)의 갑목과 亥(해)중의 갑목에 통근한다

丙火(병화): 寅中(인중)의 병화와 巳(사)중의 병화에 통근하고, 다음으로 午(오)중의 丁火(정화)와 未中(미중)의 정화와 戌(술)중의 정화에 통근한다.

丁火(정화): 午中(오중)의 정화와 未(미)중의 정화와 戌(술)중의 정화에 통근하고, 다음으로 寅中(인중)의 병화와 巳(사)중의 병화에 통근한다.

戊土(무토): 寅中(인중)의 무토와 辰(진)중의 무토와 巳(사)중의 무토와 戌(술)중의 무토에 통근하고, 다음으로 丑(축)중의 기토와 午(오)중의 기토와 未(미)중의 기토에 통근하며, 申中(신중)에 戊己(무기)가 있고 亥中(해중)에도 戊土(무토)가 있으나 통근하기에는 극히 微弱(미약)하다.

己土(기토): 丑中(축중)의 기토와 午(오)중의 기토와 未(미)중의 기토에 통근하고, 다음으로 寅(인)중의 무토와 辰(진)중의 무토와 巳(사)중의 무토와 戌(술)중의 무토에

통근하며, 申中(신중)에 戊己(무기)가 있고 亥中(해중)에도 戊土(무토)가 있으나 통근하기에는 극히 微弱(미약)하다.

庚金(경금): 巳(사)중의 경금과 申(신)중의 경금에 통근하고, 다음으로 丑(축)중의 辛金(신금)과 酉中(유중)의 辛金(신금)과 戌(술)중의 辛金(신금)에 통근한다.

辛金(신금): 丑(축)중의 辛金(신금)과 酉(유)중의 辛金(신금)과 戌中(술중)의 辛金(신금)에 통근하고, 다음으로 巳中(사중)의 庚金(경금)과 申中(신중)의 庚金(경금)에 통근한다.

壬水(임수): 申(신)중의 임수와 亥(해)중의 임수에 통근하고, 다음으로 子(자)중의 계수와 丑(축)중의 계수와 辰(진)중의 계수에 통근한다.

癸水(계수): 子中(자중)의 癸水(계수)와 丑(축)중의 계수와 辰(진)중의 계수에 통근하고, 다음으로 申(신)중의 임수와 亥(해)중의 임수에 통근한다.

4.3.2.8 日主喜忌論(일주희기론)

日主喜忌論(일주희기론)은 『窮通寶鑑(궁통보감)』의 中心內容(중심내용)이며, 이 이론은 中和(중화)의 思想的(사상적) 값인 用神(용신)을 定하데 근간적 기준이 된다. 抑扶用神(억부용신)의 개념에서의 일주희기론은 日干(일간)을 中心(중심)으로 볼 때 强(강)하면 制伏(제복)하여야하고 弱(약)하면 生扶(생부)하여야함을 말한다.

4.3.2.9 强弱論(강약론)

4.3.2.91 身强(신강)의 成立條件(성립조건)

日干(일간)이 印星(인성)이나 比刦月(비겁월)에 生(생)하고, 印星(인성)과 比刦(비겁)이 他(타) 六神(육신)보다 더 많아야 한다. 身强(신강)의 區別(구별)은 다음과 같다.

가장 强(강)한 四柱(사주)는, 日主(일주)가 建祿(건록)이나 羊刃月(양인월)에 태어나고 모두가 印星(인성)과 比刦(비겁)이면 가장 强(강)한데, 이 경우는 專旺格(전왕격)이 되는 경우가 대부분이다. 木日主(목일주)인 경우의 예를 들면 다음 명조와 같다.

1962년 양력 3월 18일 06시 10분 여자

己 乙 癸 壬
卯 卯 卯 寅

74 64 54 44 34 24 14 04
乙 丙 丁 戊 己 庚 辛 壬
未 申 酉 戌 亥 子 丑 寅

이 명조는 乙木日主(을목일주)가 建祿(건록)인 卯月(묘월)에 태어나 寅·卯·卯·卯(인묘묘묘)의 比劫(비겁)이 넷이고 壬·癸水(임계수)의 印星(인성)이 둘이니 四柱八字(사주팔자) 中(중)에서 나와 나를 생해주거나 도와주는 오행이 모두 일곱 字나 되니 太旺이 極에 이르렀다. 따라서 木으로 凝集되어 있으니 木曰曲直格이다. 木旺한 卯月의 己土는 뿌리가 없으므로 태약하여 日干에게 미치는 영향력은 거의 없다.

다음으로 太旺한 四柱는, 日主가 印星이나 比刦月에 태어나고 印星과 比刦이 다섯 혹은 여섯 개이고 食傷이 발달되어 있으면, 印綬格이나 比刦格으로서 태왕한 氣를 泄氣함을 기뻐한다. 木日主인 경우의 例를 들면 다음 명조와 같다.

1999년 양력 3월 4일 14시 10분 여자

癸 乙 丙 己
未 卯 寅 卯

71 61 51 41 31 21 11 01
甲 癸 壬 辛 庚 己 戊 丁
戌 酉 申 未 午 巳 辰 卯

이 명조는 乙木日主가 比劫인 寅月에 태어나 卯寅과 卯合未化木의 비겁이 일주를 도우고 印星인 癸水가 日主를 生하고 있으니 태왕하다. 태왕한자는 泄氣함을 기뻐하니 寅中의 병화에 뿌리를 둔

丙火(병화)를 써서 태왕한 목의 기운을 泄氣(설기)하여야한다. 즉 丙火(병화)가 설기하는 用神(용신)이다.

*. 앞에서 三合(삼합)에는 해묘미목, 인오술화, 사유축금, 신자진수가 있음을 알았다. 三合(삼합)의 三字(삼자) 中(중)에 한 字(자)가 부족하면 半合(반합)이라고 한다. 가령 亥卯未三合(해묘미삼합)에서 卯未(묘미), 亥未(해미), 亥卯(해묘)와 같은 경우를 半合(반합)이라고 하는데 合(합)의 효력이 三合(삼합)에 비하여 弱(약)하다.

그 다음으로 强(강)한 사주는, 日主(일주)가 印星(인성)이나 比刦月(비겁월)에 태어나고 印星(인성)과 比劫(비겁)이 네 개 이상이면 身强(신강)한 명조로 본다. 이때는 경우에 따라서 食傷(식상)과 財星(재성)과 官星(관성)이 모두 用神(용신)이 될 수 있다.

1963년 음력 11월 10일 04시 30분생 여자

壬 壬 甲 癸

寅 寅 子 卯

74 64 54 44 34 24 14 04

壬 辛 庚 己 戊 丁 丙 乙

申 未 午 巳 辰 卯 寅 丑

이 명조는 壬水日主(임수일주)가 子月(자월)의 水旺節(수왕절)에 태어나 三水(삼수)가 일주를 돕고 있으니 신왕하고 한습하다. 寒濕(한습)함으로 調候用神(조후용신)을 써야 되겠는데 寅中丙火(인중병화) 외는 火(화)가 없다. 따라서 旺身(왕신)을 泄氣(설기)하는 食傷(식상)인 木(목)이 抑扶用神(억부용신)이고 旺水(왕수)는 用神(용신)인 木(목)을 生(생)할 수 없을 뿐만 아니라 水(수)가 旺(왕)하면 浮木(부목)하므로 오히려 病神(병신)이 되는데 이때 水(수)를 除去(제거)하는 土運(토운)은 藥神(약신)이 된다. 또 金運(금운)은 用神(용신)인 木(목)을 傷害(상해)하는 病神(병신)이 되고 火運(화운)은 病神(병신)인 金(금)을 除去(제거)하는 또 하나의 藥神(약신)이 된다

1947년 음력 6월 1일 신시 여자

庚 戊 丁 丁
申 戌 未 亥

77 67 57 47 37 27 17 07
乙 甲 癸 壬 辛 庚 己 戊
卯 寅 丑 子 亥 戌 酉 申

이 명조는 戊土日主(무토일주)가 劫財(겁재)인 未月(미월)에 태어났으니 劫財格(겁재격)이다. 戊土日干(무토일간)의 劫財(겁재)인 未土(미토)와 비견인 술토가 도우고 正印(정인)인 丁火(정화)가 雙(쌍)으로 生(생)하고 있으니 신강한 사주다. 小暑(소서)를 지나 大暑前(대서전)에 태어났으니 엄청 덥다. 調候用神(조후용신)으로 보면 식혀줄 물(財星(재성))이 필요하므로 물이 용신이다. 抑扶用神(억부용신)의 개념으로 볼 때 火(화)가 왕한 계절인

未月(미월)에 태어난 戊土日主(무토일주)가 雙丁火(쌍정화)(正印(정인))이 生(생)하고 戌土(술토)가 도우고 있으니 인성인 火(화)가 欠(흠)이 된다. 따라서 화를 제거하는 水(수) 즉 財星(재성)이 用神(용신)이 된다.

1949년 음력 1월 18일 유시생 여자

丁 丙 丙 己
酉 子 寅 丑

77 67 57 47 37 27 17 07
甲 癸 壬 辛 庚 己 戊 丁
戌 酉 申 未 午 巳 辰 卯

이 명조는 병화일주가 寅(인)(偏印(편인))月(월)에 태어났으니 偏印格(편인격)이다. 일주인 병화를 생해주는 인성(정인과 편인)인 寅木(인목)이 月令(월령)에서 생해주고 있고 병정의 比劫(비겁)(비견과 겁재)이 도우고 있으니 사주팔자 중에 月支(월지)(30% 이상의 영향력)와 함께 내편은 넷이니 신강한 사주다. 身(신)強(강)한 사주중에서도 丙丙丁(병병정)의 比劫(비겁) 즉 화가 많아서 흠이 되니 흠을 제거해주는 水(수) 즉 官星(관성)이 用神(용신)이 된다.

그 다음으로 強(강)한 명조는, 印星(인성)이나 比刦月(비겁월)에 태어나지는 않았지만 他(타) 地支(지지)에라도 通根(통근)한 印星(인성)과 比劫(비겁)이 넷 이상이면 대체로 身强(신강)한 命造(명조)로 본다.

1968년 음력 1월 20일 14시 00분 남자

己 戊 甲 戊
未 午 寅 申

76 66 56 46 36 26 16 06
壬 辛 庚 己 戊 丁 丙 乙
戌 酉 申 未 午 巳 辰 卯

이 명조는 戊土日主(무토일주)가 偏官(편관)인 寅月木旺節(인월목왕절)의 弱地(약지)에 태어났으나 사주팔자중에 三土(삼토)가 도우고 午火(오화)가 토를 생하니 身强(신강)한 사주로 바뀌었다. 비겁인 토가 많아 欠(흠)이 되니 土(토)를 제거하는 관성 즉 木(목)이 用神(용신)이다.

그 以外(이외)의 印星(인성)이나 比刦月(비겁월)에 태어나지 않고 印星(인성)과 比刦(비겁)이 세 개뿐으로, 강약의 구분이 불분명한 명조는 胎元(태원)[29]과 通根與否(통근여부)와

29) 入胎月(입태월)을 말한다. 月干(월간) 一位(일위) 前(전)과 月支(월지) 四位(사위) 前月(전월). 즉 丁巳月生(정사월생)이라면 前年度(전년도) 戊申月(무신월)에 入胎(입태).

透干與否(투간여부) 등을 참작하여 구분한다.

1941년 음력 3월 10일 0시 30분 남자

甲 甲 壬 辛

子 申 辰 巳

71 61 51 41 31 21 11 01

甲 乙 丙 丁 戊 己 庚 辛

申 酉 戌 亥 子 丑 寅 卯

이 명조는 갑목일주가 偏財星(편재성)인 辰月土旺節(진월토왕절)의 弱地(약지)에 태어나고 辛金正官(신금정관)과 申金偏官(신금편관)이 일주를 극하고 巳火食神(사화식신)이 갑목을 설기하니 身弱(신약)한 명조인듯하다. 그러나 申子辰三合水(신자진삼합수) 즉 인성이 갑목을 생하니 신약한 사주가 오히려 身强(신강)한 사주로 바뀌었다. 신강한 사주에서 比劫(비겁)인 甲木(갑목)과 印星(인성)인 水中(수중)에 많은 인성인 水(수)가 欠(흠)이 되니 그 수(인성)를 제거하는 土(토)(재성)가 用神(용신)이 된다.

4.3.2.9.2 身弱(신약)의 成立條件(성립조건)

日干(일간)이 食傷(식상)이나 財·官星月(재관성월)에 生(생)하고, 印星(인성)과 比刦(비겁)이 他(타) 六神(육신)

보다 더 적어야 한다. 身弱(신약)의 區別(구별)은 다음과 같다.

가장 弱(약)한 命造(명조)는 日主(일주)가 食·傷(식상)이나 財·官月(재관월)에 태어나고 原局(원국)에 印星(인성)과 比刦(비겁)이 전연 없는 경우로, 이때는 本身(본신)을 버리고 他 六神(타육신)으로 從(종)하는 경우가 대부분이다.

1972년 양력 12월 12일 22시 30분 남자

辛 丁 壬 壬
亥 丑 子 子

78 68 58 48 38 28 18 08
庚 己 戊 丁 丙 乙 甲 癸
申 未 午 巳 辰 卯 寅 丑

이 명조는 丁火日主(정화일주)가 子月偏官月(자월편관월)에 태어났으니 偏官格(편관격)이라고 볼 수도 있다. 그러나 壬壬子子亥(임임자자해)의 관성이 정화를 克(극)하고 辛金財星(신금재성)도 일주와 對峙(대치)한 상태이니 정화를 힘들게 한다. 또 食神(식신)인 丑土(축토)는 정화의 氣(기)를 빼앗아 가고 있으니 일주는 의지할 곳이 없다. 따라서 정화일주는 자기를 버리고 太旺(태왕)이 極(극)에 이른 관살인 水(수)를 따르는 수밖에 없다. 그래서 偏官格(편관격)에서 棄命從殺格(기명종살격)으로 變(변)했다.

*. 의지할 곳은 亥中(해중)의 甲木(갑목) 뿐인데 이것마저도 亥子丑北方合水(해자축북방합수)하여 水(수)(관성)로 변해버렸으니 의지할 곳은 전혀 없다.

다음으로 太弱(태약)한 命造(명조)는 日干(일간)이 月支(월지)는 아니더라도 年·日·時支(년일시지)의 印星(인성)과 比刦(비겁)에 微弱(미약)하게나마 通根(통근)하고 있거나 혹은 뿌리는 없더라도 天干(천간)에 印星(인성)과 比刦(비겁)이 生扶(생부)하고 있는 명조로서 從格(종격)에 속하지 않는 경우가 여기에 속한다. 이때는 印星(인성)과 比劫(비겁) 혹은 食傷(식상)이 用神(용신)이 된다.

1966년 양력 6월 4일 12시 20분 남자

庚 甲 癸 丙

午 午 巳 午

71 61 51 41 31 21 11 01

辛 庚 己 戊 丁 丙 乙 甲

丑 子 亥 戌 酉 申 未 午

이 명조는 食神(식신)인 화가 왕성한 巳月(사월)에 태어나 다섯 개의 화가 갑목을 설기하고 偏官(편관)인 庚金(경금)은 갑목을 극하고 있으니 太弱(태약)하다. 의지처라고는 正印(정인)인 癸水(계수)뿐이다. 따라서 계수 즉 정인이 用神(용신)이다.

1978년 양력 2월 19일 10시 20분생 여자

乙 壬 甲 戊
巳 子 寅 午

75 65 55 45 35 25 15
丙 丁 戊 己 庚 辛 壬 癸
午 未 申 酉 戌 亥 子 丑

이 명조는 壬水日主(임수일주)가 寅月(인월)의 食神月(식신월)에 태어나 약지인데 三木(삼목)이 일주를 설기하고 二火(이화)의 재성과 무토의 관성이 있으니 신약하다. 의지처는 坐下(좌하)(日支(일지))뿐이니 겁재인 자수가 용신이다.

1933년 음력 9월 29일 0시 30분생 남자

戊 丙 癸 癸
子 戌 亥 酉

73 63 53 43 33 23 13 03
乙 丙 丁 戊 己 庚 辛 壬
卯 辰 巳 午 未 申 酉 戌

이 명조는 병화일주가 亥月(해월)의 관성이 왕한 계절에 태어나 弱地(약지)인데 酉金(유금)의 재성과 四水(사수)의 관성이 있으니 身(신)이 太弱(태약)하다. 太弱(태약)하지만 丙火(병화)는 陽干(양간) 中(중)에도 가장 왕성한 太陽之火(태양지화)이니 微弱(미약)한 의지처만 있어도 남을 따르지 않는다. 戌中(술중)의 丁火(정화)에 뿌리를 내리고 있으니 나를 버리고 他(타) 六神(육신)을 따르는 종격은 아니다. 병화의 子息(자식)은 食傷(식상)인데 子息(자식)을 내세워 나의 적이 되는 官星(관성)에게 大抗(대항)하도록 한다. 즉 食神制殺格(식신제살격)에 食神(식신)인 土(토)가 용신에 화운은 용신인 토를 생하는 喜神(희신)이 된다.

그 다음으로 弱(약)한 命造(명조)는 日主(일주)가 月支(월지) 以外(이외)에 年·日·時支(년일시지)의 印星(인성)과 比劫(비겁)에 通根(통근)하였으나 印星(인성)과 比劫(비겁)이 세 개 이하인 경우와, 日主(일주)가 月支(월지)의 印星(인성)과 比劫(비겁)에 通根(통근)하였으나 인성과 비겁이 두 개 뿐인 경우다.

1949년 양력 7월 4일 06시 30분 남자

己 乙 庚 己
卯 未 午 丑

79 69 59 49 39 29 19 09
癸 甲 乙 丙 丁 戊 己
亥 子 丑 寅 卯 辰 巳

이 명조는 乙木日主(을목일주)가 식신인 午月(오월)에 태어났으니 食神格(식신격)이다.

오화의 식신이 을목일주를 설기하고 있는데 己己丑未土(기기축미토)의 왕한 재성이 정관인 경금을 생하여 일간을 克(극)하고 있으니 을목일간은 더욱 약하다. 일간은 묘목과 미중의 乙木(을목)의 도움을 받고 丑中(축중)의 癸水(계수)의 生(생)을 받고 있으나 전체적으로 봐서 신약한 사주다. 身弱(신약)한 木火食神格(목화식신격)에 왕성한 식신인 화를 제거하는 丑中(축중)의 계수가 용신에 금은 용신인 수를 생하는 喜神(희신)이고 토는 용신인 수를 傷害(상해)하는 병신에 목은 병신인 토를 제거하는 藥神(약신)이다.

2001년 양력 3월 22일 18시 00분 남자

癸 甲 辛 辛
酉 申 卯 巳

76 66 56 46 36 26 16 06
己 戊 丁 丙 乙 甲 癸 壬
亥 戌 酉 申 未 午 巳 辰

이 명조는 갑목일주가 卯月生(묘월생)이니 劫財格(겁재격)이고 旺地(왕지)에 태어난 셈이다. 묘목이 갑목일주를 도우고 癸水(계수)가 갑목일주를 생하고 있다고 하더라도 辛辛酉申(신신유신)의 官星(관성)이 木(목)을 극하고 식신인 巳火(사화)가 일간을 설기하고 있으니 결과적으로 身弱(신약)한 명조로 되었다.

以上(이상)과 같이 强弱區分(강약구분)의 기준을 略述(약술)하였다. 그러나 이것은 절대적인 기준이 아니 될 수도 있다는 것을 밝혀둔다. 왜냐하면 通根(통근)을 하였다고 하더라도 月支(월지)(가장 强(강)하다.)에 통근한 것과, 時支(시지)(다음으로 强(강)하다.))에 통근한 것과, 日支(일지)(그 다음으로 강하다.)에 통근한 것과, 年支(년지)(가장 약한 영향력을 미친다.)에 통근한 것과는 그 强弱(강약)이 서로 다르기 때문이다.

4.3.2.10 六神論(육신론)

五行(오행)과 六神(육신)의 차이점

五行(오행): 木火土金水(목화토금수) 다섯 종류의 氣(기)로서 고정 요소다.

六神(육신): 四柱八字(사주팔자)에서 日主五行(일주오행)에 대한 다른 干支(간지)의 五行(오행)과의 관계를 말하며 日主(일주)의 五行(오행)에 따라서 六神(육신)의 五行(오행)은 바뀐다.

五行(오행)과 六神表(육신표)

육신 / 일주	비겁	식상	재성	관성	인성
목	목	화	토	금	수
화	화	토	금	수	목
토	토	금	수	목	화
금	금	수	목	화	토
수	수	목	화	토	금

즉 日主(일주)가 목이면 목은 비겁(비견과 겁재)이고 화는 식상(식신과 상관)이며 토는 財星(재성)(정재와 편재)이고 금은 관성(정관과 편관)이며 水(수)는 인성(정인과 편인)이다. 다른 五行(오행)의 일주에 대한 육신도 마찬가지로 유추하면 된다. [六神(육신)의 意義(의의)]의 육신조견표 참조

*. 오행과 육신관계를 완벽하게 터득하려면 아래 五行相生相克圖(오행상생상극도)를 항상 활용할 줄 알아야 할뿐만 아니라 나의 것으로 만들어야 된다.

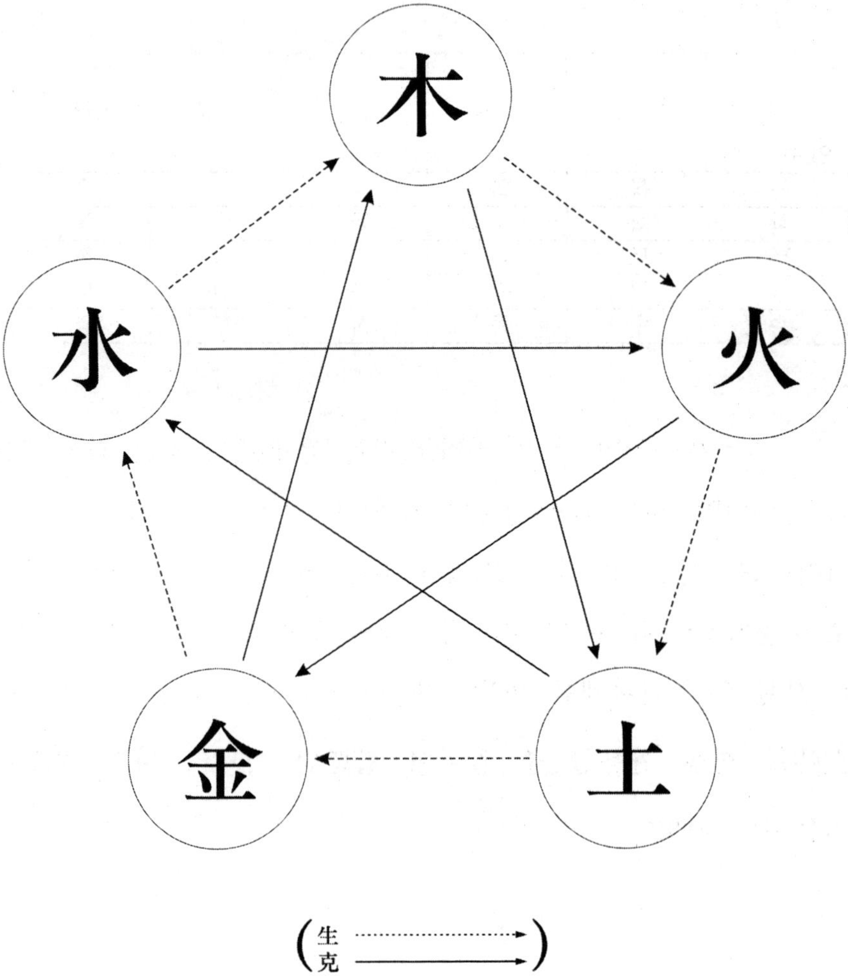

五行 相生 相克 圖

4.3.2.10.1 官·殺(관·살)의 利·害(이·해)

관·살이라고 할 때 官(관)은 정관이고 殺(살)은 편관(칠살)을 말한다.

木日干(목일간)의 관성 즉 목을 극하는 금은 목의 관성이 된다.

火日干(화일간)의 관성 즉 화를 극하는 수는 화의 관성이 된다.

土日干(토일간)의 관성 즉 토를 극하는 목은 토의 관성이 된다.

金日干(금일간)의 관성 즉 금을 극하는 화는 금의 관성이 된다.

水日干(수일간)의 관성 즉 수를 극하는 토는 수의 관성이 된다.

. 身弱(신약)한 命造(명조)에 印星(인성)이 用神(용신)이 되는 경우에 官星(관성)은 財星(재성)을 泄氣(설기)하여 用神(용신)을 生(생)하는 吉星(길성)이 된다.

가령 身弱(신약)한 목일주에 목을 생하는 수(목의 인성)가 용신이 되는 경우에 金(금)(木(목)의 官星(관성))은 용신인 水(수)를 극하는 토(목의 재성)를 설기하여 水(수)(목의 인성이며 여기서는 용신)를 생하는 길신이 된다.

1955년 음력 5월 23일 미시생 여명

辛 甲 癸 乙
未 戊 未 未

79 69 59 49 39 29 19 09
辛 庚 己 戊 丁 丙 乙 甲
卯 寅 丑 子 亥 戌 酉 申

이 명조는 甲木日主가 火·土가 왕한 未月에 태어나 지지의 四字가 전부 토(목의 재성)이고 時上에는 辛金(갑목의 정관)이 있으니 수적으로 계산해보아도 사주여덟자 중에 나의 氣를 빼앗아 가는 재성과 관성이 다섯이나 되니 身弱하고 燥熱하며 身弱하게 된 주된 원인은 많은 土에게 있으므로 토가 欠이 됨을 알 수 있다.

① 抑扶用神(弱하면 더해주고 강하면 덜어주는 오행)개념으로 보면 너무 많아서 흠이 되는 土를 除去해주어야 하는데, 이에 乙木(갑목의 겁재)이 木克土하는 용신이고 을목을 생해주는 癸水(갑목의 정인)는 水生木하는 喜神이 된다.

그리고 ② 調候用神(더우면 식혀주고 추우면 데워주는 오행)으로 보면 小暑節에 태어난 갑목이 지지의 四字가 모두 불에 달구어진 흙이니 조열하므로 식혀주어야 함이 時急하다. 따라서 계수가 용신이고 辛金(신금)은 用神(용신)인 癸水(계수)를 생해주는 喜神(희신)이 된다.

이 두 가지 해법을 함께 충족시켜줄 수 있는 용신은 癸水(계수)가 된다. 즉 癸水(계수)가 용신에 辛金(신금)은 희신(金生水(금생수))이고 토가 병신(土克水(토극수))에 乙木(을목)은 藥神(약신)(목극토)이 된다. 이와 같이 官星(관성)은 印星(인성)을 生(생)하고 印星(인성)은 일주를 생하는 명조를 官印相生格(관인상생격)이라고도 한다.

. 比刦(비겁)이 많아 신강한 명조에 관성은 比刦(비겁)을 制伏(제복)하는 吉星(길성)이 된다.

가령 火日主(화일주)에 화(화의 비견과 겁재)이 많아 身强(신강)한 명조에서 비겁인 火(화)를 제거하는 水(수)(火(화)의 官星(관성))는 吉星(길성)이 된다.

1952年 음력 4월 18일 묘시生 남명

癸 丁 乙 壬
卯 巳 巳 辰

79 69 59 49 39 29 19 09
癸 壬 辛 庚 己 戊 丁 丙
丑 子 亥 戌 酉 申 未 午

이 명조는 화가 왕한 巳月(사월)에 태어난 정화일주가 일지에 사화가 도우고 을묘목이 생하고 있으니 身旺(신왕)한 사주중에 木(목)(火(화)의 印星(인성))보다는 왕성한 火(화의 비겁)가 欠이 된다. 따라서 欠인 比劫을 制伏하는 水(화의 관성)가 용신이 되는 吉星이다.

. 身强한 四柱에 用神인 재성이 比刦의 克을 당하고 있는 경우에, 官星은 比刦을 制伏하여 용신을 救濟하니 吉星이 된다.

가령 火(토의 인성)가 많아서 身强하게 된 土日主는 화를 제거하는 水(土의 財星)가 用神이 된다. 이때 土(토일주의 비견과 겁재)가 用神인 水를 극하고 있는 경우에 木(土의 官星)은 토(토의 비견과 겁재)를 制伏하여 수(토의 재성이면서 여기서는 용신)를 구제하는 吉星이다.

1957年 음력 5월 19일 해시생 여명

乙 己 丙 丁
亥 未 午 酉

77 67 57 47 37 27 17 07
甲 癸 壬 辛 庚 己 戊 丁
寅 丑 子 亥 戌 酉 申 未

이 명조는 午月의 火旺節에 丙·丁火(기토의 인성)가 透干하여 일주를 생하고 일지의 未土(기토의 비견)가 도우고 있으니 신왕한 中에 많은 화(토일주의 인성)가 欠이 된다. 따라서 火를 제거하는 水(기토의 재성)가 용신이고 未土는 수를 극하는 병신(土克水)이고 乙木(己土의 偏官)은 그 병신을 제거(木克土)하여 用神을 구제하니 吉星이다.

. 印星이 태강하여 비겁으로 태왕한 印星을 泄氣하는 경우에, 관성은 용신인 비겁을 剋할 뿐만 아니라 太旺한 印星을 生하니 凶星이 된다.

가령 金日主에서 토(금의 인성)가 태왕하여 금(금의 비견과 겁재)을 용신으로 하여 太旺한 토를 설기하는 경우에, 화(금의 관성)는 용신인 금을 克할 뿐만 아니라 太旺한 土를 생하니 흉성이다.

2000年 음력 12월 23일 辰時生 남명

庚 庚 己 庚
辰 辰 丑 辰

76	66	56	46	36	26	16	06
丁	丙	乙	甲	癸	壬	辛	庚
酉	申	未	午	巳	辰	卯	寅

이 경금일주는 사주팔자중에 다섯 개의 土(庚金의 印星)가 일주를 생하고 두 개의 金(庚金의 比肩)이 일주를 도우고 있으니 태왕하다. 태왕한 기를 설기하는 비견인 金이 用神인데 火(庚金의 官星)運은 용신을 克傷(火克金)할뿐만 아니라 旺土를 生(火生土)하니 凶하다.

. 財多身弱에 비겁이 용신이 되는 경우에 관성이 비겁을 剋하니 凶星이 된다.

가령 水日主에 火(수의 재성)가 많은 財多身弱에 비겁인 水를 용신으로 하여 旺火를 제거하는 경우에, 土(水의 官星)는 水(用神)를 克하니 흉성이 된다.

1947年 음력 5월 15일 巳時生 남명

丁 癸 丙 丁
巳 未 午 亥

79 69 59 49 39 29 19 09
戊 己 庚 辛 壬 癸 甲 乙
戌 亥 子 丑 寅 卯 辰 巳

午月은 화(癸水의 財星)가 왕성한 계절인데 지지에 巳午未方合

火하고 천간에 雙丁과 병화가 있으니 財多身弱에 太弱한 계수는 年支의 亥水에 의지하는 수밖에 없다. 즉 해수(계수의 비겁)가 왕화를 제거하는 用神(水克火)이고 金運은 喜神(금생수)이며 未土(계수의 편관)는 용신을 克(토극수)하니 凶星이다.

4.3.2.10.2 印星의 利·害

印星에는 正印과 偏印이 있다.

木日干의 인성 즉 목을 생하는 수는 목의 인성이 된다.

火日干의 인성 즉 화를 생하는 목은 화의 인성이 된다.

土日干의 인성 즉 토를 생하는 화는 토의 인성이 된다.

金日干의 인성 즉 금을 생하는 토는 금의 인성이 된다.

水日干의 인성 즉 수를 생하는 금은 수의 인성이 된다.

. 剋泄이 交加하여 신약한 명조에 인성은 용신이 되니 이롭다.

가령 木日主에 火(목의 식상), 土(목의 재성), 金(목의 관성)이 많아서 신약하게 된 명조에서 水(木의 印星)는 弱한 木을 生하니 이

롭다.

1953年 음력 5월 22일 유시생 남명

癸 甲 戊 癸

酉 寅 午 巳

79 69 59 49 39 29 19 09
庚 辛 壬 癸 甲 乙 丙 丁
戌 亥 子 丑 寅 卯 辰 巳

이 명조는 巳火와 寅午合化火(갑목의 식상)가 설기하고 무토(갑목의 재성)와 유금(갑목의 정관)이 있으니 克泄이 겹쳐서 신약하다. 의지처는 癸水뿐이므로 癸水(甲木의 正印)가 用神(水生木)이니 吉星이다.

. 官·殺印相生格에 印星은 用神이 되어 殺·官生印, 印生身하니 吉星이다.

가령 火日主에 토(화의 식상)와 金(火의 財星)은 많고 수(화의 관성)는 적당하여 신약하게 된 명조에서 木(火의 印星)은 弱한 화를 생하는 用神이 되니 水(火의 官星)는 木(화의 인성)을 生하고 木은 火日主를 생하니 길성이다. 즉 官星은 印星을 生하고 印星은 身主

를 生하니 이를 두고 官·殺印相生格(官印相生格과 殺印相生格)이라고 한다.

1963年 음력 9월 4일 사시생 남명

癸 丙 壬 癸
巳 申 戌 卯

74 64 54 44 34 24 14 04
甲 乙 丙 丁 戊 己 庚 辛
寅 卯 辰 巳 午 未 申 酉

이 명조는 丙火日主가 戌土(병화의 식신)월 弱地에 태어나고 申金(병화의 편재)과 壬癸癸水(병화의 편관과 정관)가 있으니 克泄이 겹쳐서 신약하다. 신약하니 印星으로 弱한 丙火日主를 생(목생화)하여야 한다. 따라서 卯木(병화의 정인)이 用神이니 길성이고 壬癸水는 용신을 생하는 희신이다. 즉 水生木 木生火하니 殺印相生格이다.

*. 正官도 둘 이상이면 殺星이 되니 偏官(七殺)과 같이 본다.

*. 마찬가지로 食神도 둘 이상이면 傷官과 같이 본다.

. 身弱한 傷官格에 印星이 용신이 되어 식상을 制伏하고 日主를

도우니 吉星이 된다.

가령 秋月에 태어난 土日主에 금(토의 식신과 상관)이 많으면 신약한 土金傷官格이 된다. 이때 火(土의 印星)는 旺한 金을 制伏하고 弱한 土日主를 生하니 吉星이 된다.

1956年 양력 9월 18일 신시생 여명

庚 戊 丁 丙
申 子 酉 申

74 64 54 34 24 14 04
己 庚 辛 壬 癸 甲 乙 丙
丑 寅 卯 辰 巳 午 未 申

이 명조는 戊土日主가 酉月(무토의 상관) 약지에 태어나 雙申(무토의 식신)에 경금(무토의 식신)이 투간하였으니 泄氣가 태심하다. 게다가 子水(무토의 정재)까지 있으니 身弱함은 말할 필요도 없다. 신약한 사주에는 印星으로 약한 일주를 생하여야 한다. 따라서 丁火(戊土의 正印)와 병화(무토의 편인)는 왕성한 金을 制伏(火克金)하고 日主를 生(화생토)하는 용신이 되니 吉星이다.

. 身强한 命造에 官星이 用神이 되는 경우에, 食傷이 官星을 剋

하면 病이 되는데, 이때 印星은 食傷을 제복하여 官星을 救濟하는 吉神이 된다.

가령 金日主에 金(금의 비겁)이 많아서 身强한 명조에 火(금의 관성)가 용신이 되는 경우에, 水(금의 식상)는 火를 克하는 病神이 되는데, 이때 土(금의 인성)는 水를 제거하여 화를 구제하는 길신이 된다.

1954年 양력 9월 1일 술시생 남명

丙 庚 壬 甲
戌 申 申 午

73 63 53 43 33 23 13 03
庚 己 戊 丁 丙 乙 甲 癸
辰 卯 寅 丑 子 亥 戌 酉

이 命造는 庚金日主가 申(庚金의 比肩)月 旺支에 태어나고 坐下에 申金이 도우고 時支의 술토(경금의 편인)가 일주를 생하니 신왕한 명조 중에 왕한 金(비겁)이 欠이 된다. 따라서 왕금을 제복하는 火(庚金의 官星)는 用神이고 갑목(경금의 편재)은 용신을 생하는 희신이 된다. 그리고 임수(경금의 식신)는 용신을 傷害(수극화)하는 병신이 되는데 이때 戌土는 병신을 제거(土克水)하여 用神인 火를 구제하니 길한 印星이다.

. 身强하여 재성이 용신이 되는 경우에, 印星은 比刦을 生하니 凶神이다.

가령 水日主가 金(水의 印星)이 많아서 身强한 명조에 금을 제거하는 火(水의 財星)가 용신이 되는 경우에 비겁인 수는 용신인 화를 克傷하는 病神이 되는데, 이때 金(水의 印星)은 수(병신)를 생하니 凶神이다.

1968년 윤7월 17일 인시생 여명

壬 壬 辛 戊
寅 午 酉 申

71 61 51 41 31 21 11 01
癸 甲 乙 丙 丁 戊 己 庚
丑 寅 卯 辰 巳 午 未 申

이 명조는 壬水日主가 酉金(임수의 정인)월 왕지에 태어나고 辛(임수의 정인)申(임수의 편인)金이 생하고 시상의 임수가 도우니 신왕한 명조다. 신왕의 원인은 시상의 임수보다는 많은 金에게 있다. 따라서 신왕함의 원인이 되는 金을 除去(火克金)하는 火(임수의 재성)가 용신인데 임수(임수의 비견)는 용신을 克傷(水克火)하는 병신이 되는데, 이때 金(壬水의 印星)은 病神을 生(금생수)하니 凶神이다.

. 身强한 명조에 官星이 用神이 되고 官星을 剋하는 食傷이 없는 경우에, 印星은 用神을 泄氣하여 비겁을 生할 뿐이니 凶神이 된다.

가령 身强한 목일주에 금(목의 관성)이 用神이 되고 金을 克하는 火(木의 食傷)가 없는 경우에, 수(목의 인성)는 용신인 금을 설기하여 身强한 日主를 生할 뿐이니 凶神이 된다.

1960年 음력 1월 21일 신시생 女命 (亡者)

甲 乙 戊 庚
申 亥 寅 子

74 64 54 44 34 24 14 04
庚 辛 壬 癸 甲 乙 丙 丁
午 未 申 酉 戌 亥 子 丑

이 명조는 乙木日主(을목일주)가 인(을목의 비겁)월의 목왕절에 태어나고 時上(시상)의 갑목(을목의 비겁)이 도우고 亥(해)(을목의 정인)子(자)(을목의 편인) 水(수)가 생하니 신왕한 중에도 印星(인성)보다 더 왕한 比劫(비겁)(사주팔자 중에 월지가 30% 이상의 영향력이 있음)이 欠(흠)이 된다. 따라서 흠인 木(목)을 除去(제거)(金克木(금극목))하는 금(을목의 관성)이 용신이 되는데, 水(수)(을목의 인성)는 용신인 금의 기를 설기하여, 身旺(신왕)한 일주를 생하니 흉성이다.

만약 용신인 금(을목의 관성)을 극하는 火(화)(乙木(을목)의 食傷(식상))가 있는 경우에 火(화)는 곧 病神(병신)(화극금)이 되는데, 이때는 水(수)(을목의 인성)가 病神(병신)을 제거(수극화)하는 약신이 되어 길하다.

. 比刦(비겁)이 태왕하여 식상으로 泄氣(설기)하는 경우에 印星(인성)은 食傷(식상)을 剋(극)할 뿐만 아니라 비겁을 生(생)하니 凶神(흉신)이다.

가령 火日主(화일주)가 화(화의 비견과 겁재)가 많아서 태왕하면 토(화의 식신과 상관)를 용신으로 하여 태왕한 火(화)의 氣(기)를 설기하여야 하는데, 이때 목(화의 인성)은 용신인 토를 극상할 뿐만 아니라 太旺(태왕)한 火(화)를 생하니 凶(흉)하다.

1978年 음력 5월 19일 辰시생 남명

甲 丁 戊 戊
辰 巳 午 午

75 65 55 45 35 25 15 05
丙 乙 甲 癸 壬 辛 庚 己
寅 丑 子 亥 戌 酉 申 未

이 명조는 午月의 火(정화의 비겁)旺節에 태어난 정화일주가 三火(비겁)가 도우고 甲木이 生(木生火)하고 있으니 태왕하다. 태왕한 자는 食傷을 써서 왕성한 氣를 설기하여야 하니 토(정화의 식상)가 용신이다. 이때 갑목(정화의 정인)은 土를 克(목극토)할뿐만 아니라 왕성한 火를 生(木生火)하니 凶星이다.

4.3.2.10.3 財星의 利·害

財星에는 正財와 偏財가 있다.

木日干의 재성 즉 목이 극하는 토는 목의 재성이 된다.
火日干의 재성 즉 화가 극하는 금은 화의 재성이 된다.

土日干의 재성 즉 토가 극하는 수는 토의 재성이 된다.
토일간

金日干의 재성 즉 금이 극하는 목은 금의 재성이 된다.
금일간

水日干의 재성 즉 수가 극하는 화는 수의 재성이 된다.
수일간

. 身强하여 官星이 用神이 되는 경우에 財星은 用神을 生하는 喜神이 된다.
신강 관성 용신 재성 용신 생 희신

가령 木日主가 水(목의 인성)보다는 木(목의 비견과 겁재)이 많아서 신강하게 된 명조에서는 목을 克制하는 金(목의 관성)이 용신이 된다. 이때 土(木의 財星)는 용신인 금을 생하는 희신이 된다.
목일주 수 목 극제 금 토 목 재성

1959年 음력 1월 25일 申시생 남명

甲 乙 丙 己
申 酉 寅 亥

80 70 60 50 40 30 20 10
戊 己 庚 辛 壬 癸 甲 乙
午 未 申 酉 戌 亥 子 丑

이 명조는 乙木日主가 寅(을목의 비겁)月 목이 왕한 계절에 태어나 甲木(을목의 비겁)과 寅木(을목의 비겁)이 도우고 亥水(을목의
을목일주 인 월 갑목 인목 해수

정인)가 생하고 있으니 신왕하다. 身旺[신왕]한 中[중]에 수(을목의 인성)보다는 왕성한 목(을목의 비겁)이 欠[흠]이 된다. 목을 제거하는 금(을목의 관성으로서 금극목)이 用神[용신]인데, 己土[기토](을목의 편재)는 용신을 생하는 喜神[희신](土生金[토생금])이다.

. 身[신]이 태왕하여 食傷[식상]이 用神[용신]이 되는 경우에 財星[재성]은 秀氣[수기]를 流通[유통]하게 하는 吉星[길성]이다.

가령 火日主[화일주]가 木[목](화의 인성)과 일간을 포함한 火[화](화의 비견과 겁재)가 많아서 太旺[태왕]하면 土[토](火[화]의 食傷[식상])를 용신으로 하여 태왕한 火[화]의 氣[기]를 설기(화생토)하여야 한다. 이 경우에 토(화의 식상)는 用神[용신]이고 목(화의 인성)은 토를 극상하는 病神[병신](목극토)이 되는데 이때 金[금](화의 재성)은 病神[병신]인 목을 제거하는 藥神[약신](금극목)이 되는 길성이다. 다르게 표현하여 火生土[화생토] 土生金[토생금]에서와 같이 金[금](화의 재성)은 火[화]의 기를 流通[유통]시키게 하는 吉星[길성]이다.

1987年 음력 6월 12일 축시생 男命

辛 丁 丙 丁
丑 巳 午 卯

80 70 60 50 40 30 20 10
戊 己 庚 辛 壬 癸 甲 乙
戌 亥 子 丑 寅 卯 辰 巳

이 명조는 정화일주가 화가 왕성한 계절인 午月의 火와 다른 세 개의 화(정화의 비견과 겁재)가 도우고 卯木(정화의 편인)이 생하니 身이 태왕하다. 태왕한 자는 식상으로 泄氣함이 타당하므로 丑土(정화의 식신)를 써서 태왕한 화를 泄氣(火生土)하여야 한다. 즉 丑土가 용신이고 축토를 克傷하는 묘목은 병신(목극토)이 되는데, 이때 辛金(정화의 편재)은 병신인 묘목을 제거하는 藥神(금극목)이니 吉星이다. 즉 財星은 화생토 토생금 금생수하여 태왕한 화기를 유통시키는 吉星이다.

. 身强한 명조에서 印星이 旺하여 凶이 되는 경우에, 財星은 印星을 制伏하는 吉星이다.

가령 土日主(토일주)서 토(토의 비·겁)보다는 화(토의 인성)가 더 많아서 身强(신강)한 명조에서는 토보다 더 많은 화가 흠이 되는데, 이때는 흠이 되는 火(화)를 制伏(제복)하는 수(토의 재성)가 용신이 되니 吉星(길성)이다.

1968年 음력 4월 21일 진시생 남명

丙 戊 丁 戊
辰 子 巳 申

77 67 57 47 37 27 17 07
乙 甲 癸 壬 辛 庚 己 戊
丑 子 亥 戌 酉 申 未 午

이 명조는 무토일주가 화가 왕성한 巳(사)월에 태어나 三火(삼화)(무토의 인성)가 생하고 二土(이토)(무토의 비겁)가 도우고 있으니 신왕하다. 신왕한 중에도 비겁인 토보다 더 많은 印星(인성)인 火(화)가 흠이 된다. 흠이 되는 화를 제거하는 水(수)(무토의 재성이며 수극화)가 용신이니 길성이다.

. 財多身弱(재다신약)에 印星(인성)이 用神(용신)이 되는 경우에 財星(재성)은 病(병)이 된다.

가령 金日主(금일주)가 다른 金(금)(금의 비겁)은 없고 약간의 토(금의 인성)만 있고 목(금의 재성)이 많아서 財多身弱(재다신약)이 된 명조는 토가 약한

金日主를 生하는 용신이 된다. 이때 목은 용신인 토를 克傷(목극토)하는 病神이 된다.

1964年 양력 2월 11일 묘시생 女命

己 庚 丙 甲
卯 寅 寅 辰

72 62 52 42 32 22 12 02
戊 己 庚 辛 壬 癸 甲 乙
午 未 申 酉 戌 亥 子 丑

이 命造는 경금일주가 寅月의 목(경금의 재성)왕절에 태어나 地支에는 寅卯辰東方木이고 갑목이 투간하였으니 재다신약이다. 의지할 곳은 土(경금의 인성)뿐이다. 즉 토는 약한 경금일주를 생하는 用神이고 목은 토를 克傷하는 병신(목극토)이 된다.

. 財多身弱에 비겁이 용신이 되는 경우에 재성은 日主의 氣力을 分散하는 흉신이 된다.

가령 水日主가 화(수의 재성)가 많은 재다신약에 水(수의 비겁)가 용신이 되는 경우에 土(수의 관성)는 용신인 수를 克傷하므로 병신이 되는데, 이때 火는 병신인 토를 생하니 凶神이다. 또 弱한 수일주가 화(수의 재성)가 많으면 재다신약이 되는데, 이때 水(수의 비겁)가 용신이 되는 경우에 많은 화는 용신의 氣力을 分散하는 흉신이다.

1962年 음력 5울 23일 진시생 女命

丙 癸 丙 壬
辰 巳 午 寅

76 66 56 46 36 26 16 06
戊 己 庚 辛 壬 癸 甲 乙
戌 亥 子 丑 寅 卯 辰 巳

이 명조는 癸水日主가 午月의 화(계수의 재성)왕절에 태어나 寅午半合化火와 日支에 사화와 쌍병이 투간하였으니 재성이 태다한 財多身弱이다. 태약한 계수가 의지할 곳은 壬水(계수의 비겁)와 진중의 계수(계수의 비견)뿐이다. 즉 水가 用神(임수가 일주인 계수를 도우기도 하지만 많은 화를 제거하기도 함)에 土(계수의 관성)는 病神(토극수)이 되는데 火는 병신을 생하니 흉성이다.

다시 말하면 弱한 癸水日主가 寅午合化火와 巳火와 쌍병화(수의 재성)가 많아서 재다신약이다. 의지처는 水뿐이니 즉 수가 용신에 많은 화는 용신인 수의 氣力(기력)을 분산하는 흉신이다.

4.3.2.10.4 食·傷(식상)의 利·害(이해)

食·傷(식상)은 食神(식신)과 傷官(상관)을 말한다.

木日干(목일간)의 식·상 즉 목이 생하는 화는 목의 식·상이다.

火日干(화일간)의 식·상 즉 화가 생하는 토는 화의 식·상이다.

土日干(토일간)의 식·상 즉 토가 생하는 금은 토의 식·상이다.

金日干(금일간)의 식·상 즉 금이 생하는 수는 금의 식·상이다.

水日干(수일간)의 식·상 즉 수가 생하는 목은 수의 식·상이다.

. 太强(태강)한 命造(명조)에서 食傷(식상)은 泄氣(설기)하는 吉神(길신)이 된다.

가령 木日主(목일주)에서 목(목의 비겁)과 수(목의 인성)가 많아서 태강한 명조에서 화(목의 식상)는 태강한 목일주의 氣(기)를 설기하는 용신이니 吉神(길신)이다.

1972年生 음력 1월 9일 인시생 男命

丙 甲 壬 壬
寅 申 寅 子

74 64 54 44 34 24 14 04
庚 己 戊 丁 丙 乙 甲 癸
戌 酉 申 未 午 巳 辰 卯

이 명조는 甲木日主가 寅(갑목의 비견)月 목이 왕한 계절에 태어나 시지의 寅木(갑목의 비견)이 도우고 三水(갑목의 인성)가 생하고 있으니 태왕하다. 병화(갑목의 식신)는 태왕한 갑목일주의 氣를 설기(木生火)하니 길성이다. 이와 같은 命造를 木火通明格이라고도 한다.

. 身弱한 日主가 왕성한 官星의 剋을 당하는 경우에 食傷은 官星을 制伏하여 日主를 救出하니 吉星이 된다.

가령 火日主가 사주팔자 중에 목(화의 인성)과 화(화의 비겁)보다 土(화의 식상)와 金(화의 재성)과 水(화의 관성)가 더 많으면 대체적으로 身弱한 명조가 된다. 이때 火日主를 泄氣하는 토와 화일주가 극하는 金보다는 수가 더 많아서 약한 화일주가 왕성한 관성인 水의 극을 당하고 있는 경우에 土는 수를 제거하여 일주를 구출하는 길성이 된다.

1921年生 음력 11월 1일 진시생 남명

壬 丙 己 辛
辰 申 亥 酉

77 67 57 47 37 27 17 07
辛 壬 癸 甲 乙 丙 丁 戊
卯 辰 巳 午 未 申 酉 戌

이 명조는 丙火日主가 水旺月의 약지에 태어나 임수가 透干하고 辛金(병화의 재성)과 二土가 있으니 극설이 겹쳐서 신약한 중에 왕수가 약한 병화일간을 克해옴이 흠이 된다. 이때 토(병화의 식·상)는 수(병화의 관성)를 除去(토극수)하는 용신이니 길성이다.

*. 이 명조에서 병화일주는 亥中의 甲木에 뿌리를 내리며 또 胎元이 庚寅이니 인목의 의지처가 있으니 從格은 아니다.

. 身强한 命造에서 인성이 旺하여 欠이 되는 경우에, 인상을 제거하는 財星이 用神이면 食傷은 用神을 生하는 길신이다.

가령 土日主가 토(토의 비겁)보다는 화(토의 인성)가 더 많아서 身强하게 된 명조에서는 화를 제거하는 수(토의 재성)가 용신이 되는데, 이때 金(토의 식상)은 용신인 水를 생하니 길성이다.

1968年生 음력 4월 21일 사시생 男命

丁 戊 丁 戊
巳 子 巳 申

77 67 57 47 37 27 17 07
乙 甲 癸 壬 辛 庚 己 戊
丑 子 亥 戌 酉 申 未 午

이 명조는 巳月의 화왕절에 태어난 戊土日主가 네 개의 화(무토의 인성)가 일주를 생하고 年干의 무토(무토의 비견)가 일주를 도우고 있으니 신왕한 중에도 많은 화가 欠이 된다. 따라서 흠이 되는 화(무토의 인성)를 除去하는 子水(무토의 正財로서 수극화)가 용신이 되는데 申金(무토의 식신)은 용신인 子水를 생하니 희신이 된다.

. 身弱한 傷官格에 食傷은 흉신이 된다.

가령 金日主가 亥·子(금의 식상)月에 태어나고 금(금의 비겁)과

토(금의 인성)보다는 水와 木(금의 재성)과 火(금의 관성)가 더 많으면 身弱한 금수상관격이 된다. 이때 水(금의 식상)는 약한 金日主의 氣를 泄氣하므로 흉하다.

1952年生 음력 11월 4일 진시생 男命[30)]

庚	庚	壬	壬
辰	子	子	辰

76	66	56	46	36	26	16	06
庚	己	戊	丁	丙	乙	甲	癸
申	未	午	巳	辰	卯	寅	丑

이 命造는 경금일주가 子月의 水(경금의 상관)旺節에 태어나 수가 넷이고 토가 둘에 금이 둘이니 모두 合해서 여덟자다. 경금일주와 時上의 경금(경금의 비견)과 두 개의 진토(경금의 편인)를 합하면 모두 넉자가 된다. 字數로만 보면 사주 여덟자 중에 내편이 넷이고 내편이 아닌 쪽이 넷이니 나와 내가 아닌 쪽이 서로 均等하다고 할 수 있지만 氣의 영향력으로 보면 전연 그렇지 않다. 왜냐하면 사주

30) 男子를 男命 혹은 乾命이라고도 한다. 그리고 女子는 女命 혹은 坤命이라고도 한다.

여덟자 전체에서 月支子水(월지자수)의 영향력만 해도 30%이상이고 다음은 時支(시지)가 되고 그 다음은 日支(일지)이며 年支(년지)는 가장 영향력이 적게 나타나기 때문이다. 따라서 月支(월지)를 포함하여 水(수)가 넷이나 되니 身弱(신약)한 金水傷官格(금수상관격)이 된다. 身弱(신약)한 金水傷官格(금수상관격)에서의 欠(흠)은 弱(약)한 庚金日主(경금일주)를 泄氣(설기)해가는 水(수)(금의 식·상)가 된다. 따라서 用神(용신)은 흠이 되는 水(수)를 제거하고 弱(약)한 庚金日主(경금일주)를 生(생)하는 土(토)가 되고 火(화)(경금의 관성)運(운)은 용신을 생하는 희신이 된다.

*. 冬(동)(금의 식상)月(월)에 태어난 금 즉 금수상관격은 寒冷(한랭)하므로 화를 길신으로 쓰는 예외가 있는데, 金(금)은 불을 만나야 기물을 작성하기 때문이다. 따라서 秋冬月(추동월)에 태어난 금수상관격은 태약하지만 않으면 火(화)(금의 관성)를 길신으로 쓴다. 이를 명리학술어로 金水傷官格(금수상관격)에 喜見官星(희견관성)이라고 한다.

. 財多身弱(재다신약)에 食傷(식상)은 强財(강재)를 生(생)하고 日主(일주)를 泄氣(설기)하니 凶神(흉신)이 된다.

가령 水日主(수일주)가 火(화)(수의 재성)가 많아서 재다신약이 된 경우에 목(수의 식상)은 왕성한 火(화)를 生(생)하고 약한 水日主(수일주)를 설기하니 흉신이다.

1946年生 음력 5월 28일 사시생 女命

乙 壬 甲 丙
巳 申 午 戌

77 67 57 47 37 27 17 07
丙 丁 戊 己 庚 辛 壬 癸
戌 亥 子 丑 寅 卯 辰 巳

이 명조는 임수일주가 午月의 화왕절에 태어나 午戌半合化火와 時支에 사화가 있고 병화가 투간하였으니 화(임수의 재성)가 왕성하니 財多身弱(화재성이 많으니 임수일주는 자연히 약함)이다. 이 경우 甲木(임수의 식신)과 을목(임수의 상관)은 약한 임수일주의 기를 泄氣(빼앗아 감)하여 왕한 화(임수의 재성)를 생하니 흉신이다.

*. 午戌半合化火란 寅과 午와 戌의 세 개가 삼합하여 화가 되는데, 이때 석자 중에 어느 한자가 빠지는 것을 半合이라고 하고 삼합보다는 合하는 힘이 약하고 氣勢도 弱하다.

. 身强한 命造에 관성이 용신이 되는 경우에 식상은 官星를 剋하

는 凶神이 된다.

가령 身强한 木日主에 수(목의 인성)보다 목(목의 비겁)이 더 많으면 그 旺木을 제거하는 금(목의 관성)이 용신이 되는데. 이때 火(목의 식상)는 金을 傷害하는 흉신이 된다.

1955年生 음력 3월 11일 오시생 男命

庚 甲 己 乙

午 午 卯 未

80 70 60 50 40 30 20 10
辛 壬 癸 甲 乙 丙 丁 戊
未 申 酉 戌 亥 子 丑 寅

이 命造는 甲木日主가 앞의 십이운양생도에서 보았듯이 목이 가장 왕성한 卯月에 태어났는데, 묘목은 未(십이운양생도에서와 같이 미토는 목의 고장)土와 반합하여 더욱 강한 목(갑목의 비겁)이 되어 甲木日主를 도우고 또 년간에 투간한 을목까지 갑목일주를 도우니 比肩과 劫財가 왕함에 의한 신왕한 사주다. 따라서 갑목일주의 비겁을 제거하는 庚金(갑목의 편관)이 용신이 되는데, 이때 午火(갑목의 상관)는 용신인 경금을 傷害(화극금)하니 흉성이다.

. 身弱한 四柱에 印星이 용신이면 재성은 병신이 되는데, 이때 食傷은 病神을 生할뿐만 아니라 弱한 日主를 泄氣하는 흉성이 된다.

가령 身弱한 화일주에 목(화의 인성)이 용신이면 금(화의 재성)은 木을 克하는 병신이 되는데, 이때 土(火의 食傷)는 金을 生할뿐만 아니라 弱한 火를 泄氣하니 흉신이다.

1948年生 음력 12월 8일 술시생 男命

戊 丙 乙 戊
戌 申 丑 子

80	70	60	50	40	30	20	10
癸	壬	辛	庚	己	戊	丁	丙
酉	申	未	午	巳	辰	卯	寅

이 命造는 병화일주가 丑土(병화의 상관)月에 생하고 토(병화일주의 식신과 상관)가 넷이고 申金(병화일주의 편재)이 하나에 子水(병화일주의 정관)가 하나가 되니 克泄이 겹쳐서 身弱한 火土傷官格(화일주가 상관월에 태어난 명조를 말한다.)이다. 의지할 곳은 乙木(병화일주의 정인)뿐이다. 따라서 을목이 용신이고 申금은 을목을

극상하는 病神(금극목)이 되는데, 이때 토는 병신인 신금을 생(토생금)할뿐만 아니라 弱한 병화일주의 氣를 泄氣(빼앗다)하는 흉성이다.

*. 四柱八字의 主體가 되는 日主(日干 혹은 身主)는 다른 五行과 서로 작용하지 않는 것이 원칙이다. 그러나 化格 등 예외도 있다.

4.3.2.10.5 比·刦의 利·害

比·劫은 比肩과 劫財를 말한다.

木日干의 비·겁 즉 목일간을 도우는 목은 목일간의 비·겁이다.
火日干의 비·겁 즉 화일간을 도우는 화는 화일간의 비·겁이다.
土日干의 비·겁 즉 토일간을 도우는 토는 토일간의 비·겁이다.
金日干의 비·겁 즉 금일간을 도우는 금은 금일간의 비·겁이다.
水日干의 비·겁 즉 수일간을 도우는 수는 수일간의 비·겁이다.

. 剋泄이 交加하여 신약한 명조에 인성이 용신이면 재성이 病神

에 比刦은 財星을 制伏하는 吉神이 된다.

가령 木日主가 화(목의 식상)와 토(목의 재성)와 금(목의 관성)이 많아서 신약한 명조에서 水(목의 인성)가 용신이면 財星인 土는 用神인 水를 극상하는 병신이 되는데, 이때 목(목의 비겁)은 병신인 土를 除去하는 길신이다.

1958年生 음력 4월 29일 술시생 男命

甲 甲 戊 戊
戌 子 午 戌

78 68 58 48 38 28 18 08
丙 乙 甲 癸 壬 辛 庚 己
寅 丑 子 亥 戌 酉 申 未

이 命造는 갑목일주가 午火(갑목의 상관)月에 태어나 泄氣되는데 또 토(갑목의 재성)가 넷이나 되니 身弱한 木火傷官格이다. 의지처는 子水(갑목의 정인)다. 즉 자수가 용신에 토는 용신인 水를 克傷하는 병신이 되는데, 이때 時上의 갑목(갑목의 비견)은 병신인 토를 제거하니 吉星이다.

. 身弱한 命造가 旺한 관성의 극을 받을 경우에 制殺하는 食傷이 用神이면 比刦은 用神을 生하는 길신이 된다.

가령 身弱한 火日主가 旺한 수(화의 관성)의 극을 받는 경우에 制殺하는 土(화의 식상)가 용신이면 火(화의 비겁)는 용신을 생하는 吉神이 된다.

1921年 음력 11월 1일 진시생 乾命

壬	丙	己	辛
辰	申	亥	酉

77	67	57	47	37	27	17	07
辛	壬	癸	甲	乙	丙	丁	戊
卯	辰	巳	午	未	申	酉	戌

이 명조는 병화일주가 亥水(병화의 편관)月에 태어나고 임수가 시상에 투출하였으니 官星(나를 극하는 오행)이 왕성하다. 그리고 재성(내가 극하는 오행)인 金이 세 개가 있고 식상(나의 기를 빼앗아가는 오행)인 두 개의 토가 있으니 克泄이 겹쳐서 일주는 태약하다. 우선 나(병화일주)를 克해오는 관성인 水를 막아야 병화가 살아날 수 있다. 즉 水를 막아주는 土가 용신(병화일주의 식상으로서 土克

水함으로)이고 火(병화일주의 비겁)運은 土를 생(화생토)해주는 吉星이 된다.

. 印星이 太旺하여 比刦으로 설기하는 경우에 비겁은 길성이 된다.

가령 土日主가 火(토의 인성)가 太旺하여 土(土의 比劫)를 써서 泄氣하는 경우에 土는 吉星이다.

1977年 음력 5월 14일 진시생 乾命

丙 戊 丙 丁
辰 午 午 巳

78 68 58 48 38 28 18 08
戊 己 庚 辛 壬 癸 甲 乙
戌 亥 子 丑 寅 卯 辰 巳

이 命造는 戊土日主가 午月에 태어나 사주팔자 중에 화(무토일주의 인성)가 여섯이나 되고 時支의 辰土(무토의 비견)가 일주를 도우고 있으니 태왕하다. 시지의 진토를 용신으로 하여 太旺한 印星을 설기하여야 하니 比劫이 길성이다.

. 身弱한 傷官格에 비겁이 용신이면 吉星이다.

가령 太弱한 金水傷官格에 비겁이 用神이면 吉星이다.

1954년 음력 11월 7일 묘시생 건명

辛 辛 乙 甲
卯 卯 亥 午

73 63 53 43 33 23 13 03
癸 壬 辛 庚 己 戊 丁 丙
未 午 巳 辰 卯 寅 丑 子

이 命造는 辛金日主가 亥水(신금의 상관)月에 태어나 목(신금일주의 재성)이 왕하고 午火(신금일주의 편관)가 있으니 太弱한 金水傷官格이 된다. 따라서 의지할 곳은 時上의 辛金(신금일주의 비견)뿐이다. 즉 比肩이 용신이니 길성이다.

. 傷官格에 食傷이 용신이면 比劫은 食傷을 生하는 吉星이다.

水日主에서 水(수의 비겁)보다 金(수의 인성)이 더 많은, 太旺한 水木傷官格에 木(수의 식상)이 용신이면 수는 용신인 식상을 생하는 吉星이다.

1981年 음력 1월 21일 축시생 坤命

癸 癸 庚 辛
丑 酉 寅 酉

74 64 54 44 34 24 14 04
戊 丁 丙 乙 甲 癸 壬 辛
戌 酉 申 未 午 巳 辰 卯

이 명조는 癸水日主가 설기되는 寅木(계수의 상관)月 약지에 태어났으나 庚·辛·酉·酉丑金(계수의 인성)이 계수일주를 생하고 있으니 太旺한 수목상관격(수일주가 목월에 태어난 명조)이다. 태왕한 수는 寅木(계수의 상관)을 用神으로 하여 태왕한 기를 설기하여야함이 定說이다. 즉 寅木이 용신에 時上의 계수는 용신을 생(수생목)하는 吉星이다.

. 比刦이 太多하여 설기하는 식상이 用神이면, 比刦이라도 太多하면 吉星이 될 수 없다.

가령 木日主가 목(목의 비겁)이 太多하여 설기하는 화(목의 식상)가 용신이면, 木 즉 比劫이라도 太多하면 길성이 될 수 없다.

1974年 음력 2월 21일 인시생 乾命

丙 甲 丁 甲
寅 寅 卯 寅

78 68 58 48 38 28 18 08
乙 甲 癸 壬 辛 庚 己 戊
亥 戌 酉 申 未 午 巳 辰

이 명조는 甲木日主가 묘(갑목일주의 帝旺地)월에 태어나 사주팔자 중에서 日干을 포함하여 목(갑목일주의 비견과 겁재)이 여섯이나 되니 그 氣勢가 태왕하다. 태왕한 者는 식상으로 설기하여야 함이 命理解法의 定石이다. 즉 화(갑목일주의 식상)가 용신이다. 화가 용신이면 목은 당연히 희신이 되겠는데, 이처럼 목이 太旺한 경우는 喜神이 될 수 없다. 왜냐하면 가령 아주 작은 불씨가 있을 뿐인데 불을 더 잘 타게 한다는 目的으로 한 트럭의 나무를 한꺼번에 쏟아부어버리면 불은 꺼져버리지 않겠는가. 이와 같은 원리를 命理學用語로 표현하면 木多火熄이요, 太過不及而 皆病이라고 한다. 즉 너무 많은 것도 너무 모자라는 것과 마찬가지로 모두 病이 된다는 뜻이다.

自然氣象의 법칙을 사람에게 적용하여 사람의 길흉화복을 예측하는 학문이 명리학이다. 그러므로 명리학은 自然(자연)의 法則(법칙)을 떠나서는 성립할 수 없다고 할 수 있다. 우리 모두가 大自然(대자연)의 일부분이 아니겠는가.

. 身强(신강)하여 財星(재성)이 용신이면 비겁은 흉성이다.

가령 身强(신강)한 火日主(화일주)가 金(금)(화의 재성)이 용신이면 화(화의 비겁)는 凶星(흉성)이다.

1955年 음력 1월 12일 유시생 女命

丁 丙 戊 乙
酉 申 寅 未

80 70 60 50 40 30 20 10
丙 乙 甲 癸 壬 辛 庚 己
戌 酉 申 未 午 巳 辰 卯

이 명조는 丙火日主(병화일주)가 목이 왕한 계절인 寅(인)(병화일주의 편인)月(월)에 태어나 年干(년간)에 투출한 을목(병화일주의 정인)과 인목이 함께 일주를 생하고 時上(시상)의 정화(병화일주의 겁재)가 도우니 신강하다. 신강하게 된 주된 원인은 겁재인 丁火(정화)보다는 丁火(정화)보다 더 强(강)한 印星(인성)

인 木에게 있다. 즉 인성인 목이 흠이 되는데 그 흠을 제거하는 금(병화의 재성)이 用神이 되고 丁火는 金을 상해하니 흉성이다.

. 身强하여 官星이 용신이면 食傷은 병신이 되는데, 이때 比劫은 病神을 生하는 凶星이 된다.

가령 身强한 土日主가 목(토의 관성)이 용신이면 금(토의 식상)은 病神이 되는데, 이때 土(토의 비겁)는 病神인 金을 생하니 흉신이다.

1961年 음력 12월 16일 묘시생 女命

丁 己 辛 辛
卯 未 丑 丑

75 65 55 45 35 25 15 05
己 戊 丁 丙 乙 甲 癸 壬
酉 申 未 午 巳 辰 卯 寅

이 명조는 己土日主가 토왕절인 丑土(기토의 비견)月에 태어나 일주를 포함하여 토가 넷이고 丁火(기토일주의 편인)가 기토일주를 생하고 있으니 身旺한 中에 토가 많음이 흠이 된다. 흠이 되는 왕토를 疏土(소토)하는 卯木(묘목)(기토일주의 편관)이 용신이고 묘목을 극상하는 辛金(신금)은 병신이 되는데 이때 比劫(비겁)인 토는 병신인 금을 생하니 흉신이다.

4.3.2.11 蓋頭說(개두설)

蓋頭說(개두설)은 地支(지지)에 뿌리를 두고 天干(천간)에 투출한 五行(오행)은 더 強(강)한 힘을 얻기 때문에 강약기준의 내용이 된다.

4.3.2.12 動靜說(동정설)

動靜說(동정설)은 天干(천간)은 天干(천간)과 작용하고 地支(지지)는 地支(지지)와 작용한다. 는 이론이다. 그러나 天干(천간)과 地支(지지)도 서로 作用力(작용력)이 있다.

4.3.3 調候用神(조후용신)

調候用神(조후용신)과 관련된 理論(이론)

調候用神(조후용신)과 관련되는 理論(이론)에는 寒暖燥濕論(한난조습론), 日主喜忌論(일주희기론). 中和(중화)

論(론)이 있다.

4.3.3.1 寒暖燥濕論(한난조습론)

太陽(태양)의 陽氣(양기)가 旺盛(왕성)한 봄과 여름의 精氣(정기)를 나타내는 甲(갑)·乙(을)·丙(병)·丁(정)·戊(무)는 陽暖(양난)한 天干(천간)이라 하고, 陰氣(음기)가 旺盛(왕성)한 가을과 겨울의 精氣(정기)를 뜻하는 己(기)·庚(경)·辛(신)·壬(임)·癸(계)는 陰寒(음한)한 天干(천간)이라 한다. 地支(지지)의 경우에도 天干(천간)에서와 같은 이유로 寅(인)·卯(묘)·巳(사)·午(오)·未(미)·戌(술)은 陽燥(양조)를 뜻하고 申(신)·酉(유)·亥(해)·子(자)·丑(축)·辰(진)은 陰濕(음습)하다. 그래서 命造(명조) 中(중)에 甲(갑)·乙(을)·丙(병)·丁(정)·戊(무)와 月支(월지)를 포함한 寅(인)·卯(묘)·巳(사)·午(오)·未(미)·戌(술)이 己(기)·庚(경)·辛(신)·壬(임)·癸(계)와 申(신)·酉(유)·亥(해)·子(자)·丑(축)·辰(진)보다 더 많으면 暖燥(난조)한 命造(명조)라고 판단하고, 己(기)·庚(경)·辛(신)·壬(임)·癸(계)와 月支(월지)를 포함한 申(신)·酉(유)·亥(해)·子(자)·丑(축)·辰(진)이 甲(갑)·乙(을)·丙(병)·丁(정)·戊(무)와 寅(인)·卯(묘)·巳(사)·午(오)·未(미)·戌(술)보다 더 많으면 寒濕(한습)하다고 판단한다.

4.3.3.2 日主喜忌論(일주희기론)

抑扶用神(억부용신)과 관련되는 理論(이론)에서 이미 언급하였듯이 日主喜忌論(일주희기론)은 『궁통보감』의 중심내용이며, 이 이론은 중화의 사상적 값인 용신을 定(정)하데 근간적 기준이 된다. 조후용신에서의 일주희기론은 日干(일간)을 中心(중심)으로 볼 때 寒濕(한습)하면 데워주어야 하고 燥熱(조열)하면 식혀주어야 함을 말하고 있다.

4.3.3.3 中和論(중화론)

中和論(중화론)은 抑扶用神(억부용신)의 中和(중화)의 思想的(사상적) 값뿐만 아니라 조후상의 중화의 사상적 값인 용신을 定(정)하는데도 근간적 기준이 된다.

4.3.4 病藥用神(병약용신)

病藥用神(병약용신)과 관련된 理論(이론)

病藥說(병약설)

病藥說(병약설)은 病藥用神(병약용신)의 내용이 된다. 아래 명조를 사례로 하여 病藥用神(병약용신)에 대하여 설명하고자 한다.

1927年 9月 29日 乾五. 포항제철 박태준

戊 辛 庚 丁
戌 卯 戌 卯

85 75 65 55 45 35 25 15 05
辛 壬 癸 甲 乙 丙 丁 戊 己
丑 寅 卯 辰 巳 午 未 申 酉

正論: 辛金日主가 身旺의 주된 원인인 土(신금일주의 印星)를 제거하는 財星(卯木)이 用神이 된다. 상세히 설명하면 辛金日主가 술월의 토왕절에 태어나 무술술 세 개의 토가 일주를 생하고 月上의 경금 하나가 일주를 돕고 있으니 신강한 사주다. 身强四柱가 된 주된 원인은 하나뿐인 적은 庚金(신금일주의 비겁)에게 있는 것이 아니라 세 개나 되는 많은 土에게 있다. 따라서 많은 토(인성)를 제거하는 卯木(재성)이 용신이 된다는 것이다.

用神에는 抑扶用神, 調候用神, 病藥用神, 通關用神 네 가지가 있다.
이 중에서 억부용신, 조후용신, 통관용신의 용신은 用神이 되는 五行 혹은 六神 그 자체만을 말한다. 가령

① 抑扶用神(억부용신)

가령 木日主(목일주)가 신약하면 印星(인성)인 水(수) 혹은 비겁인 木(목)이 用神(용신)이 되고, 官星(관성)인 금이 많고 濕(습)한 경우에는 그 금을 제거하는 火(화)가 用神(용신)이 된다.

② 調候用神(조후용신)

목·화·토·금·수일주에서 사주팔자가 燥熱(조열)하면 식혀주는 대체로 水(수)가 용신이고, 목·화·토·금·수일주에서 사주팔자가 寒濕(한습)하면 데워주는 대체로 火(화)가 용신이 된다.

③ 通關用神(통관용신)

가령 木(목)과 土(토)가 거의 균등하게 兩分(양분)되어 있으면 木(목)과 土(토)사이를 通關(통관)하는 火(화)가 용신이 된다. 나머지 화와 금, 토와 수, 금과 목, 수와 화에서도 마찬가지로 둘 사이를 通關(통관)하는 五行(오행)이 用神(용신)이 된다.

④ 그러나 病藥用神(병약용신)은 ①②③과는 다르다.

병약용신의 경우는 용신이 되는 그 한가지의 五行(오행) 혹은 六神(육신)만을 말하는 것이 아니고 病(병)이 되는 오행과 藥(약)이 되는 五行(오행)을 한꺼번에 말한다. 다시 말하면 病藥用神(병약용신)이라는 用語(용어)에서

病字는 그 四柱에서 病이 되는 오행 혹은 육신을 말하고, 藥字는 그 病을 치유하는 藥이 되는 오행 혹은 육신 즉 用神을 말한다.

위의 命造가 身旺하게 된 주된 원인은 한 개의 庚金(比劫)보다는 세 개의 더 많고 旺盛한 土(印星)에게 있다. 따라서 신왕한 이 명조의 病은 토(인성)가 되므로 그 병을 치유하는 藥神 즉 용신은 財星(木)이 된다. 즉 목이 용신에 수는 용신을 생하는 喜神이고 金은 용신을 극상하는 病神이 되고 화는 병신인 금을 제거하는 藥神이 된다. 특히 흙이 많이 묻은 辛金日主는 淘洗先要(먼저 물로 씻어주어야 함.)라고 했으니 더욱 水가 吉神임에는 틀림없다.

이렇게 풀이하지 않고 抑扶用神의 개념만으로 접근해서 火가 용신이 되면 木은 喜神이 되고 水運은 病神이 되며 土는 藥神이 된다는 말이 되는데, 결과적으로 신왕한 신금일주가 인성인 土가 吉神(藥神)이 되는 모순에 빠지게 된다.

따라서 이 命造는 木이 용신임이 분명하다.

이처럼 解剖學的으로 접근하는 病藥用神은 抑扶用神, 調候用神, 通關用神의 理論보다는 進一步한 理論이라고 할 수 있다.

4.3.5 通關用神(통관용신)

通關用神(통관용신)과 관련된 理論(이론)

通關論(통관론)

通關論(통관론)은 通關用神(통관용신)의 내용이 된다. 가령

木(목)과 土(토)가 거의 均等(균등)하게 兩分(양분)되어 있으면 목과 토 사이를 通關(통관)하는 火(화)가 用神(용신)이 된다.

火(화)와 金(금)이 거의 균등하게 양분되어 있으면 화와 금 사이를 통관하는 土(토)가 用神(용신)이 된다.

土(토)와 水(수)가 거의 균등하게 양분되어 있으면 토와 수 사이를 통관하는 金(금)이 用神(용신)이 된다.

金(금)과 木(목)이 거의 균등하게 양분되어 있으면 금과 목 사이를 通關(통관)하는 水(수)가 用神(용신)이 된다.

水(수)와 火(화)가 거의 균등하게 兩分되어 있으면 수와 화 사이를 通關(통관)하는 木(목)이 用神(용신)이 된다.

四柱命理學(사주명리학)에서 가장 核心(핵심)이 되는 이론은 用神論(용신론)이다. 용신을 정확하게 가려내어야 吉凶(길흉)을 제대로 예측할 수 있고 職業適性(직업적성)과 六(육)

親關係 健康까지도 예측이 가능하다.

用神의 導出과 관련하여,

格局論에 대해서는 格局論과 月建의 重要性을 살펴보았다. 그리고 抑扶用神論에 대해서는 中和論, 節氣의 深淺, 十二月의 五行旺弱, 胞胎法, 月建의 重要性, 生剋喜忌論, 通根論, 日主喜忌論, 强弱論, 六神論, 蓋頭說, 動靜說을 알아보았다. 그리고 또 調候用神論에 대해서는 寒暖燥濕論, 日主喜忌論, 中和論을 보았다. 그리고 病藥用神론에 대한 病藥說과 通關用神論에 대한 通關論까지도 모두 살펴보았다.

用神을 정확하게 가려내려면 용신과 관련된 이 이론들을 모두 綜合的이고 複合的으로 참작하여야 한다.

用神을 導出하기 前에 吉神과 凶神에 대한 定義부터 살펴보면 다음과 같다.

4.4. 吉神(길신)과 凶神(흉신)의 定義(정의)

1965年生(女命). 身弱印星爲用

癸 己 庚 乙
酉 酉 辰 巳

74 64 54 44 34 24 14 04
戊 丁 丙 乙 甲 癸 壬 辛
子 亥 戌 酉 申 未 午 巳

此命(차명)을 例示(례시)하여 六神(육신)에 대하여 解說(해설)하면 다음과 같다.

辰月(진월)의 己土(기토)가 旺地(왕지)에 태어났으나 雙酉(쌍유)에 庚金(경금)이 透干(투간)하고 乙(을)·癸(계)가 透干(투간)하였으니 剋泄(극설)이 太甚(태심)하여 旺(왕)이 反弱(반약)이라, 年支(년지)의 巳火(사화)로써 旺(왕)한 食傷(식상)을 剋(극)하고 弱(약)한 日主(일주)를 生(생)하여야 된다. 巳火(사화)가 用神(용신)에 乙木(을목)은 用神(용신)을 生(생)하는 喜神(희신)이고, 癸水(계수)가 巳火(사화)를 傷害(상해)하는 病神(병신)에 辰土(진토)는 병신인 계수를 除去(제거)하는 藥神(약신)이 된다.

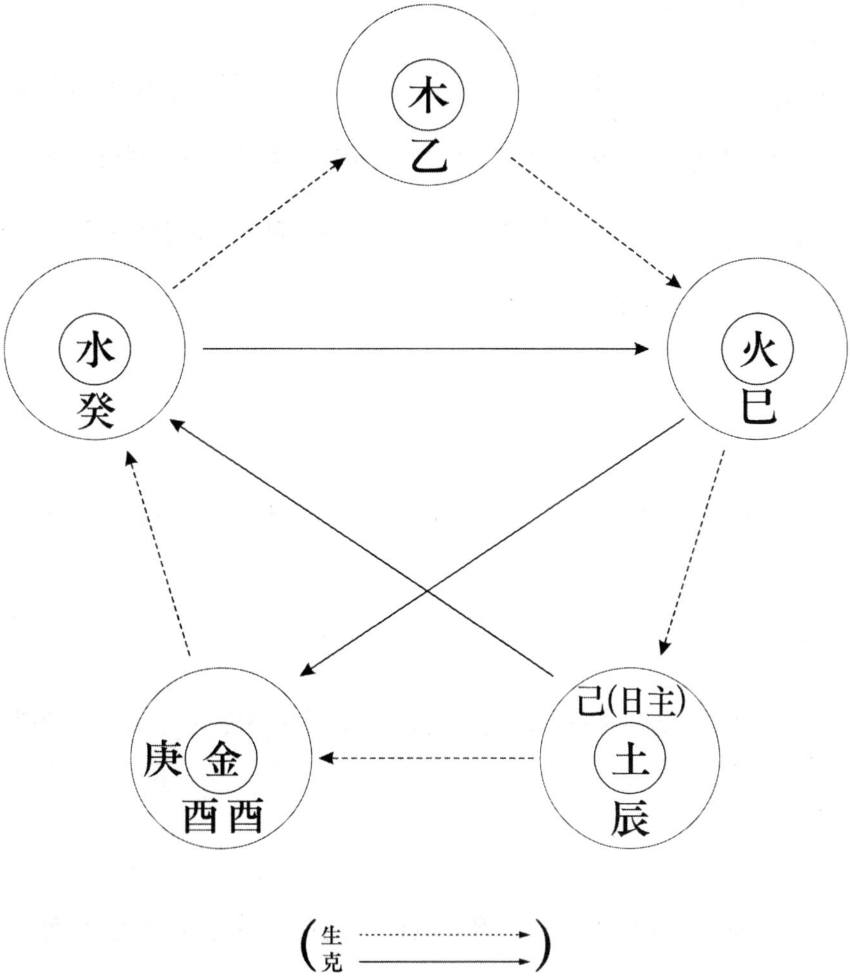

五行 相生 相克 圖

1. 用神(용신)

*. 命理(명리)의 解法(해법)은 旺弱寒熱(왕약한열)의 調和(조화)에 있는데, 旺弱寒熱(왕약한열)을 調和(조화)하는데 가장 核心(핵심)이 되는 五行(오행)을 말한다. 例(예)를 들면 사람에게 있어서는 心臟(심장)에 比(비)喩될 수 있을 정도로 명리학의 핵심요소다. 此命(차명)에서는 巳火(사화)를 말한다.

2. 喜神(희신)

*. 用神(용신)을 生(생)하는 五行(오행)을 말한다. 此命(차명)에서는 乙木(을목)을 말한다.

3. 病神(병신)

*. 用神(용신)을 克傷(극상)하는 五行(오행)을 말한다. 此命(차명)에서는 癸水(계수)를 말한다.

4. 藥神(약신)

*. 病神(병신)을 除去(제거)하는 五行(오행)을 말한다. 此命(차명)에서는 辰土(진토)를 말한다.

5. 吉神(길신)

*. 用神(용신), 喜神(희신), 藥神(약신)을 말한다. 此命(차명)에서는 巳火(사화), 乙木(을목), 辰土(진토)를 말한다.

6. 凶神(忌神)

*. 病神과 그 病神을 生하는 五行을 말한다. 此命에서는 癸水와 金을 말한다.

용신을 도출하는 방법론은 다음과 같다.

4.5 用神 導出의 方法論

用神에 관한 학설을 종합적으로 연구한 결과, 論者의 獨創的인 연구 成果로서 다음과 같은 「用神 導出의 方法論」을 제시한다. 이 방법은 쉽고 간편해서 정확하게 用神을 가려내는데 도움이 될 수 있다. 命造를 分析하고 길흉화복을 판별하기위한 一次的 過程은 먼저 用神을 가려내는 일인데, 아래 기준을 따르면 훨씬 용이하다. 日干의 印星과 比劫이 傷食과 財星과 官星보다 強하면 身強한 命造이고, 弱하면 身弱한 命造다.

4.5.1 正格(정격)

正格(정격)의 用神(용신)은 抑扶用神(억부용신), 調候用神(조후용신), 病藥用神(병약용신), 通關用神(통관용신)의 원리에 의한다.

4.5.1.1 身强(신강)

4.5.1.1.1 印星(인성)이 많아서 身强(신강)한 경우

. 身强(신강)하고 印星(인성)이 過多(과다)하면 財星(재성)이 用神(용신)이다. 예를 들면 水旺(수왕)함이 원인이 되어 身强(신강)하게 된 木日主(목일주)는 水多木浮(수다목부)하므로, 土(토)로서 堤防(제방)을 하여 水(수)의 勢力(세력)을 制伏(제복)하여야 日干(일간)과 다른 干支(간지)가 强弱(강약)의 均衡(균형)을 이루게 된다. 이때는 抑扶用神(억부용신), 調候用神(조후용신), 病藥用神(병약용신)의 개념이 적용된다.

. 身强(신강)하고 印星(인성)이 過多(과다)한데 用神(용신)으로 쓸 만한 財星(재성)이 없으면 官星(관성)이 用神(용신)이다. 예를 들면 水旺(수왕)함이 원인이 되어 身强(신강)하게 된 木(목)日主(일주)에 水(수)를 制御(제어)할 土(토)가 없으면 金(금)으로써 强(강)해진 木(목)을 制伏(제복)하여야 命造(명조)에서 强弱(강약)의 均衡(균형)을 이루게 된다. 이때는 주로 抑扶用神(억부용신)의 원리가 적용된다.

. 身强(신강)하고 印星(인성)이 過多(과다)한데 用神(용신)으로 쓸 만한 財星(재성)이나 官星(관성)이 없으면 傷食(상식)이 用神(용신)이다. 예를 들면 水旺(수왕)함이 원인이 되어 身强(신강)하게 된 木日主(목일주)에 쓸 만한 土(토)와 金(금)이 없다고 함은 그만큼 太强(태강)해진 命造(명조)라는 말인데, 이때는 太强(태강)한 氣(기)를 火(화)로써 덜어내어야 日干(일간)과 다른 오행이 강약의 균형을 이루게 된다. 이때는 抑扶用神(억부용신), 調候用神(조후용신), 病藥用神(병약용신), 通關用神(통관용신)의 원리가 적용된다.

. 身强(신강)하고 印星(인성)이 過多(과다)한데 用神(용신)으로 쓸 만한 財星(재성)이나 官星(관성) 혹은 傷食(상식)이 없으면 變格(변격)에서 論(논)한다. 예를 들면 水旺(수왕)함이 원인이 되어 身强(신강)하게 된 木日主(목일주)를 制伏(제복)할 土(토)와 金(금)이 없거나 泄氣(설기)할 火(화)가 없다고 함은 從印格(종인격) 혹은 水木兩神成象格(수목양신성상격) 등의 變格(변격)이 된다고 함인데 이때는 變格(변격)에서 論(론)한다. 이때는 抑扶用神(억부용신), 病藥用神(병약용신)의 원리가 적용된다.

4.5.1.1.2 比刦(비겁)이 많아서 身强(신강)한 경우

. 身强(신강)하고 比刦(비겁)이 過多(과다)하면 官星(관성)이 用神(용신)이다. 예를 들면 많은 木(목)이 원인이 되어 身强(신강)하게 된 木日主(목일주)는 金(금)으로써 그 木(목)을 制伏(제복)하

여야 한다. 이때는 抑扶用神, 病藥用神의 원리에 의한다.

. 身强하고 比刦이 過多한데 用神으로 쓸 만한 官星이 없으면 財星이 用神이다. 예를 들면 많은 木이 원인이 되어 身强하게 된 木日主에 木을 除去할 金이 없으면 土로써 그 身强함을 制伏하여야 한다. 이때는 抑扶用神, 病藥用神의 원리가 적용된다.

. 身强하고 比刦이 過多한데 用神으로 쓸 만한 官星이나 財星이 없으면 食傷이 用神이다. 예를 들면 많은 木이 원인이 되어 身强하게 된 木日主에 쓸 만한 金이나 土가 없다고 함은 그만큼 太强하게 된 命造라는 말이 되는데, 이때는 火로써 그 太强한 氣를 泄氣하여야 한다. 이때는 抑扶用神, 調候用神, 病藥用神의 원리에 의한다.

. 身强하고 比刦이 過多한데 用神으로 쓸 만한 官星이나 財星 혹은 食傷이 없으면 變格에서 論한다. 예를 들면 많은 木이 원인이 되어 身强하게 된 木日主에 用神으로 쓸 만한 金이나 土 혹은 火가 없다고 함은 水木兩神成象格 혹은 木曰曲直格 등의 變格이 된다는 말인데 이때는 變格에서 論한다. 이때는 抑扶用神, 調候用神,

病藥用神의 원리에 의한다.

4.5.1.2 身弱

4.5.1.2.1 官星이 많아서 身弱한 경우

. 身弱하고 官星이 强하면 印星이 用神이다. 예를 들면 弱한 木日主가 强한 金의 剋을 받고 있는 경우에 水를 用神으로 하고 强한 金을 泄氣하여 弱한 木을 生하여야 한다. 이때는 抑扶用神, 病藥用神, 通關用神의 원리에 의한다.

. 身弱하고 官星이 强한데 用神으로 쓸 만한 印星이 없으면 傷食이 用神이다. 예를 들면 弱한 木日主가 强한 金의 剋을 받고 있는 경우에 用神으로 쓸 만한 水가 없으면 火로써 그 强한 金을 制伏하여 弱한 木을 救하여야 한다. 이때는 抑扶用神, 病藥用神의 원리에 의한다.

. 身弱하고 官星이 强한데 用神으로 쓸 만한 印星이나 傷食이

없으면 比劫(비겁)이 用神(용신)이다. 예를 들면 弱(약)한 木日主(목일주)가 强(강)한 金(금)의 剋(극)을 받고 있는 경우에 用神(용신)으로 쓸 만한 水(수) 혹은 火(화)가 없으면 木(목)으로써 弱(약)한 日主(일주)를 도와야 한다. 이때는 抑扶用神(억부용신), 病藥用神(병약용신)의 원리에 의한다.

. 身弱(신약)하고 官星(관성)이 强(강)한데 用神(용신)으로 쓸 만한 印星(인성)이나 傷食(상식) 혹은 比劫(비겁)이 없으면 變格(변격)에서 論(논)한다. 예를 들면 弱(약)한 木日主(목일주)가 强(강)한 金(금)의 剋(극)을 받고 있는 경우에 用神(용신)으로 쓸 만한 水(수)와 火(화) 혹은 木(목)이 없다고 함은 棄命從殺格(기명종살격) 등의 變格(변격)에 속한다는 말이니 變格(변격)에서 論(론)한다. 이때는 抑扶用神(억부용신), 調候用神(조후용신), 病藥用神(병약용신)의 원리에 의한다.

4.5.1.2.2 財星(재성)이 많아서 身弱(신약)한 경우

. 身弱(신약)하고 財星(재성)이 많으면 比劫(비겁)이 用神(용신)이다. 예를 들면 弱(약)한 木日主(목일주)가 土(토)가 많으면 木(목)으로써 疏土(소토)하여야 한다. 이때는 抑扶用神(억부용신), 病藥用神(병약용신)의 원리에 의한다.

. 身弱(신약)하고 財星(재성)이 많은데 用神(용신)으로 쓸 만한 比劫(비겁)이 없으면 印星(인성)이 用神(용신)이다. 예를 들면 弱(약)한 木日主(목일주)가 土(토)가 많은데 疏土(소토)할 木(목)이 없으면 水(수)로써 弱(약)한 木(목)을 生(생)하여야 한다. 이때는 抑扶用神(억부용신), 病藥用神(병약용신)의 원리에 의한다.

. 身弱(신약)하고 財星(재성)이 많은데 用神(용신)으로 쓸 만한 比劫(비겁)이나 印星(인성)이 없으면 變格(변격)에서 論(론)한다. 예를 들면 弱(약)한 木日主(목일주)가 土(토)가 많은데 疏(소)土(토)할 木(목)이 없거나 木(목)을 生(생)할 水(수)가 없다고 함은 棄命從財格(기명종재격) 등의 變格(변격)에 속한다는 뜻이 되는데 이때는 變格(변격)에서 論한다. 이때는 抑(억)扶用神(부용신), 病藥用神(병약용신)의 원리에 의한다.

4.5.1.2.3 食傷(식상)이 많아서 身弱(신약)한 경우

. 身弱(신약)하고 傷食(상식)이 많으면 印星(인성)이 用神(용신)이다. 예를 들면 弱(약)한 木(목)日主(일주)가 火(화)가 많으면 水(수)로써 火(화)를 除去(제거)하고 弱(약)한 木(목)을 生(생)하여야 한다. 이때는 抑扶用神(억부용신), 病藥用神(병약용신)의 원리에 의한다.

. 身弱(신약)하고 傷食(상식)이 많은데 用神(용신)으로 쓸 만한 印星(인성)이 없으면 比(비)

劫(겁)이 用神(용신)이다. 예를 들면 弱(약)한 木日主(목일주)가 火(화)가 많은데 用神(용신)으로 쓸 만한 水(수)가 없으면 木(목)으로써 弱(약)한 木(목)을 도와야 한다. 이때는 抑扶用神(억부용신), 病藥用神(병약용신)의 원리에 의한다.

. 身弱(신약)하고 傷食(상식)이 많은데 用神(용신)으로 쓸 만한 印星(인성)이나 比劫(비겁)이 없으면 變格(변격)에서 論(론)한다. 예를 들면 弱(약)한 木日主(목일주)가 火(화)가 많은데 用神(용신)으로 쓸 만한 水(수) 혹은 木(목)이 없다고 함은 棄命從兒格(기명종아격) 등의 變格(변격)에 속한다는 말이 되는데 이때는 變格(변격)에서 論(론)한다. 이때는 抑扶用神(억부용신), 病藥用神(병약용신)의 원리에 의한다.

4.5.2 變格(변격)

變格(변격)의 用神(용신)은 從旺用神(종왕용신)이라고하여 從(종)하는 五行(오행) 혹은 六神(육신)이 用神(용신)이 된다.

. 專旺格(전왕격)에서는 木曰曲直格(목왈곡직격)은 木(목)이 用神(용신)이고, 火曰炎上格(화왈염상격)은 火(화)가 用神(용신)이며, 土曰稼穡格(토왈가색격)은 土(토)가 用神(용신)이고, 金曰從革格(금왈종혁격)은 金(금)이 用神(용신)이며, 水曰潤下格(수왈윤하격)은 水(수)가 用神(용신)이다.

. 從格에서는 棄命從殺格은 官星이 用神이고, 從印格은 印星이 用神이며, 棄命從財格은 財星이 用神이고, 棄命從兒格은 食傷이 用神이 된다.

. 化格에서는 丁壬合化木格은 木이 用神이고, 戊癸合化火格은 火가 用神이며, 甲己合化土格은 土가 用神이고, 乙庚合化金格은 金이 用神이며, 丙辛合化水格은 水가 用神이다.

. 兩神成象格에서는 相生의 관계에 있는 命造는 泄氣하는 五行이 用神이고, 相剋의 관계에 있는 命造는 通關하는 五行이 用神이다.

. 從强格에는 印星과 比劫의 太强함을 泄氣하는 比劫이 用神이다.

. 從氣格에는 두 가지 五行 中 泄氣하는 五行이 用神이다.

. 從勢格에는 食傷과 官星 사이를 通關하는 財星이 用神이다.

. 母慈滅子格에는 太强한 印星을泄氣하는 比劫이 用神이다.

格局別 用神을 요약하면 아래와 같다.
격국별 용신

格局別 用神

<table>
<tr><th colspan="3">格局別</th><th>用神</th><th>內　　容</th></tr>
<tr><td colspan="3" rowspan="4">正格(正官格, 偏官格, 正印格, 偏印格, 正財格, 偏財格, 傷官格, 食神格, 刦財格, 比肩格)</td><td>抑扶</td><td>强하면 剋制하고 弱하면 生扶함</td></tr>
<tr><td>調候</td><td>寒暖燥濕의 調和가 필요</td></tr>
<tr><td>病藥</td><td>太過不及이 病이 되면 그 病을 除去</td></tr>
<tr><td>通關</td><td>둘이 대치하고 있는 사이를 和解</td></tr>
<tr><td rowspan="20">變格</td><td rowspan="5">專旺格</td><td>木曰曲直格</td><td>木</td><td>從하는 木이 用神</td></tr>
<tr><td>火曰炎上格</td><td>火</td><td>從하는 火가 用神</td></tr>
<tr><td>土曰稼穡格</td><td>土</td><td>從하는 土가 用神</td></tr>
<tr><td>金曰從革格</td><td>金</td><td>從하는 金이 用神</td></tr>
<tr><td>水曰潤下格</td><td>水</td><td>從하는 水가 用神</td></tr>
<tr><td rowspan="4">從格</td><td>棄命從殺格</td><td>官星</td><td>從하는 官星이 用神</td></tr>
<tr><td>從印格</td><td>印星</td><td>從하는 印星이 用神</td></tr>
<tr><td>棄命從財格</td><td>財星</td><td>從하는 財星이 用神</td></tr>
<tr><td>棄命從兒格</td><td>食傷</td><td>從하는 食傷이 用神</td></tr>
<tr><td rowspan="5">化格</td><td>丁壬合化木格</td><td>木</td><td>從하는 木이 用神</td></tr>
<tr><td>戊癸合化火格</td><td>火</td><td>從하는 火가 用神</td></tr>
<tr><td>甲己合化土格</td><td>土</td><td>從하는 土가 用神</td></tr>
<tr><td>乙庚合化金格</td><td>金</td><td>從하는 金이 用神</td></tr>
<tr><td>丙辛合化水格</td><td>水</td><td>從하는 水가 用神</td></tr>
<tr><td rowspan="2">兩神成象格</td><td>相生關係</td><td>洩氣하는 五行 혹은 六神</td><td>比等한 관계의 두 가지의 五行 혹은 六神이 서로 相生하는 관계</td></tr>
<tr><td>相剋關係</td><td>通關하는 五行 혹은 六神</td><td>比等한 관계의 두 가지의 五行 혹은 六神이 서로 대치하는 관계</td></tr>
<tr><td colspan="2">從强格</td><td>洩氣하는 五行</td><td>印星과 比刦으로 從 즉 印比從氣格</td></tr>
<tr><td colspan="2">從氣格</td><td>洩氣하는 五行</td><td>木火從氣格, 金水從氣格</td></tr>
<tr><td colspan="2">從勢格</td><td>財星</td><td>食傷, 財星, 官星이 吉</td></tr>
<tr><td colspan="2">母慈滅子格</td><td>比刦</td><td>比刦만 吉</td></tr>
</table>

(資料: 論者가 聚合하고 作成)

4.6 用神導出(용신도출)의 實例(실례)

用神(용신) 導出(도출)의 방법론에 따라서 실제 용신을 가려내면 아래와 같다.

1976년 음력11월 12일 인시생 남자

甲 戊 庚 丙

寅 午 子 辰

72 62 52 42 32 22 12 02

戊 丁 丙 乙 甲 癸 壬 辛

申 未 午 巳 辰 卯 寅 丑

이 명조는 무토일주가 子月(자월)의 水(수)(무토의 재성)왕한 계절에 태어나 子辰水旺(자진수왕)하고 경금(무토의 식신)이 泄氣(설기)하며 甲寅木(갑인목)(무토의 편관)이 일주를 극하니 신약하고 한습하다. 약한 戊土日主(무토일주)를 生(생)하는 火(화)(무토의 인성)가 調候用神(조후용신)인 동시에 抑扶用神(억부용신)도 되고 목은 용신인 화를 생하는 희신이며 水(수)는 용신인 火(화)를 상해하는 병신에 진토(무토의 비견)는 병신인 수를 除去(제거)하는 약신이다.

1946년 양력 9월 1일 진시생 남자

丙 戊 丙 丙

辰 寅 申 戌

73 63 53 43 33 23 13 03

甲 癸 壬 辛 庚 己 戊 丁

辰 卯 寅 丑 子 亥 戌 酉

이 명조는 戊土가 申金(무토의 식신)月의 약지에 태어났으나 三丙火(무토일주의 편인)가 生하고 辰·戌土(무토의 비견)가 도우고 있으니 身旺한 中에 火(무토의 인성)旺함이 欠이 된다. 흠이 되는 화를 제거하는 申辰半合水(무토의 재성)가 抑扶用神에 금은 용신인 수를 생하는 희신이 되며 토는 용신인 수를 상해하는 병신에 寅木(무토의 편관)은 병신인 토를 除去하는 약신이 된다.

1965년 음력 9월 13일 02시 30분 여자4

乙 甲 乙 乙

丑 午 酉 巳

71 61 51 41 31 21 11 01

癸 壬 辛 庚 己 戊 丁 丙

巳 辰 卯 寅 丑 子 亥 戌

이 命造(명조)는 갑목일주가 유월의 금이 왕한 계절 즉 약지에 태어났는데 사오화에 설기되고 時支(시지)에 축토재성이 있으니 신약하다. 의지처는 을목이다. 즉 을목이 抑扶用神(억부용신)에 수운은 용신인 목을 생하는 희신이며 금은 용신인 목을 克傷(극상)하는 병신에 화는 병신인 금을 제거하는 藥神(약신)이 된다.

1970년 음력 7월 11일 20시 00분 여자

甲 甲 甲 庚
戌 子 申 戌

72 62 52 42 32 22 12 02
丙 丁 戊 己 庚 辛 壬 癸
子 丑 寅 卯 辰 巳 午 未

실증적 통계에 의하면 地支(지지)는 70%의 정도의 영향력이 있고 天干(천간)은 30% 정도의 영향력이 있다. 십이운양생도에 보면 申月(신월)은 甲木(갑목)의 絶地(절지)이다. 絶地(절지)라는 것은 氣(기)가 끊어졌다는 뜻이다. 地支(지지)에 申戌(신술)戌(술)이 있고 경금이 투간했으니 갑목의 재성과 관성이 旺(왕)하다. 따라서 身弱(신약)한 사주라는 것을 알 수 있다. 印星(인성)인 子水(자수)를 써서 왕성한 관성을 泄氣(설기)하여 갑목일주를 생하여야 한다. 子水(자수)가 抑扶用神(억부용신)에 金(금)

은 용신인 수를 생하는 喜神이 되고 土는 용신인 수를 克傷하는 病神에 木은 병신인 토를 제거하는 약신이다. 偏官(七殺이라고도 하고 殺星이라고도 함.)이 印星을 생하고 그 인성이 日主를 생하니 殺印相生格이 된다.

1954년 음력 11월 20일 12시 남자

庚 甲 丙 甲

午 辰 子 午

78 68 58 48 38 28 18 08

甲 癸 壬 辛 庚 己 戊 丁

申 未 午 巳 辰 卯 寅 丑

이 命造는 갑목일주가 자수(갑목의 正印)월 수왕한 계절에 태어나 子辰合化水가 갑목을 생하고 年上의 갑(갑목의 비견)목이 도우고 있으니 身旺한 中에 왕한 인성인 수가 흠이 된다. 水를 除去하는 土(갑목의 재성)가 용신에 火(갑목의 식상)는 용신인 토를 생하는 喜神이고 목은 용신인 토를 극상하는 병신에 경금(갑목의 편관)은 病神인 木을 제거하는 약신이다.

*. 子水와 辰土가 合하여 水로 변해서 水만 남고 辰土는 없어져

버린다면 命理學이 한층 쉬울 텐데 辰土가 子水와 合하여 水도 되지만 辰土自體로 남아있기도 하다. 따라서 辰土가 子辰水가 되지만 辰土를 用神으로 쓸 수도 있다.

1978년 음력 11월 9일 14시 30분 남자

辛 甲 甲 戊
未 辰 子 午

80 70 60 50 40 30 20 10
壬 辛 庚 己 戊 丁 丙 乙
申 未 午 巳 辰 卯 寅 丑

이 命造는 갑목일주가 자수(갑목의 정인)월에 태어나 자진수가 갑목을 생하고 월상의 갑목이 도우고 있으니 身旺하다. 신왕하게 된 원인은 월상의 약한 갑목보다는 왕성한 子辰水에게 있다. 따라서 그 원인을 제거하는 토(갑목의 재성)가 용신이고 午火(甲木의 傷官)는 용신인 토를 생하는 喜神이 되고 갑목(갑목의 비견)은 용신인 토를 克傷하는 병신에 辛금(갑목의 정관)은 병신인 목을 제거하는 약신이 된다.

1956년 음력 11월 2일 08시 00분 여자

戊 甲 己 丙

辰 辰 亥 申

79 69 59 49 39 29 19 09

辛 壬 癸 甲 乙 丙 丁 戊

卯 辰 巳 午 未 申 酉 戌

이 명조는 甲木日主(갑목일주)가 해수(갑목의 편인)월의 왕지에 태어났지만 사주여덟자 中(중)에 토(갑목의 재성)가 넷이고 신금(갑목의 관성)에 병화(갑목의 식신)가 있으니 旺(왕)이 弱(약)으로 變(변)하여 신약한 사주가 되었다. 의지처는 亥中(해중)의 甲木(갑목)이다. 즉 목이 용신에 수는 용신인 목을 생하는 희신이고 申金(신금)은 용신인 목을 상해하는 병신에 병화는 병신인 금을 제거하는 藥神(약신)이다.

*. 사주팔자 중 地支(지지)의 申亥辰辰(신해진진)이 濕(습)하므로 병화가 길신이다.

1970년 음력 7월 1일 15시 00분 여자

辛 甲 癸 庚

未 寅 未 戌

79 69 59 49 39 29 19 09

乙 丙 丁 戊 己 庚 辛 壬

亥 子 丑 寅 卯 辰 巳 午

이 命造(명조)는 갑목일주가 미토월 소서절에 태어나 지지에 술미미토(갑목의 재성)가 조열하고 인목(갑목의 비견) 또한 燥熱(조열)하니 조후가 시급하다. 금(갑목의 관성)의 생을 받는 계수(갑목의 정인)가 調候用神(조후용신)과 억부용신에 금은 용신인 수를 生(생)하는 희신이며 토는 용신인 수를 克傷(극상)하는 병신에 목은 병신인 토를 除去(제거)하는 약신이 된다. 이와 같이 正·偏官星(정편관성)이 印星(인성)을 생하고 인성은 일주를 생하는 명조를 殺印相生格(살인상생격)이라고 한다.

1990년 음력 12월 19일 22시 30분 남자

乙 甲 己 庚
亥 辰 丑 午

71 61 51 41 31 21 11 01
丁 丙 乙 甲 癸 壬 辛 庚
酉 申 未 午 巳 辰 卯 寅

이 命造(명조)는 갑목일주가 축토월의 토가 왕한 계절에 태어나 삼토(갑목의 재성)와 경금(갑목의 편관)이 있고 午火(오화)(갑목의 상관)가 설기하고 있으니 시상의 을목(갑목의 비겁)이 도우고 시지의 亥水(해수)(갑목의 편인)가 생하고 있지만 身弱(신약)하고 한습하다. 신약하게 된 주된 원인은 재성인 토가 많음에 있으니 토를 제거하는 을목이 抑扶用神(억부용신)이고 해수는 용신을 생하는 喜神(희신)이 되며 경금은 을목을 傷害(상해)하므로 병신이 되고 오화는 병을 除去(제거)하는 약신이 된다.

976년 음력 3월 13일 16시 30분 여자

壬 甲 壬 丙
申 午 辰 辰

73 63 53 43 33 23 13 03
甲 乙 丙 丁 戊 己 庚 辛
申 酉 戌 亥 子 丑 寅 卯

이 命造(명조)는 갑목일주가 진토월에 태어나 토(갑목의 재성)가 둘이고 화(갑목의 식상)가 둘이며 申金(신금)(갑목의 편관)이 있으니 극하고 설하는 것이 겹쳐서 身弱(신약)하다. 일주를 생하는 수(갑목의 인성)가 抑扶用神(억부용신)에 金(금)은 희신이 되며 토가 병신에 목(갑목의 비겁)운은 약신이 된다.

1981년 음력 9월 16일 여자

戊 甲 戊 辛
辰 子 戌 酉

79 69 59 49 39 29 19 09
丙 乙 甲 癸 壬 辛 庚 己
午 巳 辰 卯 寅 丑 子 亥

이 命造(명조)는 갑목일주가 戌月土旺節(술월토왕절)에 태어나 토(갑목의 재성)가 넷에 금(갑목의 관성)이 두 개가 있으니 身弱(신약)하다. 依支處(의지처)는 子水(자수)(갑목의 정인) 뿐이다. 子水(자수)가 억부용신에 금이 喜神(희신)이며 토가 병신에 木(목)(甲木(갑목)의 比劫(비겁))運(운)은 藥神(약신)이 된다.

1976년 음력 5월 24일 05시 00분 여자

丙 甲 甲 丙
寅 辰 午 辰

75 65 55 45 35 25 15 05
丙 丁 戊 己 庚 辛 壬 癸
戌 亥 子 丑 寅 卯 辰 巳

이 命造(명조)는 갑목일주가 午月(오월)의 화가 왕한 계절에 태어나 화(갑목의 식상)가 셋이서 갑목일주를 泄氣(설기)하고 토(갑목의 재성)가 둘이니 조열하고 신약하다. 調候(조후)가 時急(시급)하니 辰中(진중)의 癸水(계수)(갑목의 정인)를 써서 갑목을 생하고 熱(열)을 식혀주어야 한다. 즉 癸水(계수)가 조후용신에 금(갑목의 관성)운은 喜神(희신)이 되고 토가 病神(병신)에 목(갑목의 비겁)은 藥神(약신)이 된다.

1975년 음력 4월 8일 08시 남자

戊 甲 辛 乙
辰 子 巳 卯

74 64 54 44 34 24 14 04
癸 甲 乙 丙 丁 戊 己 庚
酉 戌 亥 子 丑 寅 卯 辰

이 명조는 甲木日主가 화가 왕한 巳月에 태어나 왕화(갑목의 식신)가 日主를 설기하고 토(갑목의 재성)가 둘에 辛金(갑목의 정관)이 巳에 長生[31]하고 있으니 극설이 交加하여 身弱하다. 신약한 목을 생하는 子水(갑목의 정인)가 抑扶用神과 調候用神에 辛金은 喜神이며 土가 병신에 목(갑목의 비겁)은 藥神이다.

31) 四柱命理學에서의 胞胎法에서 陰胞胎法는 陽胞胎法을 따른다. 즉 陽干인 庚金이 巳에서 長生하듯이 陰干인 辛金도 庚金과 마찬가지로 巳에서 長生한다.

1977년 음력 1월 19일 04시 여자

丙 甲 癸 丁
寅 子 卯 巳

80 70 60 50 40 30 20 10
庚 己 戊 丁 丙 乙 甲
戌 酉 申 未 午 巳 辰

이 命造는 갑목일주가 陽刃(帝旺)地의 왕지에 태어나 癸子水(갑목의 인성)가 생하고 時支의 인목(갑목의 비견)이 도우니 身이 태왕하다. 태왕한 자는 泄氣함을 기뻐한다. 즉 火(갑목의 식상)가 用神에 木은 喜神이며 水가 병신에 土(갑목의 재성)운은 藥神이 된다.

1964년 음력 1월 13일 20시 30분 여자

甲 甲 丙 甲
戌 辰 寅 辰

77 67 57 47 37 27 17 07
戊 己 庚 辛 壬 癸 甲 乙
午 未 申 酉 戌 亥 子 丑

이 命造는 갑목일주가 寅木(갑목의 건록)월의 왕지에 태어나 갑목이 셋이 天干에 透干하고 인목과 辰土사이에 묘목(갑목의 겁재)을 합해오니[32] 身이 태왕하다. 태왕한 者는 설기함을 기뻐한다. 즉 병화(갑목의 식신)가 설기하는 용신이 되지만 太旺한 木에는 불이 꺼져버리므로[33] 太旺한 木은 喜神이 될 수 없고 오히려 病이 되는데 이때 金(갑목의 관성)運은 태왕한 목을 제거 혹은 斫破生火하는 藥神이다. 辰中의 癸水(갑목의 정인) 또한 화를 傷害하는 병신이 되고 土(갑목의 재성)는 또 하나의 藥神이 된다.

1962년 양력 3월 18일 06시 여자

己 乙 癸 壬
卯 卯 卯 寅

74 64 54 44 34 24 14 04
乙 丙 丁 戊 己 庚 辛 壬
未 申 酉 戌 亥 子 丑 寅

木曰曲直格(목왈곡직격)의 성립조건은 木日干인 목(목일간의 비겁)으로 凝集되어 있는 명조라고 이미 언급한바 있다.

32) 이것을 拱夾이라고 한다. 즉 계절이 목왕한 봄이니 인목과 진토사이에 묘목을 끼고 들어온다는 뜻이다.
33) 이것을 명리학용어로 木多火熄이라고 한다.

이 命造(명조)는 乙木日干(을목일간)이 卯月(묘월)에 태어나 네 개의 묘·묘·묘·인목의 比刦(비겁)이 도우고 두 개의 임계수의 印星(인성)이 生(생)하고 있으므로 태왕함이 극에 이르렀으므로 木曰曲直格(목왈곡직격)에 己土(기토)가 欠(흠)이 된다. 종격은 종하는 오행이 용신이 되므로, 여기서는 木(목)(을목의 비겁)이 용신에 수(을목의 인성)는 희신이 되고 금(을목의 관성)운이 病神(병신)에 화(을목의 식상)운은 그 病(병)을 除去(제거)하는 藥神(약신)이 된다.

1977년 음력 3월 22일 12시 남자

甲 丙 乙 丁
午 寅 巳 巳

71 61 51 41 31 21 11 01
丁 戊 己 庚 辛 壬 癸 甲
酉 戌 亥 子 丑 寅 卯 辰

火曰炎上格(화왈염상격)의 성립조건으로 火日干(화일간)인 火(화)로 凝集(응집)되어 있는 사주팔자라고 이미 言及(언급)하였다.

이 命造(명조)는 丙火日干(병화일간)이 巳月(사월)에 生(생)하여 寅午火(인오화)와 丁巳巳火(정사사화)가 도우고 印星(인성)인 목이 生(생)하고 있으며 從神(종신)을 剋傷(극상)하는 官星(관성)이 없으므로 火曰炎上格(화왈염상격)이 된다. 從格(종격)은 從(종)하는 오행이 용신이 되므로, 여기서는 火(화)(병화의 비겁)가 용신에 목(병화의 인성)은 喜神(희신)이 되고 水(수)(병화의 관성)運(운)이 병신에 토(병화의 식상)운은 그 병을 제거하는 藥神(약신)이 된다.

1978년 양력 7월 5일 14시 00분 남자

己 戊 戊 戊
未 辰 午 午

71 61 51 41 31 21 11 01
丙 乙 甲 癸 壬 辛 庚 己
寅 丑 子 亥 戌 酉 申 未

土曰稼穡格(토왈가색격)의 성립조건은 일간인 토로 응집되어 있는 사주팔자다. 라고 言及(언급)한바 있다.

이 명조는 戊土日主(무토일주)가 午月(오월)의 화왕절에 태어나 일주를 포함하여 토(무토의 비겁)가 여섯이고 화(무토의 인성)가 둘이니 土曰稼穡格(토왈가색격)이다. 종격은 從(종)하는 五行(오행)이 용신이 되므로, 여기서는 토(무토의 비겁)가 용신에 화(무토의 인성)은 희신이 되고 木(목)(무토의 관성)운이 병신에 금(무토의 식상)운은 그 병을 제거하는 藥神(약신)이 된다.

1979년 양력 4월 22일생 08시 여자

戊 己 戊 己

辰 未 辰 未

75 65 55 45 35 25 15 15

丙 乙 甲 癸 壬 辛 庚 己

子 亥 戌 酉 申 未 午 巳

이 命造는 己土日主가 辰月에 戊土가 司令(淸明後 17日)하는[34] 때에 태어나고 全局이 比劫이므로 土曰稼穡格이다. 종하는 오행인 토(기토의 비겁)가 용신에 火(기토의 인성)운은 喜神이며 목(기토의 관성)운은 病神이 되고 金(기토의 식상)運은 약신이 된다.

1968년 음력 8월 16일 08시 여자

庚 庚 辛 戊

辰 戌 酉 申

80 70 60 50 40 30 20 10

癸 甲 乙 丙 丁 戊 己 庚

丑 寅 卯 辰 巳 午 未 申

---

34) 辰土에는 乙木이 9日3分半동안 主宰하고 癸水가 3日1分동안 主宰하고 戊土가 18日6分동안 主宰한다.

金曰從革格은 대부분이 일간인 금으로 응집되고 약간의 토(금의 인성)로 이루어진 사주팔자다.

이 命造는 庚金日主가 酉月에 生하여 地支에 申酉戌에 庚辛金이 透干하여 일주를 도우므로 金曰從革格이다. 따라서 종하는 오행인 금(경금의 비겁)이 용신에 用神을 생하는 토(경금의 인성)는 희신이며 화(경금의 관성)는 用神을 극하므로 병신이 되고 수(경금의 식상)는 그 病을 제거하는 약신이 된다.

1972년 음력 10월 13일 22시 남자

癸 癸 辛 壬
亥 丑 亥 子

77	67	57	47	37	27	17	07
己	戊	丁	丙	乙	甲	癸	壬
未	午	巳	辰	卯	寅	丑	子

水曰潤下格은 대부분이 일간인 수(수일간의 비겁)와 약간의 금(수일간의 인성)으로 구성된 사주팔자다.

이 命造는 癸水日主가 亥 月에 태어나 地支에 亥子丑에 水가 萬方이므로 水曰潤下格이 된다.

따라서 從하는 오행인 수(계수의 비겁)가 용신에 용신을 생하는 금(계수의 인성)은 희신이며 토(계수의 관성)는 用神을 극하므로 병신이 되고 목(계수의 식상)은 그 病을 제거하는 약신이 된다.

*. 수왈윤하격의 성립조건은 從神을 克하는 官星인 土가 없어야 된다. 이 명조에 있는 丑土는 亥子丑方合을 이루어 水가 되므로 無妨하다.

1972년 양력 12월 12일 22시 30분 남자

辛 丁 壬 壬
亥 丑 子 子

78 68 58 48 38 28 18 08
庚 己 戊 丁 丙 乙 甲 癸
申 未 午 巳 辰 卯 寅 丑

棄命從殺格은 의지할 인성과 비겁이 거의 없는 태약한 일주가 나머지 일곱 字가 대부분의 관성(정관과 편관)과 약간의 재성으로 이루어진 命造를 말한다. 고 이미 밝혔다.

이 命造는 丁火日干이 子月에 生하여 의지할 곳이 없고 地支에 亥子丑방합수로 官星이 萬方을 이루고 있으니 本身을 버리고 殺星을 따르는 棄命從殺格이다. 따라서 從하는 오행인 수(정화의 관성)

가 용신에 금(정화의 재성)운은 用神을 생하는 희신이며 토(정화의 식상)운은 용신을 克하므로 병신이 된다. 이때 목(정화의 인성)은 그 병신을 克制하는 약신이 되지만 나를 버리고 殺星을 좇았던 日干을 다시 生하게 하므로 吉한 것만은 아니다.

1977년 음력 5월 14일 10시 30분 남자

丁 戊 丙 丁
巳 午 午 巳

78 68 58 48 38 28 18 08
戊 己 庚 辛 壬 癸 甲 乙
戌 亥 子 丑 寅 卯 辰 巳

從印格은 의지할 비겁이 없는 일주가 나머지 일곱 자는 대부분의 인성과 약간의 관성만으로 이루어진 명조를 말한다. 라고 밝힌바 있다.

이 命造는 戊土日干이 午月에 태어나 印星이 滿局을 이루었으므로 從印格이다. 따라서 從하는 오행인 화(무토의 인성)가 용신에 목(무토의 관성)은 用神을 생하는 희신이며 수(무토의 재성)운은 용신을 傷害하므로 병신이 되고 토(무토의 비겁)운은 그 병을 제거하는 藥神이 된다.

1977년 음력 4월 19일 05시 15분 남자

甲 癸 乙 丁
寅 巳 巳 巳

80 70 60 50 40 30 20 10
丁 戊 己 庚 辛 壬 癸 甲
酉 戌 亥 子 丑 寅 卯 辰

棄命從財格(기명종재격)이란 虛弱(허약)한 나를 버리고 무리를 이룬 재성을 쫓아 따른다는 뜻이다. 라고 한바 있다.

이 명조는 계수일주가 巳月(사월)의 화왕절에 태어나서 네 개의 화(계수의 재성)와 세 개의 목(계수의 식상)이 왕화를 생하고 있으니 재성의 태왕함이 極(극)에 이르렀다. 의지할 곳이 없는 계수일주는 자기를 버리고 태왕한 재성을 좇아 따를 수밖에 없으니 棄命從財格(기명종재격)이다. 종하는 五行(오행)이 용신이니 화가 용신에 목은 희신이며 수(계수의 비겁)운이 병신에 토(계수의 관성)운은 병신을 제거하는 藥神(약신)이 된다.

1954년 음력 1월 13일 06시 여자

乙 癸 丙 甲
卯 卯 寅 午

74 64 54 44 34 24 14 04
戊 己 庚 辛 壬 癸 甲 乙
午 未 申 酉 戌 亥 子 丑

棄命從兒格(기명종아격)이란 나를 버리고 식상을 쫒아 따른다는 뜻이다. 라고 한바 있다.

이 命造(명조)는 癸水日主(계수일주)가 寅月(인월)에 태어나 四柱原局(사주원국)에 傷食(상식)인 木(목)이 다섯이고 재성인 화가 둘이니 棄命從兒格(기명종아격)이다. 따라서 從(종)하는 오행인 木(목)(계수의 식상)이 용신에 수(계수의 비겁)운은 희신이며 금(계수의 인성)은 용신을 傷害(상해)하는 병신이고 화(계수의 재성)는 그 병을 제거하는 藥神(약신)이다.

1975년 음력 2월 10일 04시 남자

壬 丁 己 乙

寅 卯 卯 卯

76 66 56 46 36 26 16 06

辛 壬 癸 甲 乙 丙 丁 戊

未 申 酉 戌 亥 子 丑 寅

丁火日主(정화일주)의 정임합화목격에 대해서 이미 언급한 바 있다.

이 命造(명조)는 丁火日干(정화일간)이 卯月(묘월)의 木旺節(목왕절)에 태어나 干支(간지)에 木(목)이 太旺(태왕)하고 金(금)이 없으므로 壬水(임수)와 合(합)하여 丁壬合化木格(정임합화목격)이 된다. 따라서 從(종)하는 오행인 목(정화의 인성)이 용신이고 용신을 생하는 수(정화의 관성)는 희신이며 금(정화의 재성)운은 용신을 克害(극해)하는 병신이 되고 火(화)(정화의 비겁)는 그 病(병)을 제거하는 약신이다.

丁火日主(정화일주)에서 丁壬合化木格(정임합화목격)은 丁火日主(정화일주)에 있어서의 從印格(종인격)과 類似(유사)하다.

甲壬丁己
辰午卯卯
辛壬癸甲乙丙
酉戌亥子丑寅

壬水日主의 정임합화목격에 대해서 이미 언급하였다.

이 명조는 『적천수천미』에 나오는 사주로 임수일주가 卯月의 목왕절에 태어나 네 개(갑·묘·묘목+진토)[35]의 木(壬水의 食傷)에 의하여 泄氣되고 두 개의 화(임수의 재성)가 있으니 임수가 의지할 곳이 없다. 혹 辰中의 癸水(임수의 겁재)에 壬水가 뿌리를 내릴 것 같지만 寅·卯木月의 辰土(임수의 편관)는 木과 같으므로 의지처가 될 수 없다. 卯·卯·甲木과 목과 같은 辰土까지 合하면 목이 네 개나 마찬가지다. 이것은 方合이론에서 이미 설명하였다.

따라서 정임합화목격의 從神인 五行이 木이므로 목이 용신에 수는 희신이며 금(임수의 인성)운은 용신인 목을 傷害하는 병신에 화는 그 병을 除去하는 藥神이 된다.

壬水日主에 있어서 丁壬合化木格은 임수일주에 있어서의 棄命從兒格과 유사하다.

---

35) 봄은 목이 왕한 계절로 사주원국에 인월 혹은 묘월이고 진토가 함께 있으며 천간에 갑·을목이 투간하였으면 진토를 목과 같이 본다.

1966년 양력 5월 19일 12시 10분 남자

戊 戊 癸 丙
午 寅 巳 午

76 66 56 46 36 26 16 06
辛 庚 己 戊 丁 丙 乙 甲
丑 子 亥 戌 酉 申 未 午

戊土日主(무토일주)의 戊癸合化火格(무계합화화격)에 대해서 이미 언급하였다.

이 命造(명조)는 戊土日干(무토일간)이 巳月(사월)에 태어나 火旺(화왕)한데 寅午合化火(인오합화화)와 병·사·오화가 있으니 화의 태왕함이 극에 이르렀으므로 月上(월상)의 癸水(계수)와 合(합)하여 戊癸合化火格(무계합화화격)이 된다. 따라서 從(종)하는 오행이 화(무토의 인성)이므로 火(화)가 용신에 목(무토의 관성)은 희신이며 水(수)(戊土(무토)의 財星(재성))운이 병신에 토(무토의 비·겁)는 旺(왕)한 화기를 泄氣(설기)하여 길하기도 하지만 病神(병신)을 제거하는 약신이다.

무토일주에서 戊癸合化火格(무계합화화격)은 무토일주에 있어서의 從印格(종인격)과 類似(유사)하다.

1977年 양력 6월 5일 11시 50분 남자

戊 癸 乙 丁
午 巳 巳 巳

80 70 60 50 40 30 20 10
丁 戊 己 庚 辛 壬 癸 甲
酉 戌 亥 子 丑 寅 卯 辰

癸水日主의 무계합화화격에 대해서 이미 설명하였다.

이 命造는 癸水日主가 巳月에 生하여 火가 滿局을 이루고 있는데 을목이 또 화를 생하니 癸水가 時上의 戊土와 合하여 戊癸合化火格이 된다. 따라서 從神인 火(계수의 재성)가 용신에 목(계수의 식상)은 喜神이며 수(계수의 비겁)운은 병신이 되고 토(계수의 관성)는 藥神이 된다.

계수일주에서 무계합화화격은 癸水日主에 있어서의 棄命從財格과 類似하다.

1970년 음력 12월 13일 10시 30분 남자

己 甲 己 庚
巳 午 丑 戌

79 69 59 49 39 29 19 09
丁 丙 乙 甲 癸 壬 辛 庚
酉 申 未 午 巳 辰 卯 寅

甲木日主(갑목일주)의 갑기합화토격에 대해서 이미 설명하였다.

이 命造(명조)는 甲木日主(갑목일주)가 丑月(축월)의 토왕한 계절에 태어나 토가 넷이나 되는데 두 개의 화가 또 土(토)를 생하니 갑목이 기토와 합하여 甲己合化土格(갑기합화토격)이 된다. 따라서 종하는 오행인 토(갑목의 재성)가 용신에 화(갑목의 식상)는 희신이며 목(갑목의 비겁)운은 용신을 克(극)하는 병신에 경금(갑목의 편관)은 그 병을 除去(제거)하는 약신이다.

갑목일주에서 갑기합화토격은 甲木日主(갑목일주)에 있어서의 棄命從財格(기명종재격)과 類似(유사)하다.

1967년 음력 3월 6일 12시 30분 여자

庚 己 甲 丁
午 酉 辰 未

77 67 57 47 37 27 17 07
壬 辛 庚 己 戊 丁 丙 乙
子 亥 戌 酉 申 未 午 巳

己土日主(기토일주)의 갑기합화토격에 대해서 이미 설명하였다.

이 명조는 기토일주가 辰月(진월)의 토왕절에 태어나 토가 둘에 두 개의 화가 토를 생하니 己土(기토)가 甲木(갑목)과 合(합)하여 갑기합화토격이 된다. 따라서 從神(종신)인 토(기토의 비겁)가 용신에 화(기토의 인성)는 용신을 生(생)하는 희신이고 목(기토의 관성)은 용신을 극하는 병신에 금(기토의 식상)은 그 病(병)을 제거하는 약신이다.

기토일주에서 갑기합화토격은 기토일주에 있어서의 土曰稼穡格(토왈가색격)과 類似(유사)하다.

1983年 음력 1월 8일 21시 50분 여자

乙 己 甲 癸

亥 卯 寅 亥

75 65 55 45 35 25 15 05

壬 辛 庚 己 戊 丁 丙 乙

戌 酉 申 未 午 巳 辰 卯

기토일주의 갑기합화토해서 從木格(종목격)에 대해서 이미 설명하였다.

이 命造(명조)는 己土日主(기토일주)가 寅月木旺節(인월목왕절)에 태어나 原局(원국)에 해묘목과 인해목에 甲乙(갑을)목이 투간하고 계수가 생목하여 목이 滿局(만국)을 이루고 있으니 己土(기토)가 甲木(갑목)을 따라 合(합)하여 從木格(종목격)이 된다. 따라서 종하는 오행인 목(기토의 관성)이 用神(용신)에 수(기토의 재성)는 희신이며 금(기토의 식상)운은 용신을 傷害(상해)하는 병신에 화(기토의 인성)는 그 병을 제거하는 藥神(약신)이 된다.

기토일주에서 갑기합한 종목격은 기토일주에 있어서의 棄命從殺格(기명종살격)과 유사하다.

1970年 음력 8월 12일 08시 30분 여자

庚 乙 乙 庚
辰 未 酉 戌

72 62 52 42 32 22 12 02
丁 戊 己 庚 辛 壬 癸 甲
丑 寅 卯 辰 巳 午 未 申

을목일주의 乙庚合化金格(을경합화금격)에 대해서 이미 설명하였다.

이 命造(명조)는 乙木日主(을목일주)가 酉月(유월)에 태어나 干支(간지)에 土金(토금)으로 滿局(만국)을 이루었으므로 乙木(을목)이 庚金(경금)과 합하여 乙庚合化金格(을경합화금격)이 된다. 따라서 從(종)하는 금(을목의 관성)이 용신에 토(을목의 재성)는 용신을 생하는 희신이며 화(을목의 식상)는 용신을 傷害(상해)하는 병신이 되고 水(수)(을목의 인성)는 그 병을 除去(제거)하는 약신이다.

을목일주에서 을경합화금격은 乙木日主(을목일주)에 있어서의 棄命從殺格(기명종살격)과 類似(유사)하다.

1980年 양력 10월 4일 18시 여자

乙 庚 乙 庚

酉 戌 酉 申

79 69 59 49 39 29 19 09

丁 戊 己 庚 辛 壬 癸 甲

丑 寅 卯 辰 巳 午 未 申

庚金日主(경금일주)의 을경합화금격에 대해서 이미 설명하였다.

이 命造(명조)는 庚金日主(경금일주)가 酉月(유월)에 태어나 地支(지지)에 申酉酉戌(신유유술)과 天干(천간)에 庚金(경금)이 있으니 金(금)의 太旺(태왕)함이 極(극)에 이르러, 雙庚金(쌍경금)은 雙乙木(쌍을목)과 合(합)하여 金(금)으로 從(종)하는 乙庚合化金格(을경합화금격)이 된다. 따라서 종하는 오행인 금(경금일주의 비겁)이 用神(용신)에 토(경금일주의 인성)는 용신을 生(생)하는 희신이고 화(경금일주의 관성)는 용신을 克傷(극상)하는 병신이고 水(수)(경금일주의 식상)는 그 병을 제거하는 藥神(약신)이다.

경금일주에서 을경합화금격은 庚金日主(경금일주)에 있어서의 金曰從革格(금왈종혁격)과 類似(유사)하다.

1932年 양력 11월 11일 진시 남자

壬 丙 辛 壬

辰 子 亥 申

79 69 59 49 39 29 19 09

己 戊 丁 丙 乙 甲 癸 壬

未 午 巳 辰 卯 寅 丑 子

병화일주의 丙辛合化水格(병신합화수격)에 대해서 이미 설명하였다.

이 命造(명조)는 丙火日干(병화일간)이 亥月(해월)의 水旺節(수왕절)에 태어나 原局(원국)에 水(수)가 滿局(만국)을 이루고 있으니 丙火(병화)는 辛金(신금)과 合(합)하여 丙辛合化水格(병신합화수격)이 된다. 따라서 從(종)하는 오행인 수(병화의 관성)가 용신에 금(병화의 재성)은 희신이 되고 토(병화의 식상)는 용신을 극하는 病神(병신)이 되고 목(병화의 인성)은 그 病(병)을 제거하는 약신이 된다.

병화일주에서 병신합화수격은 丙火日主(병화일주)에 있어서의 棄命從殺格(기명종살격)과 類似(유사)하다.

1983年 음력 10월 15일 16시 여자

丙 辛 癸 癸
申 亥 亥 亥

77 67 57 47 37 27 17 07
辛 庚 己 戊 丁 丙 乙 甲
未 午 巳 辰 卯 寅 丑 子

辛金日主(신금일주)의 병신합화수격에 대해서는 이미 詳述(상술)하였다.

이 命造(명조)는 辛金日主(신금일주)가 亥月(해월)의 水旺節(수왕절)에 태어나 五水(오수)에 신금이 생수하니 수가 滿局(만국)을 이루고 土(토)가 없으므로 辛金(신금)이 丙火(병화)와 合(합)하여 丙辛合化水格(병신합화수격)이 된다. 따라서 종하는 오행인 수(신금의 식상)가 용신에 금(신금의 비겁)은 희신이고 토(신금의 인성)는 용신을 克傷(극상)하는 병신이 되고 목(신금의 재성)은 그 병을 除去(제거)하는 약신이 된다.

辛金日主(신금일주)에서 병신합화수격은 신금일주에 있어서의 棄命從兒格(기명종아격)과 유사하다.

1970년 음력 3월 25일 진시생 남자

庚 庚 庚 庚
辰 辰 辰 戌

72 62 52 42 32 22 12 02
戊 丁 丙 乙 甲 癸 壬 辛
子 戌 亥 酉 申 未 午 巳

相生關係(상생관계)로 된 양신성상격에 대해서 이미 언급하였다.

이 命造(명조)는 庚金日主(경금일주)가 辰月(진월)에 태어나 原局(원국)이 金(금)과 土(토)로 兩分(양분)되어 있는 相生關係(상생관계)의 兩神成象格(양신성상격)이다. 따라서 금(경금일주의 비겁)이 용신에 토(경금일주의 인성)는 喜神(희신)이고 화(경금일주의 관성)운은 병신이 되고 수(경금일주의 식상)는 그 病(병)을 제거하는 약신이 된다.

다시 말하면 兩象(양상)을 相生(상생)하는 印星(인성)과 比劫(비겁)과 食傷(식상)은 吉(길)하고 兩象(양상)을 克傷(극상)하는 財星(재성)과 官星(관성)은 凶(흉)하다.

1951年 음력 6울 17일 인시생 남자

庚 辛 乙 辛

寅 酉 未 卯

74 64 54 44 34 24 14 04

丁 戊 己 庚 辛 壬 癸 甲

亥 子 丑 寅 卯 辰 巳 午

相克關係(상극관계)로 된 양신성상격에 대해서 이미 살펴보았다.

이 命造(명조)는 辛金日干(신금일간)이 未月(미월)에 태어나 四字(사자)의 金(금)과 四字(사자)의 木(목)(을인목과 묘미합목의 4개)으로 均等(균등)하게 兩分(양분)되어 있으니 상극하는 兩神成象格(양신성상격)이다. 따라서 相生(상생)하는 土·金·水·木運(토금수목운)은 길하고 木(목)을 克(극)하고 있는 金(금)을 克(극)하는 五行(오행) 즉 火(화)는 不吉(불길)하다.

“己己丙戊

巳巳辰戌

壬辛庚己戊丁

戌酉申未午巳

이 命造(명조)는 四柱(사주)가 火土(화토)로 이루어졌고 剋泄(극설)이 全無(전무)하며 土(토)가 極旺(극왕)하니 마치 金(금)과 같다. 初年(초년) 南方運(남방운)에 遺業(유업)이 풍부하다가 午大運(오대운)에 학교에 들어가고 己未大運(기미대운)에 과거에 응시했으나 불합격하였다. 일단 庚申大運(경신대운)으로 바뀌자 돈이 나비처럼 날아가 버리고 家業(가업)은 점차 消盡(소진)되었으며, 辛酉大運(신유대운)에는 財物(재물)이 봄눈 녹듯 하였으며 사업조차 불황이었다. 壬大運(임대운)에 丙火(병화)를 剋(극)하니 사망했다.” [36]

라고 하므로, 『滴天髓闡微(적천수천미)』 衰旺(쇠왕)에 나오지만 從强格(종강격)에 대한 事例命造(사례명조)라고 할 수 있다.

敷衍(부연)하면 이 命造(명조)는 기토일주가 火(화)(기토일주의 인성)와 土(토)(기토일주의 비겁)로만 이루어졌으니 從强格(종강격)이다. 따라서 인성인 화운과 비겁인 토운만 길하다. 이 從强格(종강격)은 다음에 나오는 從氣格(종기격)과 비교가 되는데, 從强格(종강격)을 印比從氣格(인비종기격)이라고 해도 무방하다. 從强格(종강격)에 대해서 상세히 설명하면 이렇다.

四柱原局(사주원국)에 印綬(인수)가 重重(중중)하고 比劫(비겁)이 疊疊(첩첩)하며 日主(일주)도 當令(당령)하였으나 財星(재성) 官殺(관살)의 氣(기)는 끊어져 터럭만큼도 없을 때 從强格(종강격)이 된다. 이 格(격)은 印星(인성)과 比劫(비겁)이 二人同心(이인동심)하여 强(강)이 極(극)에 이르렀기 때문에 順(순)함은 可(가)하나 逆(역)함은 不可(불가)하다. 따라서 印星運(인성운)과 比劫運(비겁운)만

---

36)
"己己丙戌
巳巳辰戌
壬辛庚己戊丁
戌酉申未午巳
此造四柱火土, 全無剋泄, 土旺極者, 似金也. 初運南方, 遺業豊盈, 午 運入泮, 己未棘闈, 拔而不擧. 一交庚申, 靑蚨化蜨, 家業漸消, 辛酉財 若春後霜雪, 事業蕭條. 壬運剋丙不祿.". 任鐵樵 增注. 袁樹珊 撰輯. 『滴天髓闡微』. 臺北: 武陵出版有限公司, 1999. p.143.

吉할 뿐 食傷運은 强한 印星과 冲剋하므로 凶하고 財·官運은 强神과 부딪쳐서 凶하다.

"丁庚癸癸
亥申亥酉
丁戊己庚辛壬
巳午未申酉戌

庚金이 孟冬에 태어나 水勢는 當權하고 金은 祿旺을 만났으나 時干의 丁火는 뿌리가 없으니, 原局의 氣勢는 金水이기 때문에 역시 金水를 좇는 것으로 論하여야 하며, 丁火는 오히려 病이 된다. 初年 癸亥大運에 丁火를 除去하니 그 樂을 自如했으며, 壬戌大運에 入學은 하였으나 喪을 거듭 당한 것은 戊土가 制水한 緣故다. 辛酉·庚申大運에 과거에 장원급제하고 벼슬이 琴堂에 올랐으나 己未大運에 運이 南方으로 돌아가 火土가 가지런히 오니 견책을 당하여 落職하고 戊午大運에는 더욱 많은 破耗가 있었고 사망했다."[37]

從氣格에 대해서 상세히 설명하면 이렇다.

---

37)
"丁庚癸癸
亥申亥酉
丁戊己庚辛壬
巳午未申酉戌
庚金生于孟冬, 水勢當權, 金逢祿旺, 時干丁火無根, 局中氣勢金水, 亦從金水而論, 丁反爲病. 初交癸亥, 去其丁火, 其樂自如, 壬戌運入泮, 而喪服重重, 因戊土之制水也. 辛酉庚申, 登科發甲, 出仕琴堂, 己未, 運轉南方, 火土齊來, 詿誤落職, 戊午更多破耗而亡. ". 任鐵樵 增注. 袁樹珊 撰輯. 『滴天髓闡微』. 臺北: 武陵出版有限公司, 1999. p.333.

財, 官, 印綬, 食傷類를 막론하고 四柱原局이 木火의 氣로 응집되어 있으면 木火運이 吉하고 金水의 氣로 응집되어 있으면 金水運이 吉하고, 그 以外의 五行의 運은 凶하다.

1949年生(女命)

辛 乙 庚 己
巳 酉 午 丑

75 65 55 45 35 25 15 05
戊 丁 丙 乙 甲 癸 壬 辛
寅 丑 子 亥 戌 酉 申 未

從勢格에 대해서는 이미 설명하였다.

이 命造는 乙木이 午月에 生하여 傷食과 財星과 官星만으로 이루어지고 의지처가 없으므로 從勢格이 된다. 따라서 을목일주의 財星인 토가 용신이고 食傷인 화는 용신을 생하는 喜神이고 비겁인 목은 병신이 되고 官星인 금은 병신인 목을 극하는 藥神이 된다. 從勢格에 대해서 상세히 설명하면 다음과 같다.

從勢格이란 日主가 根이 없고, 四柱에 財星 官星 食傷이 同等

하게 旺(왕)하여 그 强弱(강약)을 구분할 수 없고, 日主(일주)를 生扶(생부)해 줄 比劫(비겁)과 印綬(인수)가 없으며, 또 하나의 神(신)에게로 從(종)해서 갈 수 없을 때는 오직 和解(화해)가 있어야 좋다. 이 格(격)에는 傷食(상식)과 官星(관성)을 和解(화해)시키는 財星運(재성운)이 가장 吉(길)하고, 그 다음은 官星運(관성운)으로 行(행)하는 것이고, 또 그 다음은 傷食運(상식운)으로 行(행)하여야 吉(길)하다. 그러나 만일 比劫(비겁)과 印綬運(인수운)으로 行(행)하면 반드시 凶(흉)하다.

"戊辛丙戊
 戌丑辰戌
壬辛庚己戊丁
戌酉申未午巳

辛金(신금)이 季春(계춘)에 生(생)하여 四柱(사주)에 모두 土(토)이므로, 丙火官星(병화관성)은 元神(원신)이 모두 泄氣(설기)되며, 土(토)가 重(중)하여 埋金(매금)이 되니 母慈滅子(모자멸자)다. 初年(초년) 火·土(화토) 運(운)에는 刑喪破敗(형상파패)하여 탕진하고 남은 것이라곤 없었으나 庚申運(경신운)으로 바뀌면서 日元(일원)을 도와 일으키고 母性(모성)에 順(순)하여 크게 좋은 기회를 만나게 되었다. 辛酉運(신유운)에 이르러서는 辰丑(진축)과 拱合(공합)하니 재산을 상납하고 벼슬에 올랐으나 壬戌運(임술운)에 土(토)가 또 地支(지지)를 얻으니 견책을 당하여 낙직되었다."38)

---

38)
"戊辛丙戊
 戌丑辰戌
壬辛庚己戊丁

라고 하여 母慈滅子格(모자멸자격)의 성립과 그 喜(희)·忌(기)에 대해서 상세히 말하고 있다. 母慈滅子格(모자멸자격)에 대해서 상세히 설명하면 아래와 같다.

母慈滅子格(모자멸자격)은 太旺(태왕)한 印星(인성)이 欠(흠)이 된다. 따라서 官星(관성)은 太旺(태왕)한 印星(인성)을 生(생)하므로 凶(흉)하고, 印星運(인성운)은 太旺(태왕)한 印星(인성)을 또 도우니 凶(흉)하며, 傷食(상식)과 財星(재성)은 太旺(태왕)한 印星(인성)을 거스르니 凶(흉)하다. 그러나 比刦(비겁)運(운)만은 太旺(태왕)한 印星(인성)을 泄氣(설기)하여 日元(일원)을 도우니 吉(길)하다.

1949년 양력 7월 4일 06시 30분 남자

己 乙 庚 己
卯 未 午 丑

80 70 60 50 40 30 20 10
壬 癸 甲 乙 丙 丁 戊 己
戌 亥 子 丑 寅 卯 辰 巳

이 명조는 을목일주가 식신인 午月(오월)에 태어나 午火(오화)의 식신이 을목

戊酉申未午巳
辛金生於季春, 四柱皆土, 丙火官星, 元神泄盡, 土重金埋, 母多滅子. 初運火土, 刑喪破敗, 蕩焉無存, 一交庚申, 助起日元, 順母之性, 大得際遇, 及辛酉, 拱合辰丑, 捐納出仕, 壬戌運, 土又得地, 註誤落職.“. 任鐵樵 增注. 袁樹珊 撰輯. 『滴天髓闡微』. 臺北: 武陵出版有限公司, 1999. p.362.

일주를 泄氣(설기)하고 있는데 己·己·丑·未土(기기축미토)의 왕한 재성이 정관인 경금을 생하여 日干(일간)을 극하고 있으니 을목일간은 더욱 약하다. 의지처는 묘목(을목의 비견)이다. 즉 木(목)이 용신에 水(수)(을목의 인성)運(운)은 희신이 된다.

2001년 양력 3월 22일 18시 00분 여자

癸 甲 辛 辛
酉 申 卯 巳

75 65 55 45 35 25 15 05
己 戊 丁 丙 乙 甲 癸 壬
亥 戌 酉 申 未 午 巳 辰

이 명조는 갑목일주가 卯月生(묘월생)이니 왕지에 태어났다. 묘목이 갑목일주를 도우고 癸水(계수)가 갑목일주를 생하고 있다고 하더라도 辛辛酉申(신신유신)의 관성이 목을 극하고 식신인 巳火(사화)가 일간을 설기하고 있으니 결과적으로 身弱(신약)한 명조로 되었다. 의지처인 묘목(갑목의 비겁)이 용신이고 계수(갑목의 정인)는 희신이며 금이 病神(병신)에 화는 藥神(약신)이 된다.

1972年 음력 1월 9일 인시생 男命

丙 甲 壬 壬
寅 申 寅 子

74 64 54 44 34 24 14 04
庚 己 戊 丁 丙 乙 甲 癸
戌 酉 申 未 午 巳 辰 卯

이 명조는 甲木日主가 인(갑목의 비견)월 목이 왕한 계절에 태어나 시지의 인목(갑목의 비견)이 도우고 三水(갑목의 인성)가 생하고 있으니 태왕하다. 병화(갑목의 식신)는 태왕한 갑목일주의 氣를 설기(목생화)하니 吉星이다. 즉 병화가 용신에 목은 희신이며 수가 병신에 土(갑목의 재성)운은 藥神이 된다.

1946年 음력 5월 28일 사시생 女命

乙 壬 甲 丙
巳 申 午 戌

77 67 57 47 37 27 17 07
丙 丁 戊 己 庚 辛 壬 癸
戌 亥 子 丑 寅 卯 辰 巳

이 명조는 임수일주가 午月(오월)의 화왕절에 태어나 세 개의 火(화)(임수의 재성)와 戌土(술토)(임수의 관성)와 두 개의 목(임수의 식상)이 있으니 극설이 겹쳐서 身弱(신약)하다. 의지처는 坐下(좌하)의 신금(임수의 편인)뿐이다. 즉 申(신)금이 용신에 습토(임수의 관성)운이 희신이며 화가 병신에 水(수)(임수의 비겁)運(운)은 藥神(약신)이 된다.

사주팔자의 正格(정격)과 變格(변격)의 용신을 도출하는 방법을 사례명조를 들어서 살펴보았다. 따라서 의뢰인명조의 용신은 다음과 같다.

(의뢰인)1981년 양력 2월 15일 08:00~09:00時前(시전)에 태어난 남자.

戊 甲 庚 辛
辰 子 寅 酉

74 64 54 44 34 24 14 04
壬 癸 甲 乙 丙 丁 戊 己
午 未 申 酉 戌 亥 子 丑

① 격국

이 명조는 甲木日主(갑목일주)가 寅月(인월)의 比肩月(비견월)에 태어났으므로 正格中(정격중)에도 比肩格(비견격)에 해당한다.

② 용신

이 命造는 甲木日主가 寅月의 목이 왕한 계절에 태어나 子辰이 半合化水하여 갑목을 생하고 있으니 身旺하고 庚·辛·酉金까지 있으니 寒濕하다. 이 명조처럼 身旺하고 寒濕한 木日主에는 食傷인 火와 財星인 토와 官星인 금이 모두 길신이 된다. 즉 身旺用財하여 토(갑목의 재성)가 抑扶用神에 寅中의 丙火(갑목의 식신)는 희신이며 목(갑목의 비견)이 병신에 金(甲木의 官星)은 약신이다. 이렇게 풀이한 것은 立春 11일 후 雨水 4日前은 餘寒이 있으므로 火가 吉神임에는 틀림이 없기 때문이다.

5. 神殺論(신살론)

神殺論(신살론)은 命理學(명리학) 古典(고전) 중 『명리정종』에서 특히 강조하는 이론으로『 적천수천미』에서 강조하는 用神論(용신론)을 爲主(위주)로 하고 神殺論(신살론)을 附加(부가)하면 적중률이 한층 높아진다. 신살의 종류는 三百(삼백)여가지가 넘지만 명리학에서 활용되는 중요한 신살은 三十(삼십)여 가지 안팎이다.

5.1 吉神類(길신류)

5.1.1 天乙貴人(천을귀인)

日干(일간)을 爲主(위주)로 보지만 年干(년간)을 補助(보조)로 본다.

日·年干(일 년 간)	甲(갑)	乙(을)	丙(병)	丁(정)	戊(무)	己(기)	庚(경)	辛(신)	壬(임)	癸(계)
天乙貴人(천 을 귀 인)	丑(축) 未(미)	子(자) 申(신)	亥(해) 酉(유)	亥(해) 酉(유)	丑(축) 未(미)	子(자) 申(신)	丑(축) 未(미)	寅(인) 午(오)	巳(사) 卯(묘)	巳(사) 卯(묘)

四柱中(사주중)에 이 天乙貴人(천을귀인)이 있으면 명주가 지혜총명하여 창의력이 있다. 천을귀인이 생왕하면 정대한 人格者(인격자)라 했고 이 貴人(귀인)은 合(합)을 좋아한다고 했다.

가령 甲日生(갑일생) 戊日生(무일생) 庚日生(경일생)이 地支(지지)에 丑未(축미)가 있으면 天乙貴人(천을귀인)星(성)을 만난 것이다. 다른 日干(일간)도 위에서와 같이 적용하면 된다.

음력 1970년 음력 12월 13일 10시 30분 남자

己 甲 己 庚

巳 午 丑 戌

79 69 59 49 39 29 19 09

丁 丙 乙 甲 癸 壬 辛 庚

酉 申 未 午 巳 辰 卯 寅

이 命造(명조)는 갑목日主(일주)가 축月(월)의 토왕한 계절에 태어나 토가 넷이나 되는데 두 개의 火(화)가 또 토를 생하니 甲木(갑목)이 己土(기토)와 合(합)하여 甲己(갑기)合化土(합화토)격이 된다. 따라서 從(종)하는 오행인 토가 용신이고 화는 희신이다. 甲日主에 丑이 天乙貴人星이고 길신이니 인격자로서 창의력을 타고난 大學敎授다.

박제순(朴濟純)

癸 戊 乙 戊
亥 申 丑 午

癸 壬 辛 庚 己 戊 丁 丙
酉 申 未 午 巳 辰 卯 寅

이 명조는 戊土日主가 丑月土旺節에 태어나 年干의 무토가 도우고 午火가 生하니 신왕하다 신왕한 중에 비겁인 토가 欠이 되니 土를 除去하는 을목(정관)이 용신이고 수는 희신이며 金이 病神에 火는 藥神이 된다. 身旺하지만 이 命造의 경우는 官印相生格이 된다. 앞에서도 설명을 하였듯이 관인상생격은 內務行政 政治家 學者 등에 많다. 무토일주를 기준으로 볼 때 축토는 天乙貴人星이 되니 창의력이 뛰어나고 지혜출중하여 28歲에 과거에 합격하고 53세에 內務大臣이 되었다.

장덕조 여사 조

丁 庚 乙 甲
丑 申 亥 寅

78 68 58 48 38 28 18 08
丁 戊 己 庚 辛 壬 癸 甲
卯 辰 巳 午 未 申 酉 戌

이 명조는 庚金日主(경금일주)가 亥月(해월)의 수왕절에 태어나 申金(신금)이 도우고 丑土(축토)가 생금한다고 하더라도 사주전체구조를 보고 판단하면 身弱(신약)한 金水食神格(금수식신격)이다. 금수식신격격에 調候上(조후상) 官星(관성)을 기뻐한다고 했으니 丁火(정화)가 用神(용신)에 木(목)은 喜神(희신)이 되고 水(수)가 병신에 축토는 수를 제거하는 藥神(약신)이 된다. 경금일주를 기준으로 보면 丑土(축토)가 길신이면서 天乙貴人(천을귀인)이니 有名(유명)한 文人(문인)이었다.

乙日生(을일생) 己日生(기일생)이 地支(지지)에 子申(자신)을 만나면 天乙貴人星(천을귀인성)을 만난 것이다.

이지용(李址鎔)

丙 乙 戊 庚
子 酉 子 午

丙 乙 甲 癸 壬 辛 庚 己
申 未 午 巳 辰 卯 寅 丑

이 명조는 乙木日主(을목일주)가 子月(자월)의 수왕절에 태어나 子時(자시)에 庚酉金(경유금)이 있으니 寒濕(한습)하다. 따라서 데워주는 오화가 조후용신에 목운은 희신이 되고 수가 병신에 토는 약신이 된다. 을목일주에 子水(자수)는 天乙貴人(천을귀인)이 되니 지혜출중하여 35세에 內務大臣(내무대신)이 되었다.

金九先生(김구선생)의 命造(명조)

甲 己 丙 丙
子 巳 申 子

甲 癸 壬 辛 庚 己 戊 丁
辰 卯 寅 丑 子 亥 戌 酉

年月時(년월시)가 모두 천을귀인성이다. 정대한 인격자로 민족을 이끌었던 金九先生(김구선생)의 命造(명조)다.

丙日生 丁日生이 지지에 亥酉를 만나면 천을귀인성을 만난 것이다.

송진우 조(宋鎭禹 造)

己 丙 壬 庚

亥 子 午 寅

74 64 54 44 34 24 14 04

庚 己 戊 丁 丙 乙 甲 癸

寅 丑 子 亥 戌 酉 申 未

이 命造는 丙火日主가 午月의 陽刃(십이운양생도상 帝旺地)월에 태어나 寅木이 寅午半合化火하여 日主를 도우니 조후가 시급하다. 陽刃은 殺星을 만나기를 기뻐한다.[39] 고 하니 壬水가 調候用神에 금운은 희신이 된다. 병화일주에 官星인 亥水가 천을귀인성이면서 용신을 도우니 人格이 우수하고 정치도

---

39) 羊刃이란 甲木은 卯, 丙火와 戊土는 午, 庚金은 酉, 壬水는 子에서 羊刃이 된다. 日主가 羊刃을 만나서 身旺하게 된 命造는 그 氣勢가 너무 强하므로 偏官(七殺)을 만나 그 氣勢를 제압해야 됨을 기뻐하는데, 이것을 명리학 용어로 羊刃駕殺(羊刃合殺)이라고 한다. 陰干에는 羊刃이 적용되지 않는다. 즉 陽干에만 羊刃을 적용하기 때문에 陽刃이라고도 한다.

량이 풍부하였다.

서애 류성룡 조(西厓 柳成龍 造)

甲 丁 辛 壬
辰 丑 亥 寅

己 戊 丁 丙 乙 甲 癸 壬
未 午 巳 辰 卯 寅 丑 子

이 명조는 정화일주가 亥月(해월)의 약지에 태어나 辰丑土(진축토)가 정화일주를 설기하고 辛金(신금)의 재성과 임해의 관성이 있으니 극설이 겹쳐서 신약하다. 依支處(의지처)는 인성인 인목이다. 즉 목이 용신에 수는 희신이 되고 금이 병신에 화운은 약신이 된다. 殺印相生格(살인상생격)이고 亥水(해수)가 喜神(희신) 官星(관성)으로서 천을귀인성이니 청수한 人格者(인격자)로서 조선 중기의 문신이자 유학자였다.

*. 正官(정관)도 둘(亥·壬)(해 임)이상이면 殺星(살성)이 되므로 殺印相生格(살인상생격)이다.

壬日生(임일생) 癸日生(계일생)이 地支(지지)에 巳卯(사묘)를 만나면 天乙貴人星(천을귀인성)을 만난 것이다.

대원군

癸 壬 己 庚
卯 戌 丑 辰
丁 丙 乙 甲 癸 壬 辛 庚
酉 申 未 午 巳 辰 卯 寅

이 명조는 壬水日主가 丑月의 한습한 토왕절에 태어나 네 개의 토가 일주를 극하고 있으니 太旺한 토가 欠이 된다. 흠이 되는 토를 疏土하는 卯木이 용신이고 수는 희신이며 경금이 병신에 화운은 경금을 除去하는 약신이 된다. 이와 같은 명조를 食·傷制殺(食·傷으로 旺殺을 除去)格이라고 한다. 用神인 卯木이 천을귀인이니 지혜가 출중하였다.

蘇東坡

乙 癸 辛 丙
卯 亥 丑 子
己 戊 丁 丙 乙 甲 癸 壬
酉 申 未 午 巳 辰 卯 寅

이 명조는 癸水日主가 축월의 수왕절에 태어나 한습한데 지지에

亥子丑北方合水(해자축북방합수)한 태왕한 수가 일주를 도우고 신금이 또 왕수를 생하니 신이 태왕하다. 태왕한 자는 설기하여야 하니 泄氣(설기)하는 묘목이 용신이고 太過不及(태과불급)이 皆病(개병)이니 太旺(태왕)한 수는 희신이 되는 것이 아니라 오히려 病神(병신)이 되는데 이때 土(토)는 藥神(약신)이 된다. 또 辛金(신금)은 용신인 목을 상해하는 또 하나의 병신이 되고 병화는 금을 제거하는 또 하나의 藥神(약신)이 된다. 癸水日主(계수일주)를 기준으로 하면 卯木(묘목)이 천을귀인성이고 년간의 병화를 기준으로하면 亥水(해수)가 천을귀인성이 된다. 두 개의 천을귀인성이 있으니 創意力(창의력)이 뛰어나고 지혜출중한 詩人(시인)이었다.

辛金日生(신금일생)이 地支(지지)에 寅午(인오)를 만나면 천을귀인을 만난 것이다.

이윤용

壬 辛 壬 甲
辰 酉 申 寅

庚 己 戊 丁 丙 乙 甲 癸
辰 卯 寅 丑 子 亥 戌 酉

이 명조는 辛金日主(신금일주)가 申月(신월)의 금왕절에 태어나 二金(이금)이 도우고 진토가 생금하니 신왕하다. 身旺用財(신왕용재)하여 목이 용신에 수는 희신이 되고 금이 병신에 寅中(인중)의 병화는 약신이 된다. 辛金日主(신금일주)에서 인목이 천을귀인성이면서 吉神(길신)이 되니 지혜총명하여 41세에 형조판서가 되고 47세에 總理大臣(총리대신)이 되었다.

5.1.2 天德星(천덕성)(慈善星(자선성))

月(월)	寅(인)	卯(묘)	辰(진)	巳(사)	午(오)	未(미)	申(신)	酉(유)	戌(술)	亥(해)	子(자)	丑(축)
天(천)德(덕)星(성)	丁(정)	申(신)	壬(임)	辛(신)	亥(해)	甲(갑)	癸(계)	寅(인)	丙(병)	乙(을)	巳(사)	庚(경)

寅月(인월)에 出生(출생)한 사람이 四柱中(사주중)에 丁字(정자)가 있으면 天德星(천덕성)을 얻은 것이며 卯月生(묘월생)인이 사주중에 申字(신자)가 있으면 천덕성을 얻은 것이다. 吉神(길신)이면 더욱 吉(길)하다. 천덕성이 사주중에 있으면 官爵(관작)이 높고 病(병)이 적으며 天德星(천덕성)과 月德星(월덕성)의 二德(이덕)이 있으면 惡殺(악살)이 不犯(불범)하고 慈善心(자선심)이 있다.

5.1.3 月德星(월덕성)(慈善星(자선성))

月(월)	寅(인)	卯(묘)	辰(진)	巳(사)	午(오)	未(미)	申(신)	酉(유)	戌(술)	亥(해)	子(자)	丑(축)
月德星(월덕성)	丙(병)	甲(갑)	壬(임)	庚(경)	丙(병)	甲(갑)	壬(임)	庚(경)	丙(병)	甲(갑)	壬(임)	庚(경)

寅月生(인월생)이 四柱中(사주중)에 丙火(병화)가 있으면 월덕성을 얻었고 卯月生(묘월생)이 사주중에 갑목이 있으면 月德星(월덕성)을 얻었으며 진월생인이 사주중에 임수가 있으면 월덕성을 얻은 것이다. 나머지도 마찬가지로 類推(유추)하면 된다.

月德星(월덕성) 역시 天德星(천덕성)과 마찬가지로 吉星(길성)으로 그 德性(덕성)은 天德星(천덕성)과 같다.

李秉喆(이병철) 造(조)

壬 戊 戊 庚
戌 申 寅 戌

78 68 58 48 38 28 18 08
丙 乙 甲 癸 壬 辛 庚 己
戌 酉 申 未 午 巳 辰 卯

이 命造(명조)는 무토일주가 立春節(입춘절)의 목왕절에 태어나 추운기가 남아 있는데 庚申金(경신금)이 설기하고 임수가 한기를 도우고 寅木(인목)이 日主(일주)를 克(극)하니 身弱(신약)하고 寒濕(한습)하다. 따라서 寅中(인중)의 병화와 술중의 정화 즉 화가 용신에 목은 희신이며 수가 병신에 토는 약신이 된다. 戌中(술중)의 丁火(정화)는 天德星(천덕성)이 되고 寅中(인중)의 丙火(병화)는 月德星(월덕성)이 되니 父祖(부조)의 積善(적선)한 蔭德(음덕)이 있었으리라.

5.1.4 學堂貴人(학당귀인)(聰明師儒)(총명사유)

日主(일주)	木(목)	火(화)	土(토)	金(금)	水(수)
學堂貴人(학당귀인)	亥(月·時)(해월시)	寅(月·時)(인월시)	寅(月·時)(인월시)	巳(月·時)(사월시)	申(月·時)(신월시)

*. 日干(일간)의 長生地(장생지)이며 陰干(음간)은 陽干(양간)을 따른다.

甲·乙木日主(갑을목일주)가 亥月(해월)이나 亥時(해시)를 만나면 學堂貴人(학당귀인)을 만난 것이다.

申翼熙(신익희) 造(조)

乙 甲 辛 甲

亥 寅 未 午

79 69 59 49 39 29 19 09

己 戊 丁 丙 乙 甲 癸 壬

卯 寅 丑 子 亥 戌 酉 申

이 명조는 갑목일주가 未月(미월)에 하늘은 건조하고 땅은 熱氣(열기)가 가득하여 身弱(신약)할 것 같지만 갑을인목이 일주를 도우고 해수가 生木(생목)하니 오히려 신왕한 명조로 변하고 많은 比劫(비겁)이 欠(흠)이 된다. 흠이 되는 목을 제거하는 辛金(신금)이 용신이고 濕(습)한 土(토)는 희신이 되고 화가 병신에 亥水(해수)는 약신이 된다. 時支(시지)의 亥水(해수)가 길신이면서 學堂貴人(학당귀인)이 되니 지혜이 출중하고 文筆(문필)이 유여하며 言辯(언변)도 풍족하였다.

丙·丁火日主(병정화일주)와 戊·己土日主(무기토일주)가 寅月(인월)이나 寅時(인시)를 만나면 學堂貴人(학당귀인)을 만난 것이다.

조선시대의 이율곡

壬 丁 辛 丙

寅 亥 丑 申

丁 丙 乙 甲 癸 壬

未 午 巳 辰 卯 寅

이 명조는 정화일주가 丑月(축월)의 식신월에 태어나 辛申(신신)의 재성과 임해의 관성이 있으니 극설이 겹쳐서 신약한 火土食神格(화토식신격)이다. 왕토를 극하고 약한 丁火(정화)를 생하는 寅木(인목)(정화의 정인)이 용신에 임수(정화의 정관)가 희신이며 금이 병신에 화가 약신이다. 時支(시지) 寅木(인목)이 용신인데 학당귀인을 겸하였으니 天才(천재)였다.

李秉喆 造(이병철 조)

壬 戊 戊 庚

戌 申 寅 戌

78 68 58 48 38 28 18 08

丙 乙 甲 癸 壬 辛 庚 己

戌 酉 申 未 午 巳 辰 卯

이 명조는 戊土日主(무토일주)가 입춘절의 목왕절에 태어나 추운기가 남아 있는데[40] 庚申(경신)금이 설기하고 임수가 한기를 도우고 인목이 일주를 극하니 신약하고 한습하다. 따라서 寅中(인중)의 丙火(병화)와 戌中(술중)의 丁火(정화) 즉 화가 용신에 목은 희신이며 수가 병신에 토는 약신이 된다. 寅木(인목)이 吉神(길신)이면서 學堂貴人(학당귀인)이다.

庚·辛金日(경신금일)주가 巳月(사월)이나 巳時(사시)를 만나면 학당귀인을 만난 것이다.

張澤相(장택상) 造(조)

辛 庚 癸 癸
巳 申 亥 巳

74 64 54 44 34 24 14 04
乙 丙 丁 戊 己 庚 辛 壬
卯 辰 巳 午 未 申 酉 戌

이 명조는 庚金日主(경금일주)가 亥月(해월)의 수왕절에 태어나 수가 셋이고 金(금)이 셋이니 寒濕(한습)하다. 金水食神格(금수식신격)에 조후하는 巳火(사화)가 용신에 목운은 희신이 되며 수가 병신에 토운은 약신이 된다. 庚金日主(경금일주)에 時支(시지)

40) 명리학용어로 餘寒(여한)이라고 한다.

의 巳火(사화)는 용신이면서 학당귀인이 되니 외국유학에 학력도 풍족하며 丁大運(정대운)에 용신을 도와 길한데 59세에 總理(총리)가 되었다.

壬·癸水日主(임계수일주)가 申月(신월)이나 申時(신시)를 만나면 학당귀인을 만난 것이다.

1939년 음력 7월 20일 술시생 건명

壬 癸 壬 己

戌 卯 申 卯

79 69 59 49 39 29 19 09

甲 乙 丙 丁 戊 己 庚 辛

子 丑 寅 卯 辰 巳 午 未

이 명조는 癸水(계수)가 申月(신월)의 금왕절에 태어나 왕금이 생수하고 쌍임수가 일간을 도우니 身旺(신왕)한 중에 많은 比劫(비겁)이 欠(흠)이 되니 관성인 토가 용신이고 재성인 火運(화운)은 희신이되며 식신인 묘목이 병신에 申金(신금)은 藥神(약신)이 된다. 癸水日主(계수일주)에 申金(신금)이 길신이면서 학당귀인이 되니 유명일간지 논설위원의 명조이다. 언론사는 火(화)가 길신인 연고다.

5.1.5 驛馬星

三合中에서 亥卯未를 예를 들면 亥는 甲木의 長生地이고 卯는 甲木의 帝旺(陽刃)지이며 未는 甲木의 墓地인데 이들 셋이 合하면 강력한 木의 집단이 된다. 다른 三合도 이와 같다. 三合의 長生地를 冲하는 地支가 驛馬殺(星)이 된다.

作用: 貴人은 權力에 오르고, 平人은 奔走하기만 하다. 吉神이면 비약적인 발전이 있고 흉신이면 事事件件이 奔走하다. 他鄕살이와 海外出入.

年·日支	亥卯未	寅午戌	巳酉丑	申子辰
驛馬星	巳	申	亥	寅

亥·卯·未年과 亥·卯·未日에 태어난 사람이 巳字를 만나면 驛馬星이 된다.

張勉 造(장면 조)

丁 戊 壬 己

巳 辰 申 亥

77 67 57 47 37 27 17 07

甲 乙 丙 丁 戊 己 庚 辛

子 丑 寅 卯 辰 巳 午 未

이 명조는 무토일주가 申月(신월)의 금왕절에 태어나 申辰水(신진수)와 壬亥水(임해수)의 재성이 旺(왕)하니 신약하고 한습하다. 抑扶(억부)와 調候(조후)가 急(급)하니 정화가 억부 및 조후용신이고 木運(목운)은 희신이 되고 수가 병신에 토는 약신이 된다. 年支(년지)의 亥(해)를 기준으로하면 亥(해)는 地殺(지살)이고 時支(시지)의 巳(사)는 驛馬星(역마성)으로서 用神(용신)이니 묘운 묘년에 용신을 생하니 國務總理(국무총리)가 되고 병운 병신년에 副統領(부통령)이 되었다.

1965년 음력 2월 28일 자시생 건명

壬 癸 己 乙

子 未 卯 巳

78 68 58 48 38 28 18 08

辛 壬 癸 甲 乙 丙 丁 戊

未 申 酉 戌 亥 子 丑 寅

이 명조는 계수일주가 卯月(묘월)의 食神月(식신월)의 弱地(약지)에 태어나 二木(이목)이 설기하고 二土(이토)가 일주를 극하고 巳火(사화)의 재성과 대치하고 있으니 신약한 水木食神格(수목식신격)이다. 의지처는 壬·子水(임자수)뿐이다. 즉 수가 억부용신이고 금운은 희신이 된다. 자수대운전까지는 길운이 없었다. 또 년월주가 忌神(기신)이니 父母·兄弟福(부모형제복)이 부족하다. 용신을 생하는 금이 없으니 한층 格(격)이 낮다. 日支(일지)인 未土(미토)를 기준으로 할 때 년지의 巳火(사화)는 忌神驛馬殺(기신역마살)이 된다. 따라서 平人(평인)으로서 金(금)이 吉神(길신)이 되니 금속조각가이지만 큰 성취는 없었다.

1947년 음력 4월 2일 인시생 곤명

戊 庚 乙 丁
寅 子 巳 亥

76 66 56 46 36 26 16 06
癸 壬 辛 庚 己 戊 丁 丙
丑 子 亥 戌 酉 申 未 午

이 명조는 경금이 巳月(사월)의 火旺節(화왕절)에 태어나 두 개의 목과 두 개의 화와 亥水(해수)가 있으니 극설이 교가하여 신약하다. 의지처는 時上(시상)의 무토뿐이다. 즉 土(토)가 用神(용신)에 화가 희신이며 목이 병신에 금운은 약신이 된다. 年支(년지)인 亥水(해수)를 기준으로 할 때 해는 食神地殺(식신지살)이고 巳火(사화)는 官星驛馬殺(관성역마살)이 되어 巳亥冲(사해충) 하는데 병자년에 子水食傷(자수식상)이 巳火(사화) 官星(관성)(남편)을 극하니 離婚(이혼)하고 亥大運(해대운)에는 巳亥爭冲(사해쟁충)을 하니 自殺(자살) 試圖(시도)를 하는 등 奔走(분주)하기만 했다.

寅·午·戌年(인오술년)과 寅·午·戌日(인오술일)에 태어나 사람이 申字(신자)를 만나면 驛馬星(역마성)이 된다.

김홍집

庚 壬 戊 壬

子 子 申 寅

丙 乙 甲 癸 壬 辛 庚 己

辰 卯 寅 丑 子 亥 戊 酉

이 명조는 壬水日主가 申月의 금왕절에 태어나 庚申金이 생수하고 三水가 일주를 도우니 身이 태왕하다. 태왕한 자는 식신으로 설기하여야 하니 寅木이 用神에 태왕한 수는 희신이 아니라 오히려 병신이 되는데 이때 戊土는 水를 제거하는 약신이 된다. 금은 用神을 상해하는 또 하나의 병신이 되는데 火運은 金을 제거하는 또 하나의 藥神이 된다. 年支인 寅을 기준으로 할 때 寅은 地殺이고 地殺을 冲하는 申은 驛馬殺이 되는데 驛馬殺과 地殺이 冲하니 韓末의 政治家로서 온건 개화파의 거두로 중도개혁노선을 견지하면서 改化政策을 주도했다. 특히 外交政策의 책임자로서 對外交涉을 담당했다.

*. 日支의 子를 기준으로하면 申은 地殺이고 地殺을 冲하는 寅은 驛馬殺이 된다.

1958년 12월 12일 신시생 곤명

戊 壬 乙 戊
申 寅 丑 戌

75 65 55 45 35 25 15 05
丁 戊 己 庚 辛 壬 癸 甲
巳 午 未 申 酉 戌 亥 子

이 명조는 壬水日主(임수일주)가 丑月(축월)의 濕(습)하고 土旺(토왕)한 계절에 태어나 四土(사토)가 일주를 극하고 있으니 身弱(신약)하고 寒濕(한습)하다. 흠이 되는 왕토를 소토하여야 한다. 즉 食傷制殺(식상제살)하는 木(목)이 용신에 수운은 희신이 되고 인목을 극하는 申金(신금)이 병신에 화운은 약신이 된다. 요양보호사교육원교사로서 西方金運(서방금운) 동안은 병신을 도우니 뜻을 펼 수 없었고 申(신)운에 用神(용신)을 爭冲(쟁충)하여 凶(흉)한데 庚寅年(경인년)에 寅寅申申四冲(인인신신사충)이 되니 실패했다. 日支(일지)의 寅(인)과 年支(년지)의 戌(술)을 기준으로 보면 寅木(인목)은 吉神地殺(길신지살)이고 申金(신금)은 凶神驛馬殺(흉신역마살)이니 平常人(평상인)에 불과하여 奔走多忙(분주다망)하기만 하였다.

巳·酉·丑年(사유축년)과 巳·酉·丑日(사유축일)에 태어나 사람이 亥字(해자)를 만나면 驛馬星(역마성)이 된다.

1967년 음력 10월 12일(건명) 외교관

癸 辛 辛 丁
巳 巳 亥 未

72 62 52 42 32 22 12 02
癸 甲 乙 丙 丁 戊 己 庚
卯 辰 巳 午 未 申 酉 戌

이 명조는 辛金日主가 亥月의 傷官月에 태어나 火(신금의 관성)가 셋이고 水(신금의 식상)가 둘이니 身弱한 金水傷官格이다. 금수상관격은 調候가 시급하니 화가 조후용신에 목운은 희신이며 수가 병신에 미토(신금의 편인)가 약신이다. 日支인 巳를 기준으로하면 亥가 역마살에 巳는 地殺[41]이고 年支인 未를 기준으로하면 巳가 驛馬星이고 亥는 地殺이 되는데 驛馬와 地殺이 相冲하니 外交官이다. 이 명조는 貴人이니 權力에 오른 것이다.

---

41) 地殺은 驛馬殺을 冲하는 寅·申·巳·亥다. 地變, 踏地로서 다른 道 혹은 나라에 遠行하는 作用이 있다.

1960년 음력 10월 7일 축시생 곤명

辛 丁 丁 庚
丑 巳 亥 子

76 66 56 46 36 26 16 06
己 庚 辛 壬 癸 甲 乙 丙
卯 辰 巳 午 未 申 酉 戌

이 명조는 丁火日主가 亥月의 수왕절에 태어나 亥子水가 정화를 극하고 庚辛금이 일주와 대치하며 축토가 설기하고 있으니 신약하고 습하다. 依支處는 비겁인 火뿐이다. 즉 火가 調候·抑扶用神에 목운은 희신이며 수가 병신에 토는 약신이 된다. 日支의 巳火를 기준으로 보면 巳火는 地殺이고 亥水는 驛馬殺이 된다. 亥水驛馬殺은 病神인 官星(남편)이 되는데 地殺과 驛馬殺이 서로 冲하고 있으니 午運 庚寅年이 되도록 未婚이며 西方運 동안은 病神을 生하여 성취한 것이 없었다.

申·子·辰年과 申·子·辰日에 태어나 사람이 寅字를 만나면 驛馬星이 된다.

1917年生. 帝王格(四長生). 調候格. 朴正熙 前大統領 造

戊 庚 辛 丁

寅 申 亥 巳

72 62 52 42 32 22 12 02
癸 甲 乙 丙 丁 戊 己 庚
卯 辰 巳 午 未 申 酉 戌

金水食神格에 喜見官星이다. 이는 秋冬月의 金은 水冷金寒하므로 火로써 調候하고 鍊金하여야 器物을 作成하는 緣故다.

四長生格이란 地支에 寅申巳亥를 모두 갖춘 四柱를 말한다. 火土는 寅에서 長生하고 水는 申에서 長生하며 金은 巳에서 長生하고 木은 亥에서 長生하기 때문에 四長生格이라고 하는데 身旺하고 吉運을 만나면 大發하므로 君王之命造라고 한다. 日支인 申을 기준으로하면 申은 地殺이고 寅은 驛馬殺이며 年支인 巳를 기준으로 하면 巳가 地殺이고 亥는 驛馬殺이 되는데, 驛馬殺과 地殺이 서로 冲하는 貴人이니 權力者가 되었다.

*. 君王之命造에는 寅申巳亥의 四長生格, 子午卯酉의 四正格, 辰戌丑未의 四庫格이 있다.

1944년 음력 6월 13일 인시생 건명 반기문유엔사무총장 조

壬 丁 辛 甲
寅 酉 未 申

73 63 53 43 33 23 13 03
己 戊 丁 丙 乙 甲 癸 壬
卯 寅 丑 子 亥 戌 酉 申

이 명조는 丁火日主(정화일주)가 三伏之節(삼복지절)의 火旺節(화왕절)에 태어나 甲·寅木(갑인목)이 生火(생화)하니 調候(조후)가 시급하다. 水(수)가 조후용신에 金(금)은 희신이다. 年支(년지)인 申(신)을 기준으로하면 申(신)은 財星地殺(재성지살)이고 寅(인)은 印星驛馬(인성역마)가 되는데 地殺(지살)과 驛馬殺(역마살)이 멀리서 서로 冲(충)하니 貴人(귀인)이 되었다.

1962년 음력 6월 16일 04시생 곤명

庚 丙 丁 壬
寅 辰 未 寅

74 64 54 44 34 24 14 04
己 庚 辛 壬 癸 甲 乙 丙
亥 子 丑 寅 卯 辰 巳 午

이 명조는 병화일주가 小暑節(소서절)의 火炎土燥(화염토조)한 때에 태어나 월상의 정화가 일주를 도우고 雙寅木(쌍인목)이 병화를 생하니 조후가 시급하다. 寅(인)星(성)인 木(목)보다는 旺火(왕화)가 燥熱(조열)의 주원인이 되니 火(화)를 제거하는 水(수)가 용신에 金(금)이 희신이다. 日支(일지)인 辰(진)을 기준으로 할 때 年支(년지)와 時支(시지)의 寅(인)은 忌神(기신)인 驛馬殺(역마살)이 되는데, 더구나 初年(초년)부터 忌神(기신)인 南·東大運(남동대운)으로 흐르니 寅運(인운)에 이르도록 성취는 없었고 夫婦別居(부부별거)를 하는 등의 奔走(분주)하기만 했다.

5.1.6 將星(장성)

將星(장성)이 있으면 文武兼全(문무겸전)하고 官祿(관록)이 있고 膽大(담대)하다.

三合(삼합)의 中位(중위)이므로 日支(일지)에 있으면 中心(중심)이 있어 邪(사)에 유혹됨이 없다.

將星(장성)

(年·日)支基準(년일지기준)	亥卯未(해묘미)	寅午戌(인오술)	巳酉丑(사유축)	申子辰(신자진)
將星(장성)	卯(묘)	午(오)	酉(유)	子(자)

亥卯未年日生(해묘미년일생)이 四柱中(사주중)에 卯(묘)가 있으면 將星(장성)이다.

이승만 대통령 조

庚 丁 己 乙
子 亥 卯 亥

86 76 66 56 46 36 26 16 06
庚 辛 壬 癸 甲 乙 丙 丁 戊
午 未 申 酉 戌 亥 子 丑 寅

이 명조는 정화일주가 卯月(묘월)의 목왕절에 태어나 亥卯亥木(해묘해목)과 을목이 일주를 생하니 신왕한 중에 많은 인성이 欠(흠)이 된다. 흠이 되는 木(목)을 제거하는 庚金(경금)이 용신이고 토는 희신이 된다. 申運(신운)에 용신을 도우는데 戊子年(무자년)에 戊土(무토)가 用神(용신)을 생하니 대통령으로 당선되었다. 日支(일지)와 年支(년지)의 亥(해)를 기준으로 보면 卯(묘)가 將星(장성)이 된다.

寅·午·戌年日生(인오술년일생)이 四柱中(사주중)에 午(오)가 있으면 將星(장성)이다.

박제빈(朴濟斌). 19세에 등과, 47세에 순찰사

壬 丙 乙 戊
辰 午 丑 午

癸 壬 辛 庚 己 戊 丁 丙
酉 申 未 午 巳 辰 卯 寅

이 명조는 丙火日主(병화일주)가 丑月(축월)의 傷官月(상관월)에 태어나 三土(삼토)가 설기하고 임수의 극을 받으니 身弱(신약)한 火土傷官格(화토상관격)이다. 寅星(인성)인 乙木(을목)으로 상관을 제거하고 약한 병화일주를 생하여야 한다. 즉 乙木(을목)이 用神(용신)에 水(수)는 희신이 되고 丑中(축중)의 辛金(신금)은 병신에 午火(오화)는 약신이 된다. 日(일)·年支(년지)를 기준으로 볼 때 午(오)는 將星(장성)이 된다.

*. 食神(식신)이 一點(일점)만 있으면 食神(식신)이라 하고 二點(이점) 이상이면 傷官(상관)이라고 하며 食神(식신)과 傷官(상관)의 混雜(혼잡)을 보통 傷官(상관)이라고 한다.

巳(사)·酉(유)·丑年日生(축년일생)이 四柱中(사주중)에 酉(유)가 있으면 將星(장성)이다.

이근택(李根澤). 19세 무과에 합격

壬 癸 乙 乙
戌 卯 酉 丑

丁 戊 己 庚 辛 壬 癸 甲
丑 寅 卯 辰 巳 午 未 申

이 명조는 癸水日主(계수일주)가 酉月(유월)의 金旺節(금왕절)에 태어나 酉丑金(유축금)이 생수하고 임수가 일주를 도우니 신왕하고 한습하다. 戌中(술중)의 丁火(정화)를 써서 旺金(왕금)을 除去(제거)하여야 한다. 즉 丁火(정화)가 抑扶(억부)·調候用神(조후용신)에 乙木(을목)은 喜神(희신)이고 水(수)가 病神(병신)에 土(토)는 약신이 된다. 年支(년지)의 丑(축)을 기준으로 볼 때 酉金(유금)은 將星(장성)이 된다.

申(신)·子(자)·辰年日生(진년일생)이 四柱中(사주중)에 子(자)가 있으면 將星(장성)이다.

이범석 조

戊 戊 戊 庚
午 午 子 子

79 69 59 49 39 29 19 09
丙 乙 甲 癸 壬 辛 庚 己
申 未 午 巳 辰 卯 寅 丑

이 명조는 무토일주가 子月(자월)의 약지에서 태어났으나 雙午火(쌍오화)가 생토하고 雙戊土(쌍무토)가 일주를 도우니 약이 변하여 신왕한 명조로 바뀌었다. 자수가 용신이고 경금이 희신이다. 癸大運戊子年(계대운무자년)에 용신을 도우니 초대국무총리가 되었다. 日支(일지)인 午(오)를 기준으로하면 午(오)가 將星(장성)이고 年支(년지)의 子(자)를 기준으로 하면 子(자)가 장성이다.

5.1.7 華蓋星(화개성)

화려하고 안정되며 빛이 난다는 吉星(길성). 華蓋星(화개성)이 四柱中(사주중)에 있으면 聰明學者(총명학자), 文章(문장)이나 藝術(예술)과 體能(체능)에 能(능)하고 智慧(지혜)가 많다. 凶神(흉신)이나 空亡(공망)이면 僧道(승도).

(年·日)支基準(년일지기준)	亥卯未(해묘미)	寅午戌(인오술)	巳酉丑(사유축)	申子辰(신자진)
華蓋星(화개성)	未(미)	戌(술)	丑(축)	辰(진)

亥·卯·未年生(해묘미년생)과 亥·卯·未日生(해묘미일생)이 未字(미자)를 보면 華蓋星(화개성)이 된다.

1971년 음력 6월 5일 신시생 건명. 줄기세포연구자

戊 壬 乙 辛
申 子 未 亥

76 66 56 46 36 26 16 06
丁 戊 己 庚 辛 壬 癸 甲
亥 子 丑 寅 卯 辰 巳 午

이 명조는 임수일주가 未月三伏(미월삼복)의 약지에 태어났으나 辛申金(신신금)이 생수하고 亥·子水(해자수)가 일주를 도우니 신왕한 명조로 바뀌었고 三伏(삼복)에 生寒(생한)이다. 즉 調候(조후)가 필요하니 未中(미중)의 丁火(정화)가 용신에 乙木(을목)은 희신이 되며 水(수)가 병신에 土(토)는 약신이 된다. 辛大運(신대운)에 왕신을 도와 凶(흉)한데 丙戌年(병술년)에 用神(용신)과 藥神(약신)이 되는 未土(미토)와 戌未刑(술미형)을 이루니 줄기세포논문조작사건으로 口舌數(구설수)에 올랐다. 年支(년지)의 亥水(해수)를 기준으로 보면 未土(미토)가 華蓋星(화개성)이다.

1981년 음력 2월 25일 사시생 축구선수 박지성 조(인터넷)

乙 丁 辛 辛
巳 未 卯 酉

78 68 58 48 38 28 18 08
癸 甲 乙 丙 丁 戊 己 庚
未 申 酉 戌 亥 子 丑 寅

이 명조는 丁火日主(정화일주)가 묘월의 목왕절에 태어나 卯未木(묘미목)과 乙木(을목)이 생화하고 巳火(사화)가 도우니 身旺(신왕)하다. 印星(인성)인 목왕함이 흠이 되니 목을 제거하는 金(금)이 用神(용신)에 土(토)는 희신이다. 日支(일지)인 未土(미토)를 기준하면 未土(미토)가 喜神華蓋星(희신화개성)이다. 따라서 세계적인 축구선수다.

寅·午·戌年生(인오술년생)과 寅·午·戌日生(인오술일생)이 戌字(술자)를 보면 華蓋星(화개성)이 된다.

1954년 음력 9월 23일 14시생 건명. 항암제를 개발한 약사

己 戊 甲 甲
未 申 戌 午

77 67 57 47 37 27 17 07
壬 辛 庚 己 戊 丁 丙 乙
午 巳 辰 卯 寅 丑 子 亥

이 명조는 戊土日主(무토일주)가 戌月(술월)의 토왕절에 태어나 己·未·戌土(기미술토)가 도우고 午火(오화)가 생토하니 신왕한 중에 많은 비겁인 토가 흠이 된다. 토를 제거하는 갑목이 용신에 수는 희신이 된다. 木(목)이 用神(용신)이니 藥師(약사)다. 年支(년지)의 午(오)를 기준으로 하면 戌(술)이 華蓋(화개)성이 된다.

巳酉丑年生(사유축년생)과 巳酉丑日生(사유축일생)이 丑字(축자)를 보면 華蓋星(화개성)이 된다.

명나라 태조 주원장

丁 丁 壬 戊
未 丑 戌 辰

庚 己 戊 丁 丙 乙 甲 癸
午 巳 辰 卯 寅 丑 子 亥

이 명조는 정화일주가 戌月의 土旺節에 태어나 五土가 泄氣하고 壬水가 日主를 克하니 身弱한 火土傷官格이다. 依支處는 時上의 丁火뿐이다. 즉 정화가 용신에 목운은 희신이다. 日支인 丑을 기준으로 하면 丑이 화개성이고, 年支의 辰을 기준으로 하면 辰이 화개성이 된다. 난세의 풍운아로서 중국 명나라 태조가 되었다. 이와 같은 命造를 雜氣財官印格[42]이라고도 한다.

1961년 음력 6월 13일 오시생 곤명 탤런트

庚 己 乙 辛
午 未 未 丑

75 65 55 45 35 25 15 05
癸 壬 辛 庚 己 戊 丁 丙
卯 寅 丑 子 亥 戌 酉 申

이 명조는 己土日主가 未月의 土가 가장 왕성한 季節에 태어나 未·未·丑土가 도우고 午火가 日主를 生하니 土曰稼穡格에 乙木이 病이 된다. 즉 土가 용신에 오화는 희신이며 을목이 병신에 금은 약

---

42) 雜氣財官印格이란 辰··戌·丑·未月에 태어난 命造를 말하는데, 地藏干의 財星 官星 印星이 透出하여 用神으로 쓰이다가 冲하는 運에 地藏干에서 用神을 도우는 五行이 出現하면 用神이 크게 作用한다. 는 理論이다.

신이 된다. 日支인 未土를 기준으로 보면 未·未土가 華蓋星이고 年支인 丑土를 기준으로 보면 丑土가 화개성이다. 세 개의 화개성이 모두 길신이고 午火가 吉神桃花殺[43]이니 萬能 탤런트에 美人이다.

1975년 음력 1월 2일 묘신생 건명. 僧道

丁 己 戊 乙
卯 丑 寅 卯

73 63 53 43 33 23 13 03
庚 辛 壬 癸 甲 乙 丙 丁
午 未 申 酉 戌 亥 子 丑

이 명조는 己土日主가 인월의 목왕절에 태어나 네 개의 木이 克土하니 신약하고 雨水前이니 아직은 춥다. 따라서 의지처는 丁火다. 즉 정화가 용신에 太旺한 木은 喜神이 될 수 없고 오히려 病神이 되는데 이때 金運은 병신인 목을 제거하는 藥神이 된다. 水運은 용신인 화를 상해하므로 또 하나의 病神이 되는데 이때 토는 병신인 수를 제거하므로 또 하나의 약신이 된다. 日支인 丑土를 기준으로

---

43) 桃花殺은 子午卯酉에 해당하며 곧 설명한다.

보면 丑(축)은 華蓋星(화개성)이지만 空亡(공망)[44]이고 南方火運(남방화운)은 遙遠(요원)하니 僧道(승도)다.

申·子·辰年生(신자진년생)과 申·子·辰日生(신자진일생)이 辰字(진자)를 보면 華蓋星(화개성)이 된다.

1940년 음력 2월 7일 묘시생 건명

癸 丁 己 庚
卯 巳 卯 辰

77	67	57	47	37	27	17	07
丁	丙	乙	甲	癸	壬	辛	庚
亥	戌	酉	申	未	午	巳	辰

이 명조는 丁火日主(정화일주)가 卯月(묘월)의 목왕절에 태어나 雙卯(쌍묘)가 생화하고 巳火(사화)가 일주를 도우니 신왕한 중에 인성인 목이 왕함이 흠이 된다. 따라서 木(목)을 제거하는 庚金(경금)이 抑扶用神(억부용신)에 辰土(진토)는 희신이 된다. 年支(년지)인 辰土(진토)를 기준으로 보면 辰(진)이 華蓋星(화개성)이 된다. 명문대에서 獸醫學(수의학)을 전공했다.

44) 공망은 뒤에서 설명한다. 색인 참조

1964년 12월 25일 진시생 곤명 탤런트

壬 辛 丁 甲
辰 巳 丑 辰

78 68 58 48 38 28 18 08
己 庚 辛 壬 癸 甲 乙 丙
巳 午 未 申 酉 戌 亥 子

이 명조는 辛金日主가 丑月의 토왕절에 태어나 巳丑半合化金이 일주를 도우고 雙辰이 생금하니 신왕하다. 신왕함 중에 많은 인성인 토가 欠이 되니 토를 제거하는 갑목이 용신에 수는 희신이며 금이 병신에 정화는 약신이 된다. 日支인 巳를 기준으로 보면 丑이 화개성이고 年支인 辰을 기준으로 보면 雙辰이 華蓋星이니 有名한 탤런트[45]다.

45) 상담을 의뢰해온 개인의 신상에 대해서는 밝히지 않는 것을 원칙으로 한다.

1952년 음력 6월 23일 묘시생 곤명 가수

辛 辛 戊 壬

卯 卯 申 辰

72 62 52 42 32 22 12 02

庚 辛 壬 癸 甲 乙 丙 丁

子 丑 寅 卯 辰 巳 午 未

이 명조는 辛金日主(신금일주)가 신월의 금이 왕한 계절에 태어나 辛申(신신)금이 도우고 무진토가 생금하니 신왕하다. 身旺用財(신왕용재)하여 묘목이 용신에 임수는 희신이 되고 금이 병신에 화는 약신이 된다. 年支(년지)인 辰土(진토)를 기준으로 보면 辰土(진토)가 화개성이다. 국내 유명한 가수다.

1973년 음력 3월 24일 진시생 2002년 월드컵 때 골키퍼

甲 壬 丙 癸

辰 辰 辰 丑

77 67 57 47 37 27 17 07

戊 己 庚 辛 壬 癸 甲 乙

申 酉 戌 亥 子 丑 寅 卯

辰月(진월)의 임수가 四土(사토)가 일주를 극하니 신약하다. 신약의 주된 원인은 관성인 토에 있는데 갑목으로 토를 제거하여야 한다. 즉 食神制殺하여 갑목이 용신에 계수는 희신이 된다. 日支인 辰土를 기준으로 보면 辰辰辰土가 화개성이고 年支인 丑土를 기준으로 보면 丑토가 화개성이다. 2002년 월드컵 때 4강에 들도록 한 유명한 골키퍼명조다.

5.1.8 天醫星

일명 活人方(인명을 구함)이라고 하고 사주중에 天醫星이 있으면 의사 약사 간호사 종교가 등에 종사하는 사람이 많다. 이와 類似한 신살에는 懸針星과 戌亥天門이 있는데, 실증적 통계에 의하면 活人方은 天醫星보다 懸針星과 戌亥天門에 더 많다.

天醫星

月支	寅	卯	辰	巳	午	未	申	酉	戌	亥	子	丑
天醫星	丑	寅	卯	辰	巳	午	未	申	酉	戌	亥	子

寅月生人(인월생인)이 丑字(축자)를 보거나 卯月生人(묘월생인)이 寅字(인자)를 보는 例(예)다.

1963년 음력 4월 1일 인시생 건명

壬 丁 丙 癸
寅 酉 辰 卯

77 67 57 47 37 27 17 07
戊 己 庚 辛 壬 癸 甲 乙
申 酉 戌 亥 子 丑 寅 卯

이 명조는 정화일주가 辰月(진월)의 약지에 태어나 辰酉合金(진유합금)의 재성과 임계수의 관성이 투간하였으니 身弱(신약)한 火土傷官格(화토상관격)이다. 의지처는 상관을 극하고 일주를 생하는 목이다. 木(목)이 용신에 수는 희신이 되고 금이 병신에 화는 약신이 된다. 辰月(진월)에 卯木(묘목)이 天醫星(천의성)이니 韓醫師(한의사)다.

*. 卯木(묘목)은 懸針星(현침성)도 된다.

1967년 음력 7월 25일 해시생 건명 의사

己 丙 戊 丁
亥 寅 申 未

78 68 58 48 38 28 18 08
庚 辛 壬 癸 甲 乙 丙 丁
子 丑 寅 卯 辰 巳 午 未

이 명조는 병화일주가 申月(신월)의 재왕절에 태어나 三土(삼토)가 설기하고 해수가 일주를 극해오니 克泄(극설)이 交加(교가)하여 신약하다. 의지처는 왕한 식상을 제거하고 일주를 생하는 寅木(인목)이 용신이고 해수는 희신이며 申金(신금)이 병신에 정화는 약신이다. 살인상생격이니 귀격이다. 申月生(신월생)에 未土(미토)가 天醫星(천의성)이니 醫師(의사)다.

*. 申金(신금)이 財星懸針星(재성현침성)이다.

1947년 음력 7월 30일 축시생 곤명 간호사 출신

己 丙 己 丁
丑 申 酉 亥

79 69 59 49 39 29 19 09
丁 丙 乙 甲 癸 壬 辛 庚
巳 辰 卯 寅 丑 子 亥 戌

이 명조는 병화일주가 유월의 金旺節(금왕절)에 태어나 三土(삼토)가 설기하고 申酉金(신유금)의 재성과 해수의 관성이 있으니 극설이 교가하여 신약하다. 의지처는 정화뿐이다. 즉 정화가 용신에 목운은 희신이다. 東方木運(동방목운) 이후 용신을 생하니 夫君(부군)이 國會議員(국회의원)이 되는 등으로 出身(출신)하였다. 酉月(유월)에 申金(신금)은 天醫星(천의성)이 되니 看護師(간호사) 출신이다.

*. 亥水(해수)는 天門(천문)이고 申金(신금)은 懸針星(현침성)이니 이 또한 활인방이다.

1972년 12월 22일 술시생 건명. 힌의사

庚 壬 癸 壬
戌 戌 丑 子

73	63	53	43	33	23	13	03
辛	庚	己	戊	丁	丙	乙	甲
酉	申	未	午	巳	辰	卯	寅

이 명조는 壬水日主(임수일주)가 축월의 寒土旺節(한토왕절)에 태어나 三水(삼수)가 도우고 경금이 생수하니 신왕하고 한습하다. 調候(조후)가 시급하니 戌中(술중)의 정화를 調候用神(조후용신)으로 하고 목운은 희신이 되며 수가 병신에 토는 약신이 된다. 丑月(축월)의 子(자)는 天醫星(천의성)이 되니 韓醫師(한의사)다.

*. 술술이 천문성이니 이 또한 활인방이다.

5.2 凶殺類(흉살류)

5.2.1 空亡(공망)

空亡(공망)이란 하늘十天干(십천간)의 첫 번째인 甲(갑)부터, 땅十二地支(십이지지)의 첫 번째인 子(자)부터 甲子(갑자) 乙丑(을축) 丙寅(병인) 丁卯(정묘) 戊辰(무진) 己巳(기사) 庚午(경오) 辛未(신미) 壬申(임신) 癸酉(계유)로 차례로 배합할 때, 天干(천간)은 첫 번째인 甲(갑)부터 열 번째인 癸(계)까지 다 끝났으나 地支(지지)는 첫 번째인 子(자)부터 열 번째인 酉(유)까지만 配合(배합)을 이루고 나머지 戌亥(술해)는 남는다. 그래서 첫 번째는 戌亥(술해)가 남고, 두 번째는 첫 번째 마지막인 癸酉(계유)다음인 甲戌(갑술)부터 시작해서 乙亥(을해) 丙子(병자) 丁丑(정축) 戊寅(무인) 己卯(기묘) 庚辰(경진) 辛巳(신사) 壬午(임오) 癸未(계미)로 배합해나가면 申酉(신유)가 남는다. 세 번째는 癸未(계미)다음인 甲申(갑신)부터 배합해 나가면 午未(오미)가 남는다. 이렇게 해서 네 번째는 辰巳(진사), 다섯 번째는 寅卯(인묘), 마지막 여섯 번째는 子丑(자축)이 남는데 이것을 六空亡(육공망)이라고 한다.

四柱中(사주중)에 吉神(길신)에게 空亡(공망)이 있으면 좋은 氣運(기운)은 없어지게 되므로 凶殺(흉살)로 본다. 그러나 凶神(흉신)에게 空亡(공망)이 있으면 凶(흉)한 氣運(기운)이 作用(작용)을 못하게 되므로 吉(길)하게 본다. 따라서 每事(매사)가 不成(불성). 寡宿(과숙)과 함께 있으면 孤獨(고독)한 八字(팔자)

六甲空亡早見表
육갑공망조견표

旬中(순중)	(年, 日)柱(주) 對(대)(年, 月, 日, 時)支(지)										空亡(공망)
甲子	甲子	乙丑	丙寅	丁卯	戊辰	己巳	庚午	辛未	壬申	癸酉	戌亥
甲戌	甲戌	乙亥	丙子	丁丑	戊寅	己卯	庚辰	辛巳	壬午	癸未	申酉
甲申	甲申	乙酉	丙戌	丁亥	戊子	己丑	庚寅	辛卯	壬辰	癸巳	午未
甲午	甲午	乙未	丙申	丁酉	戊戌	己亥	庚子	辛丑	壬寅	癸卯	辰巳
甲辰	甲辰	乙巳	丙午	丁未	戊申	己酉	庚戌	辛亥	壬子	癸丑	寅卯
甲寅	甲寅	乙卯	丙辰	丁巳	戊午	己未	庚申	辛酉	壬戌	癸亥	子丑

*. 暗記方法 I
암기방법

1958年生. 財多身弱에 比劫爲用

癸 乙 乙 戊

未 卯 丑 戌

71 61 51 41 31 21 11 01

癸 壬 辛 庚 己 戊 丁 丙

酉 申 未 午 巳 辰 卯 寅

. 上記命造(상기명조)에서 日柱(일주)가 乙卯(을묘)이므로

① 天干(천간) 乙(을)부터 시작하여 1-乙(을), 2-丙(병), 3-丁(정), 4-戊(무), 5-己(기), 6-庚(경), 7-辛(신), 8-壬(임), 9-癸(계) 즉 9번째가 癸水(계수)(癸水(계수)는 天干(천간)의 마지막이다.)

② 地支(지지)는 卯(묘)부터 시작하여 9번째는 亥水(해수)가 된다.

③ 위 ②의 亥(해) 다음 子丑(자축)이 空亡(공망)이다.

*. 互換空亡(호환공망)

. 日柱(일주)를 基準(기준)하여서도 空亡(공망)이고, 年柱(년주)를 基準(기준)하여서도 空亡(공망)이 됨을 말한다.

*. 3초안에 空亡(공망)을 찾는 方法(방법)

반드시 六十甲子(육십갑자)는 외어야 하며, 육십갑자를 외우면 空亡(공망)을 3초 안에 찾을 수 있다.

. 基點(기점)이 되는 年·日柱(년일주)부터 順行(순행)하여 세어나가되 甲乙(갑을)이 臨(임)하는 地支(지지)가 곧 空亡(공망)이다.

가령 庚申(경신)을 基點(기점)으로 空亡(공망)을 찾는다면, 庚申(경신) 辛酉(신유) 壬戌(임술) 癸亥(계해) 甲子(갑자) 乙丑(을축)으로 나아가는데, 甲乙(갑을)이 臨(임)하는 子丑(자축)이 空亡(공망)이다.

. 基點(기점)이 되는 年·日柱(년일주)부터 順行(순행)으로 세어나가되, 戊己(무기)가 臨(임)하는 地支(지지)와 冲(충)하는 地支(지지)가 公亡(공망)이다.

가령 丙申(병신)을 基點(기점)으로 空亡(공망)을 찾는다면 丙申(병신) 丁酉(정유) 戊戌(무술) 己亥(기해)로 나가는데, 戊己(무기)가 臨(임)하는 戌亥(술해)와 冲(충)하는 辰巳(진사)가 공망이다.

. 甲年·日(갑년일)이 基點(기점)이라면 甲年·日(갑년일) 앞의 두 地支(지지)가 空亡(공망)이다.

가령 甲戌(갑술)이라면 戌(술)에 앞서는 申酉(신유)가 공망이다.

1963年 양력 2월 4일 10시생 女命. 調候用神

丁 戊 癸 壬
巳 寅 丑 寅

80 70 60 50 40 30 20 10
乙 丙 丁 戊 己 庚 辛 壬
巳 午 未 申 酉 戌 亥 子

丑月(축월)은 土旺(토왕)하고 寒冷(한랭)한데 癸壬水(계임수)가 丑中(축중)의 癸水(계수)에 着根(착근)하여 透干(투간)하고 兩寅木(양인목)이 克土(극토)하고 巳丑金(사축금)이 土(토)를 泄氣(설기)하니 克泄(극설)이 交加(교가)하여 身弱(신약)하고 調候(조후)가 時急(시급)하다. 則(즉) 丁火(정화)가 用神(용신)이고 木(목)은 喜神(희신)이며 水(수)가 病神(병신)에 土運(토운)은 除濕(제습)하는 藥神(약신)이 된다.

*. 이 명조는 丁巳時(정사시) 즉 시지가 자식의 자리인데 時支(시지)의 사화가 年柱(년주)인 임인을 기준으로 할 때 (空)亡(공망)이니 所生(소생) 子女(자녀)가 없다. 그리고 대개 女命(여명)에서 戊申日柱(무신일주) 丁巳時(정사시)는 子息(자식)이 없는 경우가 많은데,

이것은 女命에 있어서 戊土日主는 金이 子息(食傷)이 되는데 巳火(印綬)가 金(食傷=子息)을 克하기 때문이다.

1954年 음력 8월 17일 진시생 女命. 調候用神

甲 壬 癸 甲
辰 申 酉 午

72 62 52 42 32 22 12 02
乙 丙 丁 戊 己 庚 辛 壬
丑 寅 卯 辰 巳 午 未 申

酉月의 旺金이 生水하고 申辰水와 癸水가 도우니 印星旺에 의한 身旺이다. 印星을 制御하는 財星인 火가 用神에 木은 喜神이며 水가 病神에 土는 藥神이 된다.

時支는 子息의 자리이고 女命에서 食傷이 子息인데, 年柱인 甲午를 기준으로 볼 때 時支의 辰이 空(亡)이 되며 甲木(子息)이 空亡인 辰위에 앉았고 年干의 甲木(자식)은 死地인 午火 위에 있는 연고로 無子다.

1981년 음력 6월 11일 미시생 건명

乙 辛 乙 辛

未 卯 未 酉

72 62 52 42 32 22 12 02

丁 戊 己 庚 辛 壬 癸 甲

亥 子 丑 寅 卯 辰 巳 午

이 명조는 辛金日主(신금일주)가 하늘은 건조하고 땅은 무더운 小暑節(소서절)에 태어나 未卯未木(미묘미목)과 雙乙木(쌍을목)이 火(화)를 생하니 太燥(태조)하므로 調候(조후)가 時急(시급)하다. 酉金(유금)이 調候用神(조후용신)이고 濕土運(습토운)이 喜神(희신)이며 火(화)가 病神(병신)에 水運(수운)은 藥神(약신)이 된다. 辛卯日柱(신묘일주)를 기준으로 볼 때 順行(순행)하여 辛卯(신묘) 壬辰(임진) 癸巳(계사) 甲午(갑오) 乙未(을미)에서 甲乙(갑을)에 臨(임)하는 (午0未(오미)가 空亡(공망)이 된다. 未土(미토)는 辛金日主(신금일주)의 어머니가 되는데 (空)亡(공망)이니 태어나서 6개월 만에 어머니와 헤어졌다.

1947年 음력 4월 5일 진시생 女命. 財多身弱格에 比刦爲用

丙 癸 乙 丁
辰 卯 巳 亥

75 65 55 45 35 25 15 05
癸 壬 辛 庚 己 戊 丁 丙
丑 子 亥 戌 酉 申 未 午

巳月(사월)의 癸水(계수)는 火旺水弱(화왕수약)한데 丙丁(병정)이 巳火(사화)에 뿌리를 두고 高透(고투)하고 乙木(을목)이 卯木(묘목)에 通根(통근)하고 透干(투간)하여 弱水(약수)를 泄氣(설기)하니 身(신)이 弱(약)하다. 年支(년지)의 亥水(해수)가 巳亥冲(사해충)으로 傷(상)했으나 그 이외는 依支處(의지처)가 없으니 亥水(해수)를 用神(용신)으로 쓸 수밖에 없다. 즉 亥水(해수)가 用神(용신)에 金運(금운)이 喜神(희신)이다.

戊運(무운)에 正官(정관)(夫(부))이 되니 成婚(성혼)하고, 己運(기운)에는 官逢官運(관봉관운)이 되니 夫婦(부부)가 이혼하였다. 이는 辰土(진토)와 巳中(사중)의 戊土(무토)가 남편인데 空亡(공망)이 된 연고이다.

5.2.2 孤辰(고진), 寡宿殺(과숙살)

孤辰(고진), 寡宿(과숙)은 年支(년지)로 보는데 日支(일지)도 참고로 본다. 古歌(고가)에 "孤辰(고진)

이 있는 男子(남자)는 妻(처)를 克傷(극상)하고 寡宿(과숙)이 있는 女子(여자)는 夫軍(부군)을 해칠 것이다." 고 했다.

孤辰·寡宿殺

年·日支基準 / 殺	寅	卯	辰	巳	午	未	申	酉	戌	亥	子	丑	作用
孤辰	巳	巳	巳	申	申	申	亥	亥	亥	寅	寅	寅	男忌孤則(남기고칙) 孤辰(고진)은 妻(처)를 克傷(극상). 女忌寡則(여기과칙) 寡宿(과숙)은 克(극)夫之命(부지명)
寡宿	丑	丑	丑	辰	辰	辰	未	未	未	戌	戌	戌	
應用(응용): 前孤(전고) 後寡(후과) 則(칙) 寅卯辰에 巳가 孤辰 寅卯辰에 丑이 寡宿													

1965년 음력 7월 14일 인시생 건명

庚 丙 甲 乙
寅 申 申 巳

71 61 51 41 31 21 11 01
丙 丁 戊 己 庚 辛 壬 癸
子 丑 寅 卯 辰 巳 午 未

이 命造(명조)는 병화일주가 申月(신월)의 재성이 왕한 계절의 약지에 태어났으나 三木(삼목)이 일주를 생하고 년지의 巳火(사화)가 도우니 신왕한 사주로 바뀌었다. 金이 用神에 토운은 희신이고 화가 병신에 수운은 약신이 된다. 庚大運에 재성(여자)을 도와 길한데 병자년에 관성(자식)년이 되니 결혼하고 己大運 정해년에 오충이 되니 부인과 이혼하였다. 이는 年支인 巳火를 기준으로 보면 申申金이 고진살이 되는 연고다. 또 하나의 이혼사유는 坐下(夫婦宮)가 冲이 된 연고이기도 하다.

1967년 음력 3월 6일 12시 30분 여자

庚 己 甲 丁
午 酉 辰 未

77 67 57 47 37 27 17 07
壬 辛 庚 己 戊 丁 丙 乙
子 亥 戌 酉 申 未 午 巳

이 명조는 己土日主가 辰月의 토왕절에 태어나 辰·未土가 일주를 돕고 두 개의 화가 토를 생하니 己土가 甲木과 合하여 甲己合化土格이 된다. 따라서 從하는 오행 즉 토가 용신에 화는 희신이고 목이 병신에 금은 약신이 된다. 戊運 癸未年(37세)에 계수는 官星(남편)을 생하고 未土는 桃花殺을 合하니 결혼하고 申大運 庚寅年(45세)에 병신인 목을 돕고 官逢官運이 되는데 庚金이 合土하는 甲木을 冲하여 합을 妨害하니 부부가 이혼하였다. 이는 日支인 酉를 기준으로 하면 未가 寡宿이고 年支인 未를 기준으로 하면 辰이 寡宿이 되는 연고다.

1970년 음력 8월 22일 07시 40분 생 건명

庚 乙 乙 庚
辰 巳 酉 戌

76 66 56 46 36 26 16 06
癸 壬 辛 庚 己 戊 丁 丙
巳 辰 卯 寅 丑 子 亥 戌

이 명조는 乙木이 酉月의 금왕절에 태어나 三金과 二土와 巳火가 있으니 극설이 겹쳐서 신약하다. 의지처는 을목뿐이다. 乙木이 용신에 수운은 희신이고 금이 병신에 사화는 약신이 된다. 乙庚合化金格이 안 되는 것은 從神인 金을 극하는 巳火때문이다. 축대운 辛卯年(42세)이 되도록 미혼인 것은 日支인 巳火를 기준으로 볼 때 辰土(財星=妻)가 寡宿이기 때문이다. 寡宿은 女命을 위주로 보지만 男命에서도 참고를 하며, 孤辰은 男命을 위주로 하지만 女命에서도 참고로 한다.

5.2.3 桃花殺(도화살)

桃花殺(도화살)은 年支(년지)를 기준으로 보지만 日支(일지)를 참고로 보기도 한다. 女人(여인)이 도화살이 있으면 바람기운이 있다. 日時(일시)에 있는 도화살이 더욱 중요하다. 吉神(길신) 桃花殺(도화살)이 있으면 美人(미인)이고 異性(이성)의 도움을 받지만, 凶神(흉신) 도화살이 있으면 미인이 못될뿐만 아니라 異性(이성)으로 인하여 財的(재적) 損實(손실)을 보게 되는 경우도 많다. 그러므로 喜忌(희기)에 따라서 通變(통변)이 달라진다. 桃花殺(도화살)이라고 해서 무조건 바람기가 있다고 단정하는 것은 잘못된 해석이다.

桃花殺(도화살)

年·日支基準(년 일지기준)	亥卯未(해묘미)	寅午戌(인오술)	巳酉丑(사유축)	申子辰(신자진)
桃花殺(도화살)	子(자)	卯(묘)	午(오)	酉(유)

1981년 음력 12월 7일 14:00분생 곤명

辛 甲 庚 辛
未 申 子 酉

72 62 52 42 32 22 12 02
戊 丁 丙 乙 甲 癸 壬 辛
申 未 午 巳 辰 卯 寅 丑

이 명조는 갑목일주가 子月水旺節(자월수왕절)의 왕지에 태어나 다섯 개의 금이 생수하고 있으니 寒濕(한습)하여 조후가 시급하다. 未中(미중)의 丁火(정화)가 조후용신에 목운이 희신이며 수가 병신에 토는 약신이 된다. 寅大運(인대운)에 용신을 생하니 成績(성적)의 향상이 있었다. 계대운 갑신년에 官星(관성)(남편)年(년)이 되니 성혼하고 묘대운에 酉金桃花殺(유금도화살)을 冲(충)하여 흉한데 己丑年(기축년)에 丑未冲(축미충) 즉 용신을 冲(충)하니 부부가 이혼하였다. 이 명조에서 이혼의 원인은 많은 관성(남자) 즉 官殺混雜(관살혼잡)에 도화관성을 충하니 異性(이성)관계로 인하여 이혼을 했다.

1967년 음력 10월 17일 묘시생 여명

辛 丙 辛 丁
卯 戌 亥 未

77 67 57 47 37 27 17 07
己 戊 丁 丙 乙 甲 癸 壬
未 午 巳 辰 卯 寅 丑 子

이 명조는 병화일주가 亥月(해월)의 水旺節(수왕절)에 태어나 戌·未土(술미토)가 설기하고 雙辛(쌍신)의 재성이 투간하였으니 신약하다. 의지처는 인성인 묘목이다. 즉 묘목이 용신에 수는 희신이고 금이 병신에 정화는 약신이 된다. 이 命造(명조)에서 日支(일지)를 기준으로 볼 때 時支(시지)의 묘목이 길신 桃花殺(도화살)이고 吉神(길신) 懸針星(현침성)이다. 따라서 유능한 남성의상디자이너로서 남성고객의 도움을 받는 사주다.

동방의 聖母(성모) 신사임당

丁 丙 乙 甲
酉 戌 亥 子

己 庚 辛 壬 癸 甲 乙 丙
卯 辰 巳 午 未 申 酉 戌

이 명조는 壬水日(임수일)주가 申月(신월)에 태어나 삼금이 일주를 생하고 時支(시지)의 子水(자수)가 일주를 도우니 신왕하고 한습하다. 戌中(술중)의 정화가 조후용신과 억부용신이 되고 갑목은 희신이고 수가 병신에 토는 약신이 된다. 日支(일지)와 年支(년지)의 戌(술)을 기준으로 볼 때 卯木(묘목)은 도화살이 된다. 戊大運(무대운) 辛卯年(신묘년)에 원국에 없던 도화살이 들어오는데 정유월에 桃花(도화)가 묘유충하니 異性的(이성적) 발동이 되고 庚辰(경진)일에 용신과 약신이 되는 戌土(술토)를 충하니 여자로 인하여 직장에서 낭패를 당하였다. 혹은 用神(용신)과 藥神(약신)이 되는 戌土(술토)를 桃花(도화)인 卯木(묘목)이 合(합)해서 가버리니 흉했다. 라고 풀이해도 된다. 또는 임수일주가 신왕하여 戌土官星(술토관성)이 用神(용신)인데 傷官(상관)인 卯木(묘목)이 용신인 관성을 克傷(극상)해버리니 凶(흉)했다. 라고 풀이해도 된다.

5.2.4 羊刃殺(양인살)

양인은 십이운양생도에서의 臨官(임관)(建祿(건록))다음의 帝旺地(제왕지)를 말하며, 군자는 威光(위광)과 權力(권력)이 되고 소인은 기술과 살벌에 종사한다. 신왕한 사주에서 양인은 가장 강한 살성이기 때문에 七殺(칠살)로서 제압해줌을 기뻐한다. 이 때 칠살이 없으면 正官(정관)으로 제어해주어야 하고, 정관도 없으면 食傷(식상)으로 왕기를 설기하여야 한다. 陰日生人(음일생인)은 양인을 인정하지 않는다.

양인을 흉살로 보는 이유는 양인의 도움을 받아서 더욱 旺(왕)해진 旺身(왕신)으로 인해서 群比爭財(군비쟁재) 혹은 群比爭官(군비쟁관)되는 때문이다. 그러나 身弱(신약)한 日主(일주)에게는 양인의 도움이 필요하므로 이때는 양인이 길신작용을 한다.

日干(일간)	甲(갑)	丙(병)	戊(무)	庚(경)	壬(임)
羊刃殺(양인살)	卯(묘)	午(오)	午(오)	酉(유)	子(자)

1917년 음력2월 20일 해시생 건명 전 법무부장관

乙 甲 癸 丁
亥 寅 卯 巳

73 63 53 43 33 23 13 03
乙 丙 丁 戊 己 庚 辛 壬
未 申 酉 戌 亥 子 丑 寅

이 명조는 갑목일주가 卯月(묘월)의 羊刃(帝旺)月(양인 제왕 월)에 태어나 三木(삼목)이 도우고 계해수가 생목하니 신이 태왕하다. 태왕한 자는 식상으로 泄氣(설기)

하여야 한다. 즉 火가 用神에 태왕한 목은 희신이 아니라 오히려 병신이 되는데 이때 금운은 약신이 된다. 水는 화를 상해하는 또 하나의 병신이 되는데 토운은 또 하나의 약신이 된다. 갑목일주가 羊刃月에 태어나 身旺하니 七殺(偏官)로 양인을 제거함이 定理이지만 七殺이 없으면 正官으로 제거하고 정관도 없으면 食傷으로 설기하여야 한다.

*. 이 명조에서처럼 木日主가 태왕하여 식상인 화로 설기하여야 하는 명조를 木火通明格이라고 한다.

1963년 음력8월 1일 미시생 곤명 보험회사 근무

辛 甲 辛 癸
未 子 酉 卯

77 67 57 47 37 27 17 07
己 戊 丁 丙 乙 甲 癸 壬
巳 辰 卯 寅 丑 子 亥 戌

이 명조는 갑목일주가 酉月의 관성이 왕한 계절에 태어나 三金이 일주를 극하고 時支의 미토의 재성이 있으니 신약하다. 신약에 자수를 용신으로 쓸려고 하니 旺盛한 金을 희신으로 쓸 수는 없다. 따라서 卯木(묘목)이 용신에 子水(자수)는 喜神(희신)이며 금이 병신에 화운은 약신이 된다. 羊刃(양인)이 용신이 되지만 忌神(기신)인 관성도화에게 冲(충)을 당했으니 格(격)이 떨어진다. 官殺混雜(관살혼잡)(여명에게는 여러 남자)에 도화살이 冲(충)이 되어 있으니 대학을 중도에 포기하고 허송세월을 보내다가 乙大運(을대운)부터 보험회사에 근무한다.

*.이 명조에서처럼 羊刃(양인)이 길신작용을 하고 있을 때는 오히려 羊刃(양인)을 도와주거나 生(생)해주어야 한다.

1949년 음력 2월 18일 해시생 건명 검사출신

己 丙 丁 己
亥 午 卯 丑

74 64 54 44 34 24 14 04
己 庚 辛 壬 癸 甲 乙 丙
未 申 酉 戌 亥 子 丑 寅

이 명조는 丙火日主(병화일주)가 묘월의 목왕절에 태어나 왕목이 생화하고 丁·午火(정오화)가 일주를 도우니 신왕하다. 신왕한 중에 비겁인 화가 많으니 화를 제거하는 시지의 偏官(七殺)(편관 칠살)이 용신이고 금운은 희신이다. 北方水運(북방수운)에 약한 偏官(편관)(무관 법관에 많다.)을 도우니 검사로서 검찰

청에서 근무하다가 술운에 편관용신에 食神(식신)인 술토가 편관(직업)을 극하니 퇴직하였다. 신왕한 사주에 羊刃(양인)을 제어하는 칠살이 용신이고 길운을 만났으니 위엄이 있는 權力職(권력직)에 있었다.

1929년 음력 1월 21일 해시생 건명 철강회사 회장

己 丙 丙 己
亥 午 寅 巳

79 69 59 49 39 29 19 09
戊 己 庚 辛 壬 癸 甲 乙
午 未 申 酉 戌 亥 子 丑

이 명조는 병화일주가 驚蟄(경칩) 4日前(일전)에 태어났으니 목이 왕한 계절이지 화왕한 계절은 아니다. 따라서 세 개의 火(화)가 병화일주를 도우고 인목이 일주를 생하지만 화가 태왕하지는 않다. 그러므로 설기하는 己土(기토)를 용신으로 쓸 것이 아니라 많은 비겁을 제거하는 水(수)가 用神(용신)이 된다. 즉 七殺(칠살)인 亥水(해수)가 용신에 금운은 희신이다. 약한 七殺(칠살)을 생하는 辛酉庚申(신유경신)운에 강남에 부동산을 개발하여 巨富(거부)가 되었다.

*. 이 명조가 만약 巳·午月(사오월)의 火(화)가 왕한 계절에 태어났다면 太旺(태왕)함으로 泄氣(설기)하는 기토가 용신이 된다.

1960년 음력 7월 15일 12시생 건명 부동산업

甲 丙 甲 庚
午 申 申 子

71 61 51 41 31 21 11 01
壬 辛 庚 己 戊 丁 丙 乙
辰 卯 寅 丑 子 亥 戌 酉

이 명조는 병화일주가 申月(신월)의 금왕절에 태어나 三金(삼금)의 재성과 자수의 관성이 있으니 신약하다. 身弱(신약)에 印星爲用(인성위용)하여 목이 용신에 자수가 희신이고 금이 병신에 午火(오화)는 약신이 된다. 재다신약이니 수운에 용신을 생하여 은행에 근무하다가 기대운에 관성을 극하여 흉한데 辛巳(신사)년에 병신이 득세하고 申巳(신사)형이 되니 퇴직하고 己丑大運(기축대운) 동안은 百事(백사)가 無成(무성)하다가 경대운현재 부동산업을 하고 있다.

*. 木(목)이 길신이므로 부동산중 建物(건물)(나무)이다.

*. 재다신약에는 비겁으로 많은 재성을 제거하는 것이 正解(정해)이지만 亥·子水運(해 자수운) 동안은 吉(길)하였으므로 상기와 같이 풀이 하였다.

1923年生. 假戊癸合化火格. 金大中 前大統領 造

癸 戊 戊 癸

亥 午 午 亥

83 73 63 53 43 33 23 13 03

己 庚 辛 壬 癸 甲 乙 丙 丁

酉 戌 亥 子 丑 寅 卯 辰 巳

*. 戊癸合化火格에서 合하는 癸水 이외 나머지가 모두 木火土로만 구성되어 있으면 眞戊癸合化火格이고, 사주팔자 中에 어느 한字라도 癸水의 뿌리가 될 만한 金水가 있으면 假戊癸合化火格이 되는데 假化格은 眞化格에 比하여 眞正性이 떨어지므로 格이 그 만큼 낮다. 此命造는 年支와 時支에 亥水가 있어 午亥(甲己土, 丁壬木)暗合이 되지만 癸水의 뿌리가 될 수도 있기 때문에 假戊癸合化火格이고 그만큼 權謨術數에 能했던 것이다.

午月은 戊土의 帝旺(양인)地로서 旺地인데 年干의 癸水와 月干의 戊土가 合하여 戊癸火가 되고 日干의 戊土와 時干의 癸水가 合하여 戊癸火가 되고 年支의 亥水와 月支의 午火가 暗合하여 丁壬合木과 甲己合土를 이루고 時支의 亥水와 日支의 午火가 暗合하여 丁壬合木과 甲己合土를 이루니 戊癸合化火格이 된다. 따라

서 從하는 五行 則 火가 用神이 되고 用神을 生하는 木運은 喜神이며 用神을 傷害하는 水가 病神에 그 病神을 除去하는 土運은 藥神이 된다.

戊土日主가 羊刃 중에도 가장 强한 月支羊(陽)刃(午))이 있으니 위광과 권력인 대통령직에 있었다.

1959년 음력9월 2일 08시 10분생 건명

丙 戊 癸 己
辰 午 酉 亥

79 69 59 49 39 29 19 09
乙 丙 丁 戊 己 庚 辛 壬
丑 寅 卯 辰 巳 午 未 申

이 명조는 무토일주가 酉月의 금왕절에 태어나 약지인데 계해수와 酉金과 기진토가 모두 습하다. 따라서 신약한 명조에 조후가 필요하다. 즉 午火가 용신에 목운은 희신이고 수가 병신에 토는 제습하는 약신이 된다. 좌하의 午火羊刃이 용신이지만 辰午酉亥가 自刑이 되니 정신질환을 앓은 病歷이 있다. 초년 금운에는 길함이 적었고 토가 길신이니 공인중개사다.

1951년 음력 8월 27일 22시 28분생 건명 도지사

丁 庚 丁 辛
亥 午 酉 卯

77 67 57 47 37 27 17 07
己 庚 辛 壬 癸 甲 乙 丙
丑 寅 卯 辰 巳 午 未 申

이 명조는 庚金日主(경금일주)가 경금의 帝旺(羊刃)地(제왕(양인)지)인 酉月(유월)에 태어나 년간에 辛金(신금)이 투간하여 도우고 해시가 되니 습하다. 경금은 原鑛石(원광석)인데 원광석은 용광로를 만나야 器物(기물)을 작성한다. 즉 정화(정관)가 용신에 묘목은 희신이고 해수는 병신이 되고 土運(토운)은 약신이 된다.

경금일주가 羊刃(양인) 中(중)에도 가장 強(강)한 月支羊刃(酉)(월지양인(유))이 있으니 권위직인 道知事(도지사)자리에 있다.

1957년 음력 2월 8일 해시생 곤명

丁 庚 癸 丁
亥 辰 卯 酉

79 69 59 49 39 29 19 09
辛 庚 己 戊 丁 丙 乙 甲
亥 戌 酉 申 未 午 巳 辰

이 명조는 경금일주가 묘월의 財旺節(재왕절)에 태어나 약지인데 계해수가 설기하고 쌍정화가 극해오니 신약한다. 의지처는 인성인 진토다. 즉 土(토)가 用神(용신)에 화는 희신이고 목이 병신에 유금양인은 약신이 된다. 卯木(묘목)이 懸針星(현침성)이니 디자이너다.

1912년 음력2월 19일 진시생. 김일성

甲 壬 甲 壬
辰 子 辰 子

80 70 60 50 40 30 20 10
壬 辛 庚 己 戊 丁 丙 乙
子 亥 戌 酉 申 未 午 巳

이 명조는 임수일주가 辰月(진월)의 토왕절에 태어나 임자자수가 도우고 있지만 雙辰土(쌍진토)가 일주를 극하고 쌍갑목이 설기하니 신약하다. 羊刃(양인)이 凶神(흉신)이라고 하지만 이 명조에서처럼 身弱(신약)한 경우에는 오히려 의지처가 되어 길신작용을 한다. 羊刃(양인)인 자수가 용신에 금운은 희신이 된다. 西方金運(서방금운)에 용신을 생하니 북한의 최고 권력자였으니 임자대운에 日柱伏吟(일주복음)[46]이 되어 흉한데 甲戌年(갑술년)에 旺土(왕토)를 沖發(충발)하니 益(익)

---

46) 伏吟(복음)이란 같은 五行(오행)이 겹쳐지는 것을 말한다. 즉 壬子日柱(임자일주)가 壬子大運(임자대운)을

發(발)한 토가 용신을 극상하므로 去世(거세)하였다.

1932년 음력 7월 18일 해시생 건명 한국원양업계 원조

辛 壬 戊 壬
亥 子 申 申

77 67 57 47 37 27 17 07
丙 乙 甲 癸 壬 辛 庚 己
辰 卯 寅 丑 子 亥 戌 酉

이 명조는 壬水日主(임수일주)가 申月(신월)의 금왕절에 태어나 三金(삼금)이 생수하고 三水(삼수)가 일주를 도우니 수왈윤하격이다. 종격은 종하는 오행이 용신이니 수가 용신에 금은 희신이 되고 무토가 병신에 목운은 약신이 된다. 水(수)가 용신이니 한국원양업계 원조로서 北方水運(북방수운)동안은 巨富(거부)였었다. 임수일주가 수왈윤하격이니 子水羊刃(자수양인)은 吉神(길신)이다. 이때는 七殺(칠살) 즉 무토는 오히려 병이 된다. 따라서 羊刃(양인)은 무조건 흉신이고 칠살은 양인을 제어하는 길신이라고 斷定(단정)하는 것은 잘못된 해석이다. 다른 것과 마찬가지로 羊刃殺(양인살)도 사주원국의 희기에 따라서 通變(통변)

만난 경우다. 이와는 반대로 서로 冲(충)하는 경우는 反吟(반음)이라고 한다. 가령 壬子(임자) 日柱(일주)가 丙午(병오) 혹은 戊午(무오)를 만나는 경우다.

이 달라진다.

1976년 음력 5월 2일 0시 40분 곤명

庚 壬 癸 丙
子 午 巳 辰

79 69 59 49 39 29 19 09
乙 丙 丁 戊 己 庚 辛 壬
酉 戌 亥 子 丑 寅 卯 辰

이 명조는 임수일주가 巳月의 화왕절에 태어나 三火의 재성이 왕하고 진토의 관성이 있으니 신약하다. 신약의 주된 原因은 재성이 많음이니 재성을 제거하는 비겁인 水가 用神에 경금은 희신이 된다. 이 명조에서처럼 신약한 사주에는 羊刃이 오히려 길신이 된다. 여기서는 양인이 길신이 되지만 초년부터 吉運이 없으니 현재 싱가폴에서 건물관리업회사에 근무중이다.

5.2.5 沐浴殺(一名 咸池殺. 酒色放蕩 우려. 敗神)

*. 日干을 基準으로 보되 陰日干에는 應함이 없다.

日 干	甲	丙	戊	庚	壬
沐浴殺	子	卯	卯	午	酉

甲日干(갑일간)에 子(자)가 沐浴(목욕)

丙日干(병일간)에 卯(묘)가 沐浴(목욕)

戊日干(무일간)에 卯(묘)가 沐浴(목욕)

庚日干(경일간)에 午(오)가 沐浴(목욕)

壬日干(임일간)에 酉(유)가 沐浴(목욕)

*. 자오묘유는 四敗局(사패국)으로서 남자가 犯(범)하면 興衰(흥쇠)가 있고, 여자가 犯(범)하면 고독과부가 된다.

*. 四柱(사주)에 沐浴地(목욕지)가 많으면 合(합)되고 冲(충)됨을 大忌(대기)하는바 이와 같은 女性(여성)은 一生(일생)에 數多(수다)한 異性(이성)을 접대하지 않으면 안 될 것이니 娼妓(창기)가 아니면 男女關係(남녀관계)를 媒介(매개)하는 사람이 된다.

*. 桃花殺(도화살)과 비교

亥卯未(해묘미)에 子(자)가 桃花(도화)다.

亥卯未三合(해묘미삼합)은 甲乙木中(갑을목중) 甲木(갑목)이 主(주)가 된다. 즉 亥卯未(해묘미)에 子(자)는 桃花殺(도화살)이고 亥卯未三合(해묘미삼합)의 대표는 甲木(갑목)인데 甲日主(갑일주)에 子(자)가 沐浴殺(목욕살)이 된다. 나머지도 마찬가지다.

1963年 음력 8월 1일 진시생 女命. 官印相生格

戊 甲 辛 癸

辰 子 酉 卯

77 67 57 47 37 27 17 07

己 戊 丁 丙 乙 甲 癸 壬

巳 辰 卯 寅 丑 子 亥 戌

酉月은 金旺木弱한데 辛金이 透干하고 戊辰時가 되니 財官이 旺하다. 故로 水로서 弱한 日元을 生하여야 되겠다. 즉 水가 用神에 金이 喜神이며 土가 病神에 木이 藥神이다. 癸亥 甲子運에 用神과 藥神을 도와 吉하였다. 四柱에 沐浴殺이 많으면 酒色放蕩할 우려가 있고 一生에 數多한 異性을 接待하지 않으면 안 될 것이니 娼妓가 아니면 男女關係를 媒介하는 사람이 되거나 孤獨한 寡婦가 되기도 한다. 때문에 此命은 수많은 사람에게 golf를 지도하는 강사다.

1967年 음력 8월 6일 묘시생. 身弱劫財爲用

辛 丙 己 丁
卯 子 酉 未

71 61 51 41 31 21 11 01
辛 壬 癸 甲 乙 丙 丁 戊
丑 寅 卯 辰 巳 午 未 申

酉月(유월)은 丙火(병화)의 死地(사지)인데 辛金(신금)이 透干(투간)하고 坐下(좌하)에 子水(자수)이고 己土(기토)가 透干(투간)하여 丙火(병화)를 泄氣(설기)하니 身弱(신약)하다. 卯木(묘목)을 用神(용신)으로 하려고 하니 子卯刑(자묘형)이 되어 不用(불용)하고 旺(왕)한 財星(재성)을 除去(제거)하는 比劫(비겁)이 用神(용신)에 卯木(묘목)이 喜神(희신)이다. 水(수)는 用神(용신)을 克傷(극상)하는 病神(병신)에 土(토)는 그 病(병)을 除去(제거)하는 藥神(약신)이다. 南方火運(남방화운)에 금은방을 자영하여 得財(득재)하고 있다. 이는 丙日干(병일간)에 沐浴殺(목욕살)인 卯(묘)가 있으니 결혼폐물을 매개로 남녀의 인연을 맺어주는 직업에 종사 하는 것이다.

972년 음력 2월 14일 12:30분생 건명

戊 戊 癸 壬
午 午 卯 子

73 63 53 43 33 23 13 03
辛 庚 己 戊 丁 丙 乙 甲
亥 戌 酉 申 未 午 巳 辰

이 명조는 무토일주가 묘월의 목이 왕한 계절에 태어나 三水(삼수)가 있으니 신약하다. 午火(오화)를 용신으로 하여 약한 일주를 도와야 한다. 즉 화가 용신에 목이 희신이며 수가 병신에 토는 약신이 된다. 卯木(묘목)은 토끼인데 희신이고 午火(오화)는 말인데 용신이니 獸醫師(수의사)다. 무토일주에 묘의 목욕살이 있으니 소, 돼지, 개 등 많은 動物(동물)들을 접을 붙인다.

1957年 음력 3월 29일 묘시생 女命. 身旺用財格

己 庚 甲 丁
卯 午 辰 酉

73 63 53 43 33 23 13 03
壬 辛 庚 己 戊 丁 丙 乙
子 亥 戌 酉 申 未 午 巳

辰月은 土旺節은데 己土가 透干하여 日主를 生하고 年支의 羊刃이 日主를 도우니 身旺하다. 身旺한 中 印星이 더 旺하니 그 印星을 制하여야 한다. 則 身旺用財하여 甲木이 用神이고 水運은 喜神이며 酉金이 病神에 火는 그 病을 除去하는 藥神이 된다.

丁運부터 golf를 배워서 未運에 卯未木이 用神을 도우니 전국적으로 名聲을 얻은 golfer가 되었다. 戊申運은 地支가 重한데 申辰水가 喜神이 되고 轉轉相生되니 golf강사로서 脚光을 받게 되었다.

*. 四柱에 沐浴地(경금일주에 오가 목욕살)이 있으면 酒色 放蕩할 염려가 있고 一生동안 數多한 異性을 접대하지 않으면 안 될 것이니 娼妓가 아니면 男女關係를 媒介하는 사람이 되거나 孤獨한 寡婦가 되기도 한다. 如此하여 此命은 수많은 男性들에게 golf를 지도하는 강사이며 40대 중반이 되도록 獨身으로 살고 있다.

*. 女命이니 身旺用官格이 더 타당하지만 午運에 父亡하였으니 上記와 같이 풀이 하였다. 즉 아버지는 재성인데 午運에 甲木의 死地가 되니 父亡한 것이다.

1920年 5月 8日 酉時生 乾命. 한국 명리학신살의 대가이며 『사주첩경』을 남긴 李錫暎의 명조. 사주첩경4-79P.

己 壬 壬 庚
酉 子 午 申

75 65 55 45 35 25 15 05
庚 己 戊 丁 丙 乙 甲 癸
寅 丑 子 亥 戌 酉 申 未

이 명조는 임수일주가 午月(오월)의 화왕절에 태어나 약지이나 三金(삼금)이 생수하고 二水(이수)가 도우니 약한 사주가 신왕한 사주로 바뀌었다. 冲(충)된 비겁보다는 인성이 더 旺하므로 인성을 제거하는 재성인 午火(오화)가 用神(용신)에 목운은 희신이고 수가 병신에 토는 약신이 된다. 임수일간에 유가 목욕살이니 인생상담을 의뢰한 여성고객이 많았으리라.

5.2.7 紅艶殺(홍염살)

一名(일명) 簪花殺(잠화살), 虛榮奢侈(허영사치), 外情(외정)을 즐긴다. 女命(여명)은 妓生八字(기생팔자). 日干(일간)을 基準(기준)으로 본다.

日 干	甲	乙	丙	丁	戊	己	庚	辛	壬	癸
紅艶殺	午	午	寅	未	辰	辰	戌	酉	子	申

1954년 음력 11월 20일 오시생 건명

庚 甲 丙 甲
午 辰 子 午

78 68 58 48 38 28 18 08
甲 癸 壬 辛 庚 己 戊 丁
申 未 午 巳 辰 卯 寅 丑

이 명조는 갑목일주가 子月(자월)에 태어나 자진수가 목을 생하고 년간의 갑목이 일주를 도우니 신왕한 중에 왕한 인성이 欠(흠)이다. 수를 제거하는 토가 용신에 화는 희신이고 木(목)이 병신에 경금은 약신이 된다. 갑목일간을 기준으로 보면 雙午(쌍오)가 홍염살이 된다.

1966년 음력 8월 29일 진시생 곤명

庚 乙 戊 丙
辰 巳 戌 午

72 62 52 42 32 22 12 02
庚 辛 壬 癸 甲 乙 丙 丁
寅 卯 辰 巳 午 未 申 酉

이 명조는 을목일주가 戌月(술월)의 토왕절에 태어나 三火(삼화)가 설기하고 三土(삼토)에 경금이 있으니 신이 태약하다. 식상과 재성과 관성이 균등하게 왕한 곳도 아니니 從勢格(종세격)은 아니다. 식상과 재성과 관성 중에 재성이 가장 왕성하니 棄命從財格(기명종재격)이다. 즉 종하는 토가 용신에 화는 희신이고 목운이 병신에 금은 藥神(약신)이 된다. 을목일주에 午火(오화)가 홍염살이다.

갑대운이 劈甲引火(벽갑인화)하여 생토하니 가장 길하였고 계대운 정해·무자·기축년이 최고로 흉였다고 하니 上記(상기)와 같이 풀이 하였다.

1971년 음력 9월 10일 인시생 곤명

庚 丙 戊 辛
寅 戌 戌 亥

74 64 54 44 34 24 14 04
丙 乙 甲 癸 壬 辛 庚 己
午 巳 辰 卯 寅 丑 子 亥

이 명조는 병화일주가 戌月(술월)의 토왕절에 태어나 三土(삼토)가 설기하고 경신재성과 해수관성이 있으니 克泄(극설)이 겹쳐서 신약하다. 의지처는 인목뿐이다. 즉 목이 용신에 수는 희신이고 金(금)이 병신에 화운은 약신이다. 병화일주에 寅木(인목)이 홍염살이다.

1973년 음력 2월 8일 22시생 건명

　　　　辛 丁 乙 癸
　　　　亥 未 卯 丑

72 62 52 42 32 22 12 02
丁 戊 己 庚 辛 壬 癸 甲
未 申 酉 戌 亥 子 丑 寅

이 명조는 정화일주가 묘월의 목왕절에 태어나 亥卯未木(해묘미목)과 을목이 생하니 印星(인성)이 왕한 신왕이다. 인성을 제거하는 재성 즉 금이 용신이다. 정화일주에 未(미)가 홍염살이다.

1979년 음력 3월 25일 08시생 곤명

　　　　丙 戊 戊 己
　　　　辰 午 辰 未

75 65 55 45 35 25 15 05
丙 乙 甲 癸 壬 辛 庚 己
子 亥 戌 酉 申 未 午 巳

이 명조는 무토일주가 辰月(진월)에 태어나 다섯 토가 도우고 두 개의 화가 생토하니 토왈가색격이다. 從格(종격)에는 종하는 오행이 용신이 되므로 토가 용신에 화는 희신이고 목운이 병신에 금운은 藥神(약신)이 된다. 무토일주에 辰(진)은 홍염살이 된다.

1958년 11월 28일 진시생 곤명

戊 己 乙 戊
辰 丑 丑 戌

71 61 51 41 31 21 11 01
丁 戊 己 庚 辛 壬 癸 甲
巳 午 未 申 酉 戌 亥 子

이 명조는 기토일주가 丑月(축월)의 토왕절에 태어나 여섯 개의 토가 일주를 도우니 토왈가색격이다. 종격은 종하는 五行(오행)이 용신이 된다. 즉 토가 용신에 火運(화운)은 희신이고 을목이 병신에 금운은 약신이 된다. 기토일주에서 辰(진)은 홍염살이 된다.

1982년 음력 5월 6일 22시생 건명

丁 庚 丙 壬
亥 辰 午 戌

74 64 54 44 34 24 14 04
甲 癸 壬 辛 庚 己 戊 丁
寅 丑 子 亥 戌 酉 申 未

이 명조는 경금일주가 午月(오월)의 화왕절에 태어나 오술화와 병정화가 일주를 극하고 해임수가 경금을 설기하니 의지처는 辰土(진토)뿐이다.

진토가 용신에 태왕한 화는 희신이 될 수 없고 오히려 病神(병신)이 되는데 이때 수는 약신이 된다. 목운은 또 하나의 병신이 되는데 이때 金運(금운)은 또 하나의 약신이 된다. 경금일주에 戌(술)은 홍염살이 된다.

1969년 음력 1월 9일 술시생 곤명

戊 辛 丙 己
戌 未 寅 酉

73 63 53 43 33 23 13 03
甲 癸 壬 辛 庚 己 戊 丁
戌 酉 申 未 午 巳 辰 卯

이 명조는 辛金日主(신금일주)가 인월의 목이 왕한 계절의 약지에 태어났으나 사토가 생하고 酉金(유금)이 일주를 도우니 신왕한 사주로 바뀌었다. 왕토를 제거하는 인목이 용신에 수가 喜神(희신)이고 금이 병신에 화는 약신이다. 신금일간에 酉金(유금)은 홍염살이 된다.

1976년 음력 8월 4일 07시생 건명

癸 壬 丙 丙
卯 子 申 辰

74 64 54 44 34 24 14 04
甲 癸 壬 辛 庚 己 戊 丁
辰 卯 寅 丑 子 亥 戌 酉

이 명조는 임수일주가 申月(신월)의 금왕절에 태어나 申子辰水(신자진수)와 계수가 도우니 신이 태왕하다. 태왕한 子(자)는 식상으로 설기하여야 한다. 즉 卯木(묘목)이 용신에 태왕한 수는 희신이 될 수 없고 오히려 병이 되는데 이때 토는 약신이 된다. 금은 용신을 傷害(상해)하는 병신이 되고 화는 또 하나의 약신이 된다. 임수일간에 子水(자수)가 홍염살이 된다.

1968년 음력 11월 20일 진시생 건명

丙 癸 乙 戊
辰 未 丑 申

79 69 59 49 39 29 19 09
癸 壬 辛 庚 己 戊 丁 丙
酉 申 未 午 巳 辰 卯 寅

이 명조는 계수일주가 축월의 토왕절에 태어나 四土(사토)가 극신하고 병화의 재성이 있으니 신금이 생수하지만 신약하다. 身弱(신약)함의 주된 원인은 관성인 토에게 있으므로 토를 除去(제거)하여야 한다. 즉 食神制殺(식신제살)하는 을목이 용신에 수운은 희신이고 금이 병신에 화는 약신이 된다. 계수일간에 申金(신금)이 홍염살이다.

5.2.7 劫殺(겁살)

겁살은 三合(삼합)의 庫藏(고장)의 다음 자리다. 가령 亥卯未(해묘미)는 木(목)의 長生(장생)인 亥(해)와 목의 帝旺(제왕)인 卯(묘)와 목의 庫藏(고장)인 未(미)가 합하여 해묘미 합화목이 된다. 이때 木(목)의 庫藏(고장)인 未(미) 다음 자리인 申(신)이 곧 겁살이 된다. 다른 三合(삼합)에서도 마찬가지다.

劫殺

殺	基準	成　　立	作　　用
劫殺	年·日支	亥卯未에 申. 寅午戌에 亥. 巳酉丑에 寅. 申子辰에 巳	一名 敗殺, 速敗, 盜難, 不意의 奪財, 破壞, 離散시키는 惡殺

1953년 음력4월 24일 신시생. 건명

戊 丁 丁 癸
申 亥 巳 巳

80 70 60 50 40 30 20 10
己 庚 辛 壬 癸 甲 乙 丙
酉 戌 亥 子 丑 寅 卯 辰

이 명조는 정화일주가 巳月(사월)의 화왕절에 태어나 三火(삼화)가 일주를 도우니 신왕한 중에 많은 비겁이 흠이 된다. 비겁을 제거하는 癸水(계수)가

用神(용신)에 금은 희신이며 토가 병신에 목운은 약신이 된다. 日支(일지)인 亥(해)를 기준으로 볼 때 亥卯未(해묘미)의 未(미) 다음 申金(신금) 즉 재성(처)이 겁살이 되므로 독신이다.

1962년 음력 10월 19일 진시생 곤명

甲 丁 辛 壬
辰 巳 亥 寅

73 63 53 43 33 23 13 03
癸 甲 乙 丙 丁 戊 己 庚
卯 辰 巳 午 未 申 酉 戌

이 명조는 정화일주가 亥月(해월)의 관성이 왕한 계절에 태어나 弱地(약지)인데 진토가 설기하고 신금의 재성과 임해의 관성이 있으니 身弱(신약)하다. 의지처는 印星(인성)인 목이다. 즉 인목이 용신에 수가 희신이며 금이 병신에 화는 약신이다. 未大運(미대운)에 식신이 관성을 극하여 흉한데 己卯(기묘)年(년)에 해수관성을 해묘합거하니 부부가 이혼하였다. 이는 년지인 寅(인)을 기준으로 볼 때 인오술의 戌(술) 다음 亥(해)(관성=부군)가 겁살인 연고다. 또 時支(시지)가 자식자리인데 辰土(진토)(상관=자식)가 空亡(공망)이니 자식이 없다.

*. 坐下冲(좌하충)과 坐下比劫(좌하비겁)도 이혼의 원인이 된다.

1972년 음력 3월 15일 인시생 건명

丙 己 甲 壬
寅 丑 辰 子

73 63 53 43 33 23 13 03
壬 辛 庚 己 戊 丁 丙 乙
子 亥 戌 酉 申 未 午 巳

이 명조는 기토일주가 辰月(진월)의 토왕절에 태어나 二土(이토)가 도우고 병화가 생토하니 신왕한 중에 왕토가 흠이 된다. 土(토)를 制御(제어)하는 목이 용신에 수는 희신이고 丑中(축중)의 辛金(신금)은 병신이 되고 병화는 약신이 된다. 日支(일지)인 축토를 기준으로 볼 때 사유축의 축 다음 寅(인)이 겁살이 된다. 29세에 결혼 이후 지금(41세)까지 노력에도 불구하고 자식이 없는 것은 기토일주에 寅木(인목)은 자식인데 劫殺(겁살)이 된 연고다.

1964년 음력 1월 28일 10시생 곤명

己 己 丁 甲
巳 未 卯 辰

72 62 52 42 32 22 12 02
己 庚 辛 壬 癸 甲 乙 丙
未 申 酉 戌 亥 子 丑 寅

이 명조는 기토일주가 목왕한 묘월의 弱支에 태어났으나 三土가 도우고 정·사화가 생토하니 신왕하다. 많은 토가 흠이 되므로 土를 克하는 목이 용신에 수운은 희신이 된다. 年柱寅 甲辰을 기준으로 보면 묘목(남편)이 공망이니 부군과 별거한지 오래됐고, 年支인 辰을 기준으로 보면 時支의 巳火가 겁살인데 사중의 경금이 상관으로 자식인데 겁살이니 子息이 장애아다.

1947년 음력 4월 2일 인시생 곤명

戊 庚 乙 丁
寅 子 巳 亥

76 66 56 46 36 26 16 06
癸 壬 辛 庚 己 戊 丁 丙
丑 子 亥 戌 酉 申 未 午

이 명조는 경금이 巳月의 화왕절에 태어나 두 개의 목과 두 개의 화와 해수가 있으니 극설이 交加하여 신약하다. 의지처는 시상의 무토뿐이다. 즉 토가 용신에 화가 희신이며 목이 병신에 金運은 약신이 된다. 日支인 子水를 기준으로 할 때 申子辰의 辰 다음 巳火(관성=부군)가 겁살이니 경대운 병자년에 子水傷官이 官星을 극하니 이혼하였다.

5.2.8 三刑殺(삼형살)

형액, 질병, 관재구설. 柱中(주중)에서 길신으로 쓰일 때는 변하여 威光(위광)과 권력의 길신. 여명은 삼형운에 成婚(성혼)

持勢之刑(지세지형): 寅巳申

無恩之刑(무은지형): 丑戌未

無禮之刑(무예지형): 子卯

自刑(자형): 辰午酉亥

1917年生. 帝旺格(제왕격)(四長生(사장생)). 조후용신. 박정희 전대통령 조

戊 庚 辛 丁

寅 申 亥 巳

72 62 52 42 32 22 12 02

癸 甲 乙 丙 丁 戊 己 庚

卯 辰 巳 午 未 申 酉 戌

이 명조는 경금일주가 해월의 식신월에 태어나 金水食神格(금수식신격)에 喜(희)

見官星(견관성)이다. 이는 秋冬月(추동월)의 金(금)은 水冷金寒(수냉금한)하므로 火(화)로써 調候(조후)하고 鍊金(연금)하여야 器物(기물)을 作成(작성)하는 緣故(연고)다. 用神定法(용신정법): 丁火(정화)가 用神(용신)이고 寅木(인목)은 喜神(희신)이며 丁火(정화)를 克(극)하는 亥水(해수)는 病神(병신)이고 水(수)를 制(제)하는 戊土(무토)는 藥神(약신)이 된다.

四長生格(사장생격)이란 地支(지지)에 寅申巳亥(인신사해)를 모두 갖춘 四柱(사주)를 말한다. 火土(화토)는 寅(인)에서 長生(장생)하고 水(수)는 申(신)에서 長生(장생)하며 金(금)은 巳(사)에서 長生(장생)하고 木(목)은 亥(해)에서 長生(장생)하기 때문에 四長生格(사장생격)이라고 하는데 身旺(신왕)하고 吉運(길운)을 만나면 大發(대발)하므로 君王之命造(군왕지명조)라고 한다. 이 명조에서는 寅巳申三刑(인사신삼형)이 權威(권위)의 길신이다.

1974년 음력7월 18일 11시 20분생 곤명

丁 戊 壬 甲
巳 申 申 寅

79 69 59 49 39 29 19 09
甲 乙 丙 丁 戊 己 庚 辛
子 丑 寅 卯 辰 巳 午 未

이 명조는 무토일주가 申月(신월)의 식신월에 태어나 쌍신이 설기하고 갑인목이 극토하니 신약한 토금식신격이다. 의지처는 火(화)뿐이다. 즉 화가 용신에 목은 희신이다. 사주원국에 寅巳申三刑이 있는데 사운 경인년에 또 인사신삼형을 重複으로 성국하니 부부가 별거에 들어갔다. 별거의 또 다른 원인은 여명에서 坐下食傷(좌하 즉 일지는 배우자 궁인데 일지에 있는 식상이 관성 즉 남편을 극상하므로 별거가 아니면 이혼 혹은 사별)인 때문이고 좌하를 申申寅충한 연고다.

1928年生. 갑기합화토격에 을목이 병. 김영삼 전대통령 조

甲 己 乙 戊
戌 未 丑 辰

87 77 67 57 47 37 27 17 07
甲 癸 壬 辛 庚 己 戊 丁 丙
戌 酉 申 未 午 巳 辰 卯 寅

丑月은 土旺節인데 地支에 辰戌丑未에 年干에 戊土가 透干하였으니 土가 極旺하다. 그러니 無根한 時上의 一點 甲木은 日主와 甲己合化土하여 極旺한 土를 따르지 아니할 수 없다. 則 甲己合化土格이다. 그러나 甲木이 依支할 微弱한 乙木이라도 있으니 眞從이 아니고 假從이다. 從神인 土가 用神에 火運은 從神을 生하는 喜神이 되고 從神을 克傷하는 乙木이 病神에 그 病을 除去하는

金運(금운)은 藥神(약신)이 된다. 이 명조에서는 丑戌未三刑(축술미삼형)이 권위의 길신이다.

명나라 태조 주원장

丁 丁 壬 戊
未 丑 戌 辰

庚 己 戊 丁 丙 乙 甲 癸
午 巳 辰 卯 寅 丑 子 亥

이 명조는 정화일주가 술월의 土旺節(토왕절)에 태어나 五土(오토)가 설기하고 임수가 일주를 극하니 신약한 화토상관격이다. 의지처는 時上(시상)의 정화뿐이다. 즉 丁火(정화)가 用神(용신)에 목운은 희신이다. 난세의 풍운아로서 중국 명나라 태조가 되었다. 이 명조에서는 丑戌未三刑(축술미삼형)이 권위의 길신이다.

1967년 음력 12월 15일 08시 20분 건명

丙 癸 癸 丁

辰 未 丑 未

73 63 53 43 33 23 13 03

乙 丙 丁 戊 己 庚 辛 壬

巳 午 未 申 酉 戌 亥 子

이 명조는 계수일주가 축월의 토왕절에 태어나 네 개의 토관성이 身(신)을 극하고 병정화의 재성이 있으니 신약하다. 의지처는 比劫(비겁)이다. 수가 용신에 금운은 희신이 된다. 초년 금수운에는 有福(유복)한 가정에서 학업도 우수하였다. 戌運(술운) 乙亥年(을해년)에 은행에 취업하였다. 사주원국에 丑未刑(축미형)이 있은데 술운에 丑戌未三刑(축술미삼형)이 성립되니 주식에 실패하고 지인에게 사기을 당하는 등으로 관재와 口舌(구설)이 있었다.

淸(청)나라 高宗純皇帝(고종순황제) 造(조)[47]

丙 庚 丁 辛
子 午 酉 卯

己 庚 辛 壬 癸 甲 乙 丙
丑 寅 卯 辰 巳 午 未 申

이 명조는 경금일주가 酉月(유월)의 금왕절에 태어나 辛酉金(신유금)이 도우고 자시가 되니 습하다. 경금은 原鑛石(원광석)이므로 용광로를 만나야 되니 화가 용신에 목이 희신이다. 이 명조에서는 子卯刑(자묘형)이 권위의 길신이다.

이승만 조

庚 丁 己 乙
子 亥 卯 亥

86 76 66 56 46 36 26 16 06
庚 辛 壬 癸 甲 乙 丙 丁 戊
午 未 申 酉 戌 亥 子 丑 寅

---

47) 임철초 증주, 원수산 선집, 『적천수천미』, (대북: 무릉출판유한공사), 1999, p.16.

이 명조는 정화일주가 묘월의 목왕절에 태어나 亥卯亥木(해묘해목)과 을목이 일주를 생하니 신왕한 중에 많은 印星(인성)이 흠이 된다. 흠이 되는 목을 제거하는 경금이 용신이고 토는 희신이 된다. 이 명조에서는 子卯刑(자묘형)이 권위의 길신이다.

1963년 음력 11월 19일 미시생 건명

乙 辛 甲 癸
未 亥 子 卯

79 69 59 49 39 29 19 09
丙 丁 戊 己 庚 辛 壬 癸
辰 巳 午 未 申 酉 戌 亥

이 명조는 辛金日主(신금일주)가 자월의 수왕절에 태어나 三水(삼수)가 설기하고 三木(삼목)의 재성이 있으니 의지처는 인성인 未土(미토)뿐이다. 미토가 용신에 화운은 희신이고 목이 병신에 금운은 약신이 된다. 酉大運(유대운)에 酉金(유금)이 財星(재성)(처)인 묘목을 冲(충)하여 흉한데 경진년에 갑목(재성)을 또 冲(충)하니 부부가 이혼하였다. 이는 묘목이 재성(처)인데 子卯刑(자묘형)이 되고 病神(병신)인 연고다.

1974년 11월 3일 오시생 건명

甲 辛 丙 甲
午 卯 子 寅

77 67 57 47 37 27 17 07
甲 癸 壬 辛 庚 己 戊 丁
申 未 午 巳 辰 卯 寅 丑

이 명조는 辛金日主(신금일주)가 자월의 수왕절에 태어나 네 개의 재성과 두 개의 관성이 있으니 의지할 곳이 없다. 棄命從財格(기명종재격)이 된다. 즉 재성인 목이 용신에 수는 희신이고 금운이 병신에 화는 약신이 된다. 日支(일지)를 기준으로 보면 자수가 도화살이고 년지인 寅(인)을 기준으로 보면 묘목이 도화살이다. 도화살인 자묘가 서로 刑(형)을 이루고 있다. 이와 같은 명조는 古書(고서)에서 말하기를 "性病(성병)에 걸릴 확률이 높다." 고 했다. 그래서 그런지 모텔을 경영하고 있다.

趙素昻(조소앙) 造(조)

壬 乙 甲 丁

午 丑 辰 亥

78 68 58 48 38 28 18 08

丙 丁 戊 己 庚 辛 壬 癸

申 酉 戌 亥 子 丑 寅 卯

이 명조는 을목일주가 진월의 목(寅·卯·辰月(인묘진월)은 木旺節(목왕절))왕절에 태어나 임해수가 생목하고 갑목이 도우니 신왕하다. 습하니 辰土(진토)가 용신에 화는 희신이고 목이 병신에 금운은 약신이다. 五十五歲前(오십오세전)은 혁명애국가로 민족을 위하여 활약이 많았고 五十八歲後(오십팔세후)로 무운이 길하나 술운에 용신을 冲破(충파)하고 寅年(인년)이 克土(극토)하니 납북되었다. 이 명조에서는 辰辰午午(진진오오)(酉酉(유유))亥亥刑(해해형)이 권위의 길신이다.

1985년 음력 5월 19일 07시 15분생 건명

辛 丙 壬 乙
卯 午 午 丑

80 70 60 50 40 30 20 10
甲 乙 丙 丁 戊 己 庚 辛
戌 亥 子 丑 寅 卯 辰 巳

이 명조는 병화일주가 午月(오월)의 화왕절에 태어나 을묘목이 생화하고 雙午(쌍오)가 일주를 도우니 신왕하고 조열하다. 왕성한 비겁이 흠이 되므로 관성인 임수가 용신에 신금은 희신이 된다. 午午(오오)가 忌神自刑(기신자형)이 되는데 왕화의 극을 받은 辛金(신금)이 損傷(손상)되므로 大腸(대장)이 弱(약)[48]하다.

1972년 음력 8월 8일 유시생 곤명

癸 己 己 壬
酉 酉 酉 子

73 63 53 43 33 23 13 03
辛 壬 癸 甲 乙 丙 丁 戊
丑 寅 卯 辰 巳 午 未 申

---

48) 다음에 병원론에서 상술한다.

이 명조는 기토일주가 酉月(유월)의 食神月(식신월)에 태어나 三酉金(삼유금)이 일주를 설기하고 三水(삼수)의 재성이 있으니 태약하다. 의지처는 월상의 기토뿐이다. 기토가 용신에 화운은 희신이다. 酉酉酉(유유유)가 식상으로 자식인데 기신의 自刑(자형)이 되니 29세 때 결혼한 후 많은 노력에도 불구하고 지금까지 자식이 없다.

5.2.9 懸針殺(현침살)(日時重(일시중), 포수, 活人方(활인방))

甲(갑) 辛(신) 卯(묘) 午(오) 申(신)

甲·辛·卯·午·申(갑신묘오신)의 글자 모양이 뾰족하게 생겨서 꼭 디자이너의 스케치하는 연필, 간호사의 주사바늘, 한의사의 針(침), 의사의 메스, 건축설계사의 연필처럼 생겼다. 따라서 懸針星(현침성)은 이와 같은 職種(직종)과 관련이 있다.

1939년 음력2월 4일 묘시생 곤명 1-39 모 영부인

己 庚 丁 己
卯 申 卯 卯

75 65 55 45 35 25 15 05
乙 甲 癸 壬 辛 庚 己 戊
亥 戌 酉 申 未 午 巳 辰

이 명조는 경금일주가 卯月(묘월)의 목왕절에 태어나 묘묘묘의 재성과 정화관성이 있으니 身弱(신약)하다. 관인상생격에 토가 용신에 정화는 희신이며 목이 병신에 금은 약신이 된다. 卯卯卯申(묘묘묘신)이 현침성이니 전공은 의예과다.

1958년 음력 2월 3일 술시생 건명

壬 戊 乙 戊
戌 戌 卯 戌

75 65 55 45 35 25 15 05
癸 壬 辛 庚 己 戊 丁 丙
亥 戌 酉 申 未 午 巳 辰

이 명조는 무토일주가 卯月(묘월)의 목왕절에 태어나 약지이지만 사주팔자중 토가 다섯이니 身旺(신왕)한 사주가 되었다. 많은 토를 소토하는 목이 억부용신에 水(수)는 희신이고 금운이 병신에 화운은 약신이 된다. 묘목이 현침용신이니 醫師(의사)다.

1964년 음력9월 9일 자시생. 건명

戊 丙 甲 甲
子 申 戌 辰

78 68 58 48 38 28 18 08
壬 辛 庚 己 戊 丁 丙 乙
午 巳 辰 卯 寅 丑 子 亥

이 명조는 병화일주가 戌月(술월)의 식신월에 태어나 三土(삼토)가 설기하고 신금의 재성과 자수의 관성이 있으니 신약하다. 依支處(의지처)는 인성인 갑목뿐이다. 甲木(갑목)이 용신에 수는 희신이며 금이 병신에 화운은 약신이다. 甲(갑)목이 현침성으로 용신이니 한의사다.

1958년 음력 2월 8일 묘시생 건명

乙 癸 乙 戊
卯 卯 卯 戌

73 63 53 43 33 23 13 03
癸 壬 辛 庚 己 戊 丁 丙
亥 戌 酉 申 未 午 巳 辰

이 명조는 계수일주가 묘월의 食神月(식신월)에 태어나 다섯 개의 목이 설기하고 무술이 일주를 克(극)하고 있으니 의지처라고는 전혀 없다. 따라서 태왕한 식상을 따를 수밖에 없다. 즉 木(목)이 용신에 금이 병신에 화는 약신이다. 卯卯卯(묘묘묘)가 현침성이니 의사다.

1954년 음력4월 11일 술시생 곤명

甲 己 己 甲
戌 巳 巳 午

73 63 53 43 33 23 13 03
辛 壬 癸 甲 乙 丙 丁 戊
酉 戌 亥 子 丑 寅 卯 辰

이 명조는 기토일주가 巳月(사월)의 화왕절에 태어나 二土(이토)가 도우고 三火(삼화)가 생토하니 신왕하고 조열하다. 신왕용관하여 甲木(갑목)이 용신에 수운은 희신이 된다. 살아온 과정이 北方水運(북방수운) 때부터 형편이 나아졌으니 갑기합화토격이 아니라 身旺(신왕)에 관성이 용신이 된다. 만약 地支(지지)에 토가 더 많다면 갑기합화토격이 된다. 그러나 이 명조에서는 午戌半合(오술반합)하여 화가 되고 쌍사화가 있으니 지지의 모두가 화다. 따라서 갑기합화토격은 아니다. 이 명조의 甲甲午(갑갑오)가 懸針星(현침성)이니 간호사다.

1964년 음력 1월 13일 술시생 곤명

甲 甲 丙 甲

戊 辰 寅 辰

77 67 57 47 37 27 17 07
戊 己 庚 辛 壬 癸 甲 乙
午 未 申 酉 戌 亥 子 丑

이 명조는 甲木日主가 인월의 목왕절에 태어나 三木이 도우니 身旺하다. 신왕에 재성을 용신으로 하여 토가 용신에 화는 희신이고 木이 병신에 금운이 약신이다.

별해: 寅月의 갑목이 목이 넷이니 太旺하다. 태왕한 자는 설기하여야 하니 火가 用神에 태왕한 목은 희신이 될 수 없고 오히려 병신이 되는데 이때 금운은 藥神이 된다. 또 수운은 용신인 화를 克傷하는 병신이 되고 이때 토는 또 하나의 약신이 된다.

甲이 懸針星이니 의상디자이너로서 한복을 제조하여 판매한다.

1977년 음력11월 3일 해시생 곤명

乙 甲 壬 丁
亥 辰 子 巳

78 68 58 48 38 28 18 08
庚 己 戊 丁 丙 乙 甲 癸
申 未 午 巳 辰 卯 寅 丑

이 명조는 갑목일주가 子月(자월)의 수왕절에 태어나 子辰水(자진수)와 임해수가 생목하고 을목이 도우니 身(신)이 태왕하고 한습하다. 태왕한 자는 설기함이 해법이니 화가 抑扶(억부) 및 調候用神(조후용신)이고 목은 희신이며 수가 병신에 토는 약신이 된다. 甲木(갑목)이 현침성이니 실내디자인을 전공했다.

1977년 음력3월 18일 인시생 곤명

壬 壬 甲 丁
寅 戌 辰 巳

71 61 51 41 31 21 11 01
壬 辛 庚 己 戊 丁 丙 乙
子 亥 戌 酉 申 未 午 巳

이 명조는 임수일주가 辰月(진월)의 토왕절에 태어나 二(이)목이 설기하고 丁·巳火(정사화)의 재성과 이토의 관성이 있으니 극설이 교가하여 신약하다. 진토는 수의 고장이 되기 때문에 雙壬水(쌍임수)는 진토에 뿌리를 내리므로 종격은 아니다. 의지처는 수다. 따라서 水(수)가 用神(용신)에 금운은 희신이고 토가 병신에 목은 약신이 된다. 甲木(갑목)이 길신이며 懸針星(현침성)이니 건축설계사다.

5.2.10 曲脚殺(곡각살)(手足(수족)에 흠)

乙(을) 己(기) 巳(사) 丑(축)

을·기·사·축은 글자 모양이 구부러져 보인다. 따라서 팔다리가 휘어질 확률이 높다는 것이다.

1931年 음력 6月 25日 酉時生 건명

乙	乙	乙	辛
酉	未	未	未

80	70	60	50	40	30	20	10
丁	戊	己	庚	辛	壬	癸	甲
亥	子	丑	寅	卯	辰	巳	午

이 명조는 乙木(을목)이 토가 가장 왕성한 未月(미월)에 태어나 세 개의 미토에 신유금이 있으니 財官(재관)의 태왕함이 극에 이르렀다. 月上(월상)의 을목은 년상의 신금에게 제거되고 時上(시상)의 을목은 유금

에게 제거되니 乙木日主(을목일주)는 의지할 곳이 없다. 따라서 기명종재격이 되어 土(토)가 용신에 화는 희신이고 을목이 병신에 금은 약신이 된다. 이 명조는 乙乙乙(을을을)의 곡각살이 있으니 수족에 흠이 있었다.

1960년 음력 5월 23일 진시생 건명

庚 乙 壬 庚
辰 亥 午 子

77	67	57	47	37	27	17	07
庚	己	戊	丁	丙	乙	甲	癸
寅	丑	子	亥	戌	酉	申	未

이 명조는 을목일주가 오월의 화왕한 계절에 태어나 泄氣(설기)가 甚(심)한데 쌍경금관성에 진토의 재성이 있으니 극설이 交加(교가)하여 신약하다. 殺印上生(살인상생)하여 수가 용신에 금은 희신이며 토가 병신에 목운은 약신이 된다. 을목일주가 曲脚殺(곡각살)이니 소아마비다.

1967년 음력 7월 4일 사시생 곤명

辛 乙 戊 丁
巳 巳 申 未

80 70 60 50 40 30 20 10
丙 乙 甲 癸 壬 辛 庚 己
辰 卯 寅 丑 子 亥 戌 酉

이 명조는 을목이 신월에 태어나 三火(삼화)의 식상과 二土(이토)의 재성과 二金(이금)의 관성 즉 식상과 재성과 관성으로만 이루어지고 의지처가 없으니 從勢格(종세격)이 된다. 식상과 관성사이를 통관하는 재성이 용신에 식상이 희신이며 비겁운이 병신에 관성은 약신이 된다. 乙木日主(을목일주)의 乙(을)이 곡각살에 巳巳(사사)의 곡각살을 더하니 소아마비환자다.

1950년 음력 2월 5일 해시생 곤명

辛 丁 己 庚
亥 巳 卯 寅

76 66 56 46 36 26 16 06
辛 壬 癸 甲 乙 丙 丁 戊
未 申 酉 戌 亥 子 丑 寅

이 명조는 정화일주가 묘월의 목왕절에 태어나 寅卯木(인묘목)이 생화하고 巳火(사화)가 도우니 신왕한 중에 왕한 印星(인성)이 흠이 된다.

인성을 제거하는 재성이 용신에 食神(식신)은 희신이고 비겁이 병신에 관성은 비겁을 제거하는 약신이 된다. 己巳(기사)의 곡갈살이 있으니 소아마비다.

5.2.11 戈殺(과살)

戊戌(무술)

무술의 과살이 있으면 몸에 傷痕(상흔)이 있기 쉬운데 日時(일시)에 있는 것을 더 꺼린다.

1966년 음력 9월 5일 자시생 곤명

丙 庚 戊 丙
子 戌 戌 午

73 63 53 43 33 23 13 03
庚 辛 壬 癸 甲 乙 丙 丁
寅 卯 辰 巳 午 未 申 酉

이 명조는 戊戌月(무술월)의 경금일주가 왕지인데 三土(삼토)가 생하고 있으니 신왕하다. 女命(여명)은 身旺(신왕)에 官星用神(관성용신)이 有力(유력)하므로 병화가 용신에 목운은 희신이 된다. 무술의 戈殺(과살)이 있으니 수술흔적이 있다.

1958년 음력 10월 17일 사시생 곤명

丁 戊 癸 戊
巳 申 亥 戌

77 67 57 47 37 27 17 07
乙 丙 丁 戊 己 庚 辛 壬
卯 辰 巳 午 未 申 酉 戌

이 명조는 무토일주가 亥月(해월)의 재성이 왕한 계절에 태어나 계수가 투간하고 신금이 설기하니 습하여 調候(조후)가 시급하다. 火(화)가 調候用神(조후용신)에 목운은 희신이 되고 수가 병신에 토는 약신이 된다. 무술의 戈殺(과살)이 있으니 傷痕(상흔)이 있다.

5.2.12 天門(천문)

戌 亥(술 해)

戌亥(술해)는 西北方(서북방)으로 하늘의 出入門(출입문)에 해당된다. 천문이 있는 명조는 命理學者(명리학자), 活人方(활인방), 宗敎家(종교가)에 많다.

1903年生. 식신생재격. 목화통명격. 도계 박재완선生님의 명조

丁 乙 甲 癸
亥 亥 子 卯

92 82 72 62 52 42 32 22 12 02
甲 乙 丙 丁 戊 己 庚 辛 壬 癸
寅 卯 辰 巳 午 未 申 酉 戌 亥

子月(자월)은 水旺節(수왕절)인데 日時支(일시지)에 雙亥(쌍해)와 癸水(계수)가 透干(투간)하니 印星(인성)이 太旺(태왕)하다. 年支(년지)의 卯(묘)와 月上(월상)의 甲木(갑목)이 日主(일주)를 도우니 身(신)이 太旺(태왕)한 中(중) 印星(인성)이 旺(왕)하고 比劫(비겁)은 印星(인성)보다는 弱(약)하다. 太旺者(태왕자) 好泄精英(호설정영)이니 時上(시상)의 丁火(정화)가 太旺(태왕)한 氣(기)를 泄氣(설기)하는 出口(출구)로서의 用神(용신)이고 燥木(조목)은 喜神(희신)이며 水(수)가 病神(병신)에 土運(토운)이 藥神(약신)이다. 이 명조에는 亥亥(해해)가 天門(천문)이므로 한국 명리학의 泰斗(태두)다.

1935年 음력 11月 22日 酉時生. 乾命 霽山 朴宰顯, 物象의 大家

己 丁 戊 乙
酉 卯 子 亥

63 53 43 33 23 13 03
辛 壬 癸 甲 乙 丙 丁
巳 午 未 申 酉 戌 亥

이 명조는 정화일주가 子月의 수왕절에 태어나 해자수가 일주를 극하고 무기토가 일주를 설기하며 유금의 재성이 있으니 身弱하다. 의지처는 인성인 목이다. 木이 抑扶用神에 수는 희신이며 금이 병신에 화운은 약신이다. 亥가 天門이니 한국 명리학의 大家다.

1953년 음력10월 16일 신시생 건명

戊 丁 癸 癸
申 丑 亥 巳

75 65 55 45 35 25 15 05
乙 丙 丁 戊 己 庚 辛 壬
卯 辰 巳 午 未 申 酉 戌

이 명조는 정화일주가 해월의 수왕절에 태어나 二土가 설기하고 신금의 재성과 三水(삼수)의 관성이 있으니 극설이 겹쳐서 신약하다. 의지처는 년지의 巳火(사화)다. 사화가 용신에 목운은 희신이고 수가 병신에 토는 약신이 된다. 亥水(해수)가 天門(천문)이니 약사다.

1972년 음력3월 1일 사시생. 건명

辛 乙 甲 壬
巳 亥 辰 子

77 67 57 47 37 27 17 07
壬 辛 庚 己 戊 丁 丙 乙
子 亥 戌 酉 申 未 午 巳

이 명조는 을목이 辰月(진월)의 토가 왕한 계절에 태어나 三水(삼수)가 생하고 갑목이 도우니 신왕한 중에 왕한 水(수)가 欠(흠)이 된다. 수를 제거하는 진토가 용신에 巳火(사화)는 희신이고 목이 병신에 금은 약신이다. 해수가 天門(천문)이니 기독교목사다.

이상에서 본 神殺(신살)로서의 길신과 흉살은 운명을 결정하는 중요한 요건으로 볼 수는 없다. 사주팔자의 運命的(운명적) 作用(작용)은 길신과 흉살의 斷片的(단편적) 작용만으로 결정되는 것이 아니기 때문이다. 따라서 이들은 다만 參考(참고)로 비교해 보는 것에 불과하다.

사주팔자의 운명적 작용은 天干四字(천간사자), 地支四字(지지사자), 그리고 運(운)에서 오는 陰陽五行(음양오행)의 聯關關係(연관관계)로 八字(팔자)의 위치와 調候(조후) 旺弱(왕약) 등의 立體的(입체적), 力學的(역학적) 관계를 綜合的(종합적)으로 검토하지 않으면 안 되기 때문이다.

(의뢰인)1981년 양력 2월 15일 08:00~09:00時前(시전)에 태어난 남자.

戊 甲 庚 辛

辰 子 寅 酉

74 64 54 44 34 24 14 04

壬 癸 甲 乙 丙 丁 戊 己

午 未 申 酉 戌 亥 子 丑

① 격국

이 명조는 甲木日主(갑목일주)가 寅月(인월)의 比肩月(비견월)에 태어났으므로 正格中(정격중)에도 比肩格(비견격)에 해당한다.

② 용신

이 命造(명조)는 甲木日主(갑목일주)가 寅月(인월)의 목이 왕한 계절에 태어나 子辰(자진)이 半合化水(반합화수)하여 갑목을 생하고 있으니 身旺(신왕)하고 庚·辛·酉金(경신유금)까지 있으니 寒濕(한습)하다. 이 명조처럼 身旺(신왕)하고 寒濕(한습)한 木日主(목일주)에는 食傷(식상)인

火와 財星인 토와 官星인 금이 모두 길신이 된다. 즉 身旺用財하여 토(갑목의 재성)가 抑扶用神에 寅中의 丙火(갑목의 식신)는 희신이며 목(갑목의 비견)이 병신에 金(甲木의 官星)은 약신이다. 이렇게 풀이한 것은 立春 11일 후 雨水 4日前은 餘寒이 있으므로 火가 吉神임에는 틀림이 없기 때문이다.

③ 神殺

. 寅이 天乙貴人이니 智慧聰明하고 正大한 人格者이며 創意力이 뛰어나다.

. 寅中의 丙火가 月德星이니 官爵은 높고 少病.

. 寅에 驛馬星이니 立身昇進

. 酉에 將星이니 文武兼全

. 日支子水가 空亡이니 부부관계가 염려되고 印星이니 母의 건강조심

. 寅이 孤辰이니 妻剋傷이 염려되나 天乙貴人이 대동했으니 榮貴한다.

. 子에 沐浴殺이니 酒色放蕩 憂慮

. 寅이 劫殺이니 破壞離散염려

. 辛(신)에 懸針星(현침성)이니 殺伐(살벌)이나 活人方(활인방)

. 辰(진)이 華蓋殺(화개살)이니 운동을 잘 한다.

. 戊辰(무진)이 白虎殺(백호살)에 戌大運(술대운)에 用神(용신)의 根(근)인 辰土(진토)를 沖(충)하니 부친 또는 부인의 건강과 본인의 위병이 염려되며 損財(손재)조심.

. 酉(유)에 길신관성도화성이니 이롭지만 이성관계는 조심

6. 職業適性(직업적성)

五行(오행)에는 木火土金水(목화토금수) 다섯 가지 뿐인데 직업적성은 여러 수백 가지도 더 된다. 따라서 六神(육신)을 위주로 하든 五行(오행)을 중심으로 하든 직업적성의 범위를 定(정)하는 선에서 머무를 수밖에 없다. 즉

木(목)에 속하는 직업은 의류 가구 화원 출판·인쇄 농산물 약재 조경 의상디자인 인테리어 부동산 中(중) 상가건물 등이 있다.

火(화)에 속하는 직업은 전기 가스 주유소 전자·컴퓨터 화학 식당 방송언론 등이 있다.

土(토)에 속하는 직업은 부동산 중 땅 건축 농업 도자기제작 등이 있다.

金(금)에 속하는 직업은 철공소 귀금속 언론 쇠소리가 나는 것 등이 있다. 그리고 간혹 치과의사 치과기공사도 있다.

水(수)에 속하는 직업은 운수 유통 무역 서비스 수산업 등이 있다.

거의 모든 사람들은 자기 자신의 職業適性(직업적성)에 대해서 궁금해 한다. 본인이 希望(희망)하는 직업적성과 실제로 타고난 직업적성 간에는 서로

어긋나는 경우가 많다. 四柱命理學을 通해서 職業適性을 살펴보면 다음과 같다.

여기에는 日主에 대한 吉神(用神과 喜神과 藥神)六神과 神殺을 기준으로 定해지는 직업적성과, 日主에 대한 吉神五行을 기준으로 定해지는 직업적성이 있다.

6.1 六神과 神殺에 따른 分類

. 數學公式처럼 맞아 떨어진다면 命理學이 얼마나 쉽겠는가마는 그렇지 않기 때문에 어렵다. 특히 用神과 喜神 病神과 藥神을 모르면 더욱 職業適性을 알아내기 어렵다.

日主에 대한 吉神六神과 神殺을 기준으로 定해지는 직업적성은 다음과 같다.

o 正官이 用神이나 喜神 혹은 藥神이면 文官 혹은 行政에 많다.

1953년 음력 5월 22일 유시생 건명

癸 甲 戊 癸
酉 寅 午 巳

79 69 59 49 39 29 19 09
庚 辛 壬 癸 甲 乙 丙 丁
戌 亥 子 丑 寅 卯 辰 巳

甲木日主(갑목일주)가 午月(오월)의 화가 왕한 계절에 태어나 두 개의 왕화와 무토와 酉金(유금)이 있으니 克(극)(갑목이 무토를 극하고 유금이 갑목을 극한다.)泄(설)(왕화가 갑목의 氣(기)를 빼앗아 간다.)이 겹쳐서 신약한 木火傷官格(목화상관격)[49]이고 덥다. 따라서 인성인 癸水(계수)를 써서 왕성한 불을 제거하고 약한 갑목을 生(생)하여야 한다. 즉 水(수)가 抑扶用神(억부용신)과 調候用神(조후용신)에 酉金(유금)은 희신이며 무토가 병신에 인목은 병신을 제거하는 약신이다. 正官(정관)이 인성을 생하고 印星(인성)은 일주를 생하고 있으니 관인상생격이다. 즉 正官(정관)이 길신이니 行政官(행정관)이다.

---

49) 甲木日主(갑목일주)가 傷官(상관)인 午月(오월)에 태어난 명조를 말한다. 갑목일주가 巳(사)월에 태어나면 木火食神格(목화식신격)이 된다. 마찬가지로 乙木日主(을목일주)가 巳月(사월)에 태어나면 木火傷官格(목화상관격)이 되고, 午月(오월)에 태어나면 木火食神格(목화식신격)이 된다. 나머지 日主(일주)도 마찬가지다. 여기서 身弱(신약)한 傷官格(상관격)과 身强(신강)한 傷官格(상관격)으로 또 分類(분류)된다.

o 偏官(편관)이 用神(용신)이나 喜神(희신) 혹은 藥神(약신)이면 武官(무관) 혹은 法官(법관)에 많다.

1949년 음력 12월 26일 인시생 건면

甲 戊 戊 庚
寅 寅 寅 寅

78 68 58 48 38 28 18 08
丙 乙 甲 癸 壬 辛 庚 己
戌 酉 申 未 午 巳 辰 卯

이 명조는 戊土日主(무토일주)가 寅月(인월)의 木旺節(목왕절)에 태어나 목이 다섯이나 되니 木(목)이 太旺(태왕)하다. 木(목)이 태왕하면 자연히 戊土(무토)는 太弱(태약)하겠지만 나를 버리고 태왕한 목을 따라서 棄命從殺格(기명종살격)이 되지 않는 것은 戊土(무토)가 네 개의 寅木(인목)에서 長生(장생)하기 때문이다. 그리고 陽干(양간)은 자기 주관이 강하기 때문에 從格(종격)이 잘 되지 않는다. 寅中(인중)의 丙火(병화)가 약한 일주를 생하는 용신이 된다. 午運(오운) 甲戌年(갑술년)에 寅午戌旺火(인오술왕화)가 用神(용신)을 도와 日主(일주)를 생하니 將軍(장군)이 되었다. 즉 寅中(인중)의 丙火(병화)가 用神(용신)에 甲木(갑목) 즉 偏官(편관)이 喜神(희신)[50]이 되니 武官(무관)이다.

---

50) 四柱(사주) 여덟字(자) 中(중)에서 甲寅寅寅寅(갑인인인인)의 木(목)이 다섯이니 木(목)이 太旺(태왕)하다. 太旺(태왕)한

1953년 음력 1월 13일 인시생 건명

甲 戊 甲 癸
寅 申 寅 巳

78 68 58 48 38 28 18 08
丙 丁 戊 己 庚 辛 壬 癸
午 未 申 酉 戌 亥 子 丑

이 명조는 무토일주가 寅月의 木旺節에 태어나 네 개의 목이 무토를 극해오고 申金이 무토를 설기하며 계수재성이 있으니 극설이 겹쳐서 身弱하다. 巳火를 써서 旺木을 설기하여 약한 무토를 생하여야 한다. 즉 殺印相生格에 사화가 용신에 목이 희신이며 수가 병신에 토는 약신이 된다. 偏官이 길신이니 己土大運에 藥신이 되어 길한데 甲申年에 將軍(two star)이 되었다.

o 正印이 用神이나 喜神 혹은 藥神이면 內務行政에 많다.

木은 木多火熄하므로 喜神이 될 수 없다. 그러나 이 命造에서 처럼 寅·寅·寅·寅木中에는 丙·丙·丙·丙의 火 즉 불씨가 충분하므로 木多火熄이 되지 않는다. 그래서 喜神이 된다.

이조시대의 이율곡

壬 丁 辛 丙
寅 亥 丑 申

丁 丙 乙 甲 癸 壬
未 午 巳 辰 卯 寅

이 명조는 정화일주가 丑月의 食神月에 태어나 辛申의 재성과 壬亥의 관성이 있으니 克泄이 겹쳐서 身弱한 火土食神格이다. 왕토를 극하고 약한 정화를 생하는 寅木(정화의 정인)이 용신에 壬水(정화의 정관)가 喜神이며 金이 病神에 火가 약신이다. 正印과 正官이 길신이니 內務行政이다.

o 偏印이 用神이나 喜神 혹은 藥神이면 外務行政에 많다.

1967년 음력 10월 12일 건명

癸 辛 辛 丁
巳 巳 亥 未

72 62 52 42 32 22 12 02
癸 甲 乙 丙 丁 戊 己 庚
卯 辰 巳 午 未 申 酉 戌

이 명조는 辛金日主가 亥月의 상관월에 태어나 화(신금의 관성)가 셋이고 수(신금의 식상)가 둘이니 身弱한 金水傷官格이다. 금수상관격은 조후가 시급하니 火가 調候用神에 목운은 희신이며 수가 병신에 미토(신금의 편인)가 약신이다. 偏印이 藥神(吉神)이므로 外交官이다. 外交官은 官星과 財星이 吉神이면서 驛馬地殺[51]이 있으면 더욱 확실하다.

o 食傷이 用神이나 喜神 혹은 藥神이면 技術者나 事業家가 많다.

51) 지살과 역마살은 다음의 신살론에서 언급한다. 인신사해와 관련이 있다.

1962년 양력 2월 26일생 건명. 안철수 서울대 융합과학기술대학 원장

壬 乙 壬 壬
午 未 寅 寅

73 63 53 43 33 23 13 03
庚 己 戊 丁 丙 乙 甲 癸
戌 酉 申 未 午 巳 辰 卯

이 명조는 乙木日主(을목일주)가 인월의 목왕절에 태어나 두 개의 목이 을목을 도우고 세 개의 임수가 乙木(을목)을 生(생)하니 신이 태왕하다. 태왕한 자는 식상으로 설기하여야 한다. 즉 午火(오화)(을목의 식신)가 용신에 목은 희신이며 수(을목의 인성)는 용신인 화를 克傷(극상)하므로 病神(병신)이 되고 토(을목의 재성)는 그 병신을 제거하는 약신이다. 이 명조는 午火(오화)가 용신이면서 懸針星(현침성)이니 醫士出身(의사출신)이다. 火(화)가 吉神(길신)이니 전자·컴퓨터업기술자이고 食神生財格(식신생재격)(식신인 오화가 재성인 토를 생함)이니 事業家(사업가)이다. 食神生財格(식신생재격)은 간혹 教育事業(교육사업)과도 관련이 있다.

o 食傷(식상)이 用神(용신)이나 喜神(희신) 혹은 藥神(약신)이면서 財星(재성)이 吉神(길신)이면 文人大家(문인대가)가 많다.

1937년 음력 8월 10일 해시생[52] 건명

乙 甲 己 丁
亥 辰 酉 丑

72 62 52 42 32 22 12 02
辛 壬 癸 甲 乙 丙 丁 戊
丑 寅 卯 辰 巳 午 未 申

이 명조는 甲木日主(갑목일주)가 酉月(유월)의 금이 왕한 계절에 태어나 己亥辰酉丑(기해진유축)이 모두 濕(습)하니 丁火(정화)로서 데워주어야 한다. 즉 丁火(정화)(갑목의 상관)가 調候用神(조후용신)에 乙木(을목)(갑목의 비겁)은 희신이며 亥水(해수)(갑목의 편인)가 병신에 土(토)(갑목의 재성)는 약신이다. 食傷(식상)이 用神(용신)에 재성이 길신(여기서는 약신)이니 청수한 필치의 有名日刊紙(유명일간지) 논설위원의 명조다.

o 印星(인성)이 用神(용신)이나 喜神(희신) 혹은 藥神(약신)인 者(자) 教育者(교육자)에 많다.

52) 朴在玩, 『命理要綱』, (서울: 易門關書友會), 1997년, p.69.

1973年 음력 9월 14일 유시생 坤命

辛 戊 壬 癸
酉 寅 戌 丑

80 70 60 50 40 30 20 10
庚 己 戊 丁 丙 乙 甲 癸
午 巳 辰 卯 寅 丑 子 亥

이 명조는 戊土日主(무토일주)가 술월의 토왕절에 태어나 축토가 도우고 있으나 辛酉金(신유금)이 泄氣(설기)하고 임계수재성과 인목의 관성이 있으니 극설이 겹처서 身弱(신약)하고 寒濕(한습)하다. 弱(약)한 戊土(무토)를 生(생)하는 寅中(인중)의 丙火(병화)와 戌中(술중)의 丁火(정화)가 用神(용신)이다. 즉 印星(인성)이 吉神(길신)이니 教授(교수)다.

o 財多身弱者(재다신약자)와 身旺財弱者(신왕재약자) 金融界(금융계)에 많다.

1955년 음력 5월 23일 술시생 곤명

辛 甲 癸 乙
未 戌 未 未

79 69 59 49 39 29 19 09
辛 庚 己 戊 丁 丙 乙 甲
卯 寅 丑 子 亥 戌 酉 申

이 命造(명조)는 갑목일주가 小暑節(소서절)에 태어나 하늘은 건조하고 땅은 열기가 대단하다. 대체적으로 갑목일주가 재성이 태왕하면 比劫(비겁)으로 旺土(왕토)를 疏土(소토)함이 解法(해법)이다. 그러나 이 명조에서처럼 太燥(태조)할 때는 水(수)를 써서 調候(조후)하여야 한다. 즉 수가 조후용신과 억부용신에 금은 희신이며 토가 병신에 을목은 그 병을 제거하는 약신이 된다. 木(목)(農(농)業(업) 등)이 약신이니 農高(농고)를 졸업하고 재다신약이니 세무사사무실에서 경리(금융관계)직에 있었다.

1954년생 음력 9월 14일 술시생 건명

甲 己 甲 甲

戌 亥 戌 午

80 70 60 50 40 30 20 10

壬 辛 庚 己 戊 丁 丙 乙

午 巳 辰 卯 寅 丑 子 亥

이 命造(명조)는 술월의 토왕절에 태어난 기토가 년지의 午火(오화)가 일주를 생하고 時支(시지)의 술토가 일주를 도우니 신왕한 사주다. 신왕의 주된 원인은 비겁인 토이니 관성인 목으로 토를 疏土(소토)하여야 한다. 즉 목이 용신에 해수는 용신을 생하는 희신이고 술중의 辛金(신금)은 병신이 되고 午火(오화)는 그 병을 제거하는 약신이다. 身旺財弱(신왕재약)이니 경제학박사(관이 길신)로 金融界(금융계) 出身(출신)이다.

o 身(신)이 太强(태강)하여 泄氣(설기)가 필요한 者(자) 社會事業家(사회사업가)에 많다.

1941年生. 食神生財格. 李明博 大統領 造

辛 辛 庚 辛
卯 丑 子 巳

74 64 54 44 34 24 14 04
壬 癸 甲 乙 丙 丁 戊 己
辰 巳 午 未 申 酉 戌 亥

子月의 辛金은 泄氣되는 弱地이지만 巳丑金에 辛庚辛金이 日主를 도우고 있으니 身이 太旺하다. 太旺한 者는 食傷으로 泄氣順勢하여야 한다. 따라서 子水가 用神에 金多水濁하므로 金이 病神에 巳火는 藥神이 된다. 그리고 子水를 克하는 丑土가 病神에 卯木은 또 하나의 藥神이 된다.

癸運은 用神을 도와서 吉하지만 己丑年에 病神土를 도우니 用神水는 泥塞되고 藥神인 木(財星)은 折되니 300억원이 넘는 財産을 사회사업명목으로 還元하였다.

o 天乙貴人[53]이 많은 者(女命은 제외) 言論界에 많다.

---

53) 天乙貴人은 日主를 위주로 보지만 年干을 보조로 본다. 甲戊庚에 丑未, 乙

1937년 음력 8월 10일 해시생 건명

乙 甲 己 丁
亥 辰 酉 丑

72 62 52 42 32 22 12 02
辛 壬 癸 甲 乙 丙 丁 戊
丑 寅 卯 辰 巳 午 未 申

이 命造(명조)는 甲木日主(갑목일주)가 酉月(유월)의 금왕절에 태어나 丁火傷官(정화상관)이 泄氣(설기)하고 三土(삼토)의 재성과 대치하고 유금의 관성이 일주를 극하고 있으니 비록 을목이 일주를 돕고 해수가 생하고 있지만 신약하고 濕(습)하다. 酉丑金(유축금) 辰酉金(진유금)이 身弱(신약)한 명조를 극하고 있음이 병이 된다. 병이 되는 금을 제거하는 즉 상관제살하는 정화가 용신에 목이 희신이며 수가 병신에 燥土(조토)가 藥神(약신)이 된다.

이 명조에서 갑일주를 中心(중심)으로 보면 丑(축)이 天乙貴人(천을귀인)이고, 年干(년간)인 丁火(정화)를 중심으로 보면 亥酉(해유)가 天乙貴人(천을귀인)이다. 三貴人(삼귀인)이 並立(병립)하였으니 청수한 필치의 유명일간지 논설위원의 명조다. 言論社(언론사)에 근무함은 火(화)가 吉神(길신)인 연고다.

己(기)에 子申(자신), 丙丁(병정)에 亥酉(해유), 辛(신)에 寅午(인오), 壬癸(임계)에 巳卯(사묘)가 天乙貴人(천을귀인)다.

o 懸針星(현침성)이 있는 者(자)는 活人方(활인방)(醫師(의사), 藥師(약사), 看護師(간호사)) 혹은 의상 디자인 건축설계사에 많다. 이와 類似(유사)한 神殺(신살)에는 天醫星(천의성)과 戌亥(술해) 天門(천문)이 있다.

1955년 11월 음력 12일 해시생 건명

丁 庚 戊 乙

亥 申 子 未

76 66 56 46 36 26 16 06

庚 辛 壬 癸 甲 乙 丙 丁

辰 巳 午 未 申 酉 戌 亥

이 命造(명조)는 경금일주가 子月(자월)의 傷官月(상관월)에 태어났으니 金水傷官格(금수상관격)이다. 금수상관격을 調候上(조후상) 官星(관성)을 기뻐하니 丁火(정화)가 調候用神(조후용신)이고 목은 희신이며 수가 병신에 토는 약신이 된다. 泄氣(설기)가 잘 되니 지능지수가 높다. 亥(해)가 天門(천문)이고 申(신)이 懸針星(현침성)이니 명문대 의대를 졸업한 精神科(정신과)_醫師(의사)다.

1967년 음력5월 11일 유시생 곤명

辛 癸 丙 丁

酉 丑 午 未

77 67 57 47 37 27 17 07

甲 癸 壬 辛 庚 己 戊 丁

寅 丑 子 亥 戌 酉 申 未

이 명조는 癸水日主(계수일주)가 午月(오월)에 태어나 화토가 왕하니 자연히 신약하고 조열하다. 금을 써서 약한 계수일주를 도와야 한다. 즉 금이 調候用神(조후용신)과 抑扶用神(억부용신)에 습토는 희신이며 화가 병신에 수운은 약신이 된다. 官印相生格(관인상생격)이니 貴格(귀격)이며 辛(신)금이 用神(용신)으로서 懸針星(현침성)이니 齒科醫師(치과의사)다. 특히 金(금)이 吉神(길신)인자 치과의사가 많은데, 이는 金(금)은 周易(주역)에서 입(口(구))에 속하기 때문이다.

1979년 음력 2월 14일 오시생 건명

戊 戊 丁 己

午 寅 卯 未

72 62 52 42 32 22 12 02

己 庚 辛 壬 癸 甲 乙 丙

未 申 酉 戌 亥 子 丑 寅

이 명조는 무토일주가 卯月(묘월)의 목왕절에 태어났으니 토는 자연히 약하다. 그러나 己·未·戊土(기미무토)가 일주를 도우고 丁午火(정오화)가 생토하는 신왕한 사주로 바뀌었다. 신왕의 원인은 火(화)보다는 많은 土(토)에게 있으니 토를 除去(제거)하는 卯木(묘목)이 용신이고 수운은 희신이며 금운은 용신인 목을 상해하는 병신에 화는 病(병)을 제거하는 藥神(약신)이다. 卯木(묘목)이 懸針星(현침성)이면서 용신이니 韓醫師(한의사)다.

1972년 음력 2월 14일 12시 30분생 건명

戊 戊 癸 壬
午 午 卯 子

73 63 53 43 33 23 13 03
辛 庚 己 戊 丁 丙 乙 甲
亥 戌 酉 申 未 午 巳 辰

이 명조는 무토일주가 卯月(묘월)의 木(목)이 왕한 계절에 태어나 三水(삼수)가 있으니 身弱(신약)하다. 午火(오화)를 용신으로 하여 약한 일주를 도와야 한다. 즉 화가 용신에 목이 희신이며 수가 병신에 토는 약신이 된다. 卯木(묘목)은 토끼인데 희신이고 午火(오화)는 말인데 용신이니 獸醫師(수의사)다.

1967년 음력 10월 17일 묘시생 곤명

辛 丙 辛 丁
卯 戌 亥 未

77 67 57 47 37 27 17 07
己 戊 丁 丙 乙 甲 癸 壬
未 午 巳 辰 卯 寅 丑 子

이 命造(명조)는 병화일주가 해월의 수왕절에 태어나 戌·未土(술미토)가 설기하고 雙辛(쌍신)의 재성이 투간하였으니 신약하다. 의지처는 印星(인성)인 卯木(묘목)이다. 즉 卯木(묘목)이 용신에 수는 희신이고 금이 병신에 정화는 약신이 된다. 이 명조는 時支(시지)의 묘목이 길신 懸針星(현침성)이다. 따라서 有能(유능)한 남성의상디자이너다.

1953년 음력 8월 11일 진시생 건명

甲 壬 辛 癸
辰 申 酉 巳

74 64 54 44 34 24 14 04
癸 甲 乙 丙 丁 戊 己 庚
丑 寅 卯 辰 巳 午 未 申

이 명조는 壬水日主(임수일주)가 酉月(유월)의 금이 왕한 계절에 태어나 세 개의 인성 즉 金(금)이 생하고 癸水(계수)가 도우니 신왕한 중에 많은 인성인 金(금)이 欠(흠)이 된다. 欠(흠)을 제거하는 巳火(사화)가 用神(용신)에 甲木(갑목)은 희신이 된다. 甲木(갑목)이 懸針星(현침성)이면서 吉神(길신)(희신)이니 건축설계사다.

6.2 五行(오행)에 따른 分類(분류)

四柱原局(사주원국)에서 필요한 五行(오행)에 따라 職業適性(직업적성)을 分類(분류)하면 다음과 같다.

용신 및 길신	木	火	土	金	水
직업	차관급	대즉대사급, 소즉영사급	내무비서나 고관대작급	법계	지방장관

o. 木(목)이 用神(용신) 혹은 吉神(길신)이면 次官級(차관급)이다.

1950년 음력 9월11일 진시생 건명 식신생재격

戊 己 丙 庚

辰 丑 戌 寅

76 66 56 46 36 26 16 06
甲 癸 壬 辛 庚 己 戊 丁
午 巳 辰 卯 寅 丑 子 亥

이 명조는 己土日主(기토일주)가 戌月(술월)의 토왕절에 태어나 병화가 생토하고 四土(사토)가 일주를 돕고 있으니 身(신)이 太旺(태왕)하다. 태왕한 者(자)는 食傷(식상)으로 泄氣(설기)하여야 한다. 즉 庚金(경금)이 태왕한 토를 설기하는 용신에 太旺(태왕)한 土(토)는 庚金(경금)을 生(생)하는 희신이 아니라 土(토)가 너무 많으면 金(금)이 묻히므로 오히려 病神(병신)이 되고 寅木(인목)은 病神(병신)인 土(토)를 除去(제거)하는 藥神(약신)이 된다. 그리고 병화는 용신인 금을 상해하는 또 하나의 병신에 水運(수운)은 병신인 火(화)를 除去(제거)하는 또 하나의 藥神(약신)이 된다.

이 명조는 목이 길신인데 정부부처에 차관급으로 있다가 甲申年(갑신년)에 申金(신금)이 寅木(인목)(官星(관성)=職業(직업))을 沖(충)하니 落職(낙직)하였다.

o. 火(화)가 用申(용신) 혹은 吉神(길신)이면 大(대) 則(즉) 大使級(대사급), 小(소) 則(즉) 領事級(영사급)이다.

1953년 음력 7월 14일 진시생 건명 신약비겁위용

壬 丙 庚 癸
辰 午 申 巳

75 65 55 45 35 25 15 05
壬 癸 甲 乙 丙 丁 戊 己
子 丑 寅 卯 辰 巳 午 未

이 명조는 丙火日主(병화일주)기 申月(신월)의 금왕절에 태어나 辰土(진토)가 설기하고 二金(이금)의 재성과 二水(이수)의 관성이 있으니 신약하다. 의지처인 火(화)가 用神(용신)에 木運(목운)은 用神(용신)인 火(화)를 生(생)하는 희신이고 水(수)는 火(화)를 傷害(상해)하는 병신에 토는 水(수)를 제거하는 藥神(약신)이 된다.

이 命造(명조)는 火(화)가 吉神(길신)인데 外務部(외무부)에 근무하는 大使級(대사급)이다.

o. 土(토)가 用申(용신) 혹은 吉神(길신)이면 內務秘書(내무비서)나 高官大爵級(고관대작급)이다.

1895년생 신약인성위용

丁 庚 己 乙
亥 辰 卯 未

75 65 55 45 35 25 15 05
辛 壬 癸 甲 乙 丙 丁 戊
未 申 酉 戌 亥 子 丑 寅

이 命造(명조)는 경금일주가 卯月(묘월)의 木旺節(목왕절)에 태어나 亥卯未木(해묘미목)에 을목이 투간하였으니 재다신약에 의지처는 印星(인성)인 土(토)다. 즉 土(토)가 用神(용신)에 화는 토를 생하는 희신이고 목은 土(토)를 상해하는 病神(병신)에 금운은 목을 제거하는 藥神(약신)이 된다.

이 命造(명조)는 土(토)가 吉神(길신)인데 문교부장관을 지닌 명조다.

o. 金(금)이 用申(용신) 혹은 吉神(길신)이면 法界(법계)에 많다.

1948년 음력 7월 14일 술시생 건명 관인상생격

丙 乙 庚 戊
戌 亥 申 子

77 67 57 47 37 27 17 07
戊 丁 丙 乙 甲 癸 壬 辛
辰 卯 寅 丑 子 亥 戌 酉

이 명조는 乙木日主가 申月의 金旺節에 태어나 弱地인데 병화가 日主를 설기하고 二土의 재성과 이금의 관성이 있으니 身弱한데 의지처는 印星이다. 즉 水가 弱한 日主를 生하는 用神에 金은 用神을 生하는 喜神이고 토는 용신인 수를 극상하는 병신에 목운은 약신이 된다.

이 명조는 金이 吉神인데 法院支廳長을 지냈다.

o. 水가 用申 혹은 吉神이면 地方長官이다.

1961년 음력 11월 27일 유시생 건명 식신생재격

丁 辛 庚 辛
酉 丑 子 丑

79 69 59 49 39 29 19 09
壬 癸 甲 乙 丙 丁 戊 己
辰 巳 午 未 申 酉 戌 亥

이 명조는 辛金日主(신금일주)가 자월의 수왕절에 태어났으나 雙丑土(쌍축토)가 일주를 생하고 三金(삼금)이 일주를 도우고 있으니 身(신)이 태왕하다. 태왕한자는 식상으로 설하여야한다. 따라서 子水(자수)가 용신에 太旺(태왕)한 金(금)은 金多水濁(금다수탁)하므로 水(수)를 生(생)하는 희신이 아니라 오히려 병신에 되는데 丁火(정화)는 病神(병신)인 金(금)을 제거하는 약신이 되고 土(토)는 용신인 수를 극하는 또 하나의 병신에 木運(목운)은 土(토)를 제거하는 또 하나의 약신이 된다.

이 명조는 수가 길신인데 地方長官(지방장관)인 道知事出身(도지사출신)이다.

6.2.1 그 밖의 五行(오행)에 따른 分類(분류)

o 木(목)이 필요하여 用神(용신)이나 喜神(희신) 혹은 藥神(약신)이 되는 者(자)는 건설 衣類(의류) 家具(가구) 花園(화원) 출판·인쇄 농업(農産物(농산물)) 의상디자인 인테리어에 藥(약)

業에 많다. 이 職種들의 근원은 모두 나무(木)에 있음을 알 수 있다.

1951년 음력 8월 28일 술시생 건명

戊 辛 丁 辛
戌 未 酉 卯

77 67 57 47 37 27 17 07
己 庚 辛 壬 癸 甲 乙 丙
丑 寅 卯 辰 巳 午 未 申

이 명조는 辛金日主가 酉月의 금왕절에 태어나 辛酉金이 도우고 三土가 生金하니 身이 태왕하다. 태왕한 命造는 설기함을 기뻐하는데 泄氣할 食傷이 없다. 따라서 身旺用財하여 목이 용신에 수운은 희신이 되고 금이 병신에 화는 藥神이 된다. 卯木이 용신이니 건설업(건물을 나무처럼 높이 세움)을 한다.

1975년 음력 6월 25일 신시생 곤명

甲 庚 癸 乙
申 辰 未 卯

72 62 52 42 32 22 12 02
辛 庚 己 戊 丁 丙 乙 甲
卯 寅 丑 子 亥 戌 酉 申

이 命造(명조)는 庚金日主(경금일주)가 未月(미월)의 토가 왕한 계절에 태어나 坐下(좌하)의 辰土(진토)와 함께 庚金(경금)을 生(생)하고 時支(시지)의 申金(신금)이 日主(일주)를 도우니 身强(신강)한 중에 왕성한 土(토)가 欠(흠)이 된다. 토를 제거하는 목이 용신이고 수는 희신이며 금이 병신에 화는 약신이 된다. 木(목)이 用神(용신)이니 의류상를 自營(자영)한다.

1970년 음력 1월 19일 진시생 건명

庚 乙 戊 庚
辰 亥 寅 戌

74 64 54 44 34 24 14 04
丙 乙 甲 癸 壬 辛 庚 己
戌 酉 申 未 午 巳 辰 卯

이 명조는 乙木日主(을목일주)가 인월의 목왕절에 태어나 인목이 일주를 돕고 亥水(해수)가 을목을 생하지만 두 개의 경금의 관성이 일주를 극하고 戊·辰·戌土(무진술토)의 재성이 있으니 왕이 反弱(반약)하여 身弱(신약)하다. 身弱(신약)하게 된 주된 원인은 官星(관성)인 적은 金(금)보다는 더 旺星(왕성)한 財星(재성)인 土(토)에게 있다. 土(토)를 제거하는 寅木(인목)이 용신에 수는 희신이고 금이 병신에 화는 약신이 된다. 己丑年(기축년)에 병신인 금을 생하니 金錢(금전)과 女人(여인)으로 인하여 흉했다. 木(목)이 用神(용신)이니 家具店(가구점)을 경영한다.

1940년 음력 9월 29일 건명

丁 乙 丙 庚
亥 巳 戌 辰

73	63	53	43	33	23	13	03
甲	癸	壬	辛	庚	己	戊	丁
午	巳	辰	卯	寅	丑	子	亥

이 명조는 乙木日主(을목일주)가 戌月(술월)의 토왕절에 태어나 토가 둘이고 금이 하나 화가 셋이니 克泄(극설)이 交加(교가)하여 신약하다. 의지처는 亥水(해수)뿐이다. 즉 해수가 抑扶用神(억부용신)에 금운은 희신이며 토가 병신에 木運(목운)은 藥神(약신)이 된다. 목이 약신으로서 길신이니 農夫(농부)(농산물은 나무)다.

1960년 음력 11월 1일 자시생 건명

丙 庚 戊 庚

子 辰 子 子

76 66 56 46 36 26 16 06

丙 乙 甲 癸 壬 辛 庚 己

申 未 午 巳 辰 卯 寅 丑

이 명조는 庚金日主(경금일주)가 자월에 태어나 子子子辰水局(자자자진수국)을 이루어 경금을 泄氣(설기)하니 신약하고 한습하다. 금수상관격은 한습하므로 관성(화)을 만남을 기뻐한다. 즉 丙火(병화)가 用神(용신)에 목운은 희신이며 수가 병신에 토는 그 病(병)을 제거하는 藥神(약신)이다. 목이 희신이니 이 책을 제작하는 출판·인쇄소 사장님의 命造(명조)다.

1963년 음력 10월11일 자시생 곤명

壬 癸 癸 癸

子 酉 亥 卯

74 64 54 44 34 24 14 04

辛 庚 己 戊 丁 丙 乙 甲

未 午 巳 辰 卯 寅 丑 子

이 명조는 癸水日主(계수일주)가 해월의 水旺節(수왕절)에 태어나 수가 여섯이고 酉金(유금)이 또 水(수)를 生(생)하고 있으니 신이 태왕하다. 태왕한 자는 식상으로 설기하여야 한다. 즉 卯木(묘목)이 억부용신이며 태왕한 수는 희신이 아니라 오히려 病神(병신)이 되는데 토운은 수를 제거하는 약신이다. 酉金(유금)은 용신인 卯木(묘목)을 상해하는 또 하나의 병신이 되고 화운은 금을 제거하는 또 하나의 약신이 된다. 木(목)이 用神(용신)이니 꽃집(화원)을 경영한다.

1981년 음력 8월 29일 07시생 곤명

癸 丁 丁 辛
卯 未 酉 酉

74 64 54 44 34 24 14 04
乙 甲 癸 壬 辛 庚 己 戊
巳 辰 卯 寅 丑 子 亥 戌

이 명조는 丁火日主(정화일주)가 酉月(유월)의 金旺節(금왕절)에 태어나 三金(삼금)의 재성과 계수의 관성 있으니 身弱(신약)하다. 묘목으로 弱(약)한 정화를 생하여 주어야 한다. 즉 묘목이 용신에 수는 희신이며 金(금)이 병신에 火(화)는 藥神(약신)이 된다. 卯木(묘목)이 懸針星(현침성)이며 用神(용신)이 되니 의상디자이너이다.

1955년 음력 12월 16일 06시생 건명

丁 甲 己 乙
卯 午 丑 未

78 68 58 48 38 28 18 08
辛 壬 癸 甲 乙 丙 丁 戊
巳 午 未 申 酉 戌 亥 子

이 명조는 甲木日主(갑목일주)가 丑月(축월)의 토가 왕한 계절에 태어나 토가 셋이고 火(화)가 둘이니 克泄(극설)이 交加(교가)하여 신약하다. 신약한 주된 원인은 왕토에 있으므로 토를 제거하는 比劫(비겁)이 억부용신이 된다. 즉 묘목이 용신에 수는 희신이며 축중의 신금이 병신에 화는 약신이 된다. 묘목이 현침성으로서 용신이니 인테리어업을 自營(자영)하고 있다.

1964년 양력 3월 7일 14시생 곤명

癸 乙 丁 甲
未 卯 卯 辰

71 61 51 41 31 21 11 01
己 庚 辛 壬 癸 甲 乙 丙
未 申 酉 戌 亥 子 丑 寅

이 命造(명조)는 을목일주가 卯月(묘월)에 태어나 甲(갑)목이 透干(투간)하고 卯卯未爭(묘묘미쟁)合化木(합화목)이 되고 辰土(진토)가 東方(동방)이고 癸水(계수)가 生木(생목)하니 木曰曲直格(목왈곡직격)이다. 따라서 종신하는 목이 용신에 水(수)는 喜神(희신)이 되고 金運(금운)은 병신이 되고 화운은 약신이 된다. 목이 길신이니 藥師(약사)다. 藥(약)은 나무에서 채취한다.

o 火(화)가 필요하여 用神(용신)이나 喜神(희신) 혹은 藥神(약신)이 되는 자는 電氣(전기), 가스, 주유소, 電子(전자)·컴퓨터, 언론·방송·통신, 輕工業(경공업), 飮食物業(음식물업) 화학에 많다.

이 직종들의 근원은 모두 불(火)(화)에 있음을 알 수 있다.

1992년 음력 10월 9일 01:24분생 건명

壬 癸 庚 壬

子 未 戌 申

72 62 52 42 32 22 12 02

戊 丁 丙 乙 甲 癸 壬 辛

午 巳 辰 卯 寅 丑 子 亥

이 명조는 癸水日主(계수일주)가 술월의 토왕절에 태어나 弱地(약지)이지만 庚·申(경신)

金(금)이 일주를 생하고 壬·壬·子(임임자)수가 계수를 도우고 있으니 신왕한 사주로 바뀌었다. 왕수를 제거하는 토가 調候用神(조후용신)과 抑扶用神(억부용신)에 火運(화운)은 희신이다. 火(화)가 吉神(길신)이니 전기공학도이다.

1968년 음력 3월 23일 11시생 건명

辛 庚 丙 戊
巳 申 辰 申

75 65 55 45 35 25 15 05
甲 癸 壬 辛 庚 己 戊 丁
子 亥 戌 酉 申 未 午 巳

이 命造(명조)는 경금일주가 辰月(진월)의 토왕절에 태어나 두 개의 토가 생하고 세 개의 금이 도우니 신왕하다. 金日主(금일주)가 비겁이 많아서 欠(흠)이 되니 比劫(비겁)을 除去(제거)하는 화가 용신이 되고 목운은 희신이 된다. 화가 용신이니 가스공사에 근무한다.

1953년 음력 11월 13일 유시생 건명

辛 癸 甲 癸
酉 卯 子 巳

74 64 54 44 34 24 14 04
丙 丁 戊 己 庚 辛 壬 癸
辰 巳 午 未 申 酉 戌 亥

이 명조는 계수일주가 子月(자월)의 수왕절에 태어나 癸·子水(계 자 수)가 도우고 辛·酉金(신 유 금)이 생수하니 신왕하고 한습하다. 조후가 時急(시급)하니 巳火(사화)가 조후용신에 묘목은 희신이며 수가 병신에 토운은 약신이 된다. 火(화)가 용신이니 주유소를 經營(경영)한다.

1983년 음력 10월 22일 유시생 건명

辛 戊 癸 癸
酉 午 亥 亥

76 66 56 46 36 26 16 06
乙 丙 丁 戊 己 庚 辛 壬
卯 辰 巳 午 未 申 酉 戌

이 명조는 戊土日主(무토일주)가 亥月(해월)의 水旺節(수왕절)에 태어나 水(수)가 넷이고 두 개의 금이 무토를 설기하니 신약하고 寒濕(한습)하다. 의지처는 午火(오화)뿐이다. 오화가 調候(조후)와 抑扶用神(억부용신)에 목운은 희신이 되며 수가 병신에 土運(토운)은 藥神(약신)이 된다. 午火(오화)가 용신이니 전자공학을 전공했다.

1978년 음력 12월 21일 01:10분 곤명

戊 丙 乙 戊

子 戌 丑 午

75 65 55 45 35 25 15 05

丁 戊 己 庚 辛 壬 癸 甲

巳 午 未 申 酉 戌 亥 子

이 命造(명조)는 병화일주가 丑月(축월)의 寒濕(한습)한 토왕절에 태어나고 四土(사토)가 설기하고 子水(자수)가 있으니 신약하다. 食傷旺(식상왕)한 것이 신약의 주요인이니 印星(인성)으로써 식상을 제거하고 약한 일주를 생하여야 한다. 즉 을목기 용신에 수는 희신이며 丑戌中(축술중)의 辛金(신금)이 病神(병신)에 午火(오화)는 약신이 된다. 화가 吉神(길신)이니 컴퓨터공학을 전공했다.

1923년 음력10월 8일 인시생 건명

甲 癸 癸 癸
寅 巳 亥 亥

73 63 53 43 33 23 13 03
乙 丙 丁 戊 己 庚 辛 壬
卯 辰 巳 午 未 申 酉 戌

이 命造(명조)는 계수일주가 亥月(해월)의 水旺節(수왕절)에 태어나 네 개의 水(수)가 도우고 있으니 신이 태왕하다. 태왕한 자는 설기하여야 되니 木(목)이 用神(용)에 太旺(태왕)한 水(수)는 희신이 아니라 오히려 병신이 되는데 이때 土運(토운)은 약신이 된다. 또 木(목)을 傷害(상해)하는 金運(금운)은 病神(병신)이 되고 火(화)는 그 金(금)을 제거하는 藥神(약신)이 된다. 이 명조는 火(화)가 길신이므로 모 日刊紙(일간지) 新聞社(신문사) 會長職(회장직)에 있었다.

1979년 음력 4월 21일 10: 00 건명

丁 癸 己 己
巳 未 巳 未

74 64 54 44 34 24 14 04
辛 壬 癸 甲 乙 丙 丁 戊
酉 戌 亥 子 丑 寅 卯 辰

이 命造(명조)는 계수일주가 巳月(사월)의 재성이 왕한 계절에 태어나 지지에 쌍사와 쌍미가 합하여 半合化火方合(반합화화방합)을 이루고 정화가 투간하였으니 기명종재격이다. 從格(종격)은 從(종)하는 五(오)행이 용신이니 화가 용신에 목운은 희신이다. 火(화)가 用神(용신)이니 언론·방송사에 근무하는 기자다.

1964년 음력 11월 28일 10시생 건명

己 甲 丙 甲
巳 寅 子 辰

72 62 52 42 32 22 12 02
甲 癸 壬 辛 庚 己 戊 丁
申 未 午 巳 辰 卯 寅 丑

이 명조는 갑목일주가 子月(자월)의 水旺(수왕)절에 태어나 子辰水(자진수)가 생목하고 甲·寅木(갑인목)이 도우고 있으니 신이 태왕하다. 태왕한 자는 식상으로 설기하여야 한다. 즉 목을 설기하는 火(화)가 억부용신에 목은 희신이며 수가 병신에 토는 약신이 된다. 火(화)가 用神(용신)이니 중요일간지언론사 기자다.

1986년 음력 10월 15일 07:15분생 곤명

丁 甲 己 丙
卯 子 亥 寅

73 63 53 43 33 23 13 03
辛 壬 癸 甲 乙 丙 丁 戊
卯 辰 巳 午 未 申 酉 戌

이 命造(명조)는 갑목일주가 亥月(해월)의 印星(인성)이 왕한 계절에 태어나 해자수가 생목하고 寅·卯木(인 묘목)이 일주를 도우니 신왕하고 한습하다. 신왕함의 원인이 비겁보다 더 왕한 인성인 수에게 있으니 己土(기토)를 써서 水(수)를 제거하여야 한다. 즉 土(토)가 억부용신에 火(화)는 用神(용신)을 생하는 희신이고 목이 병신에 금운은 약신이 된다. 火(화)가 喜神(희신)으로서 길신이니 산업공학을 전공하였다.

1979년 음력 10월 27일 술시생 건명

庚 丁 丙 己
戌 巳 子 未

73 63 53 43 33 23 13 03
戊 己 庚 辛 壬 癸 甲 乙
辰 巳 午 未 申 酉 戌 亥

이 명조는 丁火(정화)가 子月(자월)의 약지에 태어나고 三土(삼토)가 설기하고 경금이 透干(투간)하였으니 극설이 교가하여 신약하다. 의지처는 火(화)뿐이다. 즉 火(화)가 抑扶用神(억부용신)에 木運(목운)은 喜神(희신)이 된다. 火(화)가 吉神(길신)이니 일식점요리사다

1985년 양력 10월 9일 06시 50분생 곤명

辛 辛 丙 乙
卯 巳 戌 丑

80 70 60 50 40 30 20 10
甲 癸 壬 辛 庚 己 戊 丁
午 巳 辰 卯 寅 丑 子 亥

이 命造(명조)는 신금일주가 戌月(술월)의 土旺節(토왕절)에 태어나 二土(이토)가 생하고 時上(시상)의 辛(신)금이 도우니 신왕한 중에 왕한 토가 欠(흠)이다. 흠이 되는 토를 제거하는 木(목)이 用神(용신)이고 수운은 희신이며 금이 병신에 火(화)는 藥神(약신)이다. 火(화)가 길신이니 化學(화학)을 전공했다.

o 土가 필요하여 用神이나 喜神 혹은 藥神이 되는 者는 不動産業에 많다. 農業에 종사하는 경우도 있다.

1962년 음력 8월 24일 오시생 건명

戊 癸 己 壬
午 亥 酉 寅

76 66 56 46 36 26 16 06
丁 丙 乙 甲 癸 壬 辛 庚
巳 辰 卯 寅 丑 子 亥 戌

이 命造는 계수일주가 유월의 金이 왕한 계절에 태어나 金生水하고 壬·亥水가 日主를 도우니 身旺하고 濕하다. 신왕함의 원인이 왕금이 생수함에 있으니 금을 除去하는 화를 써야 한다. 즉 火가 用神에 목운은 희신이며 水가 病神에 土는 약신이 된다. 土가 길신이니 不動産이고 火가 用神이니 輕工業인데 이 둘을 合하면 建設業이 된다. 아파트를 建設하는 경영자의 명조다.

1957년 음력 8월 15일 0시 05분 건명

壬 癸 戊 丁
子 未 申 酉

80 70 60 50 40 30 20 10
庚 辛 壬 癸 甲 乙 丙 丁
子 丑 寅 卯 辰 巳 午 未

이 명조는 癸水日主(계수일주)가 申月(신월)의 금왕절에 태어나 申·酉金(신유금)이 생수하고 壬·子水(임자수)가 일주를 도우니 신왕한 중에 인성인 왕금이 흠이다. 따라서 금을 제거하는 丁火(정화)가 用神(용신)에 목운은 희신이며 수가 병신에 土(토)가 藥神(약신)이다. 土(토)가 吉神(길신)이니 不動産業(부동산업)에 종사한다.

1938년 음력 8월 1일 유시생 곤명

癸 己 辛 戊
酉 未 酉 寅

75 65 55 45 35 25 15 05
癸 甲 乙 丙 丁 戊 己 庚
丑 寅 卯 辰 巳 午 未 申

이 명조는 己土日主(기토일주)가 酉月(유월)의 금왕절에 태어나 三金(삼금)이 설기하고 계수재성에 인목의 관성이 있으니 克泄(극설)이 交加(교가)하여 신약하다. 의지처인 土(토)가 용신에 화운은 용신인 토를 생하는 희신이다. 土(토)가 길신이니 농업에 종사하고 있다.

o 金(금)이 필요하여 用神(용신)이나 喜神(희신) 혹은 藥神(약신)이 되는 자는 어학능통, 언론, 치과기공, 齒醫(치의), 금속설계 등 쇠와 관련된 사업과 重工業(중공업)에 많다.

1984년 음력10월 12일 술시 곤명

庚 壬 甲 甲
戌 寅 戌 子

79 69 59 49 39 29 19 09
丙 丁 戊 己 庚 辛 壬 癸
寅 卯 辰 巳 午 未 申 酉

이 命造(명조)는 임수일주가 戌月(술월)의 토왕절의 약지에서 태어났다. 세 개의 木(목)이 임수를 설기하고 술·술토가 임수를 極(극)하니 신약하다. 금으로써 왕한 목을 제거하고 약한 임수를 생하여야 한다. 즉 金(금)이 用神(용신)에 토는 희신이고 화가 병신에 수는 약신이 된다. 金(금)이 길신이니 언어학에 능통하여 英語(영어)를 전공한 영어강사다. 그리고 印星(인성)이 길신이니 교육이다.

1970년 음력4월 23일 유시생 건명

己 丁 辛 庚
酉 未 巳 戌

74 64 54 44 34 24 14 04
己 戊 丁 丙 乙 甲 癸 壬
丑 子 亥 戌 酉 申 未 午

이 명조는 丁火日主(정화일주)가 巳月(사월)의 화왕절에 태어나 丁巳未戌(정사미술)이 모두 조열하므로 濕氣(습기)가 필요하다. 따라서 금이 용신에 濕土運(습토운)은 희신이며 화가 병신에 수운은 약신이 된다. 금이 용신이니 金(금)은 周易(주역)에서 兌爲口(태위구)라 입과 관련이 있으므로 모 주간지언론사 記者(기자)다.

1969년 음력 6월 4일 축시생 건명

癸 癸 辛 己
丑 巳 未 酉

74 64 54 44 34 24 14 04
癸 甲 乙 丙 丁 戊 己 庚
亥 子 丑 寅 卯 辰 巳 午

이 명조는 계수일주가 小暑節(소서절) 화가 왕한 때에 태어나 세 개의 토가 극해오고 巳火(사화)가 왕토를 도우니 신약하다. 화를 제거하는 수가 용신에 금은 희신이 된다. 금이 길신이니 모 언론사의 記者(기자)다.

*. 실증적 통계에 의하면 火(화)가 吉神(길신)인 명조에 방송·언론인이 더 많다.

!986년 음력 2월 20일 오시생 건명 팝페라 가수

丙 壬 辛 丙
午 申 卯 寅

73 63 53 43 33 23 13 03
己 戊 丁 丙 乙 甲 癸 壬
亥 戌 酉 申 未 午 巳 辰

이 명조는 壬水日主가 卯月의 傷官月에 태어나 인묘목이 설기하고 三火가 있으니 신약한 수목상관격이다. 의지처는 인성인 금인데 금으로 상관을 극하고 약한 일주를 생하여야 한다. 즉 金이 用神에 토운은 희신이며 화가 병신에 수운은 약신이 된다. 金이 用神인데 금은 입에 속하므로 한국이 낳은 有名한 팝페라 가수다.

1980년 음력12월 15일 16시 29분생 곤명

庚 戊 己 庚

申 戌 丑 申

75 65 55 45 35 25 15 05
辛 壬 癸 甲 乙 丙 丁 戊
巳 午 未 申 酉 戌 亥 子

이 명조는 戊土日主가 축월의 토왕절에 생하여 三土가 일주를 도우니 신왕한 사주다. 用神은 原局에서 찾아야 하므로 旺土를 설기하는 金이 용신이다. 金이 용신이니 齒科醫師다. 주역에 兌(金)는 입에 속하기 때문이다.

1968년 10월 21일 02시 10분생 건명

乙 甲 甲 戊
丑 寅 子 申

79 69 59 49 39 29 19 09
壬 辛 庚 己 戊 丁 丙 乙
申 未 午 巳 辰 卯 寅 丑

이 명조는 갑목일주가 水旺節(수왕절)에 태어나 旺地(왕지)인데 申子水(신자수)가 갑목을 생하고 세 개의 목이 일주를 도우니 신왕한 사주다. 水旺節(수왕절)에 寒濕(한습)함이 病(병)이 되니 수를 제거하는 토가 용신에 화운은 희신이 되고 목이 병신에 금은 약신이 된다. 金(금)이 吉神(길신)이니 기계공학을 전공했다.

1965년 음력 7월 14일 인시생 건명

庚 丙 甲 乙
寅 申 申 巳

71 61 51 41 31 21 11 01
丙 丁 戊 己 庚 辛 壬 癸
子 丑 寅 卯 辰 巳 午 未

이 명조는 병화일주가 申月(신월)의 재성이 왕한 계절에 태어나 弱地(약지)이나 세 개의 목이 일주를 생하고 巳火(사화)가 도우니 신왕한 사주로 바뀌었다. 신왕한 중에 많은 목이 欠(흠)이 되니 목을 제거하는 금이 용신이다. 金(금)이 用神(용신)이니 기계엔지니어다.

1975년 음력4월 1일 진시생 건명

甲 丁 辛 乙
辰 巳 巳 卯

72 62 52 42 32 22 12 02
癸 甲 乙 丙 丁 戊 己 庚
酉 戌 亥 子 丑 寅 卯 辰

이 명조는 정화일주가 巳月(사월)의 화왕절에 태어나 雙火(쌍화)가 도우고 三木(삼목)이 생하고 있으니 身(신)이 태왕하고 조열하다. 조후용신으로 신금이 용신에 진토는 희신이며 화가 병신에 수운은 약신이 된다. 辛金(신금)이 懸針星(현침성)이며 用神(용신)이니 금속설계디자이너이다.

1983년 음력1월 27일 신시생 건명

庚 戊 乙 癸
申 戌 卯 亥

72 62 52 42 32 22 12 02
丁 戊 己 庚 辛 壬 癸 甲
未 申 酉 戌 亥 子 丑 寅

이 명조는 무토일주가 卯月 木旺節의 약지에 태어나 亥卯·乙木이 극토하고 癸亥財星과 庚神의 食神이 겹쳐있으니 신약하다. 依支處는 比肩인 戌土뿐이다. 술토가 용신에 화운은 희신이며 木이 病神에 金이 藥神이 된다. 金이 吉神이니 자동차정비기술자다.

1963년생 음력 6월 13일 11시생 건명

乙 丁 己 癸
巳 丑 未 卯

79 69 59 49 39 29 19 09
辛 壬 癸 甲 乙 丙 丁 戊
亥 子 丑 寅 卯 辰 巳 午

이 명조는 정화일주가 三伏之節에 태어나 卯未木과 乙木이 생화하고 시지의 巳火(사화)가 도우니 조열함이 極(극)에 이르렀다. 조후가 時急(시급)하니 巳丑金(사축금)에 뿌리를 둔 癸水(계수)가 용신에 금이 용신을 생하는 희신이다. 金(금)이 吉神(길신)이니 현대중공업에 근무한다.

o 水(수)가 필요하여 用神(용신)이나 喜神(희신) 혹은 藥神(약신)이 되는 자는 運輸(운수), 流通(유통), 貿易(무역), 써비스, 水産業(수산업)에 많다.

1965년 음력 7월 10일 묘신생 건명

癸 壬 癸 乙
卯 辰 未 巳

80 70 60 50 40 30 20 10
乙 丙 丁 戊 己 庚 辛 壬
亥 子 丑 寅 卯 辰 巳 午

이 명조는 壬水日主(임수일주)가 未月(미월)의 土旺節(토왕절)에 태어나 乙·卯木(을묘목)이 설기하고 巳火(사화)의 재성과 辰·未土(진미토)의 관성이 있으니 극설이 교가하여 신약하다. 의지처는 比劫(비겁)이다. 즉 수가 용신에 금은 희신이며 토가 병신에 목은 약신이 된다. 水(수)가 用神(용신)이니 운수업을 한다.

1954년 음력5월 22일 인시생 건명

丙 己 庚 甲

寅 酉 午 午

75 65 55 45 35 25 15 05

戊 丁 丙 乙 甲 癸 壬 辛

寅 丑 子 亥 戌 酉 申 未

이 명조는 己土日主[기토일주]가 午月[오월]의 火[화]가 왕한 계절에 태어나 세 개의 화가 생하니 신왕하고 조열하다. 신왕함의 원인은 화 즉 印星[인성]에 있다. 그런데 인성을 제거할 水[수] 즉 財星[재성]은 없다. 더우면 식혀줘야 하는데 식혀줄 수 있는 오행은 이 명조에서는 金[금]뿐이다. 따라서 금이 용신에 토는 희신이 되고 화가 병신에 수운은 약신이 된다. 水[수]가 吉神[길신](藥神[약신])이니 流通業[유통업]을 경영한다.

1990년 음력 3월 11일 진시생 건명

壬 辛 庚 庚

辰 丑 辰 午

80 70 60 50 40 30 20 10

戊 丁 丙 乙 甲 癸 壬 辛

子 亥 戌 酉 申 未 午 巳

이 명조는 辛金日主(신금일주)가 진월의 토왕절에 태어나 三土(삼토)가 생금하고 雙庚金(쌍경금)이 신금일주를 도우니 태왕한 명조다. 신금은 金銀珠玉(금은주옥)과 같으므로 맑은 물로 씻어야 광택이 난다. 이것을 명리학용어로 淘洗(도세) 先要(선요)라고 한다. 흙이 많이 묻은 辛金日主(신금일주)일수록 더욱 더 물을 좋아한다. 태왕한 金氣(금기)를 설기하는 임수가 용신이고 금은 희신이 되며 토가 병신에 목운은 약신이 된다. 水(수)가 用神(용신)이니 국제스포츠마케팅(流通(유통))학을 전공하였다.

*. 스포츠는 華蓋殺(화개살)[54]이 있는 연고다.

974년 음력 9월 4일 오시생 건명

丙 壬 甲 甲

午 辰 戌 寅

77 67 57 47 37 27 17 07

壬 辛 庚 己 戊 丁 丙 乙

午 巳 辰 卯 寅 丑 子 亥

이 명조는 임수일주가 戌月(술월)의 토왕절에 태어나 三木(삼목)이 임수를 설기하고 丙午時(병오시)의 재성과 진술의 관성이 있으니 극설이 교가하여 태

54) 화개살은 진술축미가 되는데, 신살론에서 상세히 설명한다.

약하다. 陽干은 태약하더라도 從을 잘하지 않는다. 의지처는 辰中의 癸水다. 즉 계수가 용신에 금운은 희신이 된다. 水가 用神이니 貿易學을 전공하고 流通會社에 근무한다.

1976년 음력 9월 8일 축시생 곤명

丁 乙 戊 丙
丑 卯 戌 辰

78 68 58 48 38 28 18 08
庚 辛 壬 癸 甲 乙 丙 丁
寅 卯 辰 巳 午 未 申 酉

이 명조는 乙木日主가 술월의 토왕절에 태어나 토가 넷이고 화가 둘이니 신약한 명조에 財多身弱이다. 신약함의 주된 원인이 재성 즉 토가 많음에 있으니 토를 제거하는 묘목이 용신이다. 즉 卯木이 용신에 水運은 희신이 된다. 水가 吉神(喜神)이니 써비스업에 종사하고 있다.

1960년 음력 12월 20일 07시 33분 곤명

戊 己 庚 辛
辰 巳 寅 丑

80 70 60 50 40 30 20 10
戊 丁 丙 乙 甲 癸 壬 辛
戌 酉 申 未 午 巳 辰 卯

이 명조는 己土日主(기토일주)가 寅月(인월)의 木旺節(목왕절)에 태어나 약지이지만 巳火(사화)가 기토를 생하고 三土(삼토)가 일주를 도우니 신왕한 사주로 바뀌었다. 많은 비겁이 欠(흠)이 되므로 비겁인 토를 소토하는 관성인 인목이 용신이다. 즉 목이 용신이고 수는 용신을 생하는 희신이고 금은 용신을 克傷(극상)하는 병신에 사화는 그 병신을 제거하는 약신이다. 木(衣類)(목 의류)이 용신이고 수(물로 세척)가 희신이니 美國(미국)에서 빨래방을 경영한다.

6.3 事業家(사업가)

食傷生財格(식상생재격)에 事業家(사업가)가 많다.

1936년 음력 11월 6일 묘시생 건명

己 乙 庚 丙
卯 亥 子 子

76 66 56 46 36 26 16 06
戊 丁 丙 乙 甲 癸 壬 辛
申 未 午 巳 辰 卯 寅 丑

을목일주가 子月(자월)의 수가 왕한 계절에 태어나 子·子·亥水(자자해수)가 을목을 생하고 묘목이 도우니 신이 태왕하다. 太旺(태왕)한 者(자)는 설기함을 기뻐하니 병화가 용신에 묘목은 희신이며 수가 병신에 기토는 약신이다. 즉 傷官生財格(상관생재격)이다. 前(전) 대우그룹 회장의 명조다.

6.4 政治家(정치가)

- 官印相生格(관인상생격)과 從格(종격)과 食·傷生財格(식상생재격) 政治家(정치가)에 많다.

1939년 음력 2월 30일 오시생 건명

甲 丙 戊 己
午 戌 辰 卯

75 65 55 45 35 25 15 05
庚 辛 壬 癸 甲 乙 丙 丁
申 酉 戌 亥 子 丑 寅 卯

이 명조는 丙火日主(병화일주)가 辰月(진월)의 토왕절에 태어나 네 개의 토가 병화일주를 설기하니 身弱(신약)한 火土食神格(화토식신격)이다. 인성인 목으로 식상을 제거하고 약한 일주를 생하여야 한다. 즉 木(목)이 抑扶用神(억부용신)이고 辰(진)中(중)의 계수는 희신이니 官印相生格(관인상생격)이다. 고등고시 사법과와 행정과를 모두 합격하고, 공인회계사 시험에도 합격한 국회의원 출신으로 大選(대선)후보였었다.

이조시대의 이율곡

壬 丁 辛 丙
寅 亥 丑 申

丁 丙 乙 甲 癸 壬
未 午 巳 辰 卯 寅

이 명조는 정화일주가 축월의 食神月(식신월)에 태어나 신신의 재성과 壬亥(임해)의 관성이 있으니 克泄(극설)이 겹쳐서 신약한 화토식신격이다. 왕토를 극하고 약한 丁火(정화)를 生(생)하는 寅木(인목)(정화의 정인)이 용신에 임수(정화의 정관)가 희신이며 금이 병신에 화가 약신이다. 正印(정인)과 正官(정관)이 길신 즉 官印相生格(관인상생격)이니 내무행정이고 政治家(정치가)이다.

1945년생 음력 12월 28일 건명

乙 甲 己 乙
丑 辰 丑 酉

78 68 58 48 38 28 18 08
辛 壬 癸 甲 乙 丙 丁 戊
巳 午 未 申 酉 戌 亥 子

이 명조는 갑목일주가 丑月(축월)의 토가 왕한 계절에 태어나 토가 넷이나 되니 갑목이 기토와 합하여 甲己合化土格(갑기합화토격)이 된다. 즉 토가 용신에 화운은 희신이며 을목이 병신에 酉金(유금)은 약신이 된다. 화가 길신이니 工學博士(공학박사)다. 미운에 왕토를 冲發(충발)하여 길한데 무자년에 국회의원이 되고, 임진년에도 용신을 도우니 國會議員(국회의원)에 당선되었다.

1928年生 甲己合化土格에 乙木이 病. 金泳三 前大統領 造

甲 己 乙 戊
戊 未 丑 辰

87 77 67 57 47 37 27 17 07
甲 癸 壬 辛 庚 己 戊 丁 丙
戌 酉 申 未 午 巳 辰 卯 寅

丑月은 土旺節인데 地支에 辰戌丑未에 年干에 戊土가 透干하였으니 土가 極旺하다. 그러니 無根한 時上의 一點 甲木은 日主와 甲己合化土하여 極旺한 土를 따르지 아니할 수 없다. 則 甲己合化土格이다. 從格이니 從하는 五行인 토가 용신에 화운은 희신이고 목이 병신에 金運은 藥神이 된다.

*. 甲木이 依支할 微弱한 乙木이라도 있으니 眞從이 아니고 假從이다.

1941年生. 食神生財格. 李明博 大統領 造

辛 辛 庚 辛

卯 丑 子 巳

74 64 54 44 34 24 14 04

壬 癸 甲 乙 丙 丁 戊 己

辰 巳 午 未 申 酉 戌 亥

子月의 辛金은 泄氣되는 弱地이지만 巳丑金에 辛庚辛金이 日主를 도우고 있으니 身이 太旺하다. 太旺한 者는 食傷으로 泄氣順勢하여야 한다. 따라서 子水가 用神에 金多水濁하므로 金이 病神에 巳火는 藥神이 된다. 그리고 子水를 克하는 丑土가 病神에 卯木은 또 하나의 藥神이 된다. 즉 食神生財格[55]이다.

55) 太旺한 四柱에서 泄氣하는 食傷으로 財星을 生하는 格을 말함.

1932年生. 食神生財格. 盧泰愚 前大統領 造

丁 庚 戊 壬

丑 戌 申 申

78 68 58 48 38 28 18 08

丙 乙 甲 癸 壬 辛 庚 己

辰 卯 寅 丑 子 亥 戌 酉

申月(신월)은 庚金(경금)의 祿(록)이 되어 旺地(왕지)인데 申申金(신신금)이 도우고 三土(삼토)가 生金(생금)하니 身(신)이 太旺(태왕)하다. 太旺者(태왕자)는 好泄精英(호설정영)하니 泄氣(설기)하는 壬水(임수)가 用神(용신)에 金(금)이 喜神(희신)이며 土(토)가 病神(병신)에 木運(목운)은 藥神(약신)이 된다. 즉 식신생재격이다.

(의뢰인)1981년 양력 2월 15일 08:00~09:00時前(시전)에 태어난 남자.

戊 甲 庚 辛

辰 子 寅 酉

74 64 54 44 34 24 14 04

壬 癸 甲 乙 丙 丁 戊 己

午 未 申 酉 戌 亥 子 丑

① 격국

이 명조는 甲木日主가 寅月의 比肩月에 태어났으므로 正格中에도 比肩格에 해당한다.

② 용신

이 命造는 甲木日主가 寅月의 목이 왕한 계절에 태어나 子辰이 半合化水하여 갑목을 생하고 있으니 身旺하고 庚·辛·酉金까지 있으니 寒濕하다. 이 명조처럼 身旺하고 寒濕한 木日主에는 食傷인 火와 財星인 토와 官星인 금이 모두 길신이 된다. 즉 身旺用財하여 토(갑목의 재성)가 抑扶用神에 寅中의 丙火(갑목의 식신)는 희신이며 목(갑목의 비견)이 병신에 金(甲木의 官星)은 약신이다. 이렇게 풀이한 것은 立春 11일 후 雨水 4日前은 餘寒이 있으므로 火가 吉神임에는 틀림이 없기 때문이다.

③ 神殺

. 寅이 天乙貴人이니 智慧聰明하고 正大한 人格者이며 創意力이 뛰어나다.

. 寅中의 丙火가 月德星이니 官爵은 높고 少病.

. 寅에 驛馬星이니 立身昇進

. 酉에 將星이니 文武兼全

. 日支子水(일지자수)가 空亡(공망)이니 부부관계가 염려되고 印星(인성)이니 母(모)의 건강조심

. 寅(인)이 孤辰(고진)이니 妻剋傷(처극상)이 염려되나 天乙貴人(천을귀인)이 대동했으니 榮貴(영귀)한다.

. 子(자)에 沐浴殺(목욕살)이니 酒色放蕩(주색방탕) 憂慮(우려)

. 寅(인)이 劫殺(겁살)이니 破壞離散(파괴이산)염려

. 辛(신)에 懸針星(현침성)이니 殺伐(살벌)이나 活人方(활인방)

. 辰(진)이 華蓋殺(화개살)이니 운동을 잘 한다.

. 戊辰(무진)이 白虎殺(백호살)에 戌大運(술대운)에 用神(용신)의 根(근)인 辰土(진토)를 冲(충)하니 부친 또는 부인의 건강과 본인의 위병이 염려되며 損財(손재)조심.

. 酉(유)에 길신관성도화성이니 이롭지만 이성관계는 조심

④ 職業適性(직업적성)

경제학을 전공한 것은 時上(시상)에 偏財(편재)(무토는 갑목의 편재))가 있기 때문이고 경찰직에 있는 것은 官星(관성)(금은 갑목의 관성)이 길신인 연고다.[56]

56) 다음에 **직업적성에 대해서 설명한다.**

7. 六親의 吉凶

六親이란 아버지, 어머니, 형, 동생, 처(여자는 남편), 자식을 말한다.

사주팔자에서 육친의 길흉관계는 日主를 중심으로 각 육친이 吉神(용신, 희신 약신)에 해당하면 좋은 관계라고 판단하고 凶神(병신과 그 병신을 생하는 오행)作用을 하면 좋지 않은 관계라고 판단한다.

身主(日干)와 父, 母, 兄, 弟, 妻, 子의 길흉관계를 명조사례를 들어 살펴보면 다음과 같다.

7.1 ①② 父母의 吉凶

父(아버지)는 偏財(편재가 없으면 정재)인데 사주팔자에서 재성이 길신 작용을 하면 아버지福이 있다고 판단한다.

母(어머니)는 正印(정인이 없으면 편인)인데 사주팔자에서 인성이 길신 작용을 하면 어머니福이 있다고 본다.

1995년 음력 7월 18일 미시생 건명

丁 丁 甲 乙
未 丑 申 亥

72 62 52 42 32 22 12 02
丙 丁 戊 己 庚 辛 壬 癸
子 丑 寅 卯 辰 巳 午 未

이 명조는 정화일주가 申月의 재성(아버지)이 왕한 계절에 태어나 약지인데 丑未土가 설기하고 해수가 일간을 극해오니 신약하다. 의지처는 목(인성=어머니)이다. 즉 木(印星)이 용신에 수는 희신이고 金(재성)이 病神에 火는 藥神이 된다. 그래서 부모님이 이혼한 후 어머니와 함께 산다. 財星(아버지)이 病神이니 아버지 복은 없다.

1966년 음력 11월 24일 해시생 건명 재다신약에 인성위용.

癸 戊 庚 丙
亥 辰 子 午

71 61 51 41 31 21 11 01
戊 丁 丙 乙 甲 癸 壬 辛
申 未 午 巳 辰 卯 寅 丑

이 명조는 무토일주가 子月[자월]의 재성이 왕한 계절에 태어나 子辰水[자진수]와 계해수가 있으니 재성이 태왕하다. 의지처는 印星[인성]인 火[화]뿐이다. 즉 인성(어머니)인 火[화]가 用神[용신]에 목운은 희신이고 재성(아버지)인 수가 병신에 토는 藥神[약신]이 된다.

태왕한 水[수] 즉 재성이 흉신이 되는데 더구나 子午冲[자오충]까지 있으니 아버지복이 없는 팔자다. 寅運[인운]에 용신을 합거하여 흉한데 병인년에 용신인 午火[오화]를 爭合去[쟁합거]하니 父喪[부상]을 당했다. 그러나 인대운 병인년은 용신을 생하는 길운이니 相續財産[상속재산]은 있었다.

*. 四柱原局[사주원국]을 분석해보면 어머니가 되는 오화(인성)와 아버지가 되는 자수(재성)가 子午冲[자오충]이 되어 있다. 이것은 아버지와 어머니가 百年偕老[백년해로]하기 어렵다는 것을 이미 暗示[암시]하고 있는 것이다.

*. 사주팔자에 어머니가 없으면 어머니福이 없는 것으로 판단한다.

1989년 음력 2월 19일 술시생 건명

丙 乙 丁 己
戌 酉 卯 巳

77 67 57 47 37 27 17 07
己 庚 辛 壬 癸 甲 乙 丙
未 申 酉 戌 亥 子 丑 寅

이 명조는 을목일주가 묘월에 태어나 三火가 설기하고 二土의 재성과 酉金의 관성이 있으니 신약한데 의지처는 비겁인 목뿐이다. 즉 목이 용신에 수운은 희신이고 금이 병신에 화는 약신이다. 四柱原局에 인성(어머니)인 水가 없으니 부모님이 이혼한 후 재성(아버지)인 토가 병신인 금을 생하는 凶神이지만 아버지와 살고 있다.

*. 사주팔자에 어머니가 空亡이면 어머니福이 없다고 판단한다.

1981년 음력 6월 11일 미시생 건명

乙 辛 乙 辛

未 卯 未 酉

72 62 52 42 32 22 12 02

丁 戊 己 庚 辛 壬 癸 甲

亥 子 丑 寅 卯 辰 巳 午

이 명조는 小暑節(소서절)인 미월에 태어나 조열한 토는 금을 생하지 못하므로 의지처는 년지의 酉金(유금)이다. 유금이 용신에 습토운이 희신이며 未中(미중)의 丁火(정화)가 병신에 수운은 약신이 된다. 未土(미토)가 偏印(편인)으로서 어머니인데 日支(일지)인 辛卯(신묘)를 기준으로 하면 신묘 임진 계사 갑오 을미에서 갑과 을에 해당하는 午(오)와 未(미)(어머니)가 공망이므로 태어나서 六箇月(육개월)만에 어머니와 헤어졌다. 따라서 財星(재성)(아버지)이 길신은 아니지만 아버지와 산다.

7.2 ③④ 兄弟(형제)의 吉凶(길흉)

형제를 비견과 겁재라고 하는데, 比肩(비견)은 어깨를 나란히 한다는 뜻으로 路線(노선)을 같이 한다는 긍정적인 의미가 내포되어 있고, 劫財(겁재)는 나의 재물을 빼앗아가는 존재가 바로 형제라는 것이다. 身弱四柱(신약사주)에서처럼 비겁의 도움이 필요한 경우는 대체적으로 형제의 福(복)이 있다고 판단하고, 신강사주에서처럼 많은 比劫(비겁)이 欠(흠)이 되는 명조에서는 대체적으로 형제의 福(복)이 없다고 판단한다.

兄弟(형제)는 比肩(비견)이고 姉妹(자매)는 劫財(겁재)인데 형제자매는 본디부터 경쟁관계다. 가령 형제자매가 없는 獨子(독자)라면 부모님의 사랑뿐만 아니라 집안대부분의 것을 독차지할 수 있다. 그러나 두형제면 1/2씩, 三兄弟(삼형제)면 1/3씩 나누어 가지게 되니 본인의 몫은 그만큼 줄어들게 된다. 즉 比·劫(비·겁)은 경쟁관계이기 때문에 한자로 比(비)(무리 비, 동류)字(자)와 劫(겁)(겁탈할 겁, 빼앗을 겁)字(자)를 쓰는데 이는 곧 형제의 것을 劫奪(겁탈)한다는 의미이다. 따라서 사주팔자에 비겁이 凶神作用(흉신작용)을 하면 兄弟福(형제복)이 없다고 판단한다. 실관을 통해서 보면 比劫(비겁)이 많은 사주뿐만 아니라 비겁이 한둘뿐이기 때문에 서로 의지처가 될 듯한 명조인데도 불구하고 比劫運(비겁운)이 들어오면 相續財産(상속재산) 등으로 법적소송이 벌어지는 경우를 신문지상에서 가끔 보게 된다.

1941년 음력 11월 23일 해시생 건명 식신생재격. 이건희회장 조

辛 壬 辛 辛
亥 戌 丑 巳

71 61 51 41 31 21 11 01
癸 甲 乙 丙 丁 戊 己 庚
午 未 申 酉 戌 亥 子 丑

이 命造(명조)는 壬水日主(임수일주)가 丑月(축월)의 水旺(수왕)하고 寒濕(한습)한 계절에 태어나 亥水(해수)가 도우고 巳丑金(사축금)에 뿌리를 둔 三辛金(삼신금)이 生水(생수)하니 身(신)이 太旺(태왕)하다. 태왕한 者(자)는 食傷(식상)으로 그 氣(기)를 泄氣(설기)하여야 한다. 즉 亥水(해수)가 用神(용신)에 태왕한 金(금)(巳丑金(사축금)+辛辛辛金(신신신금))은 金多水濁(금다수탁)하므로 水(수)를 生(생)하는 喜神(희신)이 될 수 없고 오히려 病神(병신)이 되는데 이때 巳火(사화)는 병신인 金(금)을 제거하는 藥神(약신)이다. 그리고 土(토)는 用神(용신)인 해수를 克傷(극상)하는 또 다른 병신에 木運(목운)은 病神(병신)인 土(토)를 제거하는 또 다른 약신이다.

癸大運(계대운)에 比劫(비겁)이 되는데 壬辰年(임진년) 癸卯月(계묘월)에 또 比劫(비겁)을 도우니 형제간의 상속재산에 대한 法的分爭(법적분쟁)이 진행중이다. 이는 群比爭財(군비쟁재)된 연고다. 이 경우는 비겁이 길신작용을 하는데도 불구하고 群比爭財(군비쟁재)된 사례다.

1932年生. 食神生財格. 盧泰愚 前大統領 造

丁 庚 戊 壬

丑 戌 申 申

78 68 58 48 38 28 18 08

丙 乙 甲 癸 壬 辛 庚 己

辰 卯 寅 丑 子 亥 戌 酉

申月(신월)은 庚金(경금)의 祿(록)이 되어 旺地(왕지)인데 年支(년지)의 申金(신금)이 도우고 三土(삼토)가 生金(생금)하니 身(신)이 太旺(태왕)하다. 太旺者(태왕자)는 好泄精英(호설정영)하니 泄氣(설기)하는 壬水(임수)가 用神(용신)에 金(금)이 喜神(희신)이며 土(토)가 病神(병신)에 木運(목운)은 藥神(약신)이 된다.

경금일주가 丑·戌中(축술중)의 신금이 두 개이고 경신신금하면 모두 다섯 형제다. 묘대운 즉 재성운에 다섯 형제가 재산을 두고 爭奪(쟁탈)하는 형국에 기축년에 병신을 도우고 丑戌刑(축술형)을 또 이루니 형제간에 재산관계로 소송이 있었다.

1964年 음력 10월 21일 해시생 건명. 身弱印星爲用

辛 丁 乙 甲
亥 丑 亥 辰

75 65 55 45 35 25 15 05
癸 壬 辛 庚 己 戊 丁 丙
未 午 巳 辰 卯 寅 丑 子

亥月의 丁火는 弱한데 水가 둘에 金이 하나 土가 둘이니 克泄이 交加하여 身弱하다. 依支處는 印星뿐이다. 乙木은 生木으로 濕하고 甲木은 死木으로 濕하지 아니하다. 따라서 甲木이 用神에 辛金이 病神이고 金을 제거하는 火運은 藥神이 된다. 比劫인 화가 길신(약신)이니 兄弟福이 있다.

7.3 ⑤ 配偶者(배우자)의 吉凶(길흉)

*. 宮合理論(궁합이론)

남자의 사주팔자와 여자의 사주팔자를 合(합)해서 旺弱(왕약)과 寒熱(한열)의 調和(조화)를 이루고, 남자사주와 여자사주의 吉運(길운)과 凶運(흉운)이 비슷하게 들어오면 가장 좋은 배필이 되는데, 이것은 宮合理論(궁합이론)의 根幹(근간)이 된다.

① 사주원국이 조열하면 辰·申·酉·亥·子·丑年(진신유해자축년)의 가을과 겨울에 태어난 사람을 만나면 좋다.

② 사주원국이 한습하면 寅·卯·巳·午·未·戌年(인묘사오미술년)의 봄과 여름에 태어난 사람을 만나면 좋다.

③ 신강한 사람은 신약한 사람을 만나면 좋다.

④ 신약한 사람은 신강한 사람을 만나면 좋다.

⑤ 木(목)을 필요로 하는 사람은 목이 많은 사람을 만나면 좋다.

⑥ 火(화)를 필요로 하는 사람은 화가 많은 사람을 만나면 좋다.

⑦ 土(토)를 필요로 하는 사람은 토가 많은 사람을 만나면 좋다.

⑧ 金(금)을 필요로 하는 사람은 금이 많은 사람을 만나면 좋다.

⑨ 水(수)를 필요로 하는 사람은 수가 많은 사람을 만나면 좋다.

남자는 財星(재성)이 처인데 재성이 길신이고 손상되지 않으면 처복이 있다고 판단한다.

1966년 음력 12월 19일 자시생 건명

壬 癸 辛 丙
子 巳 丑 午

72 62 52 42 32 22 12 02
己 戊 丁 丙 乙 甲 癸 壬
酉 申 未 午 巳 辰 卯 寅

이 명조는 계수일주가 축월의 寒濕(한습)한 계절에 태어나 辛金(신금)이 생수하고 壬子水(임자수)가 도우니 신왕하고 한습하다. 조후용신으로 재성(처)인 화가 용신이니 妻福(처복)이 있다고 판단한다.

여자는 官星(관성)이 남편인데 관성이 길신이고 손상되지 않으면 남편복이 있다고 판단한다.

1947년 음력 12월 23일 진시생 곤명 권양숙 조

甲 丁 癸 丁
辰 巳 丑 亥

71 61 51 41 31 21 11 01
辛 庚 己 戊 丁 丙 乙 甲
酉 申 未 午 巳 辰 卯 寅

이 명조는 정화일주가 축월에 태어나 二土(이토)가 설기하고 계해수가 일주를 극하니 신약한 화토식신격이다. 왕한 식신을 극하고 日主(일주)를 생하는 갑목이 용신이고 수는 희신이며 금이 병신에 화는 약신이다. 官星(관성)(남편)인 癸水(계수)가 축과 해에 뿌리를 두고 투출하여 희신이 되었으니 대통령남편을 두었다. 경대운에 용신을 冲(충)하는데 己丑(기축)(식신)年(년)에 관성을 극하니 부군을 잃었다.

1964年 음력 5월 22일 신시생 女命. 不弱用官格. 一官이 獨淸

丙 辛 庚 甲
申 亥 午 辰

79 69 59 49 39 29 19 09
壬 癸 甲 乙 丙 丁 戊 己
戌 亥 子 丑 寅 卯 辰 巳

午月의 辛金이 丙火가 透干하였으니 火旺하고 金은 약하지만 地支의 辰土와 申金이 生扶하고 天干에서 庚金이 도우고 胎元이 辛酉이니 弱而不弱이다.

女命은 官星의 行方이 重要한데 身이 弱하지는 않으니 午에 着根한 丙火를 충분히 감당할 수 있다. 則 火用神에 甲木은 喜神이며 水가 病神에 土는 藥神이 된다. 午火가 관성(남편)현침성이니 남편이 안과의사다. 좋은 남편을 만나 多福하다.

* 日支는 배우자궁인데 일지에 길신이 오고 상하지 않으면 배우자복이 있다.

1947年 음력 1월 18일 진시생 건명. 殺印相生格

丙 戊 壬 丁
辰 午 寅 亥

71 61 51 41 31 21 11 01
甲 乙 丙 丁 戊 己 庚 辛
午 未 申 酉 戌 亥 子 丑

立春 後 三日에 生한 戊土가 餘寒이 있고 木이 旺한데 亥水와 壬水가 木을 生하니 木이 더욱 旺하다. 寅午火에 根을 둔 丙火를

써서 泄木生土(설목생토)하여야 된다. 則(즉) 火(화)가 用神(용신)에 木(목)은 喜神(희신)이 되며 水(수)가 病神(병신)에 土運(토운)은 藥神(약신)이다. 日支(일지)에 용신이 있으니 좋은 처를 만나 다복하다.

1953年 음력 11월 3일 인시생 건명. 身强用財格. 財官雙美格. 調候用神

甲 癸 甲 癸
寅 巳 子 巳

71 61 51 41 31 21 11 01
丙 丁 戊 己 庚 辛 壬 癸
辰 巳 午 未 申 酉 戌 亥

子月(자월)은 水旺節(수왕절)인데 年上(년상)에 癸水(계수)가 透干(투간)하여 도우니 身旺寒濕(신왕한습)하다. 身旺用財(신왕용재)하여 巳火(사화)가 調候(조후)하는 用神(용신)에 木(목)은 喜神(희신)이고 水(수)가 病神(병신)에 土運(토운)은 藥神(약신)이 된다. 坐下(좌하)에 용신이 있으니 현모양처를 만나 다복하다.

日支(일지)(배우자궁)가 冲(충)이 되어 있으면 배우자 복이 없다. 충에는 寅申冲(인신충) 卯酉冲(묘유충) 辰戌冲(진술충) 巳亥冲(사해충) 子午冲(자오충) 丑未冲(축미충)이 있다. 冲(충)한다는 말은 깨졌다는 뜻도 됨.

1954년 음력 7월 3일 해시생 곤명

乙 己 辛 甲
亥 丑 未 午

78 68 58 48 38 28 18 08
癸 甲 乙 丙 丁 戊 己 庚
亥 子 丑 寅 卯 辰 巳 午

이 명조는 기토일주가 未月(미월)의 토가 가장 왕성한 계절에 태어나 丑未土(축미토)가 일주를 도우고 오화가 생토하니 신왕하다. 비겁인 토가 왕하니 관성인 목으로 왕토를 소토하여야 한다. 즉 木(목)이 용신에 수는 희신이다. 坐下(좌하)(일지=배우자 궁)가 丑未冲(축미충)이 되어 있으니 결혼에 실패하였다.

1954년 음력9월 6일 진시생 건명

壬 辛 癸 甲
辰 卯 酉 午

73 63 53 43 33 23 13 03
辛 庚 己 戊 丁 丙 乙 甲
巳 辰 卯 寅 丑 子 亥 戌

이 명조는 辛金일주가 유월의 금왕절에 태어나 임계수와 습한 진토가 있으니 조후가 필요하다. 午火가 조후용신에 묘목은 희신이고 수가 병신에 조토가 약신이다. 日支의 묘목이 卯酉冲이 되어 있으니 결혼에 실패했다.

*. 여명에 坐下(일지)에 食傷이 있으면 관성(남편)을 극하므로 배우자의 福이 없다고 판단한다. 좌하 식상에는 甲午日, 乙巳日, 丙辰日, 丙戌日, 丁丑일, 丁未日, 戊申日, 己酉日, 庚子日, 辛亥日, 壬寅日, 癸卯日이 있다. 가령 여명에서 甲午日柱라면 갑목의 관성(남편)은 금인데 일지의 午火가 金을 극상하니 남편이 傷하게 되는 것이다.

1958년 음력 4월 14일 술시생 곤명

甲 己 丁 戊
戊 酉 巳 戌

79 69 59 49 39 29 19 09
己 庚 辛 壬 癸 甲 乙 丙
酉 戌 亥 子 丑 寅 卯 辰

이 명조는 기토일주가 사월의 화왕절에 태어나 三土가 도우고 二

火(화)가 생토하니 土(토)로 凝集(응집)했다고 할 수 있다. 따라서 갑기합화토격이 되어 토가 용신에 화는 희신이고 목이 병신에 금이 약신이 된다. 官星(관성)인 목이 병신이 되기도 하지만 日支(일지)의 酉金(유금)이 항상 목(남편)을 克傷(극상)하므로 결혼에 실패하였다.

1963년 음력 2월 10일 축시생 곤명

辛 丁 甲 癸
丑 未 寅 卯

71 61 51 41 31 21 11 01
壬 辛 庚 己 戊 丁 丙 乙
戌 酉 申 未 午 巳 辰 卯

이 명조는 정화일주가 寅月(인월)의 목왕절에 태어나 三木(삼목)이 생화하니 인성이 왕한 신왕이다. 인성을 제거하는 재성이 용신이 된다. 여명에 坐下(좌하)가 食神(식신)이고 丑未冲(축미충)이니 결혼에 실패했다.

*. 여명에 官星(관성)이 많아도 배우자 복이 없다.

1951년 음력9월 12일 신시생 곤명

甲 乙 戊 辛
申 酉 戌 卯

79 69 59 49 39 29 19 09
丙 乙 甲 癸 壬 辛 庚 己
午 巳 辰 卯 寅 丑 子 亥

이 명조는 을목일주가 무술월의 재성이 왕한 계절에 태어나 申酉(신유)戌西方金(술서방금)에 辛金(신금)이 투간하였으니 신약한데 의지처는 비겁뿐이다. 즉 목이 용신에 수운은 희신이고 금이 병신에 화운은 약신이 된다. 乙木日主(을목일주)에 신유술서방에 신금이 투간하였으니 官星(관성)이 술중의 辛(신)금까지 합하면 넷이나 되니 결혼에 실패하였다.

*. 남녀 모두에게 比劫(비겁)이 많아도 배우자 복이 없다. 왜냐하면 여러 형제가 남편(남명은 처) 하나를 두고 爭奪戰(쟁탈전)이 벌어지기 때문이다. 이를 명리학 용어로 群比爭財(군비쟁재)(乾命(건명)에서)와 群比爭官(군비쟁관)(坤命(곤명)에서)이라고 한다.

1965년 음력 1월 3일 축시생 곤명

乙 己 丁 甲
丑 丑 丑 辰

80 70 60 50 40 30 20 10
己 庚 辛 壬 癸 甲 乙 丙
巳 午 未 申 酉 戌 亥 子

이 명조는 己土日主(기토일주)가 축월의 토왕하고 한습한 계절에 태어나 土(토)가 다섯이나 되니 왕토를 疏土(소토)하는 목이 용신에 수운은 희신이고 축중의 신금이 병신에 화운은 약신이 된다. 기토일주가 비겁인 土(토)가 다섯이나 되는데 술운에 또 비겁을 도와 흉한데 辛巳年(신사년)에 辛金(신금)이 관성(남편)인 木(목)을 상해하니 이혼하였다.

7.4 ⑥ 子息(자식)

남자에게는 官星(관성)이 자식이고 여자에게는 食傷(식상)이 자식이다. 자손궁은 그 위치가 時支(시지)이다. 吉神(길신) 즉 用神(용신) 喜神(희신) 藥神大·歲運(약신대세운)인 때

자식이 생긴다.

. 日支(일지)와 時支(시지)가 相冲(상충)하면 부부궁이 불길하여 자손이 희소하거나 障碍子女(장애자녀)를 둘 수도 있다.

1922년 음력 10월 16일 자시생 건명

戊 丙 辛 壬

子 午 亥 戌

72 62 52 42 32 22 12 02

己 戊 丁 丙 乙 甲 癸 壬

未 午 巳 辰 卯 寅 丑 子

이 명조는 병화일주가 亥月(해월)의 수왕절에 태어나 약한데 무술토가 설기하고 三水(삼수)의 관성이 일주를 극하니 신약하다. 의지처는 午火(오화)뿐이다. 즉 화가 용신에 목운은 희신이다. 日支(일지)와 時支(시지)가 상충하니 장애여식이 있다.

. 남자사주의 時上(시상)에 상관이 있어 관성(자손)을 극상하면 자손이 희소하거나 障碍兒(장애아)를 둘 수도 있다.

1953년 음력4월 24일 신시생. 건명

戊 丁 丁 癸
申 亥 巳 巳

80 70 60 50 40 30 20 10
己 庚 辛 壬 癸 甲 乙 丙
酉 戌 亥 子 丑 寅 卯 辰

이 명조는 정화일주가 사월의 화왕절에 태어나 三火(삼화)가 日主(일주)를 도우니 신왕한 중에 比劫(비겁)이 흠이 된다. 비겁을 제거하는 계수가 용신에 금은 희신이며 토가 병신에 목운은 약신이 된다. 時上(시상)의 戊土(무토)(상관)가 관성(자식)을 克害(극해)하니 장애아가 있다.

. 남자사주에 官星(관성)(자손)의 뿌리가 없으면 장애자식을 둘 수도 있다.

1944년 음력 5월 29일 해시생 건명

乙 甲 辛 甲
亥 申 未 申

74 64 54 44 34 24 14 04
癸 甲 乙 丙 丁 戊 己 庚
亥 子 丑 寅 卯 辰 巳 午

이 명조는 갑목일주가 小暑節(소서절)의 태어나 약지인데 三金(삼금)이 克身(극신)하니 신약하고 조열하여 조후가 시급하다. 亥水(해수)가 조후용신에 금은 희신이며 토가 병신에 목은 약신이다. 관성인 세 개의 金(금)이 자식인데 未土上(미토상)의 辛金(신금)은 뿌리를 내릴 수 없고 猛熱(맹열)에 손상되어 있으니 三子 中(삼자 중) 일자가 불구다.

. 여명에 印星(인성)이 왕성하면 食傷(식상)(자식)을 극상하므로 자식이 희소하거나 無子(무자)다.

1963년 음력 2월 10일 축시생 곤명

辛 丁 甲 癸
丑 未 寅 卯

71 61 51 41 31 21 11 01
壬 辛 庚 己 戊 丁 丙 乙
戌 酉 申 未 午 巳 辰 卯

이 명조는 정화일주가 寅月의 木旺節에 태어나 三木이 생화하니 인성이 왕한 신왕이다. 印星이 왕하여 식상(자식)을 克害하니 無子다.

. 여명에 식상이 자식인데 식상이 튼실한 뿌리를 두고 天干에 투출하였으면 貴子를 두고, 食傷이 傷害를 받고 있으면 귀자가 아니다.

1930년 음력 6월 22일 신시생 곤명

庚 戊 癸 庚
申 辰 未 午

73 63 53 43 33 23 13 03
乙 丙 丁 戊 己 庚 辛 壬
亥 子 丑 寅 卯 辰 巳 午

이 명조는 무토일주가 미월의 토왕절에 태어나 왕지인데 未·辰土가 도우고 오화가 생토하니 신왕하고 조열하니 調候가 시급하다. 계수가 조후용신에 금은 희신이며 토가 병신에 목은 약신이 된다. 時上의 식신(자식)인 경금은 申(현침성)의 튼실한 뿌리를 두고 고투하였으니 의사다. 그러나 年上의 경금(자식)은 午火위에 앉아 왕화(인성)의 극을 받고 있으니 精神障碍자다.

그러나 『적천수천미』에서는 用神을 子息이라고 한다. 『적천수천미』의 이론에 의하면,

甲木이 용신이면 3자식이고 乙木이 용신이면 8자식이다.

*. 甲木은 陽干이니 홀數이고, 乙木은 陰干이니 짝數이다. 다른 오행의 日干도 마찬가지다.

1951년 음력 10월 2일 묘시생 곤명

丁 甲 戊 辛

卯 辰 戌 卯

73 63 53 43 33 23 13 03

丙 乙 甲 癸 壬 辛 庚 己

午 巳 辰 卯 寅 丑 子 亥

이 명조는 갑목일주가 술월의 재왕절에 태어나 三土(삼토)에 辛(신)금과 丁火(정화)가 있으니 극설이 교가하여 신약하다. 의지처는 비겁인 木(목)뿐이다. 즉 목이 용신에 수운은 희신이다. 木(목)이 用神(용신)이니 1남 2여 즉 3자식을 두었다.

丙火(병화)가 용신이면 7자식이고 정화가 용신이면 2자식이다. 그런데 용신의 뿌리가 튼실하고 천간에 透出(투출)하였으면 부모보다 뛰어난 자식을 둔다고 판단한다.

1954年 음력 1월 4일 인시생 건명. 兩干支不雜格. 木火通明格. 兩八通

丙 甲 丙 甲

寅 午 寅 午

79 69 59 49 39 29 19 09

甲 癸 壬 辛 庚 己 戊 丁

戌 酉 申 未 午 巳 辰 卯

立春節(입춘절)에 生(생)한 甲木(갑목)이 四木(사목)과 四火(사화)이나 木旺節(목왕절)이라 身强(신강)하고 餘寒(여한)이 있으니 火(화)를 보고 旺木(왕목)을 泄氣生火(설기생화)하여 生財(생재)하여야 되겠다. 즉 火(화)가 用神(용신)에 木(목)이 喜神(희신)이며 水運(수운)은 病神(병신)이 되고 土(토)는 藥神(약신)이 된다.

寅午火(인오화)에 뿌리를 둔 雙丙火(쌍병화)(용신)가 高透(고투)하였으니 二子息(이자식)이 부모에 比(비)하면 特出(특출)하다.

1964年 음력 5월 22일 신시생 女命. 不弱用官格. 一官이 獨淸

丙 辛 庚 甲
申 亥 午 辰

79 69 59 49 39 29 19 09
壬 癸 甲 乙 丙 丁 戊 己
戌 亥 子 丑 寅 卯 辰 巳

午月(오월)의 辛金(신금)이 丙火(병화)가 透干(투간)하였으니 火旺(화왕)하고 金(금)은 약하지만 地支(지지)의 辰土(진토)와 申金(신금)이 生扶(생부)하고 天干(천간)에서 庚金(경금)이 도우고 胎元(태원)이 辛酉(신유)이니 弱而不弱(약이불약)이다.

女命(여명)은 官星(관성)의 行方(행방)이 重要(중요)한데 身(신)이 弱(약)하지는 않으니 午(오)에 着根(착근)한 丙火(병화)를 충분히 감당할 수 있다. 則(즉) 火用神(화용신)에 甲木(갑목)은 喜神(희신)이며 水(수)가 病神(병신)에 土(토)는 藥神(약신)이 된다. 용신인 時上(시상)의 병화가 월지의 午火(오화)에 근을 두고 투출하였으니 二子(이자) 중 一子(일자)가 특출하다.

戊土(무토)가 용신이면 5자식이고 기토가 용신이면 10자식이다.

1938년 음력 8월 1일 유시생 곤명

癸 己 辛 戊
酉 未 酉 寅

75 65 55 45 35 25 15 05
癸 甲 乙 丙 丁 戊 己 庚
丑 寅 卯 辰 巳 午 未 申

이 명조는 기토일주가 酉月(유월)의 금왕절에 태어나 三金(삼금)이 설기하고 계수재성에 인목의 관성이 있으니 극설이 交加(교가)하여 신약하다. 의지처인 土(토)가 用神(용신)에 화운은 용신인 토를 생하는 희신이다. 토가 용신이니 1男(남) 4女(녀) 즉 다섯 자식을 두었다.

庚金이 용신이면 7자식이고 신금 용신이면 4자식이다.

1945년 음력 5월 9일 사시생 곤명

丁 戊 壬 乙
巳 午 午 酉

77 67 57 47 37 27 17 07
庚 己 戊 丁 丙 乙 甲 癸
寅 丑 子 亥 戌 酉 申 未

이 명조는 戊土日主(무토일주)가 오월의 화왕절에 태어나 사화가 생토하니 신이 태왕하고 조열하다. 태왕한 자는 설기함을 기뻐하니 年支(년지)의 酉(유)金(금)이 用神(용신)에 습토운은 희신이고 화가 병신에 수는 약신이 된다. 酉(유)金(금)이 用神(용신)이니 여식이 넷이다.

壬水(임수)가 용신이면 1자식이고 癸水(계수)가 용신이면 6자식이다.

1953년 음력 6월 22일 12시 10분생 곤명

庚 甲 己 癸
午 申 未 巳

73 63 53 43 33 23 13 03
丁 丙 乙 甲 癸 壬 辛 庚
卯 寅 丑 子 亥 戌 酉 申

이 명조는 갑목일주가 己未月(기미월)에 생하여 財旺(재왕)하고 巳·午火(사 오 화)가 일주를 설기하고 경금의 관성이 있으니 신약하고 조열하다. 따라서 癸(계)水(수)가 調候(조후)와 抑扶用神(억부용신)에 금은 희신이고 토가 병신에 목운은 약신이 된다. 水(수)가 용신이니 1子(자)를 두었다.

그러나 현 한국사회는 산아제한을 하기 때문에 자식 수는 잘 안 맞다.

(의뢰인)1981년 양력 2월 15일 08:00~09:00時前에 태어난 남자.

戊 甲 庚 辛

辰 子 寅 酉

74 64 54 44 34 24 14 04

壬 癸 甲 乙 丙 丁 戊 己

午 未 申 酉 戌 亥 子 丑

① 격국

이 명조는 甲木日主가 寅月의 比肩月에 태어났으므로 正格中에도 比肩格에 해당한다.

② 용신

이 命造는 甲木日主가 寅月의 목이 왕한 계절에 태어나 子辰이 半合化水하여 갑목을 생하고 있으니 身旺하고 庚·辛·酉金까지 있으니 寒濕하다. 이 명조처럼 身旺하고 寒濕한 木日主에는 食傷인 火와 財星인 토와 官星인 금이 모두 길신이 된다. 즉 身旺用財하여 토(갑목의 재성)가 抑扶用神에 寅中의 丙火(갑목의 식신)는 희신이며 목(갑목의 비견)이 병신에 金(甲木의 官星)은 약신이다. 이렇게 풀이한 것은 立春 11일 후 雨水 4日前은 餘寒이 있으므로 火

가 吉神(길신)임에는 틀림이 없기 때문이다.

③ 神殺(신살)

. 寅(인)이 天乙貴人(천을귀인)이니 智慧聰明(지혜총명)하고 正大(정대)한 人格者(인격자)이며 創意力(창의력)이 뛰어나다.

. 寅中(인중)의 丙火(병화)가 月德星(월덕성)이니 官爵(관작)은 높고 少病(소병).

. 寅(인)에 驛馬星(역마성)이니 立身昇進(입신승진)

. 酉(유)에 將星(장성)이니 文武兼全(문무겸전)

. 日支子水(일지자수)가 空亡(공망)이니 부부관계가 염려되고 印星(인성)이니 母(모)의 건강조심

. 寅(인)이 孤辰(고진)이니 妻剋傷(처극상)이 염려되나 天乙貴人(천을귀인)이 대동했으니 榮貴(영귀)한다.

. 子(자)에 沐浴殺(목욕살)이니 酒色放蕩(주색방탕) 憂慮(우려)

. 寅(인)이 劫殺(겁살)이니 破壞離散(파괴이산)염려

. 辛(신)에 懸針星(현침성)이니 殺伐(살벌)이나 活人方(활인방)

. 辰(진)이 華蓋殺(화개살)이니 운동을 잘 한다.

. 戊辰(무진)이 白虎殺(백호살)에 戌大運(술대운)에 用神(용신)의 根(근)인 辰土(진토)를 冲(충)하니 부친 또는 부인의 건강과 본인의 위병이 염려되며 損財(손재)조심.

. 酉에 길신관성도화성이니 이롭지만 이성관계는 조심

④ 職業適性

경제학을 전공한 것은 時上에 偏財(무토는 갑목의 편재))가 있기 때문이고 경찰직에 있는 것은 官星(금은 갑목의 관성)이 길신인 연고다.[57]

⑤ 六親의 吉凶

. 子水는 印星으로서 忌神이고 空亡이니 모친과의 관계는 소원하겠다.

. 財星이 용신이니 부친의 도움이 많고 처복도 있다.

. 官星이 길신이면서 천간에 투간하였으니

유금에 뿌리를 둔 一子가 특출하다.

. 月支比肩寅木은 흉신이니 형제덕은 기대하기 어려울 것이다.

. 年柱에 길신관성이 있으니 조상덕이 있고 조상중에 관직에도 있었겠다.

57) 다음에 **직업적성에 대해서 설명한다.**

8. 疾病論
질 병 론

질병론 역시 四柱命理學에서처럼 氣象의 변화를 人體에 대입하는 학문으로 사상적 基調는 중화사상에 있다.

甲은 膽, 乙은 肝, 丙은 小腸, 丁은 心臟, 戊는 胃, 己는 脾鄕, 庚은 大腸, 辛은 肺, 壬은 膀胱, 癸는 腎臟에 속한다.

이 질병의 發病原因은 각 日干의 五行이 官殺을 만나거나 관살이 아닌 다른 육신을 만나더라도 太過·不及하게 됨으로 인하여 균형을 잃게 되는데 있다. 또 사주원국에서 五行의 干支가 太過하든 不及하든 다 病이 된다. 또 질병발생의 원인을 沖 및 刑과 신살에서도 찾고 있다. 용신을 도우는 등의 운이 吉할 때는 安和하지만 용신을 상해하는 凶한 운일 때는 재앙이 나타나기도 한다.

1954年 음력 8월 19일 미시생 건명. 食傷制殺格

辛 甲 癸 甲
未 戌 酉 午

78 68 58 48 38 28 18 08
辛 庚 己 戊 丁 丙 乙 甲
巳 辰 卯 寅 丑 子 亥 戌

酉月(유월)은 金旺木弱(금왕목약)한데 辛金(신금)이 透干(투간)하고 酉戌西方(유술서방)이니 官旺(관왕)하고, 甲木(갑목)은 癸甲(계갑)에 生扶(생부)되지만 未中(미중)의 乙木(을목) 外(외)에는 着根(착근)할 수 없어 虛弱(허약)하다. 午火(오화)로서 旺官(왕관)을 制止(제지)하여 弱(약)한 日主(일주)를 救(구)하여야 된다. 즉 午火(오화)가 用神(용신)에 木(목)이 喜神(희신)이며 癸水(계수)가 病神(병신)에 土(토)가 藥神(약신)이다. 寅運(인운) 丙戌年(병술년)에 인오술합화화 즉 용신을 합거하니 肝癌判定(간암판정)을 받고 戊子年(무자년)에 用神(용신)을 冲(충)하니 病(병)이 惡化(악화)되어 去世(거세)하였다.

*. 肝癌(간암)은 木(목)이 弱(약)한 연고다.

1953年 음력 11월 3일 인시생 건명. 신강용재격. 재관쌍미격. 조후용신

甲 癸 甲 癸

寅 巳 子 巳

71 61 51 41 31 21 11 01

丙 丁 戊 己 庚 辛 壬 癸

辰 巳 午 未 申 酉 戌 亥

子月(자월)은 水旺節(수왕절)인데 年上(년상)에 癸水(계수)가 透干(투간)하여 도우니 身旺寒濕(신왕한습)하다. 身旺用財(신왕용재)하여 巳火(사화)가 調候(조후)하는 用神(용신)에 木(목)은 喜神(희신)이고 水(수)가 病神(병신)에 土運(토운)은 藥神(약신)이 된다.

*. 戊運(무운)은 藥神(약신)이 되어 吉(길)하지만 甲申年(갑신년)에 용신인 사화(심장)를 포함하여 寅巳申三刑(인사신삼형)이 되니 심장혈관 확장수술을 받았다. 이는 火(화)는 心臟(심장)인데 寅巳刑(인사형)이 된 緣故(연고)다.

1959年 음력 8월 14일 축시생 건명. 傷官生財格

己 辛 癸 己
丑 丑 酉 亥

73 63 53 43 33 23 13 03
乙 丙 丁 戊 己 庚 辛 壬
丑 寅 卯 辰 巳 午 未 申

酉月은 金旺節인데 四土가 生金하니 日元이 太旺하다. 태왕의 주 원인은 왕토에 있다. 太旺한 者는 好泄精英하니 水를 用神으로 하여 旺神을 泄氣하여야 한다. 즉 水가 用神에 金은 喜神이며 土가 病神에 木運은 藥神이 된다.

*. 辰運에 用神水가 入墓하고 病神을 도와 凶한데 戊子年에 또 病神을 도우고 金의 死地가 되니 胃(土)癌手術을 하였다.

*. 胃癌은 土旺함이 원인이다.

1947年 음력 12월 17일 사시생 건명. 調候用神

癸 辛 癸 丁
巳 亥 丑 亥

77 67 57 47 37 27 17 07
乙 丙 丁 戊 己 庚 辛 壬
巳 午 未 申 酉 戌 亥 子

丑月의 辛金이 亥와 丑사이에 子水를 拱夾하고 雙癸가 透干하니 金寒水冷하므로 調候가 時急하다. 丁火가 調候하는 用神에 木運은 喜神이 되고 水는 病神에 土는 藥神이 된다.

未運은 藥神丑土를 冲하니 旺水가 氾濫하여 克用神하므로 凶한데, 戊子年에 또 克用神하니 肺癌치료를 하다가, 己丑年 癸酉月 癸亥日 辛酉時에 藥神은 丑未爭冲이 되고 病神인 水를 도우고 生하여 克用神하니 去世하였다.

*. 肺癌은 辛金이 弱한 緣故다.

1941年生. 食神生財格. 李明博 大統領 造

辛 辛 庚 辛
卯 丑 子 巳

74 64 54 44 34 24 14 04
壬 癸 甲 乙 丙 丁 戊 己
辰 巳 午 未 申 酉 戌 亥

子月의 辛金은 泄氣되는 弱地이지만 巳丑金에 辛庚辛金이 日主를 도우고 있으니 身이 太旺하다. 太旺한 者는 食傷으로 泄氣順勢하여야 한다. 따라서 子水가 用神에 金多水濁하므로 金이 病神에 巳火는 藥神이 된다. 그리고 子水를 克하는 丑土가 病神에 卯木은 또 하나의 藥神이 된다.

*. 辛金日主가 금이 태왕하니 肺가 弱한데 술대운에 축술형과 용신을 극하니 肺를 잃아 국방의 의무를 하지 못한 것으로 알고 있다.

1941년 음력 11월 23일 해시생 삼성이건희회장 조

辛 壬 辛 辛
亥 戌 丑 巳

71 61 51 41 31 21 11 01
癸 甲 乙 丙 丁 戊 己 庚
午 未 申 酉 戌 亥 子 丑

이 命造는 壬水日主가 丑月의 土旺하고 寒濕한 계절에 태어나 巳丑金과 三辛金이 있으니 印星인 金이 太旺하다. 太旺한 金을 比肩인 亥水로써 泄氣하여야 한다. 즉 亥水가 用神에 太旺한 金(巳丑金+辛辛辛金)은 金多水濁하므로 水를 生하는 喜神이 될 수 없고 오히려 病神이 되는데 이때 巳火는 病神인 金을 除去하는 藥神이다. 그리고 土는 用神인 亥水를 克傷하는 또 다른 病神에 木運은 病神인 土를 除去하는 또 다른 藥神이다.

미운에 丑戌未官星이 삼형(健康, 官災口舌)이 되고 축미충한 왕토가 용신인 水를 극하여 흉한데 기묘년에 용신인 해수를 合去하니 폐암수술을 하였다.

*. 이 명조에서 肺癌은 金의 태왕함이 원인이다.

1936年 음력 6월 1일 오시생 女命. 財多身弱에 比劫爲用

丙 壬 乙 丙
午 寅 未 子

74 64 54 44 34 24 14 04
丁 戊 己 庚 辛 壬 癸 甲
亥 子 丑 寅 卯 辰 巳 午

小暑節은 火炎土燥하고 水弱한데 寅午半合化火에 兩丙이 高透하고 乙木이 生火하니 財官이 太旺하고 身은 太弱하다. 陽干은 從氣不從勢하므로 子水에 依存하는 財多身弱이 된다. 則 子水가 用神에 金運은 喜神이 된다.

*. 己運 以後 弱水日主이니 膀胱腎臟이 弱하여 자고 나면 얼굴과 手足이 붇는다.

그리고 十天干을 신체외부에 배속시켜서 甲은 머리, 乙은 정수리, 丙은 어깨와 일치하고, 丁은 心臟, 戊는 겨드랑이, 己는 배, 庚은 배꼽부위, 辛은 넓적다리, 壬은 정강이, 癸는 발의 一身에 緣由되기도 한다.

가령

2010년 음력 7월 13일 신시생 건명

壬 甲 甲 庚
申 辰 申 寅

76 66 56 46 36 26 16 06
壬 辛 庚 己 戊 丁 丙 乙
辰 卯 寅 丑 子 亥 戌 酉

이 명조는 갑목일주가 申月(신월)의 금왕절에 태어나 약지이지만 申辰半合化水(신진반합화수)와 임수가 생목하고 갑인목이 일주를 도우니 신왕한 사주로 바뀌었다. 습한 수가 흠이 되므로 토를 써서 수를 제거하여야 한다. 즉 土(토)가 用神(용신)에 화운은 희신이고 목이 병신에 금은 약신이 된다.
이 명조에서 甲木(갑목)은 머리에 해당되는데. 경금이 갑목을 冲(충)하고 있는데 또 寅申冲(인신충)과 刑(형)이 되는 '6歲(세) 生日(생일) 前(전)에 머리를 다칠 수 있으니 조심하라.' 고 이름을 찾으러 온 애기 아버지에게 申申當付(신신당부)를 했다. 당부의 말을 듣던 그는 "그런 것도 四柱(사주)에 나옵니까!" 라고 하면서 깜짝 놀랐다. 事緣(사연)을 들어보니 애기가 태어나는 과정에서 머리가 너무 커서 이미 머리에 실금이 간 상태에서 태어나 치료를 받고 있는 中(중)이라고 했다. 참으로 奧妙(오묘)한 명리이론에 그 말을 들은 나도 놀랐다.

"오행을 중심으로 발생하는 질병을 분류하는 경우에, 五行(오행)의 干支(간지)

가 太旺하든 不及하든 다 병이 되는데, 金은 주로 칼날에 의해서 형상(刑傷)되고, 水는 주(舟)에서 익사한다. 木은 들보에 메 달려 자액(自縊)하거나 범에게 먹히거나 뱀에게 물리며, 火는 밤에 잘 때에 어지러움이 있거나 뱀에 상하거나 화상을 입는다. 土는 산이 붕괴되어 돌에 눌리거나 진흙에 빠지거나 담장이 무너져 상해를 입는다.”[58] 등의 理論도 있다. 이 책은 사주명리학의 入門書이니 이정도에서 질병론은 마친다.

1981년 양력 2월 15일 08:00~09:00時前에 태어난 남자가 자기의 미래가 궁금하여 사주감정을 의뢰해온데 대하여, 인생설계도면인 사성론을 써주기 위해서 앞에서와 같이 사주명리학을 연구하고 그 결과물을 아래와 같이 발행한다.

58) 유경진, 「명리학 질병론의 비교연구(명리원전을 중심으로)」,동방대학원대학교 백악론총(제1집, 2008) 참조요망.

9. 四星論(사성론)

(의뢰인)1981년 양력 2월 15일 08:00~09:00時前(시전)에 태어난 남자.

戊 甲 庚 辛

辰 子 寅 酉

74 64 54 44 34 24 14 04

壬 癸 甲 乙 丙 丁 戊 己

午 未 申 酉 戌 亥 子 丑

① 격국

이 명조는 甲木日主(갑목일주)가 寅月(인월)의 比肩月(비견월)에 태어났으므로 正格中(정격중)에도 比肩格(비견격)에 해당한다.

② 용신

이 命造(명조)는 甲木日主(갑목일주)가 寅月(인월)의 목이 왕한 계절에 태어나 子辰(자진)이 半合化水(반합화수)하여 갑목을 생하고 있으니 身旺(신왕)하고 庚(경)·辛(신)·酉金(유금)까지 있으니 寒濕(한습)하다. 이 명조처럼 身旺(신왕)하고 寒濕(한습)한 木日主(목일주)에는 食傷(식상)인 火(화)

와 財星인 토와 官星인 금이 모두 길신이 된다. 즉 身旺用財하여 토(갑목의 재성)가 抑扶用神에 寅中의 丙火(갑목의 식신)는 희신이며 목(갑목의 비견)이 병신에 金(甲木의 官星)은 약신이다. 이렇게 풀이한 것은 立春 11일 후 雨水 4日前은 餘寒이 있으므로 火가 吉神임에는 틀림이 없기 때문이다.

③ 神殺

. 寅이 天乙貴人이니 智慧聰明하고 正大한 人格者이며 創意力이 뛰어나다.

. 寅中의 丙火가 月德星이니 官爵은 높고 少病.

. 寅에 驛馬星이니 立身昇進

. 酉에 將星이니 文武兼全

. 日支子水가 空亡이니 부부관계가 염려되고 印星이니 母의 건강조심

. 寅이 孤辰이니 妻剋傷이 염려되나 天乙貴人이 대동했으니 榮貴한다.

. 子에 沐浴殺이니 酒色放蕩 憂慮

. 寅이 劫殺이니 破壞離散염려

. 辛에 懸針星이니 殺伐이나 活人方

. 辰이 華蓋殺이니 운동을 잘 한다.

. 戊辰이 白虎殺에 戌大運에 用神의 根인 辰土를 沖하니 부친

또는 부인의 건강과 본인의 위병이 염려되며 損財(손재)조심.

. 酉(유)에 길신관성도화성이니 이롭지만 이성관계는 조심

④ 職業適性(직업적성)

경제학을 전공한 것은 時上(시상)에 偏財(편재)(무토는 갑목의 편재))가 있기 때문이고 경찰직에 있는 것은 官星(관성)(금은 갑목의 관성)이 길신인 연고다.[59]

⑤ 六親(육친)의 吉凶(길흉)

. 子水(자수)는 印星(인성)으로서 忌神(기신)이고 空亡(공망)이니 모친과의 관계는 소원하겠다.

. 財星(재성)이 용신이니 부친의 도움이 많고 처복도 있다.

. 官星(관성)이 길신이면서 천간에 투간하였으니 유금에 뿌리를 둔 一子(일자)가 특출하다.

. 月支比肩寅木(월지비견인목)은 흉신이니 형제덕은 기대하기 어려울 것이다.

. 年柱(년주)에 길신관성이 있으니 조상덕이 있고 조상중에 관직에도 있었겠다.

---

59) 다음에 **직업적성에 대해서 설명한다.**

⑥ 疾病論(질병론)

. 戊辰(무진)이 白虎殺(백호살)에 戌大運(술대운)에 用神(용신)의 根(근)인 辰土(진토)를 沖(충)하니 부친 또는 부인의 건강과 본인의 胃病(위병)이 염려된다.

. 甲庚沖(갑경충)이니 偏頭痛(편두통)과 頭損(두손)과 血壓(혈압)염려

⑦ 向後(향후)

. 亥大運(해대운)은 왕신을 생하여 극용신하니 흉하다.

. 丙大運(병대운)은 용신인 재성을 생하여 길하고 혹 경금관성을 극한다고 하더라도 官殺混雜(관살혼잡)을 해소하니 길하리라.

. 戌大運(술대운)은 용신의 根(근)이 되는 진토를 충하니 흉하다. 이때 부모 또는 부인의 건강과 본인의 胃病(위병)이 염려된다. 母(모)는 충발한 토가 수를 克傷(극상)하는 연고다.

. 乙大運(을대운)은 을경합거가 관살혼잡을 해소하니 길하다.

. 酉大運(유대운)은 약신관성을 도우니 官爵(관작)은 높고 榮貴(영귀)할 것이다.

. 甲大運(갑대운)은 화가 길신에 벽갑인화한 화가 용신인 재성을 생하니 大吉(대길)할 것이다.

. 申大運(신대운)은 月支建祿(월지건록)을 沖(충)한 官星(관성)(직업)이 衰者沖之拔根(쇠자충지발근)하니 退步(퇴보)가 있으리라.

. 癸大運(계대운)은 용신인 무토를 합거하니 길함이 적고 이때를 지나면 南方火運(남방화운)동안은 用神(용신)을 생하니 子貴(자귀)에 壽考(수고)하고 榮華(영화)로움이 있으

리라.

壬辰年 芒種節 酉招 劉庚辰 撰
임진년 망종절 유초 유경진 찬

10. 易林關 實觀
역 림 관 실 관

10.1 甲 木

1951년생(곤명) 신왕용재

乙 甲 庚 辛
丑 申 寅 卯

77 67 57 47 37 27 17 07
戊 丁 丙 乙 甲 癸 壬 辛
戌 酉 申 未 午 巳 辰 卯

이 명조는 갑목일주가 寅月(인월)의 목왕절에 태어나 三木(삼목)이 일주를 돕고 있으니 신왕하다. 신왕용재하여 丑土(축토)가 용신에 화운은 용신인 토를 생하는 희신이고 목은 용신인 토를 克傷(극상)하므로 병신이 되고 금은 병신인 목을 제거하는 藥神(약신)이다.

辰大運(진대운)에 관성(남편)을 生(생)하는데 壬子年(임자년)에 도화년이 되니 逢男(봉남)하여 계운에 병신인 목을 생하여 길운이 아니지만 정사년에 희신인 食傷(식상)(자식)이 되니 여식을 얻고, 기미년에 용신을 도우니 득자하고, 庚申(경신)년에 官星(관성)(남편)이 되니 결혼식을 올렸다.

갑대운에 화가 길신에 劈甲引火(벽갑인화)하니 길한데 이때 夫君(부군)이 出身(출신)하였다.

午運(오운)에는 傷官(상관)이 官星(관성)(남편)을 극하니 부군이 지방으로 발령을 받아 주말부부가 되었다. 주말부부는 일지가 부부궁인데 寅申冲(인신충)이 된 연고다.

을운에는 병신인 목을 도와 흉한데 이때 부부갈등과 甲狀腺(갑상선)으로 辛苦(신고)했다. 부부갈등은 群比爭官(군비쟁관)과 坐下(좌하)의 申(신)이 寅申(인신)충인 연고다. 갑상선은 목이 갑상선인데 金木(금목)이 天克地冲(천극지충)(갑경충 인신충)한 연고다.

*. 처녀가 잉태한 것은 食傷(식상)(자식)과 官星(관성)(남편)이 日主(일주)와 合(합)하는 경우인데, 이 명조는 申金(신금)은 관성으로서 남편이고 寅中(인중)의 병화는 식신으로서 자식인데 申中(신중)의 己土(기토)와 寅中(인중)의 甲木(갑목)이 合(합)한 연고다.

1965년생 식상생재격

丁 甲 戊 乙
卯 辰 寅 巳

75 65 55 45 35 25 15 05
庚 辛 壬 癸 甲 乙 丙 丁
午 未 申 酉 戌 亥 子 丑

이 명조는 갑목일주가 인월의 목왕절에 태어나 지지에 寅卯辰木(인묘진목)

(東(동))方(방)하고 을목이 투간했으니 신이 태왕하다. 태왕한 자는 食傷(식상)으로 설기하여야 한다. 즉 태왕한 목을 설기하는 火(화)가 용신에 태왕한 목은 용신을 생하는 희신이 아니라 木多火熄(목다화식)하므로 오히려 병신이 되고 금운은 병신인 목을 제거하는 약신이다. 水運(수운)은 용신인 화를 상해하는 또 하나의 병신에 土(토)는 수를 제거하는 또 하나의 약신이 된다.

亥運(해운)에 병신이 되어 용신을 상해하고 또 한편으로는 태왕한 목을 생하여 木多火熄(목다화식)하는데, 갑술년에 갑목은 병신인 목을 도와서 또 목다화식하고 술토는 약신인 진토를 辰戌冲(진술충)하고 한편으로는 용신인 화가 入墓(입묘)하니 財(재)로 인하여 두 달 동안 구속되었다.

戌運(술운)에 용신이 입묘하고 약신인 진토를 진술충하여 흉한데 甲申(갑신)年(년)에 寅巳申三刑(인사신삼형)하니 戊辰月(무진월)동안 財(재)로 인하여 구속된 일이 있다.

1964년생(여명) 羊刃駕殺格(양인가살격)

庚 甲 丁 甲

午 戌 卯 辰

77 67 57 47 37 27 17 07

己 庚 辛 壬 癸 甲 乙 丙

未 申 酉 戌 亥 子 丑 寅

이 명조는 갑목일주가 묘월 즉 羊刃月(양인월)에 태어나 왕지인데 卯辰(묘진)의 地聚東方(지취동방)에 년상에 갑목이 투간하였으니 신왕한 중에 많은 비겁이 흠이 된다. 官星(관성)으로 비겁을 제거하여야 한다. 이 명조처럼 신왕한 사주에서 羊刃(양인)은 그 세력이 너무 지나치므로 七殺(偏官)(칠살 편관)로서 제어해주어야 하는데 이를 羊刃駕殺格(양인가살격)이라고 한다. 즉 경금이 용신에 진토는 희신이고 화가 병신에 水運(수운)은 약신이 된다.

인목과 을목대운은 旺身(왕신)을 도와서 병신인 화를 생하여 흉하므로 再修(재수)해서 고등학교에 입학하고 再修(재수)해서 대학영어교육확과에 입학했다. 영어교육학과는 金(금)이 길신인 연고다. 축운에 용신인 관성(남편)을 생하여 길한데 정묘년에 도화가 일지와 合(합)하고 甲卯午(갑묘오)가 현침성이고 경금(남편)이 현침성인 오화위에 앉아 있으니 의사와 결혼했다. 무진년에 辰戌冲(진술충)한 왕토가 식상(자식)을 설기하니 死産(사산)하고 기사년에 사축금이 용신을 도우니 장남을 얻었다. 갑대운은 용신인 庚金(경금)(남편)과 冲(충)하므로 부부갈등이 있는 가운데 癸酉年(계유년)에 용신인 경금의 羊刃(양인)이 되어 용신을 돕고 도화를 冲(충)하니 차남을 얻었다.

*. 계유년 즉 길신인 년도이니 자식을 얻게 된 것이다.

1968년생 신왕용재

甲 甲 乙 戊

子 辰 卯 申

71 61 51 41 31 21 11 01

癸 壬 辛 庚 己 戊 丁 丙

亥 戌 酉 申 未 午 巳 辰

이 명조는 갑목일주가 묘월의 羊刃月(양인월)에 태어나 갑·을·묘목이 일주를 도우고 자진수가 생목하니 身(신)이 태왕하다. 재성이 용신이고 식상운은 희신이 되고 比劫(비겁)은 용신인 재성을 극상하는 병신에 관성은 약신이 된다.

오운에 용신인 재성(妻(처))을 생하여 길한데 을해년에 午亥(오해)(갑기토, 정임목)暗合(암합)한 甲己合土(갑기합토)가 재성(처)이 되니 성혼하고 정축년에 官星(관성)(자식)을 생부하니 장남을 얻고 己大運癸未年(기대운계미년)에 관성(자식)을 생하니 次男(차남)을 얻었다.

*. 오운에 용신을 생하여 길하지만 병자년에 午大運과 子歲運이 沖(충)[60]하니 기천만원의 損財(손재)가 있었다. 병자년에 자수의 생함을 받은

---

60) 大運(대운)과 當年(당년) 太歲(태세)가 相沖(상충)하면 凶(흉)한데, 重(중)하면 災殃(재앙)이 있고 輕(경)하면 移動(이동) 損財(손재)하고 奔走(분주)하다.

왕목이 群比爭財(군비쟁재)하니 손재가 있었다. 라고해도 됨.

1981년생 (여명) 신약비견위용

甲 甲 壬 辛
子 戌 辰 酉

73 63 53 43 33 23 13 03
庚 己 戊 丁 丙 乙 甲 癸
子 亥 戌 酉 申 未 午 巳

이 명조는 갑목일주가 辰月(진월)의 토(재성)왕절에 태어나 일지에 술토가 있고 辛酉金(신유금)이 있으니 재성과 관성이 왕하여 신약한중에 관성보다 더 왕한 재성이 흠이 된다. 흠이 되는 土(토)를 제거하는 갑목이 용신에 수는 희신이고 금이 병신에 火運(화운)은 약신이 된다.

계대운은 용신을 생하고 사대운은 약신이 되고 갑대운은 용신을 도우니 다복한 가정에 태어나 공부를 잘했다. 午大運(오대운)에 들어 약신이 되지만 년지인 유금을 기준으로 보면 桃花星(도화성)이 되는데 사춘기와 겹치니 성적이 부진한 듯하였다. 月支(월지)에 財星(재성)이 있으니 재산이 많을 증조가 되고 수가 희신이 되니 국경을 넘나들 팔자이므로 貿易學(무역학)을 전공하였다. 미대운에 왕한 재성을 도와 印星(인성)(어머니)을 극하니 모친의 건강에 문제가 있었다. 미대운이 되도록 미혼인 것은 좌하(배우자 궁)의 술이 辰戌冲(진술충)이 된 연고다. 년지의 酉金官星(유금관성)(남편)이 진토(타오행)와 合(합)을 이루고 있으니 배우자의 외도가 염려된다. 甲木(갑목)이 용신이니 三子女(삼자녀)를 두겠으나 시대가 시대인 만큼 자식의 수는 예측하기 어렵다. 건강은 여명에서 토는 위와 자궁인데 辰戌冲(진술충)이 되어 있으니 그쪽방향의 검강이 염려된다. 임진의 魁罡殺(괴강살)에 좌하가 충이니 남편이 무능함이 염려되고 다소 고독한 팔자가 되지 않을까 염려된다. 인성(어머니)은 喜神(희신)이고 재성(아버지)은 凶神(흉신)이니 아버지 보다는 어머니와 더 가깝겠다.

향후 병·신(申子辰水局(신자진수국))·정대운까지는 약신과 희신이 되어 길할 것이다. 그러나 酉大運(유대운)은 여명에 남편이 있는데 또 남편운이 들어오면 가정에 근심이 있다고 했으니 흉하다. 그리고 무술대운은 병신인 金(금)을 생하니 길운이 아니다. 길운일 때는 여러 가지 福(복)이 가지런히 들어오고 흉운일 때는 한 가지 禍(화)만 오는 것이 아니라고 했다.

1968년생. 신약인성위용

壬 甲 丙 戊
申 戌 辰 申

71 61 51 41 31 21 11 01
甲 癸 壬 辛 庚 己 戊 丁
子 亥 戌 酉 申 未 午 巳

이 명조는 갑목일주가 辰月의 토왕절에 태어나 三土의 재성과 쌍신의 관성이 있어서 약한데 병화가 또 설기하고 있다. 의지처는 壬水뿐이다. 수가 용신에 금이 희신이고 토가 병신에 목운은 약신이 된다. 甲木日主가 목의 현침성이 되니 건축설계사다. 己大運에 정재(正妻)성이 되는데 壬申년에 용신을 도우고 희신관성(자식)을 도우니 성혼하였다. 미대운에 관성을 생하고 계유년에 용신과 관성(子息)인 희신을 도우니 장남을 얻고 을해년에 용신을 도우고 약신이 되니 次男을 두었다.

向後 금운은 용신을 생하여 길하고 임수운은 용신을 도와서 길하리라. 그러나 술대운은 병신인 왕토를 爭冲하면 길운이 아니다. 이때 배우자의 건강과 본인은 위병이 염려되고 損財 또한 염려된다. 이때를 지나면 水運은 용신을 도와서 대길하리라.

*. 月支(월지)와 日支(일지)에 뿌리를 둔 편재성이 천간에 투출하였으니 財多(재다)身弱(신약)이지만 吉運(길운)을 만나는 동안은 대길하리라.

1977년생(여명) 신약한 목화식신격 오개국어 능통

庚 甲 乙 丁

午 子 巳 巳

80 70 60 50 40 30 20 10

癸 壬 辛 庚 己 戊 丁 丙

丑 子 亥 戌 酉 申 未 午

이 명조는 갑목일주가 식신월에 태어나 약지인데 四火(사화)가 있으니 약하고 조열하다. 인성인 子水(자수)를 써서 태왕한 식상을 제거하고 약한 갑목을 생하여야 한다. 즉 水(수)가 용신에 金(금)은 喜神(희신)이고 토운은 병신이 되고 을목은 藥神(약신)이 된다.

金(금)이 吉神(길신)이 되니 언어학을 전공하였다. 한국어 영어 독일어 프랑스어 스페인어 5개 국어에 능통하다. 이는 金水(금수)가 길신이니 西洋(서양)이고 금이 길신이니 語學(어학)에 능통한 것이다.

1957년생 신약비겁위용

甲 甲 乙 丁

戌 午 巳 酉

76 66 56 46 36 26 16 06

丁 戊 己 庚 辛 壬 癸 甲

酉 戌 亥 子 丑 寅 卯 辰

이 명조는 갑목일주가 巳月의 화왕절에 태어나 三火에 설기가 태심하고 유금의 관성이 일주를 극하고 있으니 身弱한 木火傷官格이다. 의지처는 비겁뿐이다. 木이 용신에 수운은 희신이 된다.

임운에 희신이 되어 길한데 癸亥年에 용신을 생하고 태왕한 상관을 제거하며 좌하(배우자궁)를 合하니 성혼하였다. 계해년생 여식을 두고 인운에 인오술화하여 흉하지만 무진년에 목이 辰土의 습기를 제공받으니 得男하고 득택하였다.

축운 庚辰年에 호흡곤란으로 병원에 입원한 일이 있다. 이는 사주 원국에서 태왕한 火가 金(肺)을 극하는데 丑運에 金이 入墓하고 경금이 갑목을 작파생화하여 금을 또 극하고 진토는 午戌火의 고장인 戌을 충하니 폭발한 火가 또다시 금을 克傷한 연고다.

1954년생(여명) 기명종아격

庚 甲 庚 甲
午 午 午 午

71 61 51 41 31 21 11 01
壬 癸 甲 乙 丙 丁 戊 己
戌 亥 子 丑 寅 卯 辰 巳

이 명조는 갑목일주가 午月(오월)의 상관월에 태어나 지지의 四字(사자)가 모두 오화상관이고 쌍경금이 투간하였으니 갑목일주가 依支(의지)할 곳은 전혀 없다. 태왕한 화의 극을 받는 庚金(경금) 또한 의지처는 없다. 따라서 기명종아격에 종하는 오행인 火(화)가 용신에 수운은 병신이고 토는 약신이 된다.

화가 용신이니 컴퓨터를 전공하였다. 묘목의 桃花星運(도화성운)에 용신을 생하여 길한데 경신년에 官星(관성)(남편)年(년)이 되니 성혼하고 신유년에 득남하였다.

병운에 용신을 도우고 무진년에 약신이 되니 吉(길)한데 이때 득택하였다. 丑大運(축대운)에 藥神(약신)이 되니 길하지만 한편으로는 나를 버리고 식상으로 종했던 갑목일주가 축중의 계수에 의해서 생기를 얻어 凶(흉)한데 기묘년에 桃花年(도화년)이 되니 부부가 이혼하였다. 이혼을 한 것은 남편인 庚金(경금)이 태왕한 火(화)에 의해서 생기를 잃은 연고다.

축운 이후 水運(수운)은 나를 버렸던 갑목이 생기를 얻으므로 심리적으로 凶(흉)하다고 했다.

*. 컴퓨터를 전공했지만 丙大運丁卯年(병대운정묘년)부터 東洋畵(동양화)에 심취해 있다. 동양화는 甲午(갑오)가 현침성인 연고다.

*. 이 명조는 갑목이 태왕한 火(화)에 설기 되고 있으므로 간경화가 염려되고 金(금)이 태왕한 화의 극을 받고 있으니 신경쇠약이 염려된다.

1932년생 신약한 목화상관격

己 甲 丙 壬
巳 辰 午 申

79	69	59	49	39	29	19	09
甲	癸	壬	辛	庚	己	戊	丁
寅	丑	子	亥	戌	酉	申	未

이 명조는 갑목일주가 오월의 화절에 태어나 약지인데 三火(삼화)의 설기가 태심하고 二土(이토)의 재성에 신금의 관성이 있으니 극설이 교가하여 신약하다. 身弱(신약)한 목화상관격에 왕한 상관을 극하고 약한 일주를 생하는 壬水(임수)가 용신에 신금은 용신을 생하는 희신이 되고 토가 용신

인 수를 극하는 병신에 목운은 병신인 토를 제거하는 藥神(약신)이 된다.

*. 살인상생격이 貴格(귀격)인데 내무행정공무원이다. 亥大運(해대운)에 용신을 도와서 길하지만 己巳年(기사년)에 대운인 해수와 세운인 사화가 冲(충)하는 것도 흉하지만 용신인 임수가 사화에서 絶地(절지)가 되니 喪妻(상처)하였다. 상처는 甲辰日柱(갑진일주)가 白虎殺(백호살)[61]인 연고다. 기사년에 기토(재성=처)가 갑목일주를 합하니 再婚(재혼)했다.

1955년생(여명) 신약인성위용

丁 甲 癸 乙
卯 戌 未 未

79 69 59 49 39 29 19 09
辛 庚 己 戊 丁 丙 乙 甲
卯 寅 丑 子 亥 戌 酉 申

이 명조는 갑목일주가 소서절인 未月(미월)의 화·토왕절에 태어나 三土(삼토)의 재성이 있고 정화의 상관이 설기하니 신약하고 燥熱(조열)하다.

① 旺弱觀點(왕약관점)에서 보면 신약한 중에도 많은 재성인 토가 흠이 되므로 토를 제거하는 木(목)이 抑扶用神(억부용신)이 되고 수는 용신인 목을 생하

61) 갑진 을미 병술 정축 무진 임술 계축인데 나중에 나온다.

는 희신이고 금운은 용신인 목을 상해하는 병신이 되고 火(화)는 조열함에도 불구하고 그 金(금)을 제거하는 약신이 된다.

② 調候(조후)를 기준으로하면 癸水(계수)가 조후용신이 되고 금운이 수를 생하는 희신이며 수를 극상하는 土(토)가 병신에 목은 병신인 토를 제거하는 약신이 된다.

위 ①과 ②에서 ①은 燥熱(조열)함에도 불구하고 火(화)가 吉神(길신)이 되는 모순이 있게 되므로 버리고 ②를 擇(택)함이 합당하다.

酉運(유운)에 용신인 수를 생하는 희신관성(직장)이 되니 교육행정직공무원으로 취직했다. 교육행정직은 正印(정인)이 길신인 연고다. 子大運(자대운)에 용신인 癸水(계수)가 생기를 얻으니 교육청기획관리관이다.

1970년생(여명) 살인상생

辛 甲 癸 庚

未 寅 未 戌

79 69 59 49 39 29 19 09

乙 丙 丁 戊 己 庚 辛 壬

亥 子 丑 寅 卯 辰 巳 午

이 명조는 갑목일주가 小暑節(소서절)인 미월에 태어나 三土(삼토)의 재성과 二(이)

金(금)의 관성이 있으니 身弱(신약)하고 조열하다. 계수가 조후하는 용신에 금은 용신인 수를 생하는 희신이고 토는 용신인 수를 克傷(극상)하는 병신에 목은 병신인 토를 제거하는 藥神(약신)이 된다.

"사주팔자는 中和(중화)가 最吉(최길)이다."[62)] 라고 했다. 사주원국이 중화를 이루고 운 또한 吉運(길운)으로 흘러야 좋은 팔자다.

그러나 이 명조는 언뜻 보기에도 무언가 엉성하다. 용신인 癸水(계수)는 미토위에 앉아있으니 太燥(태조)한 물기에 지나지 않는다. 수원이 되는 경·신금은 생금하지 못하는 조토위에 앉아 있으니 그 근원 또한 微弱(미약)하다. 여명에서 最忌者(최기자)는 坐下食傷(좌하식상)이고 次忌者(차기자)는 坐下(좌하) 比劫(비겁)이라고 했는데 좌하에 비겁이다. 여명에서 魁罡殺(괴강살)은 고독살이라고 했는데 경술괴강살이 있다. 戌未未財星(술미미재성)은 기신이며 술미형이다. 운 또한 44세가 되어서야 비로소 길운인 묘대운이 오는데 그것도 絶脚(절각)[63)] 되어서 들어온다. 즉 이와 같은 팔자이니 格(격)이 한참 떨어진다.

오대운에 병신인 토를 생하니 吉運(길운)이 아니므로 고등학교만 졸업

---

62) 진소암 저. 위천리 찬집.『정선명리약언』권一. 상해: 위씨명원, 1935. PP14~15

63) 絶脚(절각): 壬午大運(임오대운)처럼 金水(금수)가 필요한 四柱(사주)에 처음 5年(년)은 吉神(길신)인 壬水(임수)가 오고, 그다음 5年(년)은 忌神(기신)인 午火(오화)가 오는 것과 같이 5년씩 끊겨서 오는 대운을 말한다. 그러나 金水(금수)가 필요한 四柱(사주)에 壬申(임신)등의 運(운)은 절각이 아니다.

했다. 辛大運(신대운)은 희신관성(직장)이 되니 직장인으로서 잠시 좋다가 사운의 상관이 官星(관성)인 金(금)을 克(극)하니 직장을 그만두고 어머니 집에서 놀다가 경대운에 또 관성이 되니 잠시 직장생활을 하다가 辰大運(진대운) 乙酉年(을유년)에 관성(남편)이 되니 戊寅月(무인월)에 처녀가 아이가 셋이 딸린 돈 많은 홀아비와 결혼하고 그해 甲申月(갑신월)에 일지(배우자궁)를 충하니 이혼하고 또 어머니 집에 들어와서 산다. 이혼은 坐下(좌하)가 비겁인 연고다.

*. 辰大運癸未年(진대운계미년)에 辰戌冲發(진술충발)한 왕토와 未·未·未土(미미미토)(재성=아버지)가 용신인 수를 극상하니 父喪(부상)을 당했다. 이는 재성(아버지)인 토가 기신인 연고다.

*. 아이가 딸린 홀아비더라도 돈이 많은 사람을 택한 것은 재다신약인 연고다. 財多身弱者(재다신약자)는 돈에 대한 욕심이 많다.

*. 향후 木·水運(목수운)이 오지만 절각되어 들어오니 꿈을 펼치기에는 부족하다.

1948년생(여명) 신왕용재

甲 甲 庚 戊
子 申 申 子

77 67 57 47 37 27 17 07
壬 癸 甲 乙 丙 丁 戊 己
子 丑 寅 卯 辰 巳 午 未

이 명조는 갑목일주가 申月(신월)의 금왕절에 태어나 약지이지만 時上(시상)의 갑목이 일주를 돕고 申子申子水(신자신자수)가 일주를 생하고 있으니 신왕한 중에 왕한 印星(인성)인 수가 흠이 된다. 수를 제거하는 무토가 용신에 화운은 용신인 토를 생하는 희신이고 목은 용신을 克傷(극상)하는 병신에 금은 병신인 목을 제거하는 藥神(약신)이다.

초년 토화운에 용신을 돕고 생하니 길한데 多福(다복)한 가정에 태어나서 성장했다. 오운에 용신을 생하니 길한데 이때 의대를 졸업했다. 醫學(의학)은 갑신이 懸針星(현침성)인 연고다.

*.슬하에 1남 1녀를 두었는데, 둘은 火(화)(2·7)가 길신인 연고다.

*. 年上(년상)에 용신인 무토(재성=아버지)가 있으니 조상덕이 있는 명조인데 아버지가 고등학교 교장출신이다.

1949년생 신약비겁위용

甲 甲 壬 己
戌 申 申 丑

75 65 55 45 35 25 15 05
甲 乙 丙 丁 戊 己 庚 辛
子 丑 寅 卯 辰 巳 午 未

이 명조는 갑목일주가 申月(신월)의 금왕절에 태어나 雙申金(쌍신금)의 관성과 三土(삼토)의 재성이 있으니 신약하다. 의지처는 시상의 갑목이다. 즉 갑목이 용신에 수는 용신을 생하는 희신이고 金(금)은 용신인 목을 상해하는 병신에 火運(화운)은 병신인 금을 제거하는 약신이다.

庚大運(경대운) 甲辰年(갑진년)에 용신인 갑목을 甲庚冲(갑경충)하고 戌土(술토)(재성=아버지)를 진술충하니 父喪(부상)을 당하였다. 이는 재성이 기신인 연고다.

庚運(경운)에 화가 길신에 벽갑인화하고 오운에 약신이 되어 병신인 金(금)을 제거하니 用神(용신)인 甲木(갑목)이 생기를 얻으니 외대불어불문학을 전공했다.

丁大運(정대운)에 상관이 관성(직장)을 극하는데 정축년에 관성인 금이 입묘하니 다니던 선박회사를 명퇴하였다. 선박회사는 水木(수목)이 길신인 연고다.

묘대운에 用神(용신)을 도우고 무인년에 또 용신을 도우니 길한데 이때부터 중국에서 物類事業(물류사업)을 하고 있으며 현재까지 실패는 없다. 물류사업은 수가 길신인 연고다. 타국에서 사업을 하는 것은 관성(직업)인 申金(신금)이 地殺(지살)인 연고다.

*. 申金上(신금상)의 甲木日主(갑목일주)가 時支(시지)의 戌土上(술토상)의 甲木(갑목)이 兄弟(형제)이니 異腹兄弟(이복형제)가 있다.

*. 甲戊庚(갑무경)에 丑未(축미)가 天乙貴人(천을귀인)(창의력)이고 乙己(을기)에 子申(자신)이 천을귀인 즉 三貴人(삼귀인)이 並立(병립)하니 아이디어로 밥을 먹고 산다.

1949년생(여명) 신왕용재

壬 甲 癸 己
申 子 酉 丑

73 63 53 43 33 23 13 03
辛 庚 己 戊 丁 丙 乙 甲
巳 辰 卯 寅 丑 子 亥 戌

이 명조는 갑목일주가 酉月(유월)의 관성도화가 왕한 계절에 태어나 약지이지만 신자수와 임계수가 생목하니 신왕한 중에 印星(인성)인 旺水(왕수)가 흠이 된다. 따라서 수를 제거하는 財星(재성)인 土(토)가 용신에 화는 희신이 되고 목운은 병신에 酉金(유금)은 약신이 된다.

병운에 들어 용신을 생하여 길한데 癸丑年(계축년)에 용신을 돕고 관성(남편)을 생하니 成婚(성혼)하였다. 갑인년에 용신인 토가 長生(장생)하니 장남을 얻고 병대운말 병진년에 용신을 生扶(생부)하니 차남을 얻었다.

丁大運(정대운)에 들어 용신을 생하여 길한데 갑자년부터 모텔업을 자영하고 있다. 이는 토가 길신이니 부동산관련이고 관성길신도화가 있으니 부동산 중에도 모텔업이다. 인대운에 병신이 되어 克用神(극용신)하니 흉한데 신사년에 용신인 축토와 약신인 유금과 巳酉丑三合去(사유축삼합거)하고 寅巳申三刑(인사신삼형)이 되니 손재가 있었다. 기대운은 용신을 도와서 길하였다. 卯大運(묘대운)은 용신을 극하고 약신인 유금을 충하여 길운이 아니었다. 이때 卯酉冲(묘유충)하니 편두통이 있있다.

*. 官星桃花(관성도화)가 길신이니 부군이 미남이고 본인도 미인이다.

*. 月支(월지)에 도화가 있으니 친정어머님이 연애결혼을 했다.

1962년생 신약비겁위용

戊 甲 己 壬
辰 戌 酉 寅

72 62 52 42 32 22 12 02
丁 丙 乙 甲 癸 壬 辛 庚
巳 辰 卯 寅 丑 子 亥 戌

이 명조는 갑목일주가 유월의 금왕절에 태어나 四(사)토의 재성이 있으니 신약한중에 신약의 주원인은 많은 土(토)에게 있다. 따라서 왕토를 제거하는 寅木(인목)이 용신에 수는 목을 생하는 희신이고 금은 용신인 목을 상해하는 병신에 화는 그 병신을 제거하는 藥神(약신)이 되다.

*. 무토는 재성(아버지)이고 진중의 계수는 인성으로서 어머니인데 무토와 계수가 戊癸合(무계합)을 이루고 있으니 母親(모친)이 再娶宅(재취댁)으로 시집와서 나를 낳았다.

*. 水(수)가 길신이니 유통업을 財多身弱(재다신약)이니 길운에 自營(자영)한다.

1924년생 신왕용재

甲 甲 甲 甲
子 子 戌 子

79 69 59 49 39 29 19 09
壬 辛 庚 己 戊 丁 丙 乙
午 巳 辰 卯 寅 丑 子 亥

이 명조는 갑목일주가 戌月(술월)의 재왕절에 태어나 약지인데 三子水(삼자수)가 생목하고 三甲木(삼갑목)이 도우고 있으니 신이 태왕하다. 태왕자는 설기함이 해법이다. 즉 戌中(술중)의 丁火(정화)가 용신에 조목은 희신이고 수가 병신에 토는 약신이다. 초년 수운은 병신을 도우니 寒微家(한미가)에서 성장하였다. 병운에 용신을 도와 길한데 동남방이 길방이므로 일본에서 大財(대재)를 득하였다. 자운은 병신을 도와서 길운이 아니었다. 정운 이후 木火土運(목화토운)은 희신과 용신과 약신을 도와서 대길하였다. 경대운에는 劈甲引火(벽갑인화)하여 대재를 모았다. 辰大運(진대운)은 용신을 함유한 술토를 충하니 흉하여 胃病(위병)으로 신고하였다. 辛大運(신대운)은 병신을 생하여 흉한데 병자년에 또 병신을 도와 극용신하니 去世(거세)하였다.

*. 六男(육남)과 二女息(이여식)에게 상속재산으로 각각 빌딩 한 채씩을 남겨주었다. 富者四柱(부자사주)의 典型(전형)이다.

*. 東南方이 길방이므로 전주에서 태어나 동남쪽이 되는 부산에서 살았다.

1981년생(여명) 살인상생

庚 甲 戊 辛
午 子 戌 酉

79 69 59 49 39 29 19 09
丙 乙 甲 癸 壬 辛 庚 己
午 巳 辰 卯 寅 丑 子 亥

이 명조는 갑목일주가 戊戌月의 재왕절에 태어나 약지인데 세 개의 관성이 혼잡하고 오화의 도화가 일주를 설기하고 있으니 克泄이 교가하여 신약하다. 의지처는 子水뿐이다. 즉 자수가 용신에 금은 희신이고 토가 병신에 木運은 약신이 된다.

庚大運은 喜神이지만 官星(남자, 직장)이 되니 인문계고를 졸업한 후 대학진학을 접고 水가 길신이니 水産業種에 종사하고 있다.

*. 女命 관살혼잡에 도화인 오화를 자수가 자오충하고 유금 또한 官星桃花가 되니 학문과는 거리가 있는 팔자다.

1965년생(여명) 신왕용재

乙 甲 丁 乙
亥 戌 亥 巳

77 67 57 47 37 27 17 07
乙 甲 癸 壬 辛 庚 己 戊
未 午 巳 辰 卯 寅 丑 子

이 명조는 갑목일주가 亥月(해월)의 수왕절에 태어나 쌍해수가 생목하고 쌍을목이 일주를 돕고 있으니 신왕한 중에 많은 인성인 水(수)가 흠이 된다. 수를 제거하는 戌土(술토)가 용신에 사화는 용신을 생하는 희신이고 을목은 용신을 傷害(상해)하는 병신에 금운은 약신이 된다.

자대운에 흠이 되는 수를 도우니 왕수에 용신인 土(토)(재성=아버지)는 붕괴되는데 이때 아버지가 事業(사업)에 실패했다.

기축대운에 용신을 도우니 길한데 이때 술토가 華蓋星(화개성)(예체능에 능)이니 音大(음대)를 졸업하였다.

축대운에 용신을 도와서 길한데 丁卯年(정묘년)에 용신을 생하고 묘목도 화가 日支(일지)(배우자 궁)와 合(합)하니 성혼하고 무진년에 用神(용신)을 冲(충)하니 딸을 낳았다.

경운에 藥神(약신)이 되어 병신이 되는 乙木(을목)을 합거하니 길하지만 임신년에 병신인 수를 생하고 申巳刑(신사형)이 되니 차녀를 얻고 甲戌年(갑술년)에 용신을 도우니 아들을 얻었다.

寅運(인운)에 인해목이 병신인 을목을 도와서 극용신하니 흉한데 기묘년에 또 병신을 도와서 克土(극토)(父星(부성))하니 父喪을 당했다.

인운에 병신인 을목을 도와서 용신인 戌土(술토)(재성)를 극하여 흉한데 정축년부터 경진년까지 4年(년)동안 5억원을 사기를 당했다.

*. 辛(신)운에 병신인 乙木(을목)을 冲(충)하여 길한데 갑신년부터 호프집을 자영한다. 水(수)가 凶神(흉신)이므로 호프집은 아닌듯한데 아마도 夫君(부군)의 명조에 수가 吉神(길신)인 듯하다.

1947년생 상관생재격

癸 甲 辛 丁
酉 寅 亥 亥

78 68 58 48 38 28 18 08
癸 甲 乙 丙 丁 戊 己 庚
卯 辰 巳 午 未 申 酉 戌

이 명조는 갑목일주가 해월의 수왕절에 태어나 三水(삼수)의 인성이 생목하고 坐下(좌하)의 인목이 일주를 돕고 있으니 신왕하고 한습하다. 조후하는 丁火(정화)가 용신이고 목은 용신을 생하는 희신이 되고 수는 용신을 상해하는 병신에 土運(토운)은 병신인 수를 제거하는 약신이 된다.

병운에 丙奪丁光(병탈정광)(병화 즉 태양빛에 촛불에 비유되는 정화가 빛을 잃는다는 뜻)하여 길운이 아닌데 乙亥(을해)년에 병신인 수를 도와서 용신인 화를 傷害(상해)하니 다니던 中央三大日刊紙新聞社(중앙삼대일간지신문사)에서 퇴직하고 지방방송국으로 옮겼다. 언론·방송사에 근무한 것은 火(화)가 길신인 연고이다. 亥年(해년)에 옮긴 것은 地殺(지살)의 작용 때문이기도 하다.

*. 슬하에 딸 하나 아들 하나가 있는데 子息(자식)이 둘인 것은 화(2·7)가 용신인 연고다. 이 理論(이론)은 『적천수천미』에 나온다.

1956년생 신왕용재

丙 甲 庚 丙

寅 戌 子 申

71 61 51 41 31 21 11 01
戊 丁 丙 乙 甲 癸 壬 辛
申 未 午 巳 辰 卯 寅 丑

이 명조는 갑목일주가 子月(자월)의 수왕절에 태어나 申子水(신자수)가 생목하고 인목이 일주를 도우니 신왕한 중에 많은 수가 흠이 된다. 水(수)를 제거하는 戌土(술토)가 용신에 화는 희신이고 목이 병신에 금은 약신이 된다.

묘운은 병신을 도와서 흉하지만 桃花運(도화운)이 되는데 을축년에 용신을 돕는 正財(정재)(처)가 되니 성혼하였다. 甲大運(갑대운)에 벽갑인화한 화가 용신을 생하니 대길하였다. 辰大運(진대운)은 신자진수가 왕목을 생하여 길운이 아니었으나 壬申(임신)년에 약신을 도우니 득남하고 갑술년에 용신을 도우니 여식을 얻었다. 乙運(을운)은 병신을 도와서 길운이 아니고 사운에 용신을 생하여 길한데 癸未年(계미년)부터 용신을 도우니 청소용역회사를 자영한다.

1970년생 신왕용재

丁 甲 戊 庚
卯 申 子 戌

73 63 53 43 33 23 13 03
丙 乙 甲 癸 壬 辛 庚 己
申 未 午 巳 辰 卯 寅 丑

이 명조는 갑목일주가 子月(자월)의 수왕절에 태어나 申子水(신자수)가 생목하고 묘목이 일주를 도우니 신왕한 중에 왕성한 水(수)가 欠(흠)이 된다. 수를 제거하는 재성인 土(토)가 용신에 정화는 용신을 생하는 희신이고 목은 용신인 토를 극상하는 병신에 金(금)은 목을 제거하는 약신이다.

寅運(인운)에 좌하(일지=배우자궁)를 충동질하는데 기사년에 財星(재성)(처)을 도우고 生(생)하니 여자를 만났다.

묘운에 도화살이 되는데 무인년에 재성을 돕고 坐下(좌하)를 冲動(충동)하니 결혼하고 기묘년에 官星(관성)(자식)을 생하고 도화살이 되니 長男(장남)을 얻고 임오년에 용신인 토를 생하고 도화(묘운을 기준으로 보면 자수가 도화살이다.)를 子午冲(자오충)하니 차남을 얻었다.

묘대운 임오년에 재성용신을 생하니 2억원의 得財(득재)가 있었다. 임운은 병신인 목을 생하여 재성을 극하니 凶(흉)한데 癸未年(계미년)에 용신인 戊(무)土(토)(재성)를 戊癸合去(무계합거)하고 戌未刑(술미형)이 되니 1억 3천만원의 손재가 있었다.

1961년생 재다신약

丙 甲 辛 辛
寅 辰 丑 丑

71 61 51 41 31 21 11 01
癸 甲 乙 丙 丁 戊 己 庚
巳 午 未 申 酉 戌 亥 子

이 명조는 갑목일주가 丑月(축월)의 재왕절에 태어나 三土(삼토)의 재성과 雙(쌍)

辛의 관성이 있으니 재다신약한 사주다. 신약의 주된 원인은 많은 土(재성)에 있다. 따라서 토를 제거하는 木이 용신에 수운은 희신이고 금이 병신에 火는 약신이 된다.

재다신약자는 財産에 관심이 많으므로 경제학을 전공하고 정대운에 약신을 도와 병신인 금을 제거하니 용신인 목이 생기를 얻어 吉한데 을해년에 용신을 도우고 생하니 경제학교수가 되었다. 교수는 印星과 食傷이 길신인 연고다. 병대운에 들어 약신을 도와서 길한데 壬午年에 喜神이 되고 藥神을 도우니 투자주식으로 15억원의 수익이 있었다.

*. 財多身弱者는 큰 돈이 들고 난다.

1951년생 신약비겁위용

丙 甲 辛 辛

寅 寅 丑 卯

71 61 51 41 31 21 11 01

癸 甲 乙 丙 丁 戊 己 庚

巳 午 未 申 酉 戌 亥 子

이 명조는 갑목일주가 축월의 財旺節에 태어나 雙辛의 관성이 투간하여 병화가 설기하니 신약하다. 의지처인 木이 용신에 수운은 희신이고 금은 용신을 상해하는 병신에 丙火는 그 병을 제거하는 약신이다.

亥大運에 희신인성(공부)이 되어 용신을 생하니 공부가 최상위그룹이었다. 戊大運에 영문학을 전공했다. 戌大運부터 丙大運까지 수학전문학원에서 수학을 강의했다. 강의는 印星과 食傷이 길신인 연고이고, 數學은 寅寅丑이 天乙貴人(창의력=의과)인 연고다.

丁大運에 약신을 도와서 병신을 제거하니 용신이 생기를 얻어서 길한데 甲子年에 용신을 돕고 도화성이 되니 결혼하고 乙丑년에 관성(자식)을 생하니 득남하였다. 丙大運에 약신을 도와서 길하지만 壬申년에 木用神의 根인 寅木을 冲하니 목디스크수술을 받았다. 이는 金木이 交爭하면 筋骨痛인 연고다.

申運에는 용신의 근을 寅申冲하고 卯(甲乙)申(戊己壬庚)暗合(甲己土, 乙庚金)거하니 경제적으로 어려움이 많았다. 특히 丁丑년에는 흉신인 財星을 도우니 친구보증을 잘못서서 1억원의 손재가 있었다.

10.2 乙 木

1958년생(여명) 신왕용재

丁 乙 甲 戊
亥 亥 寅 戌

78 68 58 48 38 28 18 08
丙 丁 戊 己 庚 辛 壬 癸
午 未 申 酉 戌 亥 子 丑

이 명조는 을목일주가 劫財月(겁재월)에 태어나 雙亥水(쌍해수)가 생목하고 갑인목이 일주를 도우고 있으니 신이 太旺(태왕)하다. 태왕한 자는 설기함을 기뻐한다. 설기하는 丁火(정화)가 용신에 수가 병신에 토는 약신이 된다. 태왕한 목은 木多火熄(목다화식)하므로 희신이 아니라 오히려 병신이 되고 이때 금운은 왕목을 斫破生火(작파생화)하는 약신이 된다.

임운에 정임합목 즉 多淫之合(다음지합)하는데 병진년에 병화는 상관(자식)이 되고 진토는 진술충으로 술중의 신금(남편)을 冲動(충동)하니 逢男(봉남)하고 정사년에 정화는 용신을 도우고 사화는 일지(배우자궁)을 冲動(충동)하니 성혼하고 장녀를 얻었다. 戊午年(무오년)에 용신을 도우고 약신을 도우니 차녀를 얻고 子大運(자대운)에 桃花殺(도화살)이 되는데 庚申(경신)년에 약신관성이 되니 삼녀를 두었다. 辛運(신운)에 약신이 되지만 官逢官運(관봉관운)[64]이 되니 흉한데 乙丑(을축)년에 축술형이 되고 관성(남편)인 辛金(신금)이 丑(축)에 입묘하니 부부가 별리하였다. 해운은 병신을 도와서 흉한데 庚午年(경오년)에 경금이 관성(남편)이 되니 이때 만난 사람과 살고 있다. 庚運(경운)에 화용신에 벽갑인화하여 길한데 이때 스포츠마사지업체에서 득재하였다. 戌大運(술대운)에 약신이 되어 길한데 경진년부터 스포츠마사지업을 自營(자영)하고 있다.

*. 스포츠마사지업은 일종의 자연치유에 속하는데 戌亥天門(술해천문)이 있는 연고다.

*. 남편복이 부실한 것은 술중의 신금이 부군인데 寅戌(인술)이 合去(합거)한 연고다.

---

64) 남명에 官運(관운)이면 직장에 변동이 있고, 여명에 관봉관운(기혼자가 관운 즉 남자를 만남)이면 가정에 우환이 있다.

1955년생 신약비겁위용

己 乙 庚 丙
卯 巳 寅 申

79 69 59 49 39 29 19 09
戊 丁 丙 乙 甲 癸 壬 辛
戌 酉 申 未 午 巳 辰 卯

이 명조는 을목일주가 寅月(인월)의 목왕절에 태어나 왕지이지만 丙·巳(병사) 火(화)의 상관이 일주를 설기하고 시상의 기토재성이 있으며 庚申金(경신금)의 관성이 있으니 왕이 변하여 신약한 사주로 바꾸었다. 의지처인 木(목)이 용신에 수운은 용신을 생하는 희신이고 목을 극상하는 금이 병신에 火(화)는 병신을 제거하는 藥神(약신)이다.

갑대운에 화가 길신에 경금이 갑목을 斫破生火(작파생화)하니 길하지만 갑술년에 용신인 인목을 寅戌合去(인술합거)하고 묘목을 묘술합거하니 다니던 한국전력회사에서 퇴직하였다. 劈甲引火(벽갑인화)하니 퇴직금의 목돈을 수령하였다. 한전은 火(화)가 길신인 연고다.

갑오대운은 용신을 돕고 약신을 도우니 길한데 韓國電力子會社(한국전력자회사)에 10年間(년간) 근무했다.

을운은 용신을 도와서 길하지만 갑신년에 용신인 인목을 爭冲(쟁충)하고 卯木(묘목)을 卯申暗合去(묘신암합거)하니 職位解除(직위해제)되었다가 병술년에 약신을 도우니 復職(복직)하였다.

1969년생(여명) 신약비겁위용

丁 乙 丁 己
丑 巳 卯 酉

72 62 52 42 32 22 12 02
乙 甲 癸 壬 辛 庚 己 戊
亥 戌 酉 申 未 午 巳 辰

이 명조는 을목일주가 묘월의 목왕절 왕지에서 태어났지만 三火(삼화)가 설기하고 二土(이토)의 재성이 있고 酉金(유금)의 관성이 있으니 왕이 변하여 신약한 사주로 바꾸었다. 의지처인 卯木(묘목)이 용신에 수운은 용신인 목을 생하는 희신이고 金(금)은 용신을 상해하는 병신에 화는 금을 제거하는 약신이 된다.

무운에 병신인 금을 생하니 흉한데 甲寅年(갑인년)에 群比爭財(군비쟁재)(아버지)하니 父喪(부상)을 당했다.

午運(오운)에 약신도화가 되어 길한데 戊寅(무인)년에 관성(남편)인 金(금)을 생하고 寅巳刑(인사형)하니 결혼하고 기묘년에 관성인 유금을 卯卯酉爭冲(묘묘유쟁충)하니 이혼하였다. 이혼은 坐下(좌하)에 傷官(상관)이고 남편성인 유금을 卯酉冲(묘유충)한 연고다.

辛大運庚辰年(신대운경진년)에 관성(남편)이 되니 재혼하고 신사년에 상관(자식)이 되니 여식을 얻었다. 계미년에 축미충과 묘유충하니 家出(가출)하고, 갑신년에 官逢官運(관봉관운)이 되니 남편으로부터 이혼소송을 당하여 訴訟稽留(소송계류) 中(중)이다. 소송은 申巳刑(신사형)이 된 연고이고 이혼은 유금관성이 卯酉冲(묘유충)된 연고이고 여명에 乙巳日柱(을사일주)가 좌하상관(상관이 관성을 극함)인 연고다.

1957년생 신왕용재

辛 乙 癸 丁
巳 未 卯 酉

76	66	56	46	36	26	16	06
乙	丙	丁	戊	己	庚	辛	壬
未	申	酉	戌	亥	子	丑	寅

이 명조는 을목일주가 묘월의 목왕절에 태어나 卯未木(묘미목)이 일주를 돕고 계수가 을목을 생하니 신왕하다. 신왕용재하여 재성인 土(토)가 용신에 화는 용신인 토를 생하는 희신이고 목은 토를 극상하는 병신에 金(금)은 병신인 木(목)을 제거하는 약신이다.

축대운에 용신을 도우니 酪農(낙농)을 전공하였다. 낙농은 未(羊)土(미양토)가 길신인 緣故(연고)다.

軍(군)은 보병중위로 子大運(자대운)에 병신인 목을 생하여 용신인 토를 극하는데 丁卯年(정묘년)에 관성(직업)의 근인 유금을 卯卯酉爭冲(묘묘유쟁충)하니 전역했다. 군은 偏官(편관)이 길신인 연고이고 步兵(보병)은 토가 길신인 연고다.

庚大運(경대운)에 관성(자식)이 되는데 乙丑年(을축년)에 재성(처)이 되니 성혼하고 子大運(자대운)에 桃花(도화)가 되는데 정묘년에 丁火(정화)는 용신인 토를 생하고 卯木(묘목)은 卯酉正冲(묘유정충)을 卯卯酉爭冲(묘묘유쟁충) 즉 冲(충)의 효력이 떨어지니 長男(장남)을 두고 己巳(기사)년에 용신을 돕고 生(생)하니 次男(차남)을 얻었다.

자대운은 병신을 생하여 길운이 아니지만 戊辰年(무진년)에 용신을 도와 官星(관성)(직장)을 生(생)하니 제약회사에 취직하였다. 제약회사는 卯辛(묘신)이 현침성인 연고다. 기대운에 용신을 도와서 길하지만 甲戌(갑술)년에 용신인 未土(미토)를 戌未刑(술미형)하니 제약회사를 그만 두고 택시 20여대를 구하여 운수업을 시작하였다. 운수업은 巳火(사화)가 吉神驛馬殺(길신역마살)인 연고다. 기대운은 용신을 도와서 길하였고 亥大運(해대운)은 上下(상하)가 吉運(길운)으로 여전히 길[65]하여 무인년에 용신인 土(토)가 寅(인)에 장생이 되니 길하므로 이때

65) 해대운은 上下(상하)가 길운으로 여전히 길: 해대운 上(상)의 己大運(기대운)은 용신을 도와서 길하고 해대운 下(하)의 戊大運(무대운)도 용신을 도와서 길한데 즉 '상하가 길운이면

득택하였다.

무운에도 용신인 토(재성=재산)를 도와서 길한데 계미년에 癸水(계수)가 왕한 목을 생하여 용신인 토(재성=아버지)를 극하니 父喪(부상)을 당하고 4억원의 財産(재산)을 상속 받았다.

무운은 용신을 도와서 길운이지만 무토를 癸水(계수)가 合去(합거)하니 어머니와 관계가 凶(흉)하였고 甲申(갑신)년에는 申巳刑(신사형)하니 택시파업이 있었다.

1961년생(여명) 身旺用財(신왕용재)

甲	乙	壬	辛
申	亥	辰	丑

78	68	58	48	38	28	18	08
庚	己	戊	丁	丙	乙	甲	癸
子	亥	戌	酉	申	未	午	巳

이 명조는 을목일주가 辰月(진월)의 東方木旺節(동방목왕절)에 태어나 임해수가 生木(생목)하고 갑목이 일주를 도우며 申辰水(신진수)가 목을 생하고 있으니 신왕하고 濕(습)하다. 습기를 제거하는 土(토)가 용신에 화운은 용신을 생하는 희신이고 용신을 상해하는 甲木(갑목)은 병신이 되고 병신인 목을 제거하는

그 중간운인 해대운도 다함께 길하게 지나간다.' 는 의미임.

辛金[신금]은 약신이 된다.

갑운에 병신을 도우니 길운이 아니므로 商高[상고]만 졸업하고 대학은 포기하였다. 상고는 身旺財弱[신왕재약]한 연고다.

오운에 桃花食神[도화식신](자식)이 되는데 갑자년에 도화인 오화를 子午冲[자오충]하니 남자를 만났다. 을운에 병신인 목을 도와서 길운이 아니지만 己巳[기사](상관=자식)年[년]에 용신을 돕고 생하니 여식을 낳고, 경오년에 일간인 乙木[을목]과 庚金[경금](남편)이 합을 이루고 도화식상이 되니 그때서야 동거생활을 시작했다.

未運[미운]은 관성(남편)의 근이 되는 丑土[축토]를 축미충하는데 癸酉年[계유년]에 관봉관운이 되니 남녀가 이별을 하고, 갑술년에 辰戌冲[진술충] 丑未冲[축미충]한 토가 관성(남자)을 생하니 다시 동거생활에 들어갔다. 병운은 용신을 생하여 길한데 庚辰年[경진년]에 약신과 용신을 도우니 次女[차녀]를 얻었다.

*. 병대운 경진년부터 火[화]가 길신이지만 호프(水[수])집을 경영하는 것은 夫君[부군]의 사주에 水[수]가 吉神[길신]이기 때문이다.

*. 寒濕[한습]하여 火土[화토]가 필요하므로 己亥年[기해년] 己巳月[기사월] 戊戌日[무술일] 壬戌時[임술시] 生[생] 男子[남자]를 만나서 함께 산다.

1960년생 신왕용재격

戊 乙 庚 庚

寅 亥 辰 子

76 66 56 46 36 26 16 06

戊 丁 丙 乙 甲 癸 壬 辛

子 亥 戌 酉 申 未 午 巳

이 명조는 을목일주가 辰月(진월) 癸水(계수)가 司令(사령)하는 東方木旺節(동방목왕절)에 태어나 자진수와 해수가 생목하고 인목이 일주를 도우니 신왕한 四柱(사주)中(중)에 왕한 인성인 水(수)가 흠이 된다. 수를 제거하는 재성 즉 土(토)가 용신에 식상인 화는 용신을 생하는 희신이고 토를 상해하는 木(목)이 병신에 금은 목을 제거하는 藥神(약신)이 된다.

오운에 인오화가 생토하지만 辛酉(신유)신에 용신의 根(근)이 되는 辰土(진토)를 합거하고 또 용신인 토의 死地(사지)가 되니 급성신장염으로 신고했다. 腎臟(신장)은 水(수)에 해당한다.

오운에 인오화가 용신인 토를 생하여 길한데 甲子年(갑자년)에 火(화)가 길신에 벽갑인화하니 得宅(득택)하였다.

申運(신운)에 官星(관성)(직장)약신을 도와 병신인 寅木(인목)을 제거하여 길한데

癸未年(계미년)에 用神(용신)을 도우니 은행지점장으로 승진하였다.

申運末(신운말) 乙酉年(을유년)에 관성약신을 도우니 영전하였다.

*. 辰月(진월)은 淸命節(청명절)(음력 3월 10일 03시 44분에 入節(입절))로서 음력 3월 22일 寅時生(인시생)이니 절기심천의 지장간도표를 보면 진월은 乙木(을목)이 9日(일) 3分半(분반)과 癸水(계수)가 3日(일) 1分(분)과 戊土(무토)가 18日(일) 6分(분)해서 31日(일)이 되는데, 따라서 出生日時點(출생일시점)은 癸水(계수)가 사령하는 때다. 그러므로 위와 같이 신왕한 四柱(사주)로 풀이하였다.

1951년생 살인상생

丙 乙 癸 辛
子 丑 巳 卯

77 67 57 47 37 27 17 07
乙 丙 丁 戊 己 庚 辛 壬
酉 戌 亥 子 丑 寅 卯 辰

이 명조는 을목일주가 巳月(사월)의 화왕절에 태어나 二火(이화)가 설기하고 축토의 재성이 대치하고 辛金(신금)의 七殺(칠살)이 일주를 극하고 있으니 신약한 목화상관격이다. 水(수)로서 왕한 상관을 극하고 약한 일주를 생하여야 한다. 즉 水(수)가 용신에 금은 희신이고 토가 병신에 묘목은 약신이다.

卯木이 길신현침성이고 丑土가 화개성이니 畵家다.

묘운에 약신을 도와서 길한데 丙辰年에 正財년이 되니 성혼하였다. 寅大運 丙寅年에 군비쟁재하니 부부가 이혼하였다.

戊運에 재성(처)이 되는데 기묘년에 再婚하고 辛巳년에 병신인 財星土를 생하니 이혼하였다.

子運에 용신도화를 돕는데 甲申年에 관성(자식)을 도우니 제3의 女人을 만났다.

子運甲申年에 용신과 희신을 도우니 博物館을 개관했다.

*.재혼하고 삼혼까지 한 것은 財星(처)이 흉신이고 子水가 도화(본인의 바람기)이며 財星인 丑土가 他 五行과 合(처의 바람기)한 연고다.

1954년생 신약한 목화상관격

丁 乙 己 甲
亥 亥 巳 午

76 66 56 46 36 26 16 06
丁 丙 乙 甲 癸 壬 辛 庚
丑 子 亥 戌 酉 申 未 午

이 명조는 을목일주가 巳月(사월)의 화왕절에 태어나 三火(삼화)가 설기하고 기토가 투간하여 재성을 이루니 신약하고 조열하다. 身弱(신약)한 木火傷官格(목화상관격)에 水(수)가 왕한 상관을 제거하고 약한 일주를 생하여야 한다. 즉 의지처인 水(수)가 용신에 금운은 수를 생하는 희신이고 토는 수를 극하는 병신에 목은 그 병신을 제거하는 藥神(약신)이다.

*. 심층수온천개발사업을 自營(자영)한다. 이는 水(수)가 길신인 까닭이다.

*. 甲運(갑운)부터 광산사업을 한다. 광물은 金(금)이 길신이고 석탄은 木(목)이 길신인 緣故(연고)다.

*. 旺火(왕화)에 巳中(사중)의 庚金(경금)이 傷害(상해)되니 기관지(庚金(경금)은 大腸(대장)이고, 辛金(신금)은 肺(폐)다)가 약하다.

1949년생 종세격

辛 乙 庚 己
巳 酉 午 丑

76 66 56 46 36 26 16 06
壬 癸 甲 乙 丙 丁 戊 己
戌 亥 子 丑 寅 卯 辰 巳

이 명조는 을목일주가 午月(오월)의 食神月(식신월)에 태어나 의지할 곳은 없는데 巳午食傷과 己丑財星과 庚辛酉官星 즉 식상과 재성과 관성이 균등하게 왕하다. 즉 從勢格에 재성이 용신에 식상은 희신이고 비겁운은 병신이 되고 관성은 藥神이 된다.

정대운 정사년에 용신인 財星(妻)을 생하니 성혼하고 집은 있었으며 무오년에 용신을 도우고 生하니 長男을 얻고 卯大運에 병신이 되어 흉하지만 庚神년에 藥神을 도우니 次男을 얻었다.

묘대운에 병신이 되어 흉하지만 壬戌年에 용신을 도우니 理學博士가 되었다. 理學은 火土金이 吉神이고 辛午가 懸針星에 丑이 華蓋星이기 때문이다.

2008년생 신약한 목화식신격. 출산택일

庚 乙 戊 戊
辰 巳 午 子

71 61 51 41 31 21 11 01
丙 乙 甲 癸 壬 辛 庚 己
寅 丑 子 亥 戌 酉 申 未

이 명조는 을목일주가 午月의 화왕한 계절에 태어나 巳午火가 설기하고 三土의 재성과 경금의 관성이 있으니 身이 태약하다. 태약하지만 辰土(진토)의 습기와 子(자)수가 있으므,로 종격은 아니고 身弱(신약)한 木火(목화) 食神格(식신격)이다. 의지처인 水(수)가 용신에 금은 용신인 수를 생하는 희신이고 토가 병신에 木運(목운)은 토를 제거하는 약신이 된다.

임진년 현재까지 조열하므로 驚氣(경기)때문에 병원응급실에 실려간일이 100번도 넘는다고 했다. 이왕 出産擇日(출산택일)을 할 바에는 하루 前(전)인 甲辰日(갑진일)에 태어나도록 했었다면 太弱(태약)을 免(면)할뿐만 아니라 子辰隔合(자진격합)(한간을 건너서 합함)으로 子午冲(자오충)을 免(면)할수도 있었을 것이고 그랬으면 壬辰年(임진년)에 아버지와 어머니의 離婚(이혼)을 막을 수도 있었을 것이다. 壬辰年(임진년)에 부모이혼은 用神(용신)인 子水(자수)(어머니)를 合去(합거)한 연고다.

그러나 향후 金水運(금수운) 60年間(년간)은 용신을 생하고 도와서 대길하리라.

1981년생 살인상생

庚 乙 癸 庚

辰 未 未 申

76 66 56 46 36 26 16 06

辛 庚 己 戊 丁 丙 乙 甲

卯 寅 丑 子 亥 戌 酉 申

이 명조는 을목일주가 미월의 소서절에 태어나 三土(삼토)의 재성이 있고 三金(삼금)의 관성이 있으니 신약하고 조열하다. 조후가 시급하니 癸水(계수)가 用神(용신)에 금은 희신이고 토가 병신에 목운은 약신이다.

초년 甲申乙酉運(갑신을유운)에 약신과 희신이 되어 병신을 극하여 용신을 구하고 또 용신을 생하니 齒大(치대)를 졸업하였다. 齒醫(치의)는 申金(신금)이 懸針星(현침성)이며 金(금)이 길신인 연고다.

1954년생 관인상생

庚 乙 辛 甲
辰 亥 未 午

77 67 57 47 37 27 17 07
己 戊 丁 丙 乙 甲 癸 壬
卯 寅 丑 子 亥 戌 酉 申

이 명조는 을목일주가 小暑節(소서절)에 태어나 午火(오화)에 설기되고 辰未土(진미토)의 재성과 대치하고 있으며 경신금의 관성이 일주를 극하고 있으니 身弱(신약)하고 조열하다. 弱身(약신)을 생하고 조후하는 亥水(해수)가 용신에 금은 용신을 생하는 희신에 토는 수를 극상하므로 병신이 되고 갑목은 병신인 토를 제거하는 藥神(약신)이 된다.

공대전기과를 졸업하고 酉大運庚申年(유대운경신년)에 희신관성(직업)이 되니 취직한 후 甲大運(갑대운)은 화가 흉신에 벽갑인화하고 술대운은 병신을 도와서 용신인 수를 극하니 이 10年間(년간)은 길운이 아니었다.

갑대운은 벽갑인화하여 길운이 아니지만 甲子年(갑자년)에 도화가 용신을 도우니 成婚(성혼)하고, 술대운을축년에 관성(자식)인 금을 생하니 장남을 얻고, 술대운 무진년에 관성을 생하니 딸을 얻고, 亥大運乙亥年(해대운을해년)에 용신을 도와서 吉(길)하니 차남을 얻었다.

亥運(해운)에 용신을 도와서 길한데 정축년에 정화는 병신인 토를 생하고 축토는 병신인 미토를 축미충하여 충발한 토가 印星(인성)(문서)인 수를 극하니 退職(퇴직)하였다.

亥大運戊寅年(해대운무인년)에 해수는 용신을 돕고 인목은 약신인 목을 도와서 길한데 이때부터 전기·소방설비사업을 自營(자영)하여 길하다. 소방은 水(수)가 길신인 연고이고 전기설비를 金(금)이 길신인 연고다.

丙運(병운)에 병신인 土(토)(胃(위))를 생하여 흉한데 임오년에 또 토를 생하니 맹장수술을 하였다.

*. 電氣(전기) 그 자체는 火(화)에 속하고 구리선 등 전선은 金(금)에 속한다.

1967년생 신약비겁위용

庚 乙 戊 丁
辰 卯 申 未

74 64 54 44 34 24 14 04
庚 辛 壬 癸 甲 乙 丙 丁
子 丑 寅 卯 辰 巳 午 未

이 명조는 을목일주가 申月(신월)의 금왕절에 태어나 경신금의 관성이 있고 戊·辰·未土(무 진 미 토)의 재성이 있고 정화의 식신이 설기하니 극설이 겹쳐서 신약한데 의지처는 卯木(묘목)뿐이다. 즉 묘목이 용신이고 수는 용신을 생하는 희신이고 금은 용신을 상해하는 병신이 되고 정화는 병신인 金(금)을 제거하는 藥神(약신)이다.

병운에 약신을 도와서 길한데 甲子年(갑자년)에 팔이 부러졌다. 이는 用神(용신)인 卯木(묘목)이 子卯刑(자묘형)이 되고 乙木(을목)이 曲脚殺(곡각살)인 연고다.

을운이 용신을 도우니 길한데 이때 財星(재성)이 왕하므로 경제학을 전공했다.

巳大運(사대운)에 약신을 도와서 財星(재성)(처)을 生(생)하는데 丁丑年(정축년)에 약신을 돕고 財星年(재성년)이 되니 成婚(성혼)하고 기묘년에 용신을 도우니 득남하였다.

甲運(갑운)에 화가 길신에 벽갑인화하여 길한데 辛巳年(신사년)에 또 火(화)를 도우니 財産을 증여받고, 임오년에 희신이 되고 약신을 도우니 길한데 이때 공인중개사자격증을 받았다. 공인중개사자격증은 木(建物)이 길신인 연고다.

갑운은 용신을 돕고 화가 길신에 벽갑인화하여 길한데 癸未年에 용신인 묘목을 합거하니 吉함이 적인데 이때 女食을 얻고, 갑신년에 再 劈甲引火하니 得宅하였다.

*. 木이 길신이니 商街建物 등 건물매매를 매개하는 공인중개사다.

1998년 음력 7월 5일 미시생 (여명) 出産擇日해서 낳았다.

癸 乙 庚 戊
未 巳 申 寅

76 66 56 46 36 26 16 06
壬 癸 甲 乙 丙 丁 戊 己
子 丑 寅 卯 辰 巳 午 未

이 명조는 을목일주가 申月의 금왕절에 태어나 庚·申官星과 戊·未財星이 있고 巳火가 일주를 설기하니 극설이 겹쳐서 ①왕약으로 판단하면 신약한 사주다. 그리고 ②조후로 판단하면 乙·寅·巳·戊·未

는 燥熱한 오행이고 庚·申·癸는 합습한 오행이니 결국 濕이 필요한 조열한 사주다. ①과 ②를 종합해서 판단하면 의지처인 癸水가 용신에 금은 용신인 수를 생하는 희신이고 土는 용신인 수를 제거하는 병신에 寅木은 병신인 토를 제거하는 약신이 된다. 따라서 초년 土運은 병신을 도와서 흉하고 火運은 조열함을 도와 病神인 土를 생하니 흉하다. 濕土인 진운부터 길운이 되는데 그러면 吉運이 너무 늦지 아니한가. 天氣를 造作하는 것도 하늘에 대한 罪가 되는데, 이 乙巳生은 辰運이 될 때까지 얼마나 고달픈 삶을 살아가겠는가. 또 女命에서 乙巳日柱는 坐下傷官인데 좌하의 상관이 官星(남편)을 克하면 辰大運前 凶運 동안에 離婚을 아니 한다는 보장을 할 수 없지 아니한가. 또 하나는 火大運 동안 火는 官星(남편)인 金을 극하는데 그러면 남편의 건강은 盛하겠는가.

연구하면 할수록 사주명리학은 참으로 奧妙하고 두렵기까지한 학문이라는 것을 통감한다. 함부로 남의 人生에 관여하지말자!

이 명조는 유명하다고 소문난 어느 哲學院(필자도 소문을 들어서 알고 있음)에서 出産擇日을 했다고 했다. 이왕 하늘에 대한 罪를 犯할 바에는 개인에게는 평생 多福한 人生이 전개되도록 나흘을 더 앞당기더라도 다음과 같이 지어주던지--

1998년 음력 7월 1일 오시생 곤명

甲 辛 庚 戊
午 丑 申 寅

75 65 55 45 35 25 15 05
壬 癸 甲 乙 丙 丁 戊 己
子 丑 寅 卯 辰 巳 午 未

이 명조는 辛金日主(신금일주)가 庚·申金(경신금)이 일주를 돕고 戊·丑土(무축토)가 生金(생금)하니 신왕한 중에 많은 金(금)이 흠이 된다. 흠이 되는 금을 제거하는 午火(오화)가 용신에 寅木(인목)은 용신인 화를 생하는 희신이고 수운은 용신인 화를 극상하는 병신에 토는 病神(병신)인 水(수)를 제거하는 약신이 된다.

초년부터 용신을 돕는 火運(화운)으로 시작하여 木運(목운)까지 60년 동안 吉運(길운)이니 多福(다복)한 인생이 아니겠는가. 또한 午火(오화)가 吉神桃花星(길신도화성)에 懸針星(현침성)이니 美人(미인)에다가 本人(본인)이 活人方(활인방)(의사 약사 등)이 아니면 활인방인 配偶者(배우자)라도 반드시 만날 수 있지 않겠는가. 물론 출산택일을 하면, 자연분만일보다 앞당긴 날자 만큼 인큐베이터에서 성장해야 되지만--

1954년생(여명) 식신제살격

庚 乙 癸 甲
辰 未 酉 午

80 70 60 50 40 30 20 10
乙 丙 丁 戊 己 庚 辛 壬
丑 寅 卯 辰 巳 午 未 申

이 명조는 을목일주가 유월의 금왕절에 태어나 경금이 透干하였으니 관성이 왕하고 辰·未土의 재성이 있으니 재왕하고 오화의 설기함이 있으니 신약한 중에도 습하다. 습한 것은 乙甲과 未午의 조열함보다는 월지의 유금과 계수와 경진의 濕함이 더 왕성하기 때문이다. 따라서 午火를 써서 이 濕한 기운을 제거하여야 한다. 즉 食神制殺하여 午火가 용신에 갑목은 희신이 되고 수가 병신에 燥土는 약신이 된다.

미대운 경신년에 官星을 도우니 성혼하고 신유년에 득남하고 경대운은 火用神에 벽갑인화하니 대길한데 갑자년에 차남을 얻었으나 태어나서 2개월만에 失踪되었다. 이는 丙子年의 子水가 용신인 午火食神(자식)를 冲한 연고다.

庚大運에 벽갑인화하여 대길한데 이때 부군이 공장을 경영하여

大財(대재)를 득하였다. 午運(오운)에도 용신을 도와 길한데 임신년에 서울 강남에 중형 아파트를 구입하였다. 巳大運(사대운)에 巳酉金(사유금)과 경금 즉 太旺(태왕)한 金(금)에 癸水(계수)(어머니)가 濁(탁)해져 흉한데 壬午年(임오년)에 癸水(계수)가 絶地(절지)[66]가 되니 母喪(모상)을 당했다. 무대운은 藥神(약신)이 되어 평길하고 진대운은 진유금이 한습을 더하여 吉運(길운)이 아니었다.

향후 木火運(목화운)은 용신을 생부하여 길하리라.

*. 乙木(을목)이 태약에 가까우니 肝(간)이 약하다.

1974년생(여명) 신왕용재

戊 乙 癸 甲
寅 丑 酉 寅

75 65 55 45 35 25 15 05
乙 丙 丁 戊 己 庚 辛 壬
丑 寅 卯 辰 巳 午 未 申

이 명조는 을목일주가 酉月(유월)의 금왕절에 태어나 弱地(약지)이지만 계수가 생목하고 갑인인목이 일주를 돕고 있으니 身旺(신왕)한 사주로 바뀌었다. 신왕용재하여 土(토)가 용신에 화운은 용신을 생하는 희신이 되고

66) 음포태법에 의하면 계수는 오에 절지가 된다.

목이 병신에 金은 약신이 된다.

미운에 化學을 전공하였다. 화학은 화가 길신인 연고다.

미운에 축미충 즉 日支(배우자궁)를 冲動하는데 乙亥年에 會局救冲(해미목이 축미충을 구함)하니 성혼하고 丙(상관=자식)子年에 여식을 얻었다.

庚大運에 火(자식)가 길신에 벽갑인화하는데 임오년에 十五億원의 遺産을 상속받았고 차녀를 얻었다.

화가 길신인데 경운에 벽갑인화하여 용신인 재성을 생하니 財的으로는 길하였다. 그러나 다른 한편으로는 食傷(자식)인 火가 官星(남편)인 金을 극상하니 부부관계에 충돌이 오는데 辛巳年에 官逢官運이 되니 이때부터 부부갈등이 시작되어 甲申年에 또 관봉관운이 되고 地殺(寅)驛馬(申)가 상충하니 70평집과 자식들과 교수남편을 버리고 家出해버렸다. 이는 酉金官星(남편)이 寅酉寃嗔殺[67]이 되고 많은 비겁에 群比爭官한 연고다.

*. 癸卯年 丙辰月 甲午日 庚午時生이 남편이다.

*. 甲木은 머리인데 庚大運에 갑목을 冲하니 편두통은 있었다.

---

67) 寃嗔殺(鬪爭, 宮合에 適用): 子未, 丑午, 寅酉, 卯申, 辰亥, 巳戌

1967년생(여명) 재다신약. 가출녀

戊 乙 庚 丁

寅 丑 戌 未

74 64 54 44 34 24 14 04

戊 丁 丙 乙 甲 癸 壬 辛

午 巳 辰 卯 寅 丑 子 亥

이 명조는 을목일주가 戌月(술월)의 재왕절에 태어나 지지에 丑·戌·未(축술미) 土(토)와 時上(시상)에 무토가 투간하였으니 재다신약하다. 신약함의 주된 원인은 많은 재성인 土(토)에게 있으므로 토를 제거하는 寅木(인목)이 用神(용신)에 水運(수운)은 용신을 생하는 희신이고 용신인 목을 상해하는 庚金(경금)이 병신에 丁火(정화)는 그 병신을 제거하는 藥神(약신)이 된다.

癸水運(계수운)에 용신인 인목을 생하는 희신이 되어 길하므로 문화인류학을 전공했다. 문화(에·체능 등)인류학은 丑戌未(축술미)가 華蓋星(화개성)이고 印星(인성)이 吉神(길신)인 연고다.

계수운에 용신을 생하여 길한데 辛未年(신미년)에 辛金(신금)은 관성(남편)이 되고 日柱(일주)의 干支(간지)를 丑未冲動(축미충동)하니 성혼하고 癸酉年(계유년)에 토생금 금생수 수생목으로 轉轉相生(전전상생)하여 용신을 생하니 아들을 두었다. 丑大運(축대운) 丙子年(병자년)에 왕토를 도우고 생하여 흉하지만 子水(자수)는 용신을 생하므로

女息(여식)을 두었다.

甲大運(갑대운)에 용신을 도울 것 같지만 甲木(갑목)이 庚金(경금)(관성=남편)을 冲(충)하는데 辛巳年(신사년)에 辛金(신금)의 다른 관성(남자)을 만나니 실제 다른 남자를 알게 되어 辛丑月(신축월)에 오천만원을 가지고 家出(가출)하였다. 오천만원은 火(화)가 길신에 劈甲引火(벽갑인화)한 연고이고 그 돈을 몰래가지고 나온 것은 丑戌未三刑(축술미삼형)이 있는 연고다. 스스로 고독을 찾아 나선 것은 庚戌魁罡(경술괴강)(고독성)殺(살)의 작용이기도 한다.

*. 목일주가 丑戌未三刑(축술미삼형)이 있으니 피부가 약하다.

*. 축술미가 華蓋星(화개성)이니 음악에 조예가 깊다.

1971년생 재다신약

戊 乙 戊 辛
寅 酉 戌 亥

76 66 56 46 36 26 16 06
庚 辛 壬 癸 甲 乙 丙 丁
寅 卯 辰 巳 午 未 申 酉

이 명조는 을목일주가 戌月(술월)의 재성이 왕한 계절에 태어나 三土(삼토)의 재성과 신유금의 관성이 있으니 재성과 관성이 왕하여 신약한데 身(신)

弱(약)의 주원인은 旺(왕)한 재성에게 있다. 따라서 재성을 제거하는 비겁 즉 寅木(인목)이 용신이고 수는 희신에 금은 병신이고 화운은 藥神(약신)이 된다.

재다신약은 經濟(경제)에 관심이 많은데, 때문에 경제학을 전공하고 대학원은 미국에서 마쳤다. 乙運(을운)에 용신을 도와 길한데 己卯年(기묘년)에 또 용신을 도우니 공인회계사자격증을 취득했다. 未大運(미대운)은 財星(재성)(처)이 되는데 임오년에 약신이 되고 도화년이 되어 재성을 생하니 成婚(성혼)하였다.

*. 사주팔자에서 財星(재성)은 아버지가 되는데 그 재성이 뚜렷하므로 부친이 將軍出身(장군출신)이다. 또 재성은 처이기도 한데 재성이 뚜렷하므로 자기를 능가하는 妻(처)를 둔다. 이 이론을 육친론에 유추적용하면 육친의 興(흥)하고 衰(쇠)함을 짐작할 수 있다. 가령 男子四柱(남자사주)에서 官星(관성)(자식)이 뚜렷하면 自身(자신)보다 뛰어난 자식을 둔다.

1958년생(여명) 신약비경위용

乙 乙 壬 戊
酉 丑 戌 戌

72 62 52 42 32 22 12 02
甲 乙 丙 丁 戊 己 庚 辛
寅 卯 辰 巳 午 未 申 酉

이 명조는 을목일주가 丑月의 토왕절에 태어나 四土의 재성과 유금의 관성이 있으니 신약한 중에 많은 재성이 흠이 된다. 欠을 제거하는 비겁인 乙木이 용신에 인성인 임수가 희신이 되고 비견을 상해하는 관성이 병신에 火運은 약신이 된다.

초년 금운은 병신을 도우니 寒微家에서 성장하였다. 申大運에 관성(남편)을 도우는데 戊午年에 약신도화년이 되니 성혼하고 기대운 기미년에 장녀를 얻고 경신년에 차녀를 얻었다. 午大運부터 약신이 되어 병신인 금을 제거하니 용신인 을목이 생기를 얻어 길한데, 木이 용신이니 농산품업을 자영하여 득재하고 있다. 다만 丁大運에 어머니인 壬水(희신)를 합거하여 흉한데 庚辰年에 辰戌冲한 왕토가 壬水를 克傷하니 母喪을 당하였다.

향후 辰運에 왕토를 충하면 더욱 왕성해진 土로인하여 용신인 乙

木(목)은 꺾이고 희신인 壬水(임수)는 막히게 되니 길운이 아니다. 이때 축·술이 재성으로서 忌神(기신)형이니 財産(재산)관계의 官災口舌(관재구설)과 피부질환, 胃(위), 子宮(자궁)의 健康(건강)에 유의 요망

*. 명서에서 말하기를 "財多身弱(재다신약)한 四柱(사주)는 富屋貧人(부옥빈인)이다." 즉 四柱(사주)에 財星(재성)이 많으면 그 財星(재성)이 忌神(기신)이 되므로 가난하게 산다. 는 말인데, 實觀(실관)을 통하여 경험한 바에 의하면 그렇지 않다. 四柱原局(사주원국)에 財星(재성)(財産(재산))이 많아서 身弱(신약)한 四柱(사주)는 凶運(흉운)일 때는 가난하게 살지만 吉運(길운)일 때는 잘산다. 라고 함이 적절하다.

*. 乙木日主(을목일주)이니 筆體(필체)가 뛰어나고 인성이 길신이고 일지인 축을 기준으로하면 丑(축)이 화개성이고 년지의 술을 기준으로 하면 戌戌(술술)이 화개성이니 時作(시작)에 能(능)하다.

1959년생(여명) 신왕용재

辛 乙 乙 己
巳 未 亥 亥

80	70	60	50	40	30	20	10
癸	壬	辛	庚	己	戊	丁	丙
未	午	巳	辰	卯	寅	丑	子

이 명조는 을목일주가 亥月(해월)의 수왕절에 태어나 雙亥水(쌍해수)가 생하고 월상의 을목이 도우니 신왕한 중에 왕한 水(수)가 흠이 된다. 수를 제거하는 土(토)가 용신에 화는 희신이고 목이 병신에 금은 약신이 된다.

정대운에 용신을 생하니 藥大(약대)를 졸업하였다. 약대는 亥亥天門(해해천문)이고 辛金(신금)이 懸針星(현침성)인 연고다. 축대운에 巳丑金(사축금)(관성=남편)이 되고 乙丑年(을축년)에 좌하의 未土(미토)를 冲動(충동)하니 성혼하였다. 乙丑(을축)년에 용신을 도우니 得男(득남)하고 戊辰(무진)년에 용신을 도우니 여식을 얻었다. 戊運(무운)에 용신을 도와서 길한데 己巳(기사)년부터 용신과 희신을 도우니 藥局(약국)을 自(자)營(영)하고 있다.

1962년생 신왕용재

癸 乙 辛 壬
未 丑 亥 寅

75 65 55 45 35 25 15 05
己 戊 丁 丙 乙 甲 癸 壬
未 午 巳 辰 卯 寅 丑 子

이 명조는 을목일주가 亥月(해월)의 수왕절에 태어나 三水(삼수)가 생목하고 인목이 도우니 신왕한 중에 水(수)가 흠이 된다. 흠이 되는 수를 제거하는 土(토)가 용신이고 火運(화운)은 희신에 木(목)이 병신이고 金(금)은 그 병신을 제거하는 藥神(약신)이다.

갑대운은 병신을 도와서 흉하지만 경오년에 경금이 갑목을 斫破(작파)生火(생화)하고 오화가 희신이 되어 財星(재성)(처)을 생하니 성혼하였다. 辛未(신미)年(년)에 약신관성(자식)을 도우고 용신을 도우니 여식을 얻고 壬申(임신)년에 약신관성을 도우니 득남했다. 을운에 群比爭財(군비쟁재)(처)하는데 丁丑(정축)년에 坐下(좌하)를 쟁충하니 부부가 이혼을 하였다. 이혼은 日支(일지)가 冲(충)이 되어 있는 연고다. 卯運(묘운)은 병신을 도우지만 桃花(도화)가 되는데 癸未年(계미년)에 財星(재성)(처)용신을 도우고 좌하를 爭冲動(쟁충동)하니 再婚(재혼)하였다.

*. 갑대운 정묘년부터 을운 무인년까지 吉(길)한 大運(대운)을 만나지 못하여 호텔에서 從事(종사)했다. 기묘년부터 주점을 자영한다. 길운이 아닌 때는 적성에 안 맞는 직업에 종사하는 경우가 많다. 丙大運(병대운) 이후 火土金運(화토금운)에는 불과 토와 금에 관계되는 일은 自營(자영)하리라.

*. 火(화)(전기 가스 주유소 전자 검퓨터 방송언론 화학 공업 식당 등)

*. 土(토)(부동산 건축 등)

*. 金(금)(귀금속 철공소 등)

*. 木日主(목일주)가 축(술)미형이 있으니 皮膚(피부)가 弱(약)하다.

1956년생 조후용신

丁 乙 庚 丙
亥 卯 子 申

78 68 58 48 38 28 18 08
戊 丁 丙 乙 甲 癸 壬 辛
申 未 午 巳 辰 卯 寅 丑

이 명조는 을목일주가 子月(자월)의 水旺節(수왕절)에 태어나 申子水(신자수)와 해수가 生木(생목)하고 묘목이 일주를 도우고 있으니 身旺(신왕)하고 한습하다. 조후하는 火(화)가 용신에 卯木(묘목)은 희신이고 水(수)가 병신에 土運(토운)은 藥神(약신)이 된다.

*. 亥水(해수)가 天門(천문)이고 卯申(묘신)이 懸針星(현침성)이며 土(토)(중앙=내과)가 吉神(길신)이기 때문에 內科醫師(내과의사)다.

1955년생 관인상생

庚 乙 戊 乙
辰 巳 子 未

71 61 51 41 31 21 11 01
庚 辛 壬 癸 甲 乙 丙 丁
辰 巳 午 未 申 酉 戌 亥

이 명조는 을목일주가 자월의 수왕절에 태어나 왕지이나 三土(삼토)의 재성과 경금의 관성에 巳火(사화)가 설기하고 있으니 旺(왕)이 弱(약)으로 變(변)했다.

①旺弱(왕약)을 기준으로 판단하면 나의 편은 乙木(을목)인 나와 나를 돕는 年上(년상)의 乙木(을목)과 나를 생해주는 子水(자수)가 전부이고, 나의 氣(기)를 소진하는 육신으로는 巳火傷官(사화상관)과 戊辰未土(무진미토)의 財星(재성)이 있는데 거기다가 庚金(경금)의 官星(관성)까지 있으니 身弱(신약)한 명조임이 분명하다.

②조후를 기준으로 판단하면 乙乙巳戊未(을을사무미)는 燥熱(조열)하고 庚辰子(경진자)는 寒濕(한습)하니 결국은 조열과 한습함이 비등하다. *. 月支(월지)는 사주팔자전체 중 30%以上(이상)의 영향력이 있다.

위 ①과 ②를 종합해서 판단하면 신약에 印星爲用(인성위용)하여 즉 水(수)가 용신에 金(금)은 水(수)를 생하는 희신이고 土(토)는 수를 극상하는 병신에 年上(년상)의 乙木(을목)은 병신이 되는 土(토)를 제거하는 약신이 된다.

초년 丙戌大運(병술대운)은 病神(병신)인 土(토)를 생하고 도우니 흉한데 이때 父親(부친)의 事業失敗(사업실패)로 辛苦(신고)했다.

乙運(을운)에 약신을 도와서 병신인 토를 제거하니 용신인 水(수)(印星(인성)=공부)가 生氣(생기)를 얻으니 공부를 대단히 잘하여 서울대에서 사회학을 전공했다.

酉運에 喜神官星을 도와 吉한데 甲子年에 용신을 도우니 別定職7級公務員이 되고 기획업무를 맡았다. 公務員은 관성(관청)이 길신인 연고이고 기획은 印星이 길신인 연고다.

申運에 관성을 돕는데 辛未년에 또 官星를 도우니 직장에 이동이 있겠는데 이때 부산에서 서울로 영전하고 壬申년에 용신과 희신을 도우니 事務官으로 승진했다.

미운은 병신인 토를 도우니 精神的으로는 힘들었지만 辛巳年에 辛金은 희신관성을 돕고 巳火는 官星인 金의 장생지가 되니 書記官으로 승진하고 집도 샀다.

*. 甲運에 火가 기신에 벽갑인화하여 흉한데 갑운말 庚午年(申運進入前)에 용신인 月支子水를 冲하니 車事故를 당했다.

*. “初年 丙戌大運이 엄청 凶하였다.” 고하니 上記와 같이 풀이하였다.

1951년생(여명) 신약비겁위용

丙 乙 辛 辛
子 丑 丑 卯

76 66 56 46 36 26 16 06
己 戊 丁 丙 乙 甲 癸 壬
酉 申 未 午 巳 辰 卯 寅

丑月(축월)의 을목일주는 재성이 왕하니 약지이고 한습하다. 의지처는 比肩(비견)이다. 즉 卯木(묘목)이 用神(용신)에 수는 희신이고 금이 병신에 병화는 약신이다.

무도학원장이다. 이는 丑丑(축축)이 華蓋星(화개성)이니 예체능에 능한 연고다. 乙大運(을대운)은 용신을 도와서 길하지만 群比爭官(군비쟁관)하는데 丙寅(병인) 丁卯年(정묘년)에 또 군비쟁관하니 부부갈등이 있었고 戊辰年(무진년)에는 忌神旺財(기신왕재)를 도우니 損財(손재)가 있었다. 여기서 우리는 大運(대운)은 吉(길)하지만 群比爭官(군비쟁관)하면 부부갈등이 있게 되고 群比爭財(군비쟁재)하는데 또 忌神財星(기신재성)을 만나면 損財(손재)가 있음을 알 수 있다. 丙運(병운)에는 약신을 도와서 길하지만 庚辰·辛巳(경진·신사)年(년)에 官星(관성)(남자)年(년)이 되니 男性(남성)으로 인하여 7억원의 손재를 당했다. 여기서도 大運(대운)의 吉凶(길흉)에 관계없이 歲運(세운)의 영향을 받고 있음을 알 수 있다.

1963년생 신왕용재

乙 乙 乙 癸
酉 卯 丑 卯

71 61 51 41 31 21 11 01
丁 戊 己 庚 辛 壬 癸 甲
巳 午 未 申 酉 戌 亥 子

이 명조는 을목일주가 丑月의 재왕절에 태어나 四木이 도우고 계수가 일주를 생하니 신왕하다. 신왕용재하여 土가 용신에 火運은 희신이고 木이 병신에 金은 약신이다. 해운에 왕목을 생하여 흉하지만 壬戌年에 財星(처)을 도우니 결혼하고 癸亥年에 득남하였다. 壬大運에 병신인 목을생하여 흉한데 丙寅年에 寅木이 病神인 比劫을 도와 群比爭財(처)하니 이혼하였다. 이혼은 많은 비겁에 군비쟁재(처)하고 日時支가 卯酉冲한 연고다. 戌運에 용신인 재성(처)을 도우고 壬申년에 日支의 卯木을 卯申暗合하니 재혼하였다. 辛運은 官星(자식)인 藥神을 도우는데 丁丑年에 용신을 생하고 도우니 여식을 얻었다. 酉運에 日支의 卯木을 爭冲하여 夫婦宮이 不安한데 壬午年에 丑午寃嗔殺이 되니 또 이혼하였다. 酉大運에 卯酉酉爭冲하는데 癸未年에 用神인 財星丑土를 丑未冲하니 하는 사업에 부도를 맞았다.

*. 土(토)가 용신이니 건축업이다.

*. 많은 比劫(비겁)을 제거하는 酉金(유금)을 用神(용신)으로 하면 金(금)이 용신에 土(토)는 희신이고 調候(조후)하는 火運(화운)이 오히려 病神(병신)이 되고 많은 比劫(비겁)을 生(생)하는 水(수)가 藥神(약신)이 되는 矛盾(모순)이 있게 되므로 위와 같이 풀이 하였다.

10.3 丙 火

1952년생(여명) 살인상생격

壬 丙 壬 壬
辰 申 寅 辰

75 65 55 45 35 25 15 05
甲 乙 丙 丁 戊 己 庚 辛
午 未 申 酉 戌 亥 子 丑

이 명조는 병화일주가 寅月의 목왕절에 태어나 왕지이지만 三壬水의 관성과 雙辰土의 식신이 설기하고 申金의 재성이 있으니 신약하다. 의지처는 인목이다. 寅木이 용신에 수는 희신이고 금이 병신에 火運은 藥神이 된다.

木이 用神이고 申이 懸針星이니 藥學을 전공했다. 자운에 官星(남편)이 되는데 乙卯年에 인성용신을 도우니 성혼하고 己土運에 傷官(자식)이 되는데 丙辰年에 藥神을 돕고 상관을 도우니 得南하였다. 기운말 庚申年에 재성을 도우니 약국을 경영하기 시작했다. 亥運은 희신을 도와서 길하였다. 戊運은 病神인 金을 생하여 길운이 아닌데 이때 媤宅으로 인하여 힘들었다. 이는 官星(남편)을 생하는 財星은 시어머니가 되는데 財星이 病神이 되는 연고다. 丁大運에 약신이 되어 길한데 이때 사업이 興한 결과 酉運 辛巳年에 상가 건물을 사고 癸未년에 집을 구입할 수 있었다.

1965년생(여명) 소리꾼

癸 丙 戊 乙
巳 申 寅 巳

78 68 58 48 38 28 18 08
丙 乙 甲 癸 壬 辛 庚 己
戌 酉 申 未 午 巳 辰 卯

이 명조는 병화일주가 寅月의 목왕절에 태어나 왕지인데 二木이 생화하고 二火가 일주를 돕고 있으니 身旺한 중에도 왕한 인성인 木이 흠이 된다. 목을 제거하는 金이 용신에 토는 용신을 생하는 희신이고 화는 용신인 금을 상해하는 병신에 수는 그 병신을 제거하는 藥神이다.

庚辰大運에 용신을 돕고 생하니 길한데 이때 음대국악과를 졸업하고 문화예술대학원을 졸업했다. 이는 金(兌爲口)이 吉神인 연고다.

*. 坐下(좌하)는 배우자궁인데 인신충이 되어 있으니 배우자궁이 불길하다.

1955년생(여명) 신왕용재격

丙 丙 己 乙
申 申 卯 未

71 61 51 41 31 21 11 01
丁 丙 乙 甲 癸 壬 辛 庚
亥 戌 酉 申 未 午 巳 辰

이 명조는 병화일주가 卯月(묘월)의 인성이 왕한 계절에 태어나 卯未合(묘미합)木(목)과 을목이 생화하고 時上(시상)의 병화가 일주를 도우니 신왕한 중에도 왕한 印星(인성)이 欠(흠)이 된다. 인성을 제거한는 財星(재성)인 金(금)이 用神(용신)에 식상인 土(토)가 희신이 되고 비겁인 火(화)는 병신에 官星(관성)인 水運(수운)은 약신이 된다. 초년 토금운은 용신을 생하고 도우니 유복한 가정에 태어나 壬大運(임대운)에 식상인 土(토)(중앙)가 길신이기 때문에 國文學(국문학)을 전공하였다. 壬運(임운)에 官星(관성)(남편)이 되는데 무오년에 食傷(식상)(자식)을 扶生(부생)하니 성혼하고 己未年(기미년)에 상관(자식)년이 되니 득남하고 辛酉(신유)년에 用神(용신)을 도우니 여식을 얻었다. 癸未大運(계미대운)은 藥神(약신)이 되고 희신을 도우니 夫君(부군)

이 出身(출신)하였다. 그러나 甲大運(갑대운)은 병신을 생하여 용신을 극상하여 흉한데 丁丑年(정축년)에 喜神(희신)인 未土(미토)를 충하여 官星(水)(관성수)을 극하니 夫君(부군)의 사업이 IMF를 맞고 戊寅年(무인년)에는 用神(용신)을 爭冲(쟁충)하니 夫君(부군)이 사업을 접었다. 申運(신운)부터 용신을 도와 길한데 수가 길신이니 流通業(유통업)을 자영하고 있다. 金(금)이 용신이니 말을 논리정연하게 잘 한다.

1934년생 화왈염상격

庚 丙 丁 甲
寅 午 卯 戌

71 61 51 41 31 21 11 01
乙 甲 癸 壬 辛 庚 己 戊
亥 戌 酉 申 未 午 巳 辰

병화일주가 묘월의 목왕절에 태어나 寅午戌火(인오술화)와 정화의 도움을 받고 甲·卯木(갑묘목)이 생화하니 화왈염상격에 경금이 병이 된다. 종신인 火(화)가 용신에 木(목)은 희신이고 水運(수운)은 병신에 土(토)는 약신이 된다.

巳運(사운)에는 病神(병신)이 되는 庚金(경금)이 長生(장생)을 얻으니 凶(흉)하여 父亡(부망)하는 등으로 집안이 망했다. 경대운에 화가 길신에 劈甲引火(벽갑인화)하니 丁酉·戊戌(정유·무술)년에 집을 두 채씩이나 취득했다. 火(화)가 용신이니 용접공으로 남방화운 동안은 용신을 도와서 길했다. 壬申大運(임신대운)부터 병신인 재성(처)이 득세하니 부인의 건강에 赤信號(적신호)가 왔다. 癸酉大運(계유대운) 또한 병신이 생기를 얻으니 子女(자녀)들의 學費(학비)로 지출이 많았다. 甲大運(갑대운)은 용신을 생하여 길하였고 戌大運(술대운)은 旺火(왕화)가 입묘하여 길운이 아니고 그 이후 北方水運(북방수운)은 病神(병신)이 得勢(득세)하여 길운이 아니다.

*. 身旺用財(신왕용재)하여 경금을 쓸 수 없는 것은 庚金(경금)이 뿌리를 내릴 곳이 없기 때문이다.

1953년생 신약한 화토식신격

庚 丙 丙 癸
寅 申 辰 巳

74 64 54 44 34 24 14 04
戊 己 庚 辛 壬 癸 甲 乙
申 酉 戌 亥 子 丑 寅 卯

이 명조는 丙火(병화)가 辰月(진월)의 土旺節(토왕절)에 태어나 약지인데 경신금의 재성과 계수의 관성이 있으니 身弱(신약)한 火土食神格(화토식신격)이다. 인성인 寅木(인목)으로 왕한 토를 극하고 약한 일주를 생하여야 한다. 즉 木(목)이 用神(용신)에 癸水(계수)는 희신이고 金(금)은 용신인 목을 상해하는 병신에 火(화)는 그 병신을 제거하는 藥神이 된다.

癸運末에 喜神관성(직장)을 도와서 吉한데 辛酉년에 경위가 되고, 壬運에 희신관성을 도와서 길한데 戊辰년에 경감으로 승진하고, 子運에 희신관성을 돕는데 壬申년에 경정이 되고, 亥運에 희신관성을 도와서 길한데 辛巳年에 약신인 화를 도우니 경찰총경이 되었다.

庚大運에 병신을 도와서 흉한데 丁亥年에 寅申沖 巳亥沖하니 경찰서장직을 그만 두었다.

庚大운은 병신을 도와서 흉한데 무자년에 子水가 희신관성을 도우니 國會議員에 출마하여 실패하고 郡守는 무소속으로 당선되었다.

壬辰年에 총선출마여부를 놓고 來院하였다. 戌(식신)大運은 辰戌沖發한 旺土에 官星(직업)이 被克되어 凶한데 壬辰年에 辰辰戌爭沖이 되니 낙직할 운이므로 총선에 부정적인 조언을 해주었는데 결국 總選에 출마하여 失敗했다.

*. 官星이 吉神이므로 官職이다.

1957년생(여명) 신약한 화토식신격

己 丙 甲 丁

丑 子 辰 酉

71 61 51 41 31 21 11 01

壬 辛 庚 己 戊 丁 丙 乙

子 亥 戌 酉 申 未 午 巳

이 명조는 병화일주가 진월의 食神月에 태어나 三土가 설기하고 酉金의 재성이 있으니 신약한데 의지처는 인성인 木뿐이다. 甲木이 용신에 水는 희신이고 金이 병신에 丁火는 약신이 된다.

丁大運에 약신을 도와서 길한데 庚申년에 申子辰水가 喜神官星(남편)이 되니 성혼하고 辛酉년에 아들을 두었다. 未大運은 왕한 식상을 도와서 흉한데 乙丑年에 丑土가 또 凶神인 食傷을 도우니 女息을 얻었다. 未大運은 식상을 도와서 그 食傷이 官星(남편)을 克하는데 丙寅년에 群比爭官하니 부부가 이혼하였다. 이는 女命에 많은 食傷이 官星(남편)을 克傷하기 때문이다.

1972년생(여명) 신약한 화토식신격

戊 丙 甲 壬

子 子 辰 子

74 64 54 44 34 24 14 04

丙 丁 戊 己 庚 辛 壬 癸

申 酉 戌 亥 子 丑 寅 卯

이 명조는 병화일주가 辰月(진월)에 태어나 戊·辰土(무 진 토)에 설기가 太甚(태심)한데 子子子辰水(자자자진수)에 壬水(임수)가 투출하여 克身(극신)하니 身(신)이 太弱(태약)하다.

의지처는 浮木(부목)된 甲木(갑목)뿐이다. 갑목이 용신에 太旺(태왕)한 水(수)는 희신이 될 수 없고 水多(수다)에 木浮(목부)하므로 오히려 丙神(병신)이 되는데 이때 土(토)는 그 수를 除去(제거)하는 약신이다. 金運(금운)은 用神(용신)인 甲木(갑목)을 극상하는 또 하나의 병신에 火運(화운)은 병신인 금을 제거하는 또 하나의 약신이다.

甲木(갑목)이 현침성(스케치)이고 진토가 화개성이니 美大(미대)를 졸업했다.

丑大運癸未年(축대운계미년)에 土(토)가 水(수)를 制去(제거)하니 용신인 木(목)이 浮木(부목)을 免(면)하여 吉(길)한데 癸水(계수)가 官星(관성)이 되니 成婚(성혼)하였다.

*. 身(신)이 太弱(태약)하니 殘疾(잔질)이 있다.

*. 甲狀腺(갑상선)은 木(목)에 속하는데 甲木(갑목)이 浮木(부목)되어 있으니 갑상선이 있다.

1965년생(여명) 조후용신

戊 丙 辛 乙

戌 戌 巳 巳

72 62 52 42 32 22 12 02

己 戊 丁 丙 乙 甲 癸 壬

丑 子 亥 戌 酉 申 未 午

이 명조는 丙火日主(병화일주)가 巳月(사월)의 화왕절에 태어나 雙巳火(쌍사화)가 일주를 도우고 을목이 생화하고 무술술토가 있으니 身旺(신왕)하고 燥熱(조열)하다. 조후가 시급하므로 巳中(사중)의 庚金(경금)에 뿌리를 둔 辛金(신금)이 용신에 濕土運(습토운)은 희신이고 火(화)가 병신에 水運(수운)은 약신이 된다.

癸水運(계수운)에 藥神官星(약신관성)(남자)이 되는데 辛酉年(신유년) 용신을 도우고 日主(일주)인 丙火(병화)와 丙辛合(병신합)하니 남자를 만났다. 그러나 未大運(미대운)은 食傷(식상)을 도와서 官星(관성)을 克(극)하는데 을축년에 丑戌未三刑(축술미삼형)의 식상이 관성을 克傷(극상)하니 남자와 離別(이별)하였다.

甲大運(갑대운)은 왕화를 생하니 길운이 아니고 申(신)대운은 용신을 도와서 길한 듯 하였으나 갑술년에 왕화를 생하고 旺火(왕화)의 庫藏(고장)을 도우니 흉한데 이때 수녀가 되었다. 수녀는 坐下食神(좌하식신)에 官星(관성)(남편)이 없고 華蓋星(화개성)이 凶神(흉신)인 연고다.

乙亥年(을해년)에 약신이 되지만 巳亥爭冲(사해쟁충)을 하여 충발한 왕화에 용신이 상해를 입으니 흉한데 이때 치질수술을 하였다. 치질은 金(금)이 旺火(왕화)에 傷害(상해)된 연고다.

乙運(을운)은 왕화를 생하여 길운이 아니지만 庚辰年(경진년)에 용신을 도우고 생하니 길하므로 還俗(환속)하였다.

酉運(유운)은 용신을 도와서 길한데 이때 수가 길신이니 coffeeshop을 자영하여 癸未年(계미년)에 아파트를 구입했다.

1973년생 조후용신

辛 丙 丁 癸
卯 寅 巳 丑

78 68 58 48 38 28 18 08
己 庚 辛 壬 癸 甲 乙 丙
酉 戌 亥 子 丑 寅 卯 辰

이 명조는 병화일주가 巳月(사월)의 화왕절에 태어나 二火(이화)가 일주를 돕고 二木(이목)이 생화하니 신이 태왕하다. 태왕한 자는 食傷(식상)으로 설기 하여야 한다. 즉 태왕한 화를 설기하는 丑土(축토)가 용신에 태왕한 화는 토를 생하는 희신이 아니라 火多土焦(화다토초)하므로 오히려 병신이 되고 水(수)는 병신인 화를 제거하는 약신이 된다. 土를 극상하는 목은 또 하나의 병신에 金은 木을 제거하는 또 하나의 약신이 된다.

年柱에 용신과 약신인 길신이 있으니 父母德이 있는 명조다. 初年 木火運은 길운은 아니지만 부모덕으로 博士가 되어 어문학교수다. 어문학은 金(태위구)이 吉神인 연고이고 교수는 傷官이 길신인 연고다.

*. 甲運은 길운은 아니지만 辛巳年에 辛金은 財星(처)이 되고 巳火는 金의 長生地가 되니 결혼하였다.

1934년생(여명) 화왈염상격

癸 丙 庚 甲
巳 寅 午 戌

76 66 56 46 36 26 16 06
壬 癸 甲 乙 丙 丁 戊 己
戌 亥 子 丑 寅 卯 辰 巳

이 명조는 병화일주가 午月의 羊刃月에 태어나 화기가 가장 드센 계절에 태어났는데 寅午戌合化火에 巳時가 도우고 甲庚沖한 火가 또 日主를 도우니 태왕함이 극에 이르렀다. 즉 화왈염상격에 從하는 오행인 火가 用神이고 木은 喜神이며 癸水가 病神에 土는 藥神이 된다. 다르게 표현하면 '火運은 自旺하여 吉하고 木運은 從神을 生하여 길하고 土運은 旺氣를 설기하여 길하다.' 라고도 표현한다. 초년 화토운에 길신을 도우니 명문여대가정학과를 졸업하고 辰運에 食神(자식)을 도우니 성혼하였다. 甲大運까지는 용신과 희신과 약신을 도우니 夫君이 出身하고 입양한 여식까지도 잘 성장해주는 등으로 다복한 가정이었다. 子大運부터 여명에 관봉관운(남편이 있는 사주에 남자운이 들어옴)이 되니 入養한 딸이 마음을 불편하게 하는 등으로 가정에 근심거리가 나타나기 시작했다. 癸大運에도 길함이 없는데 癸未年에 傷官이 관성(남편)을 극상하니 夫君이 植物人間이 되었다. 亥大運에도 관봉관운과 巳亥沖이 되어 凶한데 甲申年에 寅巳申三刑이 되니 喪夫하였다.

이 명조에서 所生이 없는 것은 너무 燥熱하므로 즉 뜨거운 사막에서 씨앗이 움트지 않는 것과 같은 이치이다. 다른 원인은 여명에는 식신이 자식인데 戌土(식신)는 日柱인 丙寅을 기준으로하면 戌(亥)는 空(亡)이기 때문이다. 그리고 食傷(자식)인 土가 戌에 入墓한 연고이기도 하다.

1977년생(여명) 식신생재

庚 丙 丙 丁
寅 辰 午 巳

73 63 53 43 33 23 13 03
甲 癸 壬 辛 庚 己 戊 丁
寅 丑 子 亥 戌 酉 申 未

이 명조는 병화일주가 午月(오월)의 火旺節(화왕절)에 태어나 四火(사화)가 도우고 인목이 생화하니 신이 태왕하고 조열하다. 태왕한자는 설기하여야하니 辰土(진토)가 용신에 태왕한 화는 희신이 아니라 火多土焦(화다토초)하므로 오히려 病神(병신)이 되고 水運(수운)은 火(화)를 제거하는 약신이 된다. 또 목은 용신인 토를 극상하는 또 하나의 병신에 금은 병신이 되는 목을 제거하는 또 하나의 약신이 된다.

己運(기운)에 용신을 도와 길한데 흙이 용신이니 도자기학을 전공하였다.

*. 旺火(왕화)에 金(금)이 상해되니 痔疾(치질)이 있다.

*. 나를 포함하여 비견과 겁재가 여섯이니 1男(남) 5女(녀)中(중) 막내다.

1952년생(여명) 조후용신

庚 丙 丁 壬
寅 子 未 辰

78 68 58 48 38 28 18 08
己 庚 辛 壬 癸 甲 乙 丙
亥 子 丑 寅 卯 辰 巳 午

이 명조는 병화일주가 大暑 後 6日에 태어나 정화가 투간하고 인시가 되니 天乾地熱하므로 조후가 시급하다. 水가 조후용신에 庚金은 희신이 된다. 을운에 왕화를 도와 길운이 아닌데 辛亥年에 관성(남자)이 되니 남자를 만나 壬子年에 여식을 얻었다. 사운은 왕화를 도와 흉한데 丙辰年에 群比爭官(여러 형제가 남편을 두고 쟁탈전이 벌어짐)하고 辰土가 용신의 근이 되는 子水를 合去하니 男子와 헤어졌다. 丁巳年에 재혼하고 己未年에 傷官(丙火日主는 陽干인데 己土는 陰干 즉 性이 다르다. 즉 아들)이 되니 得男 하였다. 癸大運은 용신을 도와서 길한데 癸酉年에 용신과 희심을 도우니 집을 구할 수 있었다. 卯大運은 왕화를 생하여 흉한데 丙子年에 집을 잃었다. 丁丑年에 丑未冲하여 冲發한 食傷이 官星(부군)을 극하니 부부가 이혼을 하였다. 壬大運에 官星運이 되는데 癸未年에 逢男

하였다. 寅運(인운)은 旺火(왕화)를 生(생)하여 凶(흉)하지만 辛運(신운) 以後(이후) 北方水運(북방수운)은 用神(용신)을 도와서 길하리라.

*. 夫婦宮(부부궁)이 불길한 것은 壬辰魁罡殺(임진괴강살)과 子未寃嗔(자미원진)살[68]과 强(강)한 傷官(상관)이 官星(관성)(남편)을 克(극)하는 연고다.

1963년생 신약한 화토상관격

戊 丙 己 癸

戌 子 未 卯

78 68 58 48 38 28 18 08

辛 壬 癸 甲 乙 丙 丁 戊

亥 子 丑 寅 卯 辰 巳 午

이 명조는 병화일주가 立秋(입추) 7日前(일전)에 태어나 老炎(노염)이 있지만 四土(사토)가 설기하고 癸子水(계자수)가 克身(극신)하니 身弱(신약)한 화토상관격이다. 태왕한 傷官(상관)을 克(극)하는 卯木(묘목)이 용신에 水(수)는 희신이 된다.

午大運(오대운)에 용신인 木(목)의 死地(사지)가 되어 흉한데 乙卯年(을묘년)에 戌卯火(술묘화) 즉 戌中(술중)의 辛金(신금)이 아버지인데 戌卯合去(술묘합거)하니 父喪(부상)을 당했다.

68) 寃嗔殺(원진살)(鬪爭(투쟁), 宮合(궁합)에 適用(적용)): 子未, 丑午, 寅酉, 卯申, 辰亥, 巳戌

병대운 壬申年에 喜神官星(직장)이 되니 金融(재성부족)機關 교육부서에 취직했다. 교육은 印星이 길신인 연고다.

甲戌年에 용신을 도우니 성혼하고 辰運에 용신이 생기를 얻어 길한데 丁丑年에 장녀를 두고 戊寅年에 차녀를 두었다.

을운은 용신을 도와서 길한데 辛巳년에 辛金財星이 驛馬인 巳火위에 있으니 財에 變動數가 오는데 이때 다니던 직장을 그만 두고 결혼정보회사를 열었다. 결혼정보회사는 子水(서비스업)가 喜神 桃花殺인 연고다.

향후 木·水運은 용신을 돕고 생하여 길하겠으나 丑運은 丑戌未三刑의 왕토에 用神木은 꺾이고 喜神인 水는 막혀서 길운이 아니다. 이때 태왕한 食傷이 官星(직업과 자식)을 극상하면 사업에 어려움이 있을 것이고 자식에 대한 근심이 염려된다. 本人은 태왕한 토가 수를 극하니 胃病(토)과 膀胱腎臟(수)에 이상이 있을까 염려된다. 이때를 지나면 水運은 용신을 생하여 길하리라.

*. 辰運은 희신인 子水를 합거하니 길한 것만은 아니었다. 이때 연대보증을 잘못서서 흉했다. 이는 흉신인 식상이 득세한 연고이기도 하다.

1973년생(여명) 기명종재격

丙 丙 庚 癸

申 子 申 丑

80 70 60 50 40 30 20 10

戊 丁 丙 乙 甲 癸 壬 辛

辰 卯 寅 丑 子 亥 戌 酉

이 명조는 丙火日主가 申月의 재성이 왕한 계절에 태어나 申申庚金의 재성이 태왕한데 丑土가 生金하고 있으니 뿌리가 없는 병화일주가가 재성을 따르는 수밖에 없다. 즉 종신인 金이 用神에 丑土는 용신을 생하는 희신이고 時上의 병화는 金을 손상하는 병신에 水는 병신인 丙火를 제거하는 藥神이 된다.

*. 金(兌爲口)이 길신이니 성악가다.

*. 金이 길신이니 西方(프랑스)에서 金水의 吉運으로 흐르고 있으니 당당하게 活動中이다.

이무학은 『명리정문』,1964, P. 22.에서

乙 乙 乙 乙

酉 酉 酉 酉

을 棄命從殺格
기 명 종 살 격

甲 甲 甲 甲

戌 戌 戌 戌

을 棄命從財格
기 명 종 재 격

丙 丙 丙 丙

申 申 申 申

을 棄命從財格
기 명 종 재 격

丁 丁 丁 丁

未 未 未 未

을 火曰炎上格
화 왈 염 상 격

辛 辛 辛 辛

卯 卯 卯 卯

을 棄命從財格이라고 했다.
기 명 종 재 격

實觀에서 실증적 분석요망.

1953년생 신약비겁위용

壬 丙 庚 癸
辰 午 申 巳

75 65 55 45 35 25 15 05
壬 癸 甲 乙 丙 丁 戊 己
子 丑 寅 卯 辰 巳 午 未

이 명조는 丙火日主기 申月의 금왕절에 태어나 辰土가 설기하고 二金의 재성과 二水의 관성이 있으니 신약하다. 의지처인 火가 용신에 木運은 용신인 화를 생하는 희신이고 水는 화를 상해하는 병신에 土는 수를 제거하는 藥神이 된다.

초년 토운에 약신이 되니 다복한 가정에서 성장하고 午運에 용신을 도우니 국내 최고명문대 外交學科에 입학하고 정운에 용신을 도와서 길한데 무오년에 용신과 약신을 도우니 外務考試에 합격했다.

정운에 용신을 도와서 길한데 辛酉年에 正財(본처)가 되니 성혼하고 巳運에 용신을 도와서 길한데 癸亥年에 官星(자식)이 되니 得女하고 병운에 용신을 도와서 길한데 戊辰년에 藥神을 도우니 得男

하였다.

*. 이 명조는 火가 길신인데 外務部에 근무하는 大使級이다.

1961년생(여명) 신약인성위용

丙 丙 丁 辛

申 寅 酉 丑

73 63 53 43 33 23 13 03

乙 甲 癸 壬 辛 庚 己 戊

巳 辰 卯 寅 丑 子 亥 戌

이 명조는 병화일주가 유월의 금왕절에 태어나 酉丑金에 辛金이 투간하고 申時가 되니 丙丁이 일주를 도우고 인목이 생화한다고 하더라도 30% 이상의 영향력을 가진 월지가 재성이므로 財多身弱이다. 재성이 많으면 통상 비겁으로 많은 재성을 제거함이 定理이다. 그러나 많은 재성인 금을 제거하는 火가 用神이라고 할 때, 木은 화를 생하는 희신이고 水運은 용신을 상해하는 병신이 되므로 身弱한 身을 설기하는 土는 藥神이 된다, 는 결론에 도달하는 모순이 있게 된다. 그러므로 이 명조와 같은 경우는 火를 生하는 寅木이 용신에 水運은 목을 생하는 喜神이고 金이 병신에 火는 그 병인 金을 제거하는 藥神(약신)으로 풀이 함이 타당하다.

木(목)이 用神(용신)이므로 農高(농고)를 졸업했다.

庚大運甲子年(경대운갑자년)에 子水(자수)가 喜神官星(희신관성)(남편)이 되므로 결혼하고 丙寅年(병인년)에 약신인 화를 돕고 용신인 인목을 도우니 여식을 얻었다. 子運(자운)에 喜神官星(희신관성)이 되는데 壬申年(임신년)에 壬水(임수)와 申子水喜神官星(신자수희신관성)이 되니 得男(득남)하였다.

丑運(축운)에 病神(병신)이 되는 금을 생하여 흉한데 壬午年(임오년)에 用神(용신)인 寅木(인목)을 合去(합거)하니 부부가 이혼하였다. 이는 日支(일지)(좌하라고도 함)가 夫婦宮(부부궁)인데 寅申冲(인신충)이 된 연고다.

1964년생 **신약인성위용**

丙 丙 癸 甲
申 寅 酉 辰

78 68 58 48 38 28 18 08
辛 庚 己 戊 丁 丙 乙 甲
巳 辰 卯 寅 丑 子 亥 戌

이 명조는 丙火日主(병화일주)가 酉月(유월)의 死地(사지)에 태어나 진토의 식신이 설기하고 申酉金(신유금)의 재성과 대치하고 癸水(계수)가 일주를 극하니 신약하다.

신약에 인성위용하여 木이 용신에 癸水는 用神을 생하는 희신이고 金은 용신을 상해하는 병신에 丙火는 병신인 금을 제거하는 藥神이다.

亥運에 喜神官星(자식)을 도와서 길한데 己巳年에 약신인 병화를 도와서 병신인 金을 제거하니 用神인 木이 생기를 얻으니 성혼하고 경오년에 화가 길신에 경금이 갑목을 斫破生火하고 午火는 약신인 화를 도우니 장남을 두었다. 丙大運에 약신을 도와서 길한데 甲戌年에 용신을 도우고 寅戌合化火하여 寅申冲을 구하니 차남을 얻었다.

子運에 희신관성을 도우는데 辛巳年에 辛金의 財逢財(妻)運하고 群比爭財(처)하며 寅巳申三刑하니 부부가 이혼하였다. 離婚은 日支가 부부궁인데 寅申冲이 되어 있는 연고다.

*. 木이 용신이고 辰土가 화개성(예능)에 酉金이 天乙貴人(창의력)이니 衣類수선공이다.

*. 酉金이 財星(처)桃火인데 他 오행과 합(辰酉合金)이 되니 부인이 바람기가 있었다.

1963년생 신약한 화토식신격

乙 丙 壬 癸

未 戌 戌 卯

71 61 51 41 31 21 11 01

甲 乙 丙 丁 戊 己 庚 辛

寅 卯 辰 巳 午 未 申 酉

이 명조는 丙火日主가 술월의 토왕절에 태어나 三土가 설기하고 壬·癸水의 관성이 있으니 身弱한 火土食神格에 의지처는 인성인 목뿐이다. 즉 木이 용신에 水는 용신인 목을 생하는 희신이고 金運은 木을 克傷하는 병신에 火運은 금을 제거하는 藥神이다.

초년 辛酉庚申운에 財星(아버지)이 得勢하므로 아버지의 事業이 繁昌하였다.

南方火運에 藥神을 도와서 길한데 戊大運은 弱身을 泄氣하여 길운이 아니지만 乙亥年에 喜神官星(자식)이 되니 결혼하였다.

*. 직업은 印星이 용신이니 教授다.

1955년생(여명) 신약한 화토식신격

壬 丙 丙 乙
辰 午 戌 未

79 69 59 49 39 29 19 09
甲 癸 壬 辛 庚 己 戊 丁
午 巳 辰 卯 寅 丑 子 亥

이 명조는 丙火日主(병화일주)가 戌月(술월)의 토왕절에 태어나 三土(삼토)에 설기가 극심한데 壬水(임수)의 관성까지 있으니 극설이 교가하여 身弱(신약)하다. 신약한 화토식신격에 乙木(을목)으로 왕한 식상을 제거하고 약한 日主(일주)를 생하여야 한다. 즉 乙木(을목)이 用神(용신)에 水運(수운)은 용신인 목을 생하는 희신이고 금운은 용신인 목을 상해하는 병신에 火(화)는 병신을 제거하는 약신이 된다.

子大運(자대운)에 희신관성이 되니 길한데 이때 미대를 졸업하였다. 美大(미대)는 辰戌未(진술미)가 華蓋星(화개성)이니 예술에 능한 연고다.

子大運(자대운)에 희신도화관성(남편)이 되는데 庚申(경신)년에 官星(관성)을 생하니 결혼하고 辛酉年(신유년)에 도화재성(자대운을 기준으로하면 유가도화)이 官星(관성)을 생하니 득여하고 壬戌年(임술년)에 식신(자식)이 되니 남아를 얻었다.

寅大運(인대운)에 용신인 인성(교육)을 도우니 대학미술학과교수다.

*. 임철초는 『적천수천미』[69]에서 "用神(용신)이 子息(자식)이다." 라고 하면서

①부모사주에 필요한 五行(오행)의 띠해에 자식을 두던지

②부모사주에 필요한 五行(오행)의 日主(일주)의 자식을 두던지

③부모사주에 필요한 五行(오행)이 많은 四柱(사주)의 자식을 둔다고 했다.

위 명조는 辛酉年(신유년)에 딸을 낳고 壬戌年(임술년)에 아들을 두었는데, 다음 男便(남편)의 四柱(사주)를 분석해보면 土(토)가 用神(용신)에 火(화)는 喜神(희신)이고 木(목)이 病神(병신)에 金(금)은 藥神(약신)이다. 남편의 명조는 다음과 같다.

1952년생 신왕용재격

丁 乙 癸 壬
亥 丑 卯 辰

76 66 56 46 36 26 16 06
辛 庚 己 戊 丁 丙 乙 甲
亥 戌 酉 申 未 午 巳 辰

이 명조는 乙木日主(을목일주)가 卯月(묘월)의 木旺節(목왕절)에 태어나 卯木(묘목)이 日主(일주)를

---

69) 任鐵樵 增注, 袁樹珊 選輯,『滴天髓闡微』, (臺北: 武陵出版有限公司), 1999. 참조

돕고 三水(삼수)가 일주를 생하니 신왕한중에 印星(인성)인 水(수)가 欠(흠)이 된다. 수를 제거하는 土(토)가 용신에 火(화)는 용신인 토를 생하는 희신이고 木(목)은 용신을 傷害(상해)하는 병신에 金運(금운)은 목을 제거하는 약신이다. 즉火土金(화토금)은 吉神(길신)이고 水木(수목)은 忌神(기신)이다. 따라서 辛酉生(신유생)과 壬戌生(임술생)의 자식을 두었다.

*. 食神(식신)이 吉神(길신)이니 교수다.

1960년생 신약비겁위용

戊 丙 丁 庚
戌 午 亥 子

78 68 58 48 38 28 18 08
乙 甲 癸 壬 辛 庚 己 戊
未 午 巳 辰 卯 寅 丑 子

이 명조는 병화일주가 亥月(해월)의 수왕절에 태어나 亥·子水(해자수)가 克身(극신)하고 戊·戌土(무술토)가 설기하며 경금이 재성이 있으니 身弱(신약)하여 의지처는 비겁인 火(화)다. 火(화)가 용신에 목운은 희신이고 수가 병신에 토는 약신이 된다.

己丑大運(기축대운)에 약신을 도와서 병신인 수를 제거하니 용신인 화가 생기를 얻으므로 서울대 사대교육학과를 졸업했다. 교육학과는 印星(인성)과

食傷(식상)이 吉神(길신)인 연고다.

庚大運(경대운) 戊辰年(무진년)에 子辰水(자진수)가 庚金(경금)을 설기하여 丙神(병신)인 水(수)를 도우니 흉한데 이때 聲帶(성대)가 마비되어 성대수술을 하였다. 성대수술은 성대는 입의 일부분으로서 소리에 해당하는데 庚金(경금)(입=소리)이 死地(사지)인 子水(자수)위에 앉아있고 亥子水(해자수)에 太泄(태설)된 연고다.

寅大運(인대운)에 희신이 되어 용신을 생하니 길한데 병자년에 行政考試(행정고시) 2次試驗(차시험)에 실패했다. 행시가 인연이 아닌 것은 官星(관성)인 水(수)가 凶神(흉신)이기 때문이다.

*. 卯大運(묘대운) 갑신년에도 고시촌에서 세월을 보내면서, 향후 의대에 응시하는 것이 좋은지 약대에 응시하는 것이 좋은지에 대한 조언을 求(구)하길래, 오십이 넘으면 평균적으로 눈이 나빠지므로 수술환자를 다스리기 어려우니 藥大(약대)를 勸(권)한 일이 있다.

*. 戌亥天門(술해천문)이 있으니 활인방도 가하다.

*. 教育學(교육학)으로 석사학위도 받았다.

1962년생 살인상생격

辛 丙 辛 壬
卯 寅 亥 寅

75 65 55 45 35 25 15 05
己 戊 丁 丙 乙 甲 癸 壬
未 午 巳 辰 卯 寅 丑 子

이 명조는 丙火日主가 해월의 수왕절에 태어나 壬水가 투간하고 雙辛의 재성이 있으니 신약하다. 의지처는 인성이 木뿐이다. 즉 木이 용신에 水는 희신이고 金이 병신에 火운은 약신이 된다. 甲大運에 용신을 도우니 길한데 庚午年에 財星을 도우고 성혼하였다. 寅運에 용신을 도와서 길한데 辛未年에 辛金은 희신관성(자식)인 수를 생하고 해묘미합화목이 용신을 도우니 득남하였다. 乙大運에 용신을 도와서 길한데 庚辰年에 병신을 도우고 생하니 여식을 얻었다. 卯木이 用神이고 懸針星이니 인테리어업을 자영한다.

*. 年柱(조상자리)에 吉神官星인 壬水가 있으니 아버지가 公職에 있었다.

1970년생(여명) 신약인성위용

乙 丙 丁 庚
未 申 亥 戌

72 62 52 42 32 22 12 02
己 庚 辛 壬 癸 甲 乙 丙
卯 辰 巳 午 未 申 酉 戌

이 명조는 병화일주가 해월의 官旺節(관왕절)에 태어나 二土(이토)가 설기하고 두 재성이 있으니 신약하다. 의지처는 인성인 乙木(을목)뿐이다. 을목이 용신에 해수는 喜神(희신)이고 金(금)이 병신에 丁火(정화)는 약신이 된다.

甲大運(갑대운)에 화길신에 벽갑인화하여 길한데 대학을 졸업하고 천주교 학생반 교사생활을 했다. 천주교교사는 戌亥天門(술해천문)이 있고 印星(인성)이 용신인 緣故(연고)다.

을해년에 용신을 도우고 관성(남편)년이 되니 醫師(의사)와 성혼하였다. 의사와 결혼한 것은 亥水(해수)가 男便(남편)인데 亥水(해수)가 天門(천문)인 연고다. 申運(신운)에 病神(병신)을 도와서 凶(흉)한데 丙子年(병자년)에 병화가 食傷(식상)(자식)을 생하는데 丙火日主(병화일주)와 같은 陽干(양간)의 해가 되니 같은 性(성)인 女息(여식)을 얻고 庚辰年(경진년)도 陽干(양간)의 해가 되는데 진토가 食神(식신)(자식)을 도우니 同性(동성)인 次女(차녀)를 얻었다.

1963년생(곤명) 신약인성위용

戊 丙 甲 癸
戌 午 子 卯

73 63 53 43 33 23 13 03
壬 辛 庚 己 戊 丁 丙 乙
申 未 午 巳 辰 卯 寅 丑

이 명조는 병화일주가 子月(자월)의 수왕절에 태어나 癸·子水(계자수)의 관성과 戊·戌土(무술토)가 설기하니 身(신)이 약하다. 火(화)가 조후하는 용신에 木(목)은 용신을 생하는 희신이고 水(수)가 병신에 燥土(조토)는 수를 제거하는 약신이다.

정운에 용신을 도와서 길한데 丙寅(병인)년에 용신을 돕고 생하니 성혼하고 丁卯年(정묘년)에 도화희신이 용신을 생하니 여식을 얻었다. 卯運(묘운)에 桃花喜神(도화희신)이 되어 길한데 辛未(신미)(상관=자식)년에 약신이 되어 병신인 수를 제거하니 용신이 생기를 얻어 得男(득남)하였다.

戊運(무운)은 약신이 되어 길하였다. 그러나 辰大運(진대운)은 子辰合化水(자진합화수)에 병신이 득세하여 흉한데 辛巳(신사)·壬午(임오)·癸未三年(계미삼년)동안 현금 4억원의 손재가 있었고 집도 잃어버렸다.

辰運(진운)에 子辰水(자진수)가 官逢官運(관봉관운)하는데 癸未年(계미년)에 癸水(계수)는 관성을 돕고 未土傷官(미토상관)이 官星(관성)을 克(극)하니 부부가 이혼하였다. 夫婦離婚(부부이혼)은 사주원국에서 坐下(좌하)인 午火(오화)를 子午冲(자오충)한 연고다.

*. 戊土大運(무토대운)은 吉(길)하였으므로 上記(상기)와 같이 풀이 하였다.

1958년생(곤명) 신약인성위용

壬 丙 甲 戊
辰 寅 子 戌

73 63 53 43 33 23 13 03
丙 丁 戊 己 庚 辛 壬 癸
辰 巳 午 未 申 酉 戌 亥

이 命造(명조)는 병화일주가 자월의 수왕절에 태어나 壬水(임수)가 투간하고 戊戌辰(무술진)의 식신이 설기하니 신약하다. 의지처인 木(목)이 용신에 수는 희신이고 金運(금운)이 炳神(병신)에 火(화)는 약신이 된다.

戌大運(술대운) 己未年(기미년)에 食傷(식상)(자식)이 되니 결혼하고 庚申(경신)년에 화가 길신에 벽갑인화하니 길한데 이때 長女(장녀)를 얻고 辛運(신운)에 병신이 되어 흉하지만 壬戌年(임술년)에 喜神官星(희신관성)을 돕고 식신을 도우니 득남하고 계해년에 차녀를 얻었다. 庚大運(경대운)에 화가 길신에 벽갑인화하여 길한데 계유년에 癸水(계수)가 用神(용신)인 印星木(인성목)을 생하니 득택하였다.

申運(신운)은 병신이 되어 용신의 根(근)인 日支(일지)(배우자궁)寅木(인목)을 冲(충)하니 지방에 있는 남편과는 別居(별거)아닌 別居(별거)를 하였다.

己大運(기대운)은 傷官(상관)이 되어 官星(관성)을 克(극)하니 남편이 직장을 잃었다.

1960년생(여명) 기명종아격

戊 丙 己 庚
戌 辰 丑 子

76 66 56 46 36 26 16 06
辛 壬 癸 甲 乙 丙 丁 戊
巳 午 未 申 酉 戌 亥 子

이 명조는 丙火日主(병화일주)가 丑月(축월)의 토왕절에 태어나 子丑土(자축토)와 戊(무)·己(기)·辰(진)·戌土(술토)가 있으니 토의 태왕함이 극에 이르렀다. 陽干(양간)인 병화일주가 술중의 정화에 뿌리를 내리려고 하지만 辰戌冲(진술충)으로 丁火(정화)의 뿌리가 뽑혀있으니 뿌리를 내릴 수 없다. 따라서 食傷(식상)을 따를 수밖에 없다. 棄命從兒格(기명종아격)에 종하는 오행인 토가 용신에 목은 병신이 되고 금은 약신이 된다. 이때 比劫(비겁)인 火運(화운)은 용신을 생하여 길할 것 같지만 日主(일주)를 도와서 從格(종격)이 아니 되게 할 수 있으므로 吉(길)한 것만은 아니다.

亥運(해운)에 관성(남편)이 되는데 辛酉年(신유년)에 도화년이 되니 성혼하였다. 壬戌年(임술년)에 용신인 식상(자식)을 도우니 득남하고 계해년에 해중의 갑목이 병신이 되니 여식을 얻고 불임수술을 하였다. 丙戌大運은 용신을 생하고 도와서 길한데 乙亥年에 집을 샀다. 乙運은 병신이 되어 용신을 극하니 흉한데 戊寅年에 寅木이 또 병신이 되니 부부가 이혼하였다. 이는 坐下에 食神(관성을 극함)이 있는 연고다.

酉大運은 약신이면서 종하는 왕토를 설기하여 길한데 이때는 일본에서 득재하여 집을 세채를 구했다. 甲大運은 병신이 되어 다소 침체기 였으나 申大運은 약신이 되어 길하다.

*. 직업은 戌에 天門(활인방)이 있으니 자연치유사다.

*. 건강은 토는 여명에서 위와 자궁인데 丑戌刑이 있으니 그 쪽이 약하다.

1971년생 신약한 화토상관격

癸 丙 辛 辛
巳 午 丑 亥

74 64 54 44 34 24 14 04
癸 甲 乙 丙 丁 戊 己 庚
巳 午 未 申 酉 戌 亥 子

이 명조는 병화일주가 丑月의 토왕절에 태어나 泄氣가 甚한데 雙

辛金(신금)의 재성과 계해수의 관성이 있으니 극설이 겹쳐서 신약하다. 즉 신약한 화토상관격에 의지처인 火(화)가 용신에 목운은 화를 생하는 희신에 수는 용신인 화를 상해하는 병신에 燥土運(조토운)은 수를 제거하는 약신이 된다.

무운에 약신이 되어 병신인 수를 제거하니 용신인 화가 生氣(생기)를 얻어서 길한데 무인년에 용신을 생하니 결혼하였다. 戌運(술운)에 약신이 되어 길한데 壬午年(임오년)에 용신을 도우니 득남하였다.

술운동안은 약신이 되어 병신인 수를 제거하니 용신이 생기를 얻어서 길하므로 이때 1억원의 득재가 있었다.

*. 건축설계사면서 디자인을 전공한 것은 木(목)이 吉神(길신)이고 午火(오화)가 吉神懸針星(길신현침성)(설계·디지인)인 연고다.

10.4 丁 火

1954년생(여명) 상관생재격

庚 丁 丙 甲
戊 巳 寅 午

79 69 59 49 39 29 19 09
戊 己 庚 辛 壬 癸 甲 乙
午 未 申 酉 戌 亥 子 丑

이 명조는 정화일주가 寅月(인월)의 목왕절에 태어나 二木(이목)이 생화하고 三火(삼화)가 일주를 도우고 있으니 신이 태왕하다. 태왕한자는 설기함이 定理(정리)이다. 즉 술토상관이 용신에 旺火(왕화)는 희신이 아니라 오히려 병신이 되고 이경우 수운은 약신이 된다. 목은 용신인 土(토)를 극하는 병신에 경금은 여기에 대해서 藥神(약신)이 된다.

자운에 약신관성(남편)이 되어 길한데 무오년에 桃花星(도화성)이 子大運(자대운)과 桃花逢冲(도화봉충)하니 성혼하고 기미년에 用神(용신)을 도우니 득남하고 辛酉(신유)年(년)에 藥神(약신)을 도우니 차남을 얻었다.

癸·亥·壬水(계 해 임수)운까지는 약신관성이 되어 대길하였다. 그러나 술운이 시작하는 丁丑年(정축년)(국내경제적으로는 IMF)부터 旺火(왕화)가 入墓(입묘)하고 용신인 술토와 丑戌(축술)형이 되어 흉한데 이때 70억원의 損財(손재)가 있었다.

*. 水(수)는 관성으로서 남편이고 수를 생하는 庚金(경금)은 시어머니인데 술운에 입묘한 태왕한 화에 금이 녹는데 丁丑年(정축년)에 정화가 또 경금을 극상하고 경금이 축에 入墓(입묘)하며 경금의 原神(원신)이 축술형하니 시어머니가 中風(중풍)을 맞았다.

*. 용신인 상관이 조토가 아닌 辰·丑濕土(진축습토)였다면 격이 한층 높아졌으리라.

1966년생(여명) 상관생재격

甲 丁 庚 丙
辰 未 寅 午

75 65 55 45 35 25 15 05
壬 癸 甲 乙 丙 丁 戊 己
午 未 申 酉 戌 亥 子 丑

이 명조는 丁火日主(정화일주)가 寅月(인월)의 목왕절에 태어나 甲·寅木(갑인목)이 생화하고 丙·午火(병오화)가 생신하니 身(신)이 태왕하다. 태왕한 자는 식상으로 설기함이 正解(정해)다. 즉 태왕한 身(신)을 설기하는 토가 용신에 寅午合化火(인오합화화)

에 근을 둔 丙·丁火(병정화)는 火多土焦(화다토초)하므로 토를 생하는 희신이 될 수 없고 오히려 炳神(병신)이 되고 수운은 병을 제거하는 약신이고 목은 용신인 토를 克傷(극상)하는 또 하나의 병신에 金(금)은 목을 제거하는 또 하나의 藥神(약신)이 된다.

傷官生財格(상관생재격)은 기술가와 사업가가 많은데 때문에 경영학을 전공하고 해운에 藥神官星(약신관성)(명예, 직업)이 되는데 丁丑年(정축년)에 축토가 용신을 도우니 經營學博士學位(경영학박사학위)를 취득하였다.

병운은 병신을 도와서 흉하지만 甲申年(갑신년)에 약신인 금을 도우니 경영학교수로 임용되고 도곡동에 아파트를 8억원에 샀다.

*. 丁火身旺日主(정화신왕일주)는 외유내강하고 예의범절이 있으며 남은 감히 생각하지도 못하는 일을 추진해서 이루어내는 忍耐力(인내력)의 소유자다.

*, 食傷生財格(식상생재격)의 소유자는 추진력이 대단하다. 마음먹은 일은 해내고야마는 性質(성질)이 있다.

1964년생(여명) 신왕용재격

辛 丁 丁 甲
丑 丑 卯 辰

78 68 58 48 38 28 18 08
己 庚 辛 壬 癸 甲 乙 丙
未 申 酉 戌 亥 子 丑 寅

이 명조는 정화일주가 묘월의 목왕절에 태어나 갑목이 透干(투간)하고 月上(월상)의 정화가 도우고 있으니 신왕한 중에도 왕한 인성인 木(목)이 欠(흠)이 된다. 목을 제거하는 시상의 편재성 즉 辛金(신금)이 용신이고 토는 희신이며 화가 병신에 水運(수운)은 약신이 된다.

乙運(을운)은 왕목을 도와서 길운이 아닌데 癸亥年(계해년)에 官星(관성)(남편)년이 되니 성혼하고 갑자년에 吉神官星年(길신관성년)이 되니 득남하였다. 축대운은 용신을 생하여 길하였으나 갑대운은 왕목을 도와서 길운이 아니었다. 子大運(자대운)에 들어 여명에 관봉관운이면 부부간에 문제가 발생하는데 丙子年(병자년)에 또 관성년이 되니 이때부터 부부가 별거하가 시작했다. 子·癸·亥水運(자 계 해수운)은 약신이 되니 부부문제는 있었지만 사회적으로는 成功(성공)하였다.

향후 술운은 丑戌刑(축술형)이 克官星(극관성)하니 부부갈등이 심화될 것이고 丑(축)

戌刑(술형)에 위와 자궁병이 염려되고 자식의 건강도 염려된다. 이때를 지나면 吉神財庫藏(길신재고장)위에 앉아 있으니 금운은 용신을 도와서 대길하리라.

*. 직업은 甲辛卯(갑신묘)가 현침성이니 활인방으로 안마사다.

1972년생(여명) 신왕용살

甲 丁 癸 壬
辰 巳 卯 子

78 68 58 48 38 28 18 08
乙 丙 丁 戊 己 庚 辛 壬
未 申 酉 戌 亥 子 丑 寅

이 명조는 정화일주가 묘월의 목왕절에 태어나 甲·卯木(갑묘목)이 생화하고 巳火(사화)가 일주를 도우니 신왕한 사주다. 태왕한 사주라면 설기하는 진토가 용신이 되겠으나 태왕하지는 아니하므로 官星(관성)을 쓴다. 즉 수가 용신에 金運(금운)은 희신이고 토가 병신에 목은 약신이 된다.

辛運(신운)에 관성(남편)을 생하는데 辛未年(신미년)에 食神(식신)(자식)이 되니 결혼하고 壬申年(임신년)에 용신을 도우고 생하니 여식을 얻었다. 丑運(축운)은 巳丑(사축)金(금)이 용신을 생하여 길하지만 甲戌年(갑술년)에 官星(관성)을 克(극)하니 부부가 이혼하였다. 이혼은 좌하에 比劫(비겁)과 관살혼잡인 연고다. 축대운 무인년에 年支(년지)를 기준으로 보면 驛馬殺(역마살)이 되니 길림성을 버리고 한국에 왔다. 경운은 화가 흉신인데 벽갑인화하니 損財(손재)가 있었다.

*. 巳中(사중)의 庚金(경금)이 財星(재성)인데 巳(사)에 地殺(지살)이 있으니 고향을 떠나서 經濟活動(경제활동)을 한다.

1959년생(여명) 관인상생

乙 丁 戊 己
巳 丑 辰 亥

74 64 54 44 34 24 14 04
丙 乙 甲 癸 壬 辛 庚 己
子 亥 戌 酉 申 未 午 巳

이 명조는 정화일주가 辰月(진월)의 상관이 왕한 계절에 태어나 약지인데 四土(사토)가 설기하고 해수의 정관이 있으니 신약하다. 신약의 원인은 태왕한 식상에 있다. 따라서 食傷(식상)을 제거하는 인성인 乙木(을목)이 용신에 수는 희신이고 金(금)이 병신에 火(화)는 약신이 된다.

申大運(신대운)이 재성인 병신을 도와서 흉한데 辛巳年(신사년)에 약신을 도우니 주점을 경영하기 시작했다. 주점은 수가 길신인 연고다. 癸水運(계수운)에 관봉관운이 되는데 壬午年(임오년)에 도화년이 되고 군비쟁관하니 부부가 이혼을 하였다. 이는 坐下(좌하)(일지)에 食神(식신)이 관성을 극하는 연고이다.

*. 女命(여명)에 좌하에 식상이 아니더라도 食傷(식상)이 많으면 관성이 상하므로 배우자궁이 不吉(불길)한 경우가 많다.

*. 이 명조는 인성이 용신에 정관이 희신이니 官印相生格(관인상생격)으로 귀격인듯하지만 살아온 과정이 그러하지 아니하다. 따라서 四柱學(사주학)은 格局(격국) 등 어느 하나만으로 高低淸濁(고저청탁)을 論(논)할 문제가 아니라 綜合的(종합적)으로 판단을 해야 함을 알 수 있다.

1976년생 신약한 화토상관격

癸 丁 壬 丙
卯 巳 辰 辰

71 61 51 41 31 21 11 01
庚 己 戊 丁 丙 乙 甲 癸
子 亥 戌 酉 申 未 午 巳

이 명조는 정화일주가 진월의 토왕절에 태어나 雙辰土(쌍진토)가 설기하고 壬·癸官星(임계관성)이 극신하니 신약한 화토상관격이다. 왕토를 극하고 약한 일주를 생하는 卯木(묘목)이 용신에 수는 용신을 생하는 희신이고 금운이 병신에 火(화)는 약신이다.

午運(오운)에 工高(공고)를 졸업하였다. 공고는 화가 길신인 연고다. 未運(미운)에 용신인 묘목을 合去(합거)하고 入墓(입묘)하여 흉한데 경진년에 병신이 되어 用神(용신)을 制(제)하고 상관을 도와서 약한 日主(일주)를 설기하니 정신분열증으로 입원해서 계미년에 사월에 퇴원했다가 戌月(술월)에 재입원했다. 정신분열은 忌神傷官(기신상관)이 辰辰自刑(진진자형)하고 丁癸冲(정계충) 丙壬冲(병임충)한 연고다.

*. 사주원국에 冲(충)이 많은 명조 중에 사이코기질인 者(자)가 가끔 있다.

1965년생(여명) 신왕용관

庚 丁 辛 乙
戌 亥 巳 巳

72 62 52 42 32 22 12 02
己 戊 丁 丙 乙 甲 癸 壬
丑 子 亥 戌 酉 申 未 午

이 명조는 정화일주가 사월의 화왕절에 태어나 雙巳火(쌍사화)가 일주를 도우고 을목이 생화하니 신왕한중에 많은 比劫(비겁)이 흠이 된다. 흠을 제거하는 水(수)가 용신에 금은 희신이고 술토가 병신에 을목은 희신이 된다.

申運(신운)에 용신관성(남편)을 생하여 길한데 乙亥年(을해년)에 관성을 도우고 日支(일지)를 雙(쌍)으로 巳巳亥亥冲動(사사해해충동)하니 성혼하였다. 晩婚(만혼)을 한 것은 일지는 배우자 궁인데 冲(충)을 당한 연고다. 을운에 약신을 도와서 용신인 해수가 생기를 얻어 길한데 丙子年(병자년)에 관성도화가 용신을 도우니 장녀를 얻고 丁丑年(정축년)에 食神(식신)(자식)이 되고 巳丑金(사축금)이 용신을 생하니 차녀를 얻었다. 을운말 辛巳年(신사년)에 日柱(일주)를 天克地冲(천극지충)하니 부부가 헤어졌다. 이는 日支(일지)를 巳巳亥爭冲(사사해쟁충)한 연고다.

1962년생 조후용신

戊 丁 乙 壬
申 未 巳 寅

80 70 60 50 40 30 20 10
癸 壬 辛 庚 己 戊 丁 丙
丑 子 亥 戌 酉 申 未 午

이 명조는 정화일주가 巳月(사월)의 화왕절에 태어나 乙·寅木(을인목)이 생화하고 巳(사)와 未(미)가 半方合化火(반방합화화)하니 신왕하고 조열하다. 조후용신으로 뿌리가 없는 임수보다는 時支(시지)의 申金(신금)이 용신에 土(토)는 용신을 생하는 희신이고 火가 병신에 壬水는 약신이 된다.

병운에 길운은 아니지만 水가 길신이니 바다를 건너고 寅中의 甲木이 印星(공부)인데 地殺이 되니 중학교 때부터 미국에서 공부를 해서 버클리대를 졸업하고 서울의 최고 명문대학교에서 經營學碩士를 받았다. 경영학을 전공한 것은 食·傷生財格에 事業家四柱이기 때문이다.

戊運壬申년에 용신과 약신을 도와서 길하지만 한편으로는 寅巳申申三刑하고 寅申申(재성=아버지)爭冲하니 父喪을 당했다.

申(재성=처)運에 用神財星(처)을 도우니 길한데 己卯年에 桃花年이 되니 성혼하고, 기운에 용신을 생하지만 壬午年에 왕화를 도와 克金(처)하니 부부가 이혼하였다. 이는 申金이 처인데 寅巳申三刑하고 劫殺인 때문이며, 時上의 傷官이 官星(자식)을 극하고 壬水(자식)가 뿌리가 미약하므로 稀孫인 연고이기도 하다.

*. 申運에 용신을 도와서 길하지만 己卯年에 忌神桃花가 왕화를 생하여 克金(재성)하니 10억원의 사기를 당했다. 이는 群比爭財하고 申金財星이 劫殺인 연고다.

*. 土金이 길신이니 전자회사에 컴퓨터부품을 납품한다.

*. 乾命(남명)에 관성이 자식인데 발달한 식상이 虛路無根한 官

星을 克傷하면 子息에게 문제가 있는 경우가 많다.

*. 坤命(여명)에 식상이 자식인데 발달한 인성이 虛路無根한 식상을 克傷하면 자식에게 문제가 있는 경우가 많다.

1966년생(여명) 화왈염상격

丁 丁 甲 丙
未 卯 午 午

80 70 60 50 40 30 20 10
丙 丁 戊 己 庚 辛 壬 癸
戌 亥 子 丑 寅 卯 辰 巳

이 명조는 丁火가 午月 즉 火의 羊刃月에 태어나 旺地인데 四火가 도우고 卯未木과 甲木이 生火하니 태왕함이 極에 이르렀다. 화왈염상격이 되어 從하는 五行인 화가 용신에 목은 희신이고 수운이 병신에 土는 藥神이 된다.

食神인 토가 吉神이니 교육이고 東南方이 길방이니 日語를 전공했다. 辰運에 약신상관(자식)운이 되어 길한데 壬申년에 壬水(정관=남편)는 日干인 정화와 합하고 申金은 일지인 卯木과 暗合하니 성혼하고 癸酉年에 관성년이 되고 吉神桃花(묘)를 冲하니 장남을 득하고 甲戌(갑술)년에 희신을 도우고 藥神食神(약신식신)(자식)을 도우니 차남을 두었다. 辛運(신운)은 凶神財星(흉신재성)이 되어 흉한데 정축년과 무인년에 損財(손재)를 당하고 기묘년부터 부부가 별거중이다. 別居(별거)는 己土食神(기토식신)이 官星(관성)(남편)을 극한 연고다. 묘운에 용신을 생하여 길하지만 辛巳年(신사년)에 旺火(왕화)가 辛金(신금)(父星(부성))을 극하니 父喪(부상)을 당하였다.

向後(향후) 묘운은 용신을 생하고, 경인운은 화가 용신에 벽갑인화와 용신을 생하며 토운은 왕신을 설기하니 大吉(대길)하리라.

1953년생 신왕용재

戊 丁 戊 癸
申 酉 午 巳

73 63 53 43 33 23 13 03
庚 辛 壬 癸 甲 乙 丙 丁
戌 亥 子 丑 寅 卯 辰 巳

이 명조는 정화일주가 午月(오월)의 火旺節(화왕절)에 태어나 巳午火(사오화)가 일주를 도우고 戊癸合化火(무계합화화)가 일주를 도우고 있으니 신왕하고 조후가 시급하다. 금이 조후용신이 되고 습토운은 용신인 금을 생하는 희신이고 화가 병신에 수는 병신을 제거하는 약신이다.

축운에 용신인 금이 입묘하여 흉한데 임오년에 왕화가 금을 극상하니 대장암수술을 하였다. 대장암은 庚大腸(경대장) 辛肺(신폐)가 되는데 金(금)이 旺(왕)한 火(화)에 克傷(극상)된 연고다.

*. 직업은 기아자동차에 근무했는데 이는 金(금)이 吉神(길신)인 연고다.

1973년생(여명) 조후용신

癸 丁 己 癸
卯 卯 未 丑

73 63 53 43 33 23 13 03
丁 丙 乙 甲 癸 壬 辛 庚
卯 寅 丑 子 亥 戌 酉 申

이 명조는 정화일주가 三伏(삼복)더위에 태어나 조열한데 雙卯木(쌍묘목)이 생화하니 더욱 조열하니 조후가 시급하다. 丑中(축중)의 癸辛(계신)에 뿌리를 둔 癸水(계수)가 調候用神(조후용신)에 금운은 희신이다.

초년 庚申(경신)·辛酉大運(신유대운)에는 희신이 되어 용신을 생하니 길하므로 태어나서 親庭(친정)집 살림이 일어났다. 壬運(임운)에 正官(정관)(남편)이 되어 日主(일주)와 合(합)하는데 己卯(기묘)년에 己土(기토)가 食神(식신)(자식)을 도우니 금수가 필요하므로 금수가 많은 사람과 결혼했다. 庚辰年(경진년)에 癸水(계수)는 辰土(진토)에서 뿌리를 얻고 庚金(경금)의 生(생)을 만나니 아들을 얻었다. 남편의 사주는 아래와 같다.

1970년생 신약비겁위용

乙 乙 戊 庚
酉 酉 子 戌

72 62 52 42 32 22 12 02
丙 乙 甲 癸 壬 辛 庚 己
申 未 午 巳 辰 卯 寅 丑

乙木日主(을목일주)가 자월의 수왕절에 태어나 왕지이지만 戊·戌土(무술토)의 재성과 庚酉酉官星(경유유관성)이 있으니 신약하다. 의지처인 乙木(을목)이 용신에 수가 희신이며 금이 병신에 火運(화운)은 약신이다.

1957년생 조후용신

丁 丁 丁 丁
未 酉 未 酉

76 66 56 46 36 26 16 06
己 庚 辛 壬 癸 甲 乙 丙
亥 子 丑 寅 卯 辰 巳 午

이 명조는 정화일주가 大暑(대서) 다음날에 태어나 三丁火(삼정화)가 일주를 도우니 태왕하고 조열하여 조후가 시급하다. 유금이 조후용신에 濕土(습토)運(운)은 용신을 생하는 희신이고 화가 병신에 수운은 병신인 화를 제거하는 藥神(약신)이 된다.

巳·甲運(사 갑 운)에 행정학사·석사학위를 취득하였다.

辰運(진운)에 용신인 재성(처)를 생하니 성혼하고 三女息(삼여식)을 두었다.

癸運(계운)에 藥神官星(약신관성)(직장, 명예)이 되니 부동산관련업체에 근무했다. 부동산은 土(토)가 길신인 연고이다. 卯大運(묘대운)에 병신인 왕화를 생하여 흉한데 庚辰·辛巳年(경진 신사년)에 사업을 하여 실패하고 6억원의 損財(손재)가 있었다. 壬大運(임대운)에 藥神官星(약신관성)이 되니 길한데 이때 부동산학과 박사학위를 취득하고 敎授職(교수직)에 있다.

*. 꿈은 정치인이다. 정치인에게서 食神生財格(식신생재격)을 가끔 본다.

1969년생 신약인성위용

丙 丁 壬 己
午 卯 申 酉

74 64 54 44 34 24 14 04
甲 乙 丙 丁 戊 己 庚 辛
子 丑 寅 卯 辰 巳 午 未

丁火(정화)가 신월의 재왕절에 태어나 좌하에 묘목이 나를 생하고 丙(병)·午火(오화)가 나를 돕고 있는 반면에 申酉財星(신유재성)과 壬水(임수)의 官星(관성)은 나와 대치상태에 있고 己土(기토)의 식신은 나를 설기하고 있다. 나를 포함하여 나의 便(편)이 넷이고 다른 편이 넷이니 내편과 다른 편의 힘이 均衡(균형)을 이루는 것 같다. 그러나 그렇지 않다. 日主(일주)를 중심으로 身弱(신약)한 四柱(사주)인지 身强(신강)한 사주인지를 판단하려면 항상 月支(월지)의 소속부터 살펴야 한다. 이 명조에서처럼 數的(수적)으로는 4: 4이지만 月支(월지)가 다른 편에 속해있으니 身弱(신약)한 사주가 된다. 따라서 身弱(신약)에 印星爲用(인성위용)하여 卯(묘)木(목)이 用神(용신)에 壬水(임수)는 喜神(희신)이고 金(금)이 병신에 火(화)는 약신이 된다.

초년 토금운에는 길운이 아니므로 寒微(한미)한 가정에서 성장하고 열아홉 살이 되는 午大運(오대운)부터 약신을 도우니 卯木(묘목)이 용신이기 때문에 인테리어회사에서 得財(득재)하였다. 기대운은 병신을 생하여 길운이 아니지만 乙亥年(을해년)에는 을목은 용신을 도우고 亥水(해수)는 官星(관성)(자식)을 도우니 成婚(성혼)하고 長女(장녀)를 얻었다. 巳大運(사대운)은 약신을 도와서 길한데 庚辰(경진)년에 병신을 도우고 생하니 차녀를 얻었다. 戊辰大運(무진대운)은 병신을 생하고 官星(관성)(직장)을 克(극)하니 하는 일에 막힘이 많았다.

向後(향후) 火木運(화목운)은 약신과 용신을 도와서 대길하리라.

*. 時支에 길신도화성이 있으니 미남이고 연애 결혼했다. 申의 地藏干에는 戊己壬庚이 있는데 재성(처)인 경금과 관성(자식)인 임수가 동궁에 있으면서 日支인 묘목과 암합[70]을 하고 있으니 장녀를 임신하고 난 後에 결혼식을 올렸다.

1952년생 관인상생격

壬 丁 戊 壬
寅 酉 申 辰

77 67 57 47 37 27 17 07
丙 乙 甲 癸 壬 辛 庚 己
辰 卯 寅 丑 子 亥 戌 酉

---

70) 暗合이란 卯와 申에서처럼 卯자체와 申자체는 三合도 아니고 六合도 아니다. 그러나 卯中에는 甲과 乙이 있고 申中에는 戊己壬庚이 있다. 여기에서 卯中의 甲木과 申中의 己土는 合하여 甲己合化土가 되고, 卯中의 乙木과 申中의 庚金은 合하여 乙庚合化金이 된다. 이처럼 地藏干과 地藏干끼리의 合을 暗合이라고 한다. 暗合에는 巳丑相合(戊癸合火 丙辛合水) 午亥相合(甲己合土 丁壬合木) 子巳相合(戊癸合火) 寅丑未合(甲己合土) 卯申合(甲己合土 乙庚合金) 辰戌子(戊癸合火)다. 合에는 유리함과 불리함이 있다. 가령 겨울에 태어나서 丙火가 필요한 四柱에 辛金이 와서 병화를 합해서 가버리면 병화는 그 작용을 잃게 되어 불리하고, 여름에 태어나서 丙火가 흉신인 경우에 辛金이 와서 병화를 합해서 가면 병화가 그 작용을 잃게 되어 有利한 것이다.

이 명조는 丁火日主(정화일주)가 申月(신월)의 재왕절에 태어나 二土(이토)의 상관이 일주를 설기하고 二金(이금)이 재성과 雙壬水(쌍임수)의 관성이 있으니 극설이 교가하여 신약하다. 의지처인 寅木(인목)이 용신에 수는 희신이고 금이 병신에 화운은 금을 제거하는 藥神(약신)이다.

辛運(신운)에 재성(처)이 되는데 무오년에 약신도화가 되니 성혼하고 기미년에 관성(자식)을 자극하니 득자하고 辛酉年(신유년)에 관성을 생하니 여식을 두었다.

亥壬水大運(해임수대운)은 희신이 되어 길하였다. 그러나 子運(자운)에 申子辰(신자진)에 雙壬水(쌍임수)가 투간하니 태왕한 水(수)에 용신인 寅木(인목)이 浮木(부목)하여 凶(흉)한데 丁丑年(정축년)(국내적으로는 IMF)에 病神(병신)인 旺金(왕금)이 入墓(입묘)하니 70억원의 부도를 맞았다.

*. 子運(자운)에 용신인 寅木(인목)(어머니)이 浮木(부목)되니 어머니가 중풍을 맞았다.

*. 身弱(신약)한 정화일주가 木火(목화)가 필요하니 아래와 같이 목화가 많은 여자와 結婚(결혼)했다.

1954년생(곤명)

庚 丁 丙 甲
戌 巳 寅 午

79 69 59 49 39 29 19 09
戊 己 庚 辛 壬 癸 甲 乙
午 未 申 酉 戌 亥 子 丑

1953년생(여명) 재다신약

癸 丁 庚 癸
卯 酉 申 巳

79 69 59 49 39 29 19 09
戊 丁 丙 乙 甲 癸 壬 辛
辰 卯 寅 丑 子 亥 戌 酉

이 명조는 정화일주가 申月의 재왕절에 태어나 三金의 재성과 雙癸水의 관성이 있으니 財多身弱에 묘목이 용신에 수는 목을 생하는 희신이고 금이 병신에 巳火는 금을 제거하는 약신이다. 壬運에 吉神官星(남편)이 되는데 乙卯年에 용신을 도우니 성혼하였다.

亥運에 관봉관운이 되는데 辛未年에 未土食神이 관성을 克하니 부부가 이혼을 하였다. 이혼은 좌하(일지=배우자궁)를 卯酉沖한 연고다. 갑대운에 화가 길신에 벽갑인화하여 길한데 갑대운말 乙亥年(을해년)에 관성이 되니 再婚(재혼)하고 병자년에 병화는 약신이 되고 子水(자수)는 吉神官星(길신관성)이 되니 得宅(득택)하였다.

子運(자운)에는 신자수가 수를 도우는데 己卯年(기묘년)에 卯卯酉爭冲(묘묘유쟁충)하니 친정부모님이 같은 날에 돌아가셨다. 이는 卯木(묘목)은 어머니이고 酉金(유금)은 아버지인데 爭冲(쟁충)된 연고다.

乙運(을운)에 용신을 도와 길한데 임오년에 약신을 도우니 집을 넓히고 甲申(갑신)년에는 갑목은 벽갑인화하니 음식물업을 열었다. 음식물업은 火(화)가 吉神(길신)인 연고다.

1999년생 살인상생격

壬 丁 癸 己
寅 丑 酉 卯

75 65 55 45 35 25 15 05
辛 庚 己 戊 丁 丙 乙 甲
巳 辰 卯 寅 丑 子 亥 戌

이 명조는 정화일주가 酉月(유월)의 금왕절에 태어나 약지인데 기토식신이 일주를 설기하고 유축금의 재성이 있고 임계수관성이 있으니

克泄이 겹쳐서 신약하다. 의지처는 인성인 목이다. 즉 印星인 木이 용신에 수는 용신을 생하는 희신이고 金은 목을 극상하는 병신에 火運은 病神인 金을 제거하는 약신이다.

戌運에 병신인 재성금을 생하고 금의 원신인 토가 丑戌刑이 되는데 己丑年에 財星(아버지)이 入墓하니 아버지가 自殺했다. 父喪을 당한 것은 卯木(어머니)과 酉金(아버지)이 卯酉冲이 되어 아버지와 어머니가 결국 이별하는 八字이기 때문이다. 아버지 명조는 다음과 같다.

1970년생 신약비겁위용

戊 庚 壬 庚
寅 申 午 戌

79 69 59 49 39 29 19 09
庚 己 戊 丁 丙 乙 甲 癸
寅 丑 子 亥 戌 酉 申 未

이 명조는 庚金이 午月의 火旺節에 태어나 약지인데 寅午戌合火가 身을 극하고 壬水가 약한 身을 설기하고 있으니 의지처는 金뿐이다. 즉 金이 용신에 濕土運은 용신을 생하는 희신이고 화가 병신에 수는 火를 제거하는 藥神이 된다.

丙大運에 병신을 도와서 흉한데 己丑年 丙寅月에 喜神인 土가 丑戌刑이 되고 用神의 根이 되는 申金을 寅寅申爭沖하니 자살했다.

*. 未土의 燥土는 金을 生하지 못한다.

1982년생(여명) 기명종재격

戊 丁 己 壬

申 酉 酉 戌

71 61 51 41 31 21 11 01

辛 壬 癸 甲 乙 丙 丁 戊

丑 寅 卯 辰 巳 午 未 申

이 명조는 丁火日主가 酉月의 재성인 금왕절에 태어나 地支가 申酉酉戌西方金에 戊·己土가 생금하니 一點 의지할 곳이 없어서 태왕한 재성을 따르는 수밖에 없다. 즉 기명종재격이 되어 從하는 五行인 金이 용신에 토는 용신인 금을 생하는 희신이 되고 화운은 從神인 金을 克傷하는 병신에 壬水는 화를 제거하는 약신이 된다.

무용을 전공했다. 무용은 戌이 華蓋星인 연고다.

현재 乙大運(을대운)인데 학교졸업 후 직장생활을 하는 동안 돈은 많이 들어오는데 모여지는 돈은 없다고 했다. 이는 吉運(길운)이 아닌 때문이다. 멀지만 향후 辰大運(진대운)이 되어서야 길운이 온다.

이 명조에서 우리가 알 수 있는 것은 사주팔자를 잘 타고 나는 것도 중요하지만 더 중요한 것은 운이 따라야 된다는 것이다.

초년에 戊·申·未大運(무신미대운)은 吉(길)하였고 그 외는 여태껏 좋은 운이 없었다.

1960년생(여명) 신약비겁위용

己 丁 丙 庚
酉 亥 戌 子

76	66	56	46	36	26	16	06
戊	己	庚	辛	壬	癸	甲	乙
寅	卯	辰	巳	午	未	申	酉

이 명조는 정화일주가 戌月(술월)의 상관월에 태어나 설기가 甚(심)한데 기토가 설기하고 庚酉金(경유금)의 재성과 해자수의 관성이 있으니 신약하다. 의지처인 丙火(병화)가 용신에 목운은 희신이 된다.

申運(신운)에 申子水(신자수)의 관성(남자)이 되는데 壬戌年(임술년)에 日干(일간)인 丁火(정화)가 壬水官星(임수관성)(남자)과 合(합)을 이루니 성혼하였다. 午運(오운)에 도화성인 子水(자수)

를 충하는데 癸未(계미)년에 食神(식신)이 관성(남편)을 克(극)하니 이혼하고 찻집을 열었다.

*. 日支(일지)를 기준으로하면 子水(자수)가 도화살이고 年支(년지)를 기준으로 하면 酉金(유금)이 도화살이 된다. 桃花殺(도화살)은 많은 異性(이성)을 상대할 확률이 높은 八字(팔자)이므로 찻집을 경영한다.

1960년생 신약한 화토상관격

庚 丁 丙 庚
子 丑 戌 子

78 68 58 48 38 28 18 08
甲 癸 壬 辛 庚 己 戊 丁
午 巳 辰 卯 寅 丑 子 亥

이 명조는 丁火日主(정화일주)가 술월의 상관월에 태어나 二土(이토)에 설기되고 雙庚金(쌍경금)의 재성과 雙子水(쌍자수)의 관성이 있으니 극설이 겹쳐서 身(신)이 태약하다. 의지처인 丙火(병화)가 용신에 목운은 화를 생하는 희신이고 수는 용신인 화를 상해하는 병신에 토는 병신인 수를 除去(제거)하는 약신이다.

年干(년간)인 庚金(경금)을 기준으로 하면 丑土(축토)가 天乙貴人(천을귀인)이다. 天乙貴人(천을귀인)이 하나이니 文科(문과)도 가능하고 理科(이과)도 가능하다.

泄氣(설기)가 잘 되는 상관월에 태어나 지능지수가 높으므로 戊大運(무대운)에 약신을 도와서 病神(병신)을 제거하니 용신인 화가 생기를 얻는데 戊午年(무오년)에 약신을 돕고 용신을 도우니 서울대 경제학과에 입학하고 子大運(자대운)에 졸업하였다. 경제학전공은 戌月(술월)의 土·金旺節(토금왕절)에 雙庚金(쌍경금)의 財星(재성)이 투간하였으니 경영자의 八字(팔자)인 연고다.

丑大運(축대운) 甲戌年(갑술년)에 財星(재성)(처)을 生(생)하고 용신을 생하니 결혼하였다.

印星(인성)인 木(목)이 길신이니 전문수학학원을 江南(강남)에서 자영한다.

1970년생. 관인상생격

甲 丁 丁 庚
辰 未 亥 戌

75 65 55 45 35 25 15 05
乙 甲 癸 壬 辛 庚 己 戊
未 午 巳 辰 卯 寅 丑 子

이 명조는 정화일주가 해월의 水(수)(관성)旺節(왕절)에 태어나 三土(삼토)가 설기하고 경금의 재성이 있으니 신약하고 습하다. 따라서 木(목)으로서 旺(왕)한 식상을 제거하고 약한 정화를 생하여야 한다. 木(목)이 용신에 수는 희신이고 금이 병신에 정화는 藥神(약신)이 된다.

庚大運(경대운)에 갑목을 斫破生火(작파생화)하니 대길한데, 이때 개그맨으로 방송에 데뷔했다.

*. 日支(일지)의 未(미)를 기준으로 하면 未(미)가 華蓋殺(화개살)이고 年支(년지)의 戌(술)을 기준으로 하면 戌(술)이 華蓋殺(화개살)이 되니 예능에 능하고, 火(화)가 吉神(길신)이니 방송과 관련이 있게 되므로 개그맨이다.

1980년생 신약비겁위용

庚 丁 丁 庚
子 未 亥 申

73 63 53 43 33 23 13 03
乙 甲 癸 壬 辛 庚 己 戊
未 午 巳 辰 卯 寅 丑 子

이 명조는 정화일주가 亥月(해월)의 수왕절에 태어나 子亥官星(자해관성)과 庚庚申(경경신)재성이 있고 미토가 설기하니 신이 태약하다. 의지처는 월상의 丁火(정화)뿐이다. 즉 화가 용신에 목은 용신인 화를 생하는 희신이고 수는 用神(용신)인 화를 克傷(극상)하는 병신에 미토는 수를 제거하는 약신이 된다.

*. 丁火日主(정화일주)가 太弱(태약)하니 초등학교 때부터 안경을 착용했다. 이는 疾病論(질병론)에서 눈은 火(화)에 속하기 때문이다.

*. 수의학을 전공했다. 獸醫學(수의학)은 亥(해)가 天門(천문)이고 申(신)은 현침성이며

未土(羊)가 길신인 연고다.

1950년생 신약인성위용

壬 丁 戊 庚
寅 酉 子 寅

73 63 53 43 33 23 13 03
丙 乙 甲 癸 壬 辛 庚 己
申 未 午 巳 辰 卯 寅 丑

이 명조는 정화일주가 子月의 수왕절에 태어나 官星이 왕하고 재성과 상관이 있으니 신약하다. 의지처는 印星뿐이다. 즉 木이 용신에 수는 희신이고 金이 병신에 火運은 약신이 된다.

묘대운에 용신을 도와서 길한데 己未年에 財星(처)을 生하니 성혼하고 庚申(정화일간은 음간이고 경금은 양간이니 다른 性의 子息)年에 관성(자식)을 생하니 女息을 얻고 辰運에 자진수가 관성(자식)을 돕는데 辛未(음간인 정화와 같은 음간년이니 같은 性의 자식)年이니 남아를 얻었다. 그 이후 남방화운동안은 地支가 重하므로 길하였다.

향후 未大運은 용신이 입묘하므로 길운이 아니다.

*. 木(목)이 용신이니 부동산 중 주로 상가건물(건물은 나무처럼 키가 크다.)을 대상으로 하는 공인중개사다.

1972년생 신약인성위용

癸 丁 壬 壬
卯 亥 子 子

75 65 55 45 35 25 15 05
庚 己 戊 丁 丙 乙 甲 癸
申 未 午 巳 辰 卯 寅 丑

이 명조는 정화일주가 子月(자월)의 수왕절에 태어나 사주팔자 중에 水(수)가 여섯이나 되니 태약하다. 의지처가 되는 卯木(묘목)이 용신이고 태왕한 수는 희신이 아니라 오히려 병신이 되고 이때 土(토)는 약신이 된다. 목을 상해하는 金運(금운) 또한 병신에 화운은 약신이 된다.

*. 미술을 전공하였다. 미술은 卯木(묘목)이 懸針星(현침성)인 연고다.

*. 洋酒店(양주점)을 경영한다. 양주는 火(화)가 길신인 연고다.

*. 묘대운에 용신을 도와서 길한데 壬午年(임오년)에 桃花星(도화성)인 자수를 충하고 藥神(약신)이 되니 성혼하였다.

1962년생(여명) 신약한 화토식신격

壬 丁 辛 辛

寅 未 丑 丑

79 69 59 49 39 29 19 09

己 戊 丁 丙 乙 甲 癸 壬

酉 申 未 午 巳 辰 卯 寅

이 명조는 정화일주가 丑月(축월)의 식신월에 태어나 약지인데 三土(삼토)가 설기하고 雙辛金(쌍신금)의 재성과 임수의 관성이 있으니 극설이 교가하여 신약하다. 신약한 화토식신격에 인성인 寅木(인목)으로 왕한 식상을 극하고 약한 일주를 생하여야 한다. 즉 木(목)이 용신에 수는 희신이고 금이 병신에 화운은 藥神(약신)이 된다.

癸水運(계수운)은 관성(남자)을 돕는데 辛酉年(신유년)에 관성을 생하니 성혼하고 壬戌年(임술년)에 상관(자식)년이 되니 아들을 얻고 갑자년에 용신과 희신을 도우니 여식을 얻었다. 辰大運(진대운)에 상관이 관성(남편)을 극하여 흉한데 丙子(병자)년에 관성도화에 官逢官運(관봉관운)이 되니 부부가 이혼하였다. 이는 여명에 坐下(좌하)가 食神(식신)인 연고다. 乙大運(을대운)에 용신을 도와서 길한데 癸未(계미)년부터 화가 吉神(길신)이니 음식물업을 자영한다.

1969년생 신약한 화토식신격

癸 丁 丁 己
卯 未 丑 酉

77 67 57 47 37 27 17 07
己 庚 辛 壬 癸 甲 乙 丙
巳 午 未 申 酉 戌 亥 子

이 명조는 정화일주가 丑月(축월)의 토왕절에 태어나 三土(삼토)에 설기가 심한데 유금의 재성과 계수관성이 있으니 극설이 교가하여 신약하다. 身弱(신약)한 火土食神格(화토식신격)에 묘목이 왕한 식상을 제거하고 정화일주를 생하는 용신이고 계수는 용신을 생하는 희신이며 유금은 용신인 묘목을 傷害(상해)하는 병신에 月干(월간)의 정화는 병신이 되는 유금을 제거하는 약신이 된다.

子運(자운)은 희신이지만 桃花官星(도화관성)이 되니 心亂(심란)해서 공부에는 별 취미가 없었다. 乙亥大運(을해대운)에 용신을 도우고 생하니 行政學(행정학)을 전공했다. 행정학은 官星(관성)이 吉神(길신)인 연고다.

戌運(술운)에 丑戌未三刑(축술미삼형)하여 凶(흉)한데 임오년에 官殺混雜(관살혼잡)이 되고 己酉月(기유월)에 용신인 묘목을 爭冲(쟁충)하니 교통사고를 당하고 머리를 다쳤다. 교통사고는 丑未冲(축미충) 卯酉冲(묘유충)한 연고이고 머리를 다친 것은 질병론에 의하면 甲頭(갑두) 乙頂(을정)인데 卯酉冲(묘유충)한 연고다.

*. 갑대운부터 국선도 수련원을 경영한다. 국선도는 丑未(축미)가 華蓋星(화개성)(예·체능에 능함)에 卯木(묘목)이 현침성인 연고이고 교육은 印星(인성)이 길신인 연고다.

10.5 戊 土

1952년생 살인상생격

癸 戊 甲 癸
亥 子 寅 巳

71 61 51 41 31 21 11 01
丙 丁 戊 己 庚 辛 壬 癸
午 未 申 酉 戌 亥 子 丑

이 명조는 무토일주가 寅月(인월)의 목왕절에 태어나 甲·寅木(갑인목)이 극토하고 재성이 넷이나 되니 신약하고 한습하다. 의지처는 巳火(사화)다. 사화가 용신에 목은 희신이고 수가 병신에 토운은 약신이 된다. 초년 水運(수운)은 병신을 도우니 寒微家(한미가)에서 생장하고 해운은 용신을 충하여 길운이 아니지만 기미년에 약신이 되어 병신을 극하고 해미목의 관성(자식)이 되니 성혼하였다. 해운 경신년에 庚金(경금)이 甲木(갑목)을 斫破生火(작파생화)하니 길하므로 得男(득남)하였다. 경대운은 화가 용신에 벽갑인화하니 대길한데, 이때 한 달에 은마아파트가 한 채씩 들어왔다고 한다. 戌運(술운)은 官星(관성)(자식)인 寅木(인목)을 寅戌合去(인술합거)하는데 己巳年(기사년)에 己土(기토)가 甲木(갑목)

(관성=자식)까지 합거하니 자식을 잃어버렸다. 己大運은 희신인 갑목을 합거하여 흉한데 丙子年에 병신인 수를 도와서 용신인 巳火(인성=어머니)를 극상하니 母喪을 당했다. 酉大運은 용신인 巳火를 合去하여 병신을 생하여 흉한데 庚辰年에 子辰水(父星)가 용신을 상해하니 父喪을 당했다. 또 이 酉大運에는 庚大運에 得財한 재산을 경마장에서 거의 잃어버렸다.

*. 火가 길신이니 음식업을 자영한다.

*. 이 命造에서 우리가 배워야할 교훈은, 運은 항상 좋은 것만은 아니니 좋은 運을 만났을 때 들어온 재산을 잘 지키는 것이 더 중요하고 貪慾은 禁物이라는 것이다.

1970년생 신왕용살

庚 戊 戊 庚
申 午 寅 戌

79	69	59	49	39	29	19	09
丙	乙	甲	癸	壬	辛	庚	己
戌	酉	申	未	午	巳	辰	卯

이 명조는 戊土日主가 인월의 長生地에 태어나 寅午戌火가 일

주를 생하고 월상의 무토가 일주를 도우니 신왕하다. 身旺用殺하여 寅木이 용신에 수운은 희신이고 금이 병신에 火는 약신이다.

卯運에 용신을 도우니 길한데 이때 中3부터 高3까지 전교 1등을 놓친 적이 없었다. 서울법대를 졸업하고 辰運 丙子年에 申子辰水가 用神을 생하고 丙火의 약신이 병신인 金을 제거하니 용신인 寅木(偏官)이 生氣를 얻으니 사법시험에 합격했다. 사시합격은 편관이 길신인 연고다.

辛運은 병신을 도와서 길운은 아니지만 戊寅年에 寅木이 관성(자식)을 도우니 성혼하고 庚辰年에 申辰水가 관성(자식)을 생하니 아들을 두고 壬午年에 임수는 관성(자식)을 생하고 오화는 병신인 금을 제거하니 女息을 얻었다.

辛運末 임오년에 辛金이 병신을 도우니 검사임용에 탈락되고 巳運에 藥神을 도와서 병신인 금을 제거하니 癸未년에 변호사 사무실을 열었다.

향후 火運은 약신을 도와 병신을 제거하니 용신이 생기를 얻어서 길할 것이고 水運은 용신을 생하여 길하리라.

1964년생 신약인성위용

甲 戊 丁 甲
寅 辰 卯 辰

75 65 55 45 35 25 15 05
乙 甲 癸 壬 辛 庚 己 戊
亥 戌 酉 申 未 午 巳 辰

이 명조는 戊土日主(무토일주)가 묘월의 목왕절에 태어나 寅卯辰地聚東方(인묘진지취동방)하고 네 개의 木(목)이 토를 극하고 있으니 신약하다. 목토를 통관하는 丁火(정화)가 용신에 목은 희신이 될 것 같지만 태왕한 목은 木多火熄(목다화식)하므로 오히려 병이 되고 금운은 약신이 된다. 水運(수운)은 또 하나의 병신에 토는 또 하나의 藥神(약신)이 된다.

甲卯(갑묘)가 현침성이고 辰土(진토)가 子宮(자궁)이 되므로 의대산부인과를 전공하고 印星(인성)인 火(화)가 길신이니 화학교육학을 복수전공했다. 午運(오운)에 용신을 도와서 길한데 乙亥(을해)년에 재성(처)이 되니 성혼하고 병자년에 장녀를 얻었다. 辛運(신운)에 목을 작파생화하여 길한데 己卯年(기묘년)에 차녀를 두고 경진년에 庚金(경금)은 화가 길신에 벽갑인화하고 진토는 약신인 토를 도우니 산부인과 병원을 開院(개원)하였다. 未大運(미대운)은 태왕한 왕목이 입묘하여 흉한데 癸未年(계미년) 乙卯月(을묘월)에 용신인 정화를 丁癸冲(정계충)하고 또 태왕한 왕목이 入墓(입묘)하니 의료사고가 있었다. 또 甲申年(갑신년) 丁卯月(정묘월) 辛卯日(신묘일)에는 申金(신금)이 寅木(인목)을 冲刑(충형)하고 태왕한 목을 또 도와 木多火熄(목다화식)하니 自營(자영)하는 병원에서 태어난 新生兒(신생아)가 사망하는 의료사고가 있었다.

*. 入墓運(입묘운)의 吉凶(길흉)

1. 旺者入墓(왕자입묘)는 凶(흉)하다.

2. 衰者入墓(쇠자입묘)

① 吉神(길신)이 弱(약)한데 會局(회국)으로 入墓(입묘)하면 吉(길)함이 많다.

② 天干用神(천간용신)이 弱(약)한데 入墓運(입묘운)에 不吉(불길)함이 많다.

1971년생(여명) 관인상생격

丁 戊 辛 辛
巳 午 卯 亥

71 61 51 41 31 21 11 01
己 戊 丁 丙 乙 甲 癸 壬
亥 戌 酉 申 未 午 巳 辰

이 명조는 무토일주가 卯月(묘월)의 관성이 왕한 계절에 태어나 雙辛金(쌍신금)이 설기하고 해수의 재성이 있으니 신약하다. 의지처인 인성인 火(화)가 용신에 목은 용신을 생하는 喜神(희신)이다.

사운부터 용신을 돕고 생하는 운이 되어 길한데 印星(인성)이 길신이니 명문대에서 教育學(교육학)을 전공했다.

*. 관인상생격이니 貴格(귀격)인데 지능지수가 150이상이다.

*. 天乙貴人(천을귀인)이 하나이니 文科(문과)와 理科(이과) 모두 가능한데 특히 수학과 物理學(물리학)에 뛰어났다.

*. 官星桃花(관성도화)가 길신이니 많은 사람들에게 사랑을 받을 팔자인데 치어 걸(cheer girls)出身(출신)이다.

*. 印星(인성)이 길신이니 기획부서에 근무한다.

*. 午火(오화)가 인성(어머니)현침성이니 어머니가 약학을 전공했다.

*. 甲大運(갑대운)에 官星(관성)(남편)이 되니 짝사랑하는 사람이 있었다.

1978년생(여명) 시상편재격

壬 戊 丙 戊
子 午 辰 午

77 67 57 47 37 27 17 07
戊 己 庚 辛 壬 癸 甲 乙
申 酉 戌 亥 子 丑 寅 卯

이 명조는 무토일주가 辰月(진월)의 토왕절에 태어나 三火(삼화)가 生土(생토)하고 二土(이토)가 일주를 도우니 신이 태왕하다. 태왕한 자는 泄氣(설기)함이 定理(정리)이지만 설기할 食傷(식상)이 없으니 신왕용재하여 재성이 용신이고 식상운은 희신이고 비겁이 병신에 관성운은 藥神(약신)이 된다.

여명에 초년부터 약신이지만 官星(관성)(남자)인 목운이 오니 공부에는 관심이 없고 甲運末(갑운말)부터 coffee전문점의 종업원이다.

*. 時上偏財(시상편재)에 계운부터 수금운은 용신을 생하고 도와서 경제적으로는 吉(길)하다. 그러나 日支(일지)(배우자궁)午(오)를 子午冲(자오충)하고 관성이 미약하니 가정적으로는 다복함을 기대하기 어려울 것이다.

1958년생(여명) 토왈가색격

丁 戊 丙 戊
巳 辰 辰 戌

76 66 56 46 36 26 16 06
戊 己 庚 辛 壬 癸 甲 乙
申 酉 戌 亥 子 丑 寅 卯

이 명조는 무토일주가 진월의 토왕절에 태어나 四土(사토)가 일주를 도우고 三火(삼화)가 일주를 생하니 사주팔자 모두가 印星(인성)과 比劫(비겁)이니 결국 토로 凝集하였다. 즉 토왈가색격에 종하는 오행인 토가 용신에 화는 용신을 생하는 희신이고 목운은 용신을 克傷하는 병신에 금은 병신인 목을 제거하는 藥神이 된다.

壬運은 병화가 길신에 見水顯節[71]하니 대길하였다. 그러나 子水大運에는 병신인 辰中의 乙木을 생하는 운이므로 손재가 있었다.

*. 木이 凶神이지만 인쇄업을 자영하는데, 夫君의 사주에 목(인쇄)이 길신인 연고다. 夫君의 사주는 다음과 같다.

1955년생 신약한 화토식신격

己 丙 庚 乙
丑 午 辰 未

74 64 54 44 34 24 14 04
壬 癸 甲 乙 丙 丁 戊 己
申 酉 戌 亥 子 丑 寅 卯

이 명조는 丙火日主가 진월의 토왕절에 태어나 四土가 설기하고

71) 견수현절(見水顯節): 火가 吉神인 때 丙火 則 太陽이 壬水 則 江湖水를 만나면 太陽이 江湖水에 반사되어 더욱 빛나는 것처럼 吉運이 되고, 火가 凶神일 때는 凶運이 됨을 말한다.

경금의 재성이 있으니 身弱(신약)한 火土食神格(화토식신격)이다. 인성인 乙木(을목)으로 태왕한 식상을 제거하고 약한 일주를 생하여야 한다. 즉 木(목)이 용신에 수운은 용신을 생하는 희신이고 금은 목을 傷害(상해)하는 병신에 화는 병신인 금을 제거하는 藥神(약신)이다.

*. 木(목)이 吉神(길신)이니 인쇄업을 자영한다.

1959년생 신왕용재

壬 戊 己 己
戌 戌 巳 亥

74 64 54 44 34 24 14 04
辛 壬 癸 甲 乙 丙 丁 戊
酉 戌 亥 子 丑 寅 卯 辰

이 명조는 무토일주가 巳月(사월)의 화왕절에 태어나 왕지인데 巳火(사화)가 일주를 생하고 四土(사토)가 일주를 도우니 신이 태왕하고 조열하다. 태왕한 자는 식상으로 설기함이 타당한데 食傷(식상)이 없으므로 신왕용재하여 水(수)가 調候(조후)하는 용신에 금운은 희신이 되고 토가 병신에 木運(목운)은 토를 소토하는 藥神(약신)이 된다.

丁大運(정대운)에 병신인 토를 생하여 흉한데 丙辰年(병진년)에 父喪(부상)을 당하였다.

이는 財星(부성)인 水가 辰土에 入墓하고 辰戌戌爭冲發한 旺土에 弱한 수가 泥塞한 연고다.

卯大運에 약신관성이 되어 길한데 신왕재약하므로 商大를 졸업하였다. 丙運에 왕토를 생하여 흉하지만 甲子年에 財星(처)을 도우니 여자를 만나서 寅運에 약신관성(자식)이 되어 길한데 己巳年에 용신의 근인 亥水를 冲하므로 여식을 얻고 庚午年에 경금이 생재(처)하니 同居生活을 시작하였다. 乙運에 약신관성이 되어 길한데 癸酉年에 財逢財運[72]하니 별거생활에 들어가고 甲戌年에 갑목이 약신관성이 되니 再 同去生活에 들어갔다. 丑運에 巳丑金이 用神인 水를 생하고 庚辰年에 또 用神을 생하니 차녀를 얻었다.

*. 乙運에 약신관성(명예, 직업)이 되는데 癸酉年부터 용신을 부생하므로 길한데 이때부터 丑運辛巳年까지 사법시험에 도전했으나 실패했다. 대운이 東北方으로 길운인데도 불구하고 사시와 인연이 닿지 않는 것은 四柱原局에 官星이 없기 때문이다. 亥中의 甲木은 巳亥冲으로 損傷되었다.

*. 同居와 別居를 반복한 것은 많은 비겁에 군비쟁재된 연고다.

---

72) 女命에서 官逢官運이면 夫婦가 離別하는 경우가 있듯이, 男命에서 財逢財運에 夫婦가 離別하는 경우도 있다.

*. 燥熱(조열)하여 金水木(금수목)이 필요하므로 辛丑年(신축년) 壬辰月(임진월) 乙亥日(을해일) 甲申時生(갑신시생) 女人(여인)을 만나서 함께 산다.

1957년생 신왕용살

甲 戊 乙 丁
寅 戌 巳 酉

77 67 57 47 37 27 17 07
丁 戊 己 庚 辛 壬 癸 甲
酉 戌 亥 子 丑 寅 卯 辰

이 명조는 戊土日主(무토일주)가 巳月(사월)의 화왕절에 태어나 二火(이화)가 일주를 생하고 술토가 일주를 도우니 신왕하다. 신왕용살하여 의지처는 官殺(관살)이 된다. 즉 木(목)이 용신에 수운은 희신이 된다.

初年(초년) 癸卯壬運(계묘임운)에 용신을 생하고 도우니 길하여 이때 건축학을 전공했다. 건축학은 木(목)이 길신인 연고다.

寅大運(인대운) 庚午年(경오년)에 인오화가 왕신을 도와서 흉한데 용신인 甲木(갑목)을 冲(충)하고 乙木(을목)을 합거하니 父喪(부상)을 당하였다. 父(부)와 緣(연)이 薄(박)한 것은 四柱原局(사주원국)에 父星(부성)(財星(재성)=水(수))이 없는 연고다.

寅運末(인운말) 임신년에 용신을 돕고 생하니 건축사가 되었다.

辛大運 계유년부터 직장생활을 접고 건축사사무실을 자영하여 계유 갑술 을해년까지 大吉하였다.

辛運末 丁丑年에 국내경제환경이 IMF로 침체됨에 그 영향을 받아 平吉하게 보냈다.

庚大運에 火가 忌神에 벽갑인화하여 흉한데 甲申年에 용신의 根인 寅木을 冲하니 2,500만원의 損財가 있었다.

1971년생(여명) 조후용신

丙 戊 甲 辛
辰 辰 午 亥

79 69 59 49 39 29 19 09
壬 辛 庚 己 戊 丁 丙 乙
寅 丑 子 亥 戌 酉 申 未

이 명조는 무토일주가 午月의 화왕절에 태어나 丙·午火가 생토하고 雙辰土가 일주를 도우니 신왕하고 조열하다. 신왕용재하여 水가 용신에 금은 喜神이고 토가 병신에 목은 약신이 된다.

丙運에 국문학을 전공하고 申운에 食神(자식)이 되는데 甲戌年에 官星(남편)을 돕고 일지를 冲動하니 同居生活에 들어갔다. 申運에

申金(자식)이 申辰水하니 金(자식)이 설기되는데 乙亥년에 또 金이 설기되니 태어난 女食을 잃었다. 申運丁丑年에 설기됨이 그치게 되니 男兒를 얻었다. 丁運은 旺土를 생하여 길운은 아니지만 癸未年에 癸水가 관성(남편)인 木을 생하니 결혼식을 하고 得宅도 했다.

*. 食傷이 길신이니 학원강사다.

1963년생 조후용신

丙 戊 戊 癸
辰 子 午 卯

73 63 53 43 33 23 13 03
庚 辛 壬 癸 甲 乙 丙 丁
戌 亥 子 丑 寅 卯 辰 巳

이 명조는 무토일주가 午月의 화왕절에 태어나 二火가 생토하고 二土가 일주를 돕고 있으니 신왕한 중에도 왕한 화가 흠이 된다. 水가 왕화를 제하는 調候用神에 금운은 용신을 생하는 희신이고 토는 용신을 극상하는 병신에 卯木은 병신인 토를 제거하는 약신이다.

辰運에 용신인 수의 근이 되어 길한데 甲子年에 재성도화가 되니 逢女하고 乙運에 약신관성(자식)이 되는데 己巳年 丙子月에 財星

桃花(도화)인 子水(자수)를 子子午爭冲(자자오쟁충)하니 성혼하고 卯運(묘운)에 관성(자식)을 돕는데 庚午年(경오년)에 用神(용신)을 생하니 長女(장녀)를 얻고 壬申年(임신년)에 용신을 도우고 생하니 次女(차녀)를 얻었다.

*. 子辰水(자진수)가 子午冲(자오충)을 救(구)하니 부부간에 화목하다.

*. 水(수)가 吉神(길신)이니 流通業(유통업)에 종사한다.

1963년생 신왕용관

戊 戊 己 癸
午 午 未 卯

72 62 52 42 32 22 12 02
辛 壬 癸 甲 乙 丙 丁 戊
亥 子 丑 寅 卯 辰 巳 午

이 명조는 무토일주가 未月(미월)의 토가 가장 왕성한 계절에 태어나 雙午火(쌍오화)가 생토하고 三土(삼토)가 도우고 있으니 신이 태왕하고 조열하다. 태왕한 자는 식상으로 설기함이 正解(정해)인데 식상이 없다. 따라서 癸水(계수)가 조후용신이고 금운은 희신이 되고 토가 병신에 卯木(묘목)은 약신이 된다.

丙大運(병대운)에 길운은 아니지만 身旺財弱(신왕재약)하니 商大(상대)를 졸업했다.

①辰運에 癸水가 뿌리를 얻으니 길한데 경오년에 경금이 재성(처)인 水를 생하니 성혼하고 辛未년에 신금이 용신인 수를 생하니 長男을 두었다. 壬申年에 용신을 도우고 생하니 길하지만 群比爭財(처)하니 妻와 이별하였다. 이는 사주원국에서 財星(처)은 癸水하나 뿐인데 많은 比劫이 財星을 劫奪하는 연고다.

②乙運에 官星(자식)을 돕는데 甲戌년에 갑목은 관성을 돕고 戌은 日支를 合하니 재혼하고 甲戌年生 둘째 아들을 두고 丙子年에 또 群比爭財하니 둘째 부인과도 이혼하였다.

③戊寅年에 官星(자식)을 도우니 본처와 三婚하고 卯運에 약신 관성을 도와서 길하지만 癸未年에 또 群比爭財하니 또 부부가 이혼하였다.

④甲運에 약신관성을 도와서 길한데 甲申年에 관성을 돕고 申金이 용신인 癸水(처)를 생하니 第三의 여인과 또 결혼하였다.

*. 辰運에 재성인 용신이 생기를 얻어서 관성(직업)인 묘목을 생하니 길한데 庚午年에 土生金 金生水 水生木 즉 轉轉相生하니 은행에 취직하여 乙運末까지 근무했다. 金融은 身旺財弱인 연고다.

卯運에 관성(직업)을 도와서 길한데 戊寅年에 또 관성을 도우니 외국계보험회사에 들어가서 壬午年末까지 근무했다.

卯運(묘운)에 藥神(약신)인 卯木(묘목)을 도와서 길한데 壬午年末(임오년말)부터 횟집을 경영한다. 횟집은 水(수)가 吉神(길신)인 연고다.

1972년생(여명) 신왕용재. 조후용신

乙 戊 丁 壬
卯 午 未 子

77 67 57 47 37 27 17 07
己 庚 辛 壬 癸 甲 乙 丙
亥 子 丑 寅 卯 辰 巳 午

이 명조는 무토일주가 土(토)가 가장 왕성한 未月(미월)에 태어나 丁午火(정오화)가 생토하니 신왕하고 조열하니 조후가 時急(시급)하다. 즉 水(수)가 용신에 금운은 희신이 되고 土(토)가 병신에 木(목)은 약신이 된다. 乙運(을운)에 藥神(약신)을 도와 병신인 토를 극하므로 용신인 수가 생기를 얻으니 공부를 잘하여 子水(자수) 즉 쥐가 용신이고 卯木(묘목) 즉 토끼가 약신이고 懸針星(현침성)이니 獸醫學(수의학)을 전공하였다. 甲大運(갑대운)에 관성(남편)을 돕는데 庚辰年(경진년)에 食神(식신)(자식)年(년)이 되고 子水(자수)가 辰土(진토)의 뿌리를 얻으니 吉(길)하여 성혼하였다.

*. 卯木(묘목)이 길신도화가 되니 미인이다.

*. 時支(시지)에 도화가 있으니 연애결혼을 했다.

*. 卯木(묘목)이 길신관성이니 남편도 미남이다.

*. 木(목)이 남편이니 남편은 곡물사업을 한다.

*. 年柱(년주)에 길신재성이 있으니 상속받을 재산이 있다.

*. 四柱(사주)가 너무 덥고 時支(시지)가 空亡(공망)이니 많은 자식은 기대하기 어렵다.

*. 四柱(사주)가 신왕하고 너무 덥기 때문에 身弱(신약)하고 춥고 濕(습)한 氣運(기운)을 많이 가진 사주를 간절히 바란다. 따라서 己酉年(기유년) 丁丑月(정축월) 乙卯日(을묘일) 辛巳時生(신사시생)의 身弱(신약)하고 寒濕(한습)한 기운이 많은 사람과 결혼을 했다.

1958년생(여명) 신왕용살

甲 戊 己 戊

寅 戌 未 戌

74 64 54 44 34 24 14 04

辛 壬 癸 甲 乙 丙 丁 戊

亥 子 丑 寅 卯 辰 巳 午

이 명조는 무토일주가 未月(미월)의 토왕절에 태어나 나를 포함하여 비겁이 여섯씩이나 되니 太旺(태왕)하다. 태왕한 자는 설기하여야 하는데 설기할 食傷(식상)이 없으니 비겁을 제거할 관성이 용신이다. 즉 관성인 목이 용신에 재성인 水運(수운)은 희신이 된다.

초년 화토운은 길운이 아니므로 寒微家(한미가)에서 생장하고 인문계 고등학교를 졸업하였다. 병운은 왕토를 생하니 길운은 아니지만 甲子(갑자)年(년)에 용신인 관성(남편)을 돕고 생하니 성혼하고 집도 마련했다. 을축년에 을목은 용신을 돕는데 반해 축은 많은 비겁을 돕고 丑戌未(축술미)三刑(삼형)이 되니 수술해서 여식을 얻었다. 辰大運(진대운)에 水(수)의 庫藏(고장)이 되어 甲木用神(갑목용신)에게 水(수)를 공급하여 吉(길)한데 丙寅年(병인년)에 용신을 도우니 득남하였다. 卯大運(묘대운) 丙子年(병자년)부터 용신을 도우고 생하니 길한데 木(목)이 용신이므로 의류상을 자영하고 있다. 그러나 甲運(갑운) 壬午年(임오년)과 癸未年(계미년)은 旺土(왕토)를 生(생)하고 도우니 어려웠다.

向後(향후) 계수운은 용신을 생하여 길하지만 丑運(축운)은 왕토를 도우고 丑戌未三刑(축술미삼형)이 성립되어 길운이 아니다. 이때 여명에 土(토)가 太多(태다)하면 胃(위)와 子宮(자궁)에 문제가 올 수 있는데, 자궁에 문제가 오면 乳房(유방)에도 함께 문제가 발생하는 경우가 있으니 유의 요망과 夫君(부군)의 건강 또한 염려된다. 이때를 지나면 水運(수운)은 용신을 생하여 길하리라.

*. 명리학 이론에 의하면 兄弟數(형제수)는 비겁의 數(수)로 보게 되는데, 나를 포함하여 비겁이 여섯이지만 실제 兄弟(형제)는 1남 2녀 중 막내다.

*. 日支의 戌土와 時支의 寅이 寅戌合化火하는데 寅中의 戊土(형제)를 합해오니 異腹兄弟가 있다.

또 日干과 合하여 比劫이 되는 命造도 이복형제가 있게 되는 경우가 많다. 가령 己土日主가 甲木과 合하여 甲己合化土(기토의 비겁)가 되면 異腹兄弟가 있게 된다.

1954년생 신왕용재

戊 戊 壬 甲
午 戌 申 午

80 70 60 50 40 30 20 10
庚 己 戊 丁 丙 乙 甲 癸
辰 卯 寅 丑 子 亥 戌 酉

이 명조는 戊土日主가 申月의 금왕절에 태어나 弱地이나 雙午火가 生土하고 戊·戌土가 일주를 도우니 신강한 사주로 바뀌었다. 身强한 土金食神格에 수가 용신에 금이 희신이며 토가 병신에 목은 약신이 된다. 子大運에 재성(재산)용신을 도우니 事業으로는 득재하였다. 그러나 子午冲 즉 재성인 자수를 충하니 주식에 투자하여 損財하였다. 이는 身旺한 사주에 羊刃 즉 午火를 冲하여 旺者冲之益

發(발)한 土(토)로인하여 群比爭財(군비쟁재)한 연고다.

*. 水(수)가 吉神(길신)이니 서비스업을 자영한다.

1962년생 신약한 토금식신격

己 戊 戊 壬
未 申 申 寅

71 61 51 41 31 21 11 01
丙 乙 甲 癸 壬 辛 庚 己
辰 卯 寅 丑 子 亥 戌 酉

이 명조는 무토일주가 申(신)월의 식신월에 태어나 雙申金(쌍신금)의 설기가 심하고 인목의 관성이 克身(극신)하고 壬水(임수)의 재성이 있으니 身弱(신약)한 土(토)金食神格(금식신격)이다. 寅中(인중)의 丙火(병화)와 未中(미중)의 丁火(정화)가 旺(왕)한 금을 제거하고 약한 토를 생하는 용신이고 木(목)은 희신이고 임수가 병신에 土(토)는 약신이 된다.

서울대공대전자과를 졸업하고 전자계통 연구직에 있다. 연구직은 印星(인성)이 용신이고 未(미)에 天乙貴人(천을귀인)(창의력)이 있는 연고다.

辛運(신운)에 약한 身(신)을 설기하여 흉하지만 丙寅年(병인년)에 용신인 火(화)를 돕고 관성(자식)인 木(목)을 도우며 일지를 冲動(충동)하니 성혼하였다. 亥運(해운)에 寅亥木(인해목)이 寅申冲(인신충)을 救(구)하고 官星(관성)(자식)인 寅木(인목)을 生(생)하는데 己巳年(기사년)

에 藥神과 用神을 도우니 장녀를 얻고 壬運에 官星을 生하는데 乙亥年에 官星을 도우고 생하니 차녀를 얻었다. 子大運에 官星을 생하는데 戊寅年에 약신인 土를 돕고 관성(자식)인 木을 도와 用神인 印星(문서)火를 生하니 得男하고 땅을 상속받았다.

癸運은 병신인 수를 도와서 흉하지만 壬午年에 用神인 火를 도우니 부장으로 승진하고, 癸未年에 藥神인 土를 도와 病神인 水를 除去하니 5층 건물을 샀다.

*. 寅申冲이 있으니 편두통이 심하다.

*. 土는 피부인데 허약하니 피부병이 심하다.

*. 胃는 토에 속하고 手足은 胃經에 속하는데 土日主가 허약하니 관절이 안 좋다.

1964년생 신약인성위용. 조후용신

壬 戊 癸 甲

戌 寅 酉 辰

74 64 54 44 34 24 14 04

辛 庚 己 戊 丁 丙 乙 甲

巳 辰 卯 寅 丑 子 亥 戌

이 명조는 무토일주가 酉月의 금왕절에 태어나 설기되니 弱地인데 辰酉金(진유금)에 임계수가 투간하니 재성이 왕하고 갑목의 관성이 高透(고투)하였으니 극설이 교가하여 신약하고 濕(습)하다. 寅戌火(인술화)가 조후와 억부용신에 甲木(갑목)은 희신이 되고 수가 병신에 조토는 약신이 된다. 子水(자수)(재성=처)大運(대운)에 병신을 도와서 흉한데 癸酉年(계유년)에 癸水(계수)는 財星(재성)(처)이 되고 유금은 桃花(도화)가 되니 동거생활부터 했다. 동거생활부터 하는 것은 월지에 도화살이 있고 일지의 寅木(인목)은 관성(자식)이 되는데 인중의 무토와 월상의 계수(처)가 합한 연고다. 癸酉年(계유년) 그해에 득남한 후 3일 만에 그 아들을 잃었다. 이는 子水病神(자수병신)이 용신인 火(화)를 극상하고 月支(월지)의 酉金(유금)과 癸酉年(계유년)의 酉金(유금)이 木(목)(아들)을 克傷(극상)한 연고다. 자대운에 병신을 도와서 흉한데 丙子年(병자년)에 여식을 둔 후 정축년에 결혼식을 올리고, 정대운에 용신을 도와서 길한데 정축년에 정화가 또 용신을 도우니 아들을 얻었다. 정대운에 정임합목(다음지합)하고 기묘년에 유금도화를 충하니 만난 여인에게 돈을 빌려주고 빚보증을 서준 손재가 있었다.

*. 忌神桃花(기신도화)가 있는 명조는 異性(이성)으로 인하여 재적 손실이 있기 쉬우니 주의 요망.

*. 木(목)이 길신이니 농산물업을 한다.

*. 合多不爲奇(합다불위기) 즉 사주원국에 합이 많으면 우유부단하다. 이 명조에는 戊癸合火(무계합화), 寅戌合火(인술합화), 辰酉合金(진유합금)의 합이 있다.

1965년생(여명) 살인상생

癸 戊 乙 乙
亥 子 酉 巳

73 63 53 43 33 23 13 03
癸 壬 辛 庚 己 戊 丁 丙
巳 辰 卯 寅 丑 子 亥 戌

이 명조는 무토일주가 酉月(유월)에 태어나 弱地(약지)인데 雙乙木(쌍을목)이 극토하고 三水(삼수)의 재성이 있으니 신약하고 한습한데 의지처는 巳火(사화)다. 화가 용신에 목은 희신이고 수가 병신에 토는 수를 制濕(제습)하는 약신이다.

무운에 약신이 되어 병신인 수를 제거하니 용신인 화가 生氣(생기)를 얻어서 길한데 辛未年(신미년)에 상관(자식)과 약신이 되니 결혼하고 자대운 계유년에 도화상관이 되니 득남하고 기운에 약신이 되어 길한데 戊(무)寅年(인년)에 약신이 되고 喜神官星(희신관성)을 도우니 여식을 얻었다.

*. 己大運(기대운)부터 약신이 되어 길한데 목이 길신이니 가구점을 자영한다.

1954년생(여명)

乙 戊 甲 甲
卯 戌 戌 午

71 61 51 41 31 21 11 01
丙 丁 戊 己 庚 辛 壬 癸
寅 卯 辰 巳 午 未 申 酉

이 명조는 무토일주가 戌月(술월)의 토왕절에 태어나 雙戌土(쌍술토)가 도우고 오화가 생토하니 신왕한 중에 많은 土(토)가 欠(흠)이 된다. 토를 제거하는 木(목)이 용신에 수운은 희신이고 金運(금운)은 病神(병신)에 화는 약신이 된다.

辛運(신운)은 병신이지만 상관(자식)이 되는데 丙辰(병진)년에 일지를 冲動(충동)하니 成婚(성혼)하고 정사년에 약신을 도우니 長男(장남)을 두고 무오년에 약신을 도우니 차남을 두었다. 未大運(미대운)은 왕토를 도우고 술미형이 되어 흉한데 辛酉(신유)(상관=자식)年(년)에 病神(병신)이 되어 용신을 乙辛冲(을신충) 卯酉冲(묘유충) 즉 天冲地冲(천충지충)하니 次男(차남)을 잃었다. 未大運(미대운) 壬戌年(임술년)은 왕토를 도우고 戌未(술미)刑(형)이 되어 길함이 적으나 壬水(임수)가 용신인 木(목)을 생하니 여식을 얻었다. 午大運(오대운)은 약신을 도와서 길하지만 乙亥年(을해년)은 여명에서 남편이 있는 사주에 남편운이 들어오고 용신의 根(근)이 되는 卯木(묘목)을 亥卯合去(해묘합거)하니 부부가 이혼을 하였다. 이는 여자사주에 관성이 너무 많고 좌하에 비겁이 있는 연고다.

*. 여명에서 가장 꺼리는 것은 坐下(좌하)(일지)의 食傷(식상)이고 다음으로 꺼리는 것은 좌하에 比劫(비겁)이라고 했다. 일지의 식상이 관성(남편)을 극하기 때문이고, 좌하의 비겁은 群比爭官(군비쟁관) 즉 형제가 남편를 두고 쟁탈전이 벌어지는 形局(형국)이기 때문이다.

*. 사주원국에 재성은 없고 비겁이 많(月支(월지)에 比劫(비겁))은 고로 大財(대재)는 기대하기 어렵다. 따라서 작은 경영을 하는데 목이 용신이니 衣類修繕業(의류수선업)이다.

1956년생(여명) 식신생재

己	戊	戊	丙
未	辰	戌	申

77	67	57	47	37	27	17	07
庚	辛	壬	癸	甲	乙	丙	丁
寅	卯	辰	巳	午	未	申	酉

무토일주가 술월의 토왕절에 태어나 五土(오토)가 도우고 병화가 생토하니 신이 태왕하다. 土曰稼穡格(토왈가색격)인 듯하지만 泄氣(설기)하는 食傷(식상)이 있으므로 종격이 아니고 食傷生財格(식상생재격) 즉 正格(정격)으로 풀이함이 합당하다.

따라서 설기하는 申金이 용신에 土多면 금이 묻히므로 왕토는 희신이 아니고 오히려 병신이 되는데 이때는 목운이 旺土를 제거하는 藥神이 된다. 丙火는 申金을 상해하므로 병신이 되는데 이때는 水運이 병화를 제거한 藥神이 된다.

申運에 용신인 食神(자식)을 도와 길한데 己未年은 왕토를 도와 흉하지만 성혼하고 庚申년에 식신(나와 같은 性)년이 되니 女息을 얻고 未大運 辛未年에 辛金이 무토일주의 傷官(나와 다른 性)年이 되니 아들을 얻었다. 甲大運은 여명 官逢官運이면 鏡破釵分(거울이 깨어지고 비녀가 부러진다.)이라고 했으니 흉한데 甲戌年에 日支를 爭冲하니 하마터면 이혼할 뻔 했다. 癸運에 들어 재성운이 되어 길한데 壬午年에 木이 吉신이니 衣類商을 열었다. 巳運은 용신인 金의 長生地가 되어 無欠하였다.

향후 壬水運은 약신재성이 되어 길할 것이다. 그러나 辰大運은 왕토를 충발하므로 길운이 아닌데 이때 損財, 본인은 胃와 자궁병, 부군의 건강이 염려된다. 이때를 지나면 辛卯庚大運은 용신을 도우고 약신이 되어 길하지만 寅運은 用神을 冲하여 위험하다.

1983년생 재다신약

丙 戊 癸 癸

辰 午 亥 亥

76 66 56 46 36 26 16 06

乙 丙 丁 戊 己 庚 辛 壬

卯 辰 巳 午 未 申 酉 戌

이 명조는 戊土日主(무토일주)가 해월의 財旺節(재왕절)에 태어나 四水(사수)의 재성이 있으니 재다신약에 한습하다. 午火(오화)가 조후용신에 목운은 희신이고 수가 병신에 土(토)는 약신이다.

재다신약한 者(자)는 재산에 관심이 많으므로 經營學(경영학)을 전공하고 庚運(경운)에 病神(병신)인 水(수)를 생하여 흉하지만 庚寅年(경인년)에 官星(관성)인 寅木(인목)이 용신인 화를 생하니 공인회계사자격시험에 합격하였다. 己運以後(기운이후) 東南方運(동남방운)은 用神(용신)을 생하고 도와서 大吉(대길)하리라.

1981년생 신약인성위용

丁 戊 己 辛
巳 申 亥 酉

77 67 57 47 37 27 17 07
辛 壬 癸 甲 乙 丙 丁 戊
卯 辰 巳 午 未 申 酉 戌

이 명조는 戊土日主(무토일주)가 亥月(해월)의 수왕절에 태어나 三金(삼금)이 설기하니 신약하고 한습하다. 火(화)가 약한 일주를 생하는 조후용신이고 木運(목운)은 희신이고 수는 병신에 土運(토운)은 약신이다.

丙運(병운)에 용신인 화를 도우니 吉(길)하여 방송사에 취직하였다. 언론방송은 火(화)가 吉神(길신)인 연고다.

1959년생(여명) 재다신약

癸 戊 丙 己
亥 辰 子 亥

79 69 59 49 39 29 19 09
甲 癸 壬 辛 庚 己 戊 丁
申 未 午 巳 辰 卯 寅 丑

이 명조는 무토일주가 子月의 재왕절에 태어나 四水의 재성이 있으니 재다신약에 조후가 시급하다. 丙火가 調候·抑扶用神이고 목운은 喜神이고 水가 병신에 토는 약신이다.

寅大運에 희신관성(남편)이 되어 길하데 甲子年에 갑목은 관성(남편)이 되고 子水는 도화성으로서 日支와 合을 이루니 연애로 성혼하고 甲子年生의 딸을 낳았다. 기대운은 약신을 도와서 무흠하였으나 卯大運은 희신이지만 관성(남편)이 되니 남자로 인하여 근심이 있겠는데, 이때 夫君의 外道로 부부간 갈등이 있었다. 男便의 外道는 卯大運의 木(남편)이 四柱原局에서 他五行인 亥水와 合을 이룬 연고다.

*. 火가 길신이니 음식물업을 경영한다.

*. 月支에 도화살이 있으니 친정어머니도 연애결혼을 했다.

1966년생(여명) 신약인성위용

壬 戊 庚 丙
戌 辰 子 午

80 70 60 50 40 30 20 10
壬 癸 甲 乙 丙 丁 戊 己
辰 巳 午 未 申 酉 戌 亥

이 명조는 戊土日主(무토일주)가 子月(자월)의 水旺節(수왕절)에 태어나 辰·戌土(진술토)가 도우고 丙·午火(병오화)가 생토하니 신왕할듯하지만 辰土(진토)는 子辰水(자진수)가 되니 신약하고 한습하다. 따라서 火(화)가 약한 일주를 생하고 調候(조후)하는 용신에 목운은 희신이고 水(수)가 병신에 토는 약신이 된다.

子大運(자대운)에 병신인 수를 도우니 日主戊土(일주무토)는 더욱 한습해져 凶(흉)한데 辛亥年(신해년)에 병신을 또 생하고 도우니 다리를 다쳤다. 手足(수족)의 欠(흠)은 胃經(위경)에 속하는데 旺水(왕수)에 土(토)(위)가 傷(상)한 연고다. 그리고 乙卯年(을묘년)에는 土(토)를 극하니 장염으로 辛苦(신고)했다. 腸炎(장염)은 토는 위에 속하는 연고다. 亥運(해운)에 病神(병신)인 재성(父星(부성))을 도우니 아버지가 사업에 실패했다. 戊運(무운)에 木(목)과 土(토)가 吉神(길신)이므로 건축학과를 졸업하였다. 戌運(술운)에 약신을 도와 길한데 갑술년에 경금은 갑목을 작파생화하여 용신을 도우고 戌土(술토)는 약신을 도와 병신을 제거하니 용신인 印星(인성)이 生氣(생기)를 얻으니 설계사가 되었다. 설계사는 午火用神(오화용신)이 懸針星(현침성)인 연고다. 丁大運(정대운)은 용신을 도와서 길한데 이때 건축설계를 하여 득재하였다. 酉大運(유대운)은 用神(용신)인 火(화)의 死地(사지)가 되고 병신인 수를 생하여 흉한데 庚辰年(경진년) 亥月(해월)부터 辛巳年(신사년) 巳月(사월)까지 사업으로 損財(손재)하였다.

*. 戊大運(무대운) 丁卯年(정묘년)에 官星(관성)(남편)桃花(도화)가 되니 同居(동거)를 시작하여 戌運(술운)에 坐下(좌하)를 冲動(충동)하고 辛未年(신미년)에 傷官(상관)(자식)年(년)이 되니 결혼하였다.

壬申年에 식신(자식)이 되니 長女를 얻고 癸酉年에 傷官(자식)이 되니 次女를 얻었다.

1955년생 신왕용관

壬 戊 己 乙
戌 寅 丑 未

72 62 52 42 32 22 12 02
辛 壬 癸 甲 乙 丙 丁 戊
巳 午 未 申 酉 戌 亥 子

이 명조는 戊土日主가 丑月의 토왕절에 태어나 四土가 도우니 신왕하고 한습하다. 많은 토를 제거하는 木이 용신에 수는 희신이고 丑戌中의 辛金이 병신에 火는 약신이 된다.

목이 용신이니 처음에 藥大에 입학했다가 韓醫大로 轉科를 했다. 한의대는 戌에 천문이 있는 연고다,. 戌運에 왕토를 도와서 흉하지만 乙丑年에 乙木이 官星(자식)用神을 도우니 성혼하였다. 乙運에 용신을 도와서 길한데 戊辰年에 한의원을 개업하고 女食을 얻고 己巳年에 藥神을 도우니 아들을 얻었다. 酉運에 병신을 도와서 흉한데 乙亥年에 用神의 根인 寅木을 合去하고 原局에서 원래 群比爭

財(재)하니 부부갈등이 있었다. 甲運(갑운)은 용신을 도와서 길하고 申運(신운)에 좌하(배우자궁)를 冲(충)하여 흉한데 癸未年(계미년)에 군비쟁재하고 丑戌未三(축술미삼)刑(형)을 도우니 부부가 이혼을 하였다. 이는 많은 比劫(비겁)이 壬水財星(임수재성)을 두고 쟁탈하는 연고다.

*. 比劫(비겁)이 많은 명조는 의처증이 있기 쉽다.

1975년생 신왕용관

戊 戊 己 乙
午 午 丑 卯

71	61	51	41	31	21	11	01
辛	壬	癸	甲	乙	丙	丁	戊
巳	午	未	申	酉	戌	亥	子

이 명조는 戊土日主(무토일주)가 축월에 태어나 三土(삼토)가 도우고 雙午火(쌍오화)가 생하니 신왕하다. 많은 비겁인 토를 극하는 木(목)이 용신에 수운은 용신을 생하는 희신이고 금운은 용신을 傷害(상해)하는 병신에 화는 그 병을 제거하는 藥神(약신)이 된다.

초년 子運(자운)은 희신이 되어 길하고 丁運(정운)은 藥神(약신)을 도와서 吉(길)하고 亥水運(해수운)은 희신이 되어 길하므로 부가에서 생장하고 공부도 잘 하였다. 丙運(병운)에 약신을 도와 調候(조후)하니 길한데 己卯年(기묘년)에 용신을 도우니 사법시험에 합격하였다. 사법시험은 官星(관성)이 用神(용신)이고, 正官(정관)도 둘 이상이면 七殺(칠살) 즉 偏官(편관)(무관 혹은 법관)이 되는 연고다.

10.6 己 土

1958년생(여명) 살인살생격

戊 己 甲 戊
辰 卯 寅 戊

79 69 59 49 39 29 19 09
丙 丁 戊 己 庚 辛 壬 癸
午 未 申 酉 戌 亥 子 丑

이 명조는 己土日主(기토일주)가 寅月(인월)의 목왕절에 태어나 戊戌土(무술토)와 時上(시상)의 戊土(무토)가 도우고 있으나 寅卯辰東方(인묘진동방)의 목과 甲木(갑목)이 일주를 극하고 있으니 身弱(신약)한 正官格(정관격)이고 아직은 춥다. 따라서 寅戌合化火(인술합화화)로서 弱身(약신)을 生(생)하고 조후하여야 한다. 즉 火(화)가 용신에 목은 희신이 될 것 같지만 木(목)이 너무 많으면 불이 꺼지는 이치와 마찬가지로 오히려 木(목)은 病神(병신)이 되고 金運(금운)은 藥神(약신)이 된다. 水運(수운) 또한 용신을 상해하는 병신이 되는데 이때 土(토)는 수를 제거하는 藥神(약신)이 된다. 초년 수운은 병신이 되므로 寒微(한미)한 가정에서 태어나 어려움이 많았다. 辛運(신운)에 藥神傷官(약신상관)(자식)이 되어 길한데 丙寅年(병인년)에 用神(용신)을 도우고 官星年(관성년)이 되니 성혼하고 丁卯年에 印星인 用神을 도우니 得宅하였다. 亥大運은 병신이 되니 길함이 없었고 庚大運에는 劈甲引丁[73]이 되니 夫君이 건축설비업을 경영하여 득재하였다. 戌·己土運은 약신이 되니 길하였다.

向後 유대운은 왕목을 작파하여 생화하니 길하겠으나 酉金食神이 卯木의 官(부군)을 冲하니 부부관계와 夫君의 건강이 염려된다. 이때를 지나면 무대운은 약신을 도와 길하겠으나 申大運은 四冲이 되니 吉運이 아니다.

所生이 없는데 이는 時支가 자식궁인데 年柱인 戊戌을 기준으로 하면 辰(巳)가 空(亡)인 때문이고, 또 하나는 四柱原局에 食傷(자식)이 없는 緣苦이다.

73) 劈甲引丁이란 劈甲引火라고도 하는데 불(火)이 吉神인 사주에 庚金(도끼)으로 甲木(마른 나무)을 쪼개서 불에 던져 넣으면 불이 활활 잘 타서 크게 興하게 됨을 말한다.

1953년생 신약인성위용

丁 己 甲 癸
卯 亥 寅 巳

75 65 55 45 35 25 15 05
丙 丁 戊 己 庚 辛 壬 癸
午 未 申 酉 戌 亥 子 丑

寅月 木旺節의 기토는 약지에서 태어났는데 三木이 克土하고 二水의 재성이 나의 기를 빼앗아가니 신약함은 말할 필요가 없다. 印星인 화를 써서 왕한 목의 기운을 설기하여 약한 기토를 생함이 解法이다. 즉 火가 용신에 寅亥合化木과 甲·卯木의 氣는 태왕하므로 희신이 될 수 없고 오히려 病神이 되는데 이때 왕목을 제거하는 약신은 금운이다. 또 水는 화를 傷害하는 또 하나의 병신에 토는 수를 제거하는 또 하나의 약신이 된다. 印星이 용신이니 교직생활을 하다가 用神이 驛馬殺이고 財星인 亥水가 지살이 되니 外交部에 근무하면서 46개국이나 여행을 다녔다. 庚大運에 화가 용신에 벽갑인화하니 100억원대의 재산상속이 있었다. 관성(자식)이 목이니 三子를 두었다. 기대운에 군비쟁재하여 흉한데 己卯年에 병신인 목을 도우니 태왕한 목에 불이 꺼져 부부가 이혼하였다. 이는 재성(처)이 기신

인 연고다. 酉大運(유대운)은 식신이 관성을 충하므로 직장에 변동이 올 조짐인데 갑신년에 卯酉沖(묘유충) 巳亥沖(사해충) 寅申沖(인신충)의 六沖(육충)이 되니 퇴직하였다. 토일주가 왕목의 극을 받으면 수족에 흠이 올 조짐인데 향후 申(신)大運(대운)에 寅巳申三刑(인사신삼형)하니 유의요망. 己(기)와 巳(사)가 曲脚殺(곡각살)이니 더욱 그러하다.

1947년생 관인상생격

庚 己 癸 丁
午 酉 卯 亥

79 69 59 49 39 29 19 09
乙 丙 丁 戊 己 庚 辛 壬
未 申 酉 戌 亥 子 丑 寅

이 명조는 기토일주가 卯月(묘월)의 관왕절에 태어나 癸亥(계해)의 재성이 있고 경유금의 식상이 설기하니 극설이 교가하여 신약하다. 의지처인 火(화)가 용신에 목은 희신이고 수가 병신에 토는 약신이다. 官印相生格(관인상생격)은 귀명이다.

亥卯未木(해묘미목)은 甲木(갑목)이 되는데 갑목이 吉神正官(길신정관)이기 때문에 행정학을 전공하고 축대운에 약신이 되어 병신인 수를 극하니 용신인 火(화)가 생기를 얻어 길한데 癸丑年(계축년)에 병신인 수를 극하니 화용신 즉 印星(인성)

이 생기를 또 얻으니 행정고시에 합격했다. 농림부에서 근무하다가 戊大運(무대운) 己卯年(기묘년)에 관성인 묘목을 卯卯酉爭冲(묘묘유쟁충)하니 2급으로 퇴직했다. 농림부는 목(농업)이 길신인 연고다. 기묘년에 관성을 도우니 농업기반공사이사직으로 근무하게 되었다. 戌運(술운)에 용신인 卯木(묘목)을 合去(합거)하여 길운이 아닌데 壬午年(임오년)에 관성인 木(목)의 死地(사지)가 되니 그 職(직)을 퇴직하였다.

庚大運(경대운)에 재성(처)을 생하는데 乙卯(을묘)(자식)年(년)에 좌하를 冲動(충동)하니 약사와 성혼하였다. 藥師(약사)는 재성(처)인 亥水(해수)가 天門(천문)인 연고다. 丙辰年(병진년)에 용신을 도우고 약신이 되니 得男(득남)하였다.

1951년생 신약인성위용

丁 己 辛 辛
卯 酉 卯 卯

72 62 52 42 32 22 12 02
癸 甲 乙 丙 丁 戊 己 庚
未 申 酉 戌 亥 子 丑 寅

이 명조는 己土日主(기토일주)가 묘월의 목왕절에 태어나 三卯木(삼묘목)이 일주를 극하고 三金(삼금)이 일주를 설기하니 신이 태약한데 의지처는 印星(인성)인 丁火(정화)뿐이다. 즉 火(화)가 용신에 태왕한 목은, 목이 많으면 불이 꺼지므로 희신이 아니라 오히려 병신에 金(금)은 목을 제거하는 약신이다. 水運(수운)은 용신인 화를 극상하는 또 하나의 병신에 土運(토운)은 병신인 수를 제거하는 약신이 된다.

초년 기축무토대운에는 약한 身主(신주)를 도와서 길한데 이때 화가 길신이니 工大(공대)를 졸업하였다.

子大運(자대운)에 병신이 되어 흉하지만 무오년에 무토는 弱身(약신)을 돕고 오화는 印星(인성)(문서)桃花(도화)가 되어 용신을 도우니 대기업건설회사에 취직하고 丙大運(병대운)에 용신을 도와 身主(신주)를 생하니 길한데 이때 대기업건설회사 인천지점장에 올랐다. 건설회사는 火土(화토)가 길신인 연고다.

戌運(술운)에 약신을 도와서 길하지만 용신인 火(화)는 入墓(입묘)하는데 기묘년에 月建官星(월건관성)을 포함하여 卯卯卯卯酉五冲(묘묘묘묘유오충)이 되니 퇴직하였다.

戌大運末(술대운말) 乙大運進入前(을대운진입전) 壬午年(임오년)에 午戌火印星(오술화인성)(문서)이 용신을 도우니 商街店鋪(상가점포)와 아파트를 구입했다.

1965년생(여명) 신왕용관

丙 己 庚 乙
寅 酉 辰 巳

74 64 54 44 34 24 14 04
戊 丁 丙 乙 甲 癸 壬 辛
子 亥 戌 酉 申 未 午 巳

이 명조는 己土日主(기토일주)가 辰月(진월)의 劫財月(겁재월)에 태어나 丙·巳火(병사화)가 생하니 신강하다. 신강의 주 원인은 토에게 있으므로 토를 제어하는 木(목)이 用神(용신)에 수운은 희신이고 금이 병신에 火(화)는 藥神(약신)이 된다.

午運(오운)에 약신도화가 되어 길한데 丙寅年(병인년)에 약신을 도우고 용신인 官星(관성)(남편)을 도우니 성혼하고 丁卯年(정묘년)에 약신과 용신을 도우니 장남을 득하고 癸運(계운)에 희신이 되어 길한데 己巳年(기사년)에 약신을 도우니 차남을 얻었다. 癸大運(계대운) 庚午年(경오년)에 夫君(부군)과 死別(사별)하였다. 이는 庚午年(경오년)에 時支(시지)의 寅木官星(인목관성)(남편)을 寅午合去(인오합거)하고 年上(년상)의 乙木官星(을목관성)은 乙庚合去(을경합거)한 연고다. 부군과 사별은 坐下(좌하)에 食神(식신)(남편인 관성을 극함.)과 庚辰魁罡殺(경진괴강살)이 있고 時支(시지)의 인목관성은 空亡(공망)이고 年上(년상)의 을목관성은 乙庚合去(을경합거)한 연고다. 壬申(임신)년에는 임수와 신진수가 官星(관성)인 木(목)을 생하니 再婚(재혼)했다. 申運(신운)에 용신의 근인 인목을 충하니 흉한데 寅(인)

巳申三刑(사신삼형)까지 하니 이때 투자를 잘못하여 損財(손재)를 當(당)했다.

1951년생(여명) 신왕용살

戊 己 壬 辛

辰 亥 辰 卯

73 63 53 43 33 23 13 03

庚 己 戊 丁 丙 乙 甲 癸

子 亥 戌 酉 申 未 午 巳

이 명조는 기토일주가 辰月(진월)의 토왕절에 태어나 三土(삼토)가 도우고 있으니 신왕한중에 많은 토가 흠이 된다. 토를 제거하는 卯木(묘목)이 용신에 수는 희신이고 금이 병신에 火運(화운)은 약신이 된다.

午運(오운)에 약신이 되어 길하지만 庚戌年(경술년)에 경금은 병신을 도우고 술토는 辰辰戌爭冲(진진술쟁충)하여 충발한 왕토에 水(父星)(수부성)가 泥塞(니색)되니 父喪(부상)을 당했다. 을운에 용신인 관성(남편)을 돕는데 계축년에 계수가 官星(관성)을 生(생)하니 성혼하고, 갑인년에 용신을 도우니 장남을 득하고, 丙辰年(병진년)에 病神(병신)인 辛金(신금)을 合去(합거)하니 차남을 얻었다. 未大運(미대운)에 병신인 금을 생하고 비겁을 도우니 群比爭官(군비쟁관)이 되는데 경신년에 병신인 금을 도우고 묘목(남편)을 卯申暗合去(묘신암합거)하니 부부가 이혼하였다. 이는 여명에 임진괴강살(고독)이 있고 四土에 군비쟁관한 연고다. 병대운에 약신이 되어 병신인 신금을 합거하니 길한데 丁卯年에 약신과 용신을 도우니 이때부터 식당과 호프집을 자영한다. 火가 길신이니 식당이고 水가 길신이니 호프집이다. 정대운에 丁壬合木(多淫之合)하는데 을해년에 관성(남편)을 돕고 생하니 再婚했다.

1978년생(여명) 식신생재

癸 己 丁 戊
酉 巳 巳 午

71 61 51 41 31 21 11 01
己 庚 辛 壬 癸 甲 乙 丙
酉 戌 亥 子 丑 寅 卯 辰

이 명조는 己土日主가 巳月의 화왕절에 태어나 四火가 生하고 무토가 도우니 신이 태왕하고 조열하다. 太旺한 자는 설기함을 기뻐한다. 설기하는 金이 용신에 습토운은 희신이 되고 화가 병신에 癸水는 약신이 된다. 화가 병신이 되는 사주에 병대운에 병신을 도와 흉한데 기미년에 巳午未方合化火를 이루니 뜨거운 물에 데어서 오른쪽 팔에 큰 상흔이 있다. 金이 길신이니 영문학을 전공하고 寅運

에 관성이 되는데 丁亥年[정해년]에 관성을 생하고 좌하를 冲動[충동]하니 성혼하였다.

向後[향후] 북방수운은 약신을 도와서 병신인 화를 제어하면 용신인 금이 생기를 얻어서 大吉[대길]하리라.

*. 여자사주에 官星[관성](남편)이 없고 忌神桃花[기신도화]가 欠[흠]이 된다.

1964년생(여명) 신왕용관

己 己 己 甲
巳 巳 巳 辰

75	65	55	45	35	25	15	05
辛	壬	癸	甲	乙	丙	丁	戊
酉	戌	亥	子	丑	寅	卯	辰

이 명조는 기토일주가 巳月[사월]의 화왕절에 태어나 三巳火[삼사화]가 생토하고 雙己土[쌍기토]가 日主[일주]를 도우니 身[신]이 태왕하다. 지금까지 설명한 四柱[사주] 用神定法論[용신정법론]에서는 태왕한 사주는 식상으로 설기해야 한다고 했다. 그러나 설기할 식상이 없다. 用神[용신]이 없는 四柱[사주]는 없으므로 차선책으로 왕신을 制御[제어]하는 甲木[갑목]을 쓸 수밖에 없다. 즉 甲木[갑목]이 용신에 辰[진]中[중]의 癸水[계수]는 用神[용신]인 甲木[갑목]을 生[생]하는 喜神[희신]이 된다.

卯大運은 官星(남편)이 되는데 丁卯年에 또 관성을 도우니 성혼했다. 丙大運은 왕화를 도와 흉한데 辛未年에 食神(자식)이 되니 여식을 얻고 寅大운은 용신을 도와서 길한데 丙子年에 희신이 되니 남아를 얻었다.

乙大運은 用神을 도와서 吉한데 庚辰年에 傷官(식·상은 재성의 根源)年이 되고 을목과 진중의 계수가 용신을 부생하니 돈을 벌기 위하여 료녕성에서 한국으로 왔다. 한국에 온 以後가 그 前보다 훨씬 돈이 된단다.

*. 이 명조는 甲己合化土格이 될 수 없다. 왜냐하면 甲木이 의지처가 전혀 없어야 己土와 합해서 태왕함이 극에 이른 토를 따르는데, 이 명조처럼 甲木의 의지처인 辰中의 乙木과 癸水가 있는 명조는 종격이 아닌 正格으로 풀이함이 타당하다. 北方水運에 進入하여 용신인 갑목을 扶生하니 비로소 생활에 여유가 생기더라고 함은 갑기합화토격이 아니라 정격임을 示唆하는 것이다.

*. 己己己巳巳巳가 곡각살이 되니 무릎이 아프단다.

1977년생(여명) 조후용신

戊 己 丙 丁
辰 未 午 巳

72 62 52 42 32 22 12 02
甲 癸 壬 辛 庚 己 戊 丁
寅 丑 子 亥 戌 酉 申 未

이 명조는 기토일주가 午月(오월)의 화왕절에 태어나 巳午未方合化火(사오미방합화화)에 丙丁火(병정화)가 투간하였고 戊辰土(무진토)가 일주를 도우고 있으니 신의 태왕함이 극에 이르렀다. 己土(기토)가 戊辰土(무진토)에 의지할 수 있기 때문에 從印格(종인격)은 아니고, 사주여덟자 중에 토는 세(未土(미토)는 巳午未方合化火(사오미방합화화)가 됨) 개에 지나지 않으니 土曰稼穡格(토왈가색격)도 아니다. 따라서 正格(정격)에 조후가 시급하니 진중의 癸水(계수)가 용신이고 금운은 희신이며 토가 병신에 목운은 약신이다.

申運(신운)에 용신을 생하니 공부를 잘하여 지방고등학교에서 서울의 명문대학교 영문학과에 입학했다. 서울에 온 것은 북서쪽이 吉方(길방)이고 영문학은 金(금)이 길신이기 때문이다. 기운은 病神(병신)을 도우기 때문에 경제적인 어려움이 많았다. 酉運(유운)에 들에 용신을 생하니 영어전문학원을 경영하여 번창하고 있다.

*. 午火가 忌神桃花이니 이성관계가 염려되는데, 기신도화가 있는 명조는 이성관계에서 財的損失이 있기 쉽기 때문이다.

*. 이 命造에서 太旺한 印星인 火를 比劫으로 泄氣하는 것으로 풀이하면 비겁인 土가 用神에 火多土焦하므로 태왕한 화는 토를 생하는 희신이 될 수 없고 오히려 병신에 水運은 화를 제거하는 약신이고 木運은 용신인 토를 克傷하는 병신에 金運은 병신인 목을 제거하는 약신으로 풀이해 볼 수도 있겠는데 지난 火土運에 숨이 막힐 정도로 힘이 들었다고 하니 上記와 같이 풀이 하였다.

1953년생 조후용신

戊 己 戊 癸
辰 丑 午 巳

71 61 51 41 31 21 11 01
庚 辛 壬 癸 甲 乙 丙 丁
戌 亥 子 丑 寅 卯 辰 巳

이 명조는 己土日主가 오월의 화왕절에 태어나 巳午合火가 생토하고 四土가 일주를 도우고 있으니 身이 태왕하고 조열하다. 조후하는 癸水가 용신에 巳丑隔合金이 용신을 생하는 희신이고 토가 병신에 木運(목운)은 藥神(약신)이다.

乙卯運(을묘운)에 약신이 되어 병신인 토를 제거하니 용신인 계수가 생기를 얻어서 길하므로 身旺財弱(신왕재약)하니 商大(상대)를 졸업하고 금융회사에 입사했다. 卯運(묘운)에 官星(관성)(자식)藥神(약신)이 되어 길한데 壬戌年(임술년)에 壬水(임수)는 己土(기토)의 正財(정재)(정처)가 되므로 결혼을 했다. 癸亥年(계해년)에 용신을 도와서 관성(亥中(해중)의 甲木(갑목)=자식)을 생하니 여식을 얻고 갑자년에 관성이 되고 그 관성을 생하니 득남하였다. 寅運(인운)에 寅巳刑(인사형)과 寅午火(인오화)가 병신인 토를 생하여 흉한데 己巳年(기사년)에 寅巳巳爭刑(인사사쟁형)과 병신인 토를 도우고 생하니 교통사고를 당하여 手足(수족)에 흠이 생겼다. 수족의 흠은 巳(사)己丑(기축)이 곡각살인 연고다. 癸運(계운)에 계수용신을 도와서 길한 것 같지만 群比爭財(군비쟁재)하여 흉한데 丙子年(병자년)에 丙火(병화)는 병신인 토를 생하여 흉하고 자수는 월지의 왕한 午火(오화)를 子午冲(자오충)하니 旺者冲之益發(왕자충지익발)한 旺火(왕화)가 또 토를 생하여 용신을 극하니 금융회사차장자리를 명예퇴직하였다. 丑大運(축대운)은 병신인 토를 도와서 群比爭財(군비쟁재)하니 흉한데 이때 퇴직금 4억원을 잃었고, 丑大運(축대운) 己卯年(기묘년) 丁丑月(정축월)에는 여식을 잃었고, 처는 뇌가 마비되어 우울증에 辛苦(신고)하고, 부부가 별거를 하게 되었다. 새삼 命莫逃於(명막도어) 五行(오행)이라는 말에 통감한다.

*. 土曰稼穡格(토왈가색격)이라면 乙卯甲木大運(을묘갑목대운)은 凶(흉)하였을 것이고 丑大運(축대운)

은 吉(길)하였을 텐데 그 반대가 되었으니 上記(상기)와 같이 正格(정격)으로 풀이하였다.

*. 癸水(계수)는 巳丑隔合金(사축격합금)의 생을 받고 진중계수에 도움을 받고 있으므로 戊癸合化火(무계합화화)가 되지 않는다.

*. 사주원국에 나와 午中(오중)의 己土(기토)와 巳中(사중)의 戊土(무토)까지 합해서 비겁이 모두 일곱인데, 실제 5男(남) 4女(녀) 中(중) 아들로는 막내다.

1978년생 조후용신

丙 己 己 戊
寅 亥 未 午

71 61 51 41 31 21 11 01
丁 丙 乙 甲 癸 壬 辛 庚
卯 寅 丑 子 亥 戌 酉 申

이 명조는 기토일주가 未月(미월)의 토가 가장 왕성한 계절에 태어나 丙·午火(병오화)가 생토하고 三土(삼토)가 일주를 도우고 있으니 신이 태왕하고 조열하다. 태왕한 명조는 식상으로 설기함이 정해이지만 사주원국에 食傷(식상)이 없으니 차선책으로 調候(조후)하는 재성이 용신에 식산인 금운은 용신인 수를 생하는 희신이 되고 토는 용신인 수를 극상하는 병신에 寅木(인목)은 병신인 토를 제거하는 藥神(약신)이 된다.

농구선수생활을 했다. 운동은 未土(미토)가 華蓋星(화개성)(예·체능)이 있는 연고다.

壬大(임대)운에 火(화)가 흉신에 見水顯節(견수현절)하여 凶(흉)한데 신사년에 용신인 해수를 巳亥冲(사해충)하니 허리가 부러진 일이 있다. 이는 己己(기기)가 曲脚殺(곡각살)인 연고다.

戌運(술운)에 인오술화가 왕토를 생하니 흉하지만 丁亥年(정해년)에 亥水(해수)가 재성(처)을 도우니 成婚(성혼)하였다.

癸大運(계대운)은 용신을 도와서 길하지만 己丑年(기축년)에 월건인 未土(미토)를 丑未(축미)冲(충)하여 충발한 태왕한 토에 용신이 수를 泥塞(니색)되고 관성(직장)인 寅(인)木(목)은 折(절)이 되므로 농구선수생활을 은퇴하고 농구교실을 운영한다. 농구교실을 운영하여 남을 가르치는 것은 食傷(식상)이 길신인 연고다.

1964녀냉 삭신생재격

丙 己 辛 甲
寅 未 未 辰

80 70 60 50 40 30 20 10
己 戊 丁 丙 乙 甲 癸 壬
卯 寅 丑 子 亥 戌 酉 申

이 명조는 미토일주가 未月(미월)의 小暑節(소서절)에 태어나 병화가 투간하여 생토하고 未·未·辰土(미미진토)가 일주를 도우고 있으니 일주가 태왕하고 조열하다. 태왕한 자는 식상으로 설기하여야한다. 즉 辛(신)금이 토를 설기하는 용신에 태왕한 土(토)는 금을 생하는 희신이 아니라 토가 많으면 金(금)이 묻히므로 오히려 병신[74]에 목이 토를 소토하는 약신이고 화는 용신인 금을 克傷(극상)하는 또 하나의 병신에 수운은 병신인 화를 제거하는 또 하나의 藥神(약신)이 된다.

戌運(술운)에 왕토가 입묘하니 흉한데 이때부터 서울역대합실에서 지내는 路宿者(노숙자)가 되었다. 해대운부터 약신재성이 되어 병신인 화를 제거하니 용신인 辛金(신금)이 생기를 얻어서 좀 낫단다.

*. 사주원국에 재성(재산)이라고는 진중의 계수뿐인데 그마져도 많은 비겁에 群比爭財(군비쟁재)되고 凶運(흉운)을 만났으니 노숙자다.

74) 너무 많아도 病(병)이 되고 너무 부족해도 병이 된다. 이를 명리학술어로 太過不及而 皆病(태과불급이 개병)이라고 한다.

1957년생 상관생재격. 신왕한 토금상관격

戊 己 戊 丁
辰 未 申 酉

73 63 53 43 33 23 13 03
庚 辛 壬 癸 甲 乙 丙 丁
子 丑 寅 卯 辰 巳 午 未

이 명조는 기토일주가 申月(신월)에 태어나 설기가 태심하여 약지이지만 정화가 일주를 생하고 四土(사토)가 일주를 돕고 있으니 신이 태왕하다. 태왕한 자는 식상으로 설기함이 命理學上(명리학상)의 해법이다. 따라서 설기하는 金(금)이 용신에 태왕한 토는 용신인 금을 생하는 희신이 될 수 없고 土(토)가 많으면 金(금)이 묻히므로 오히려 병신이 되고 木運(목운)은 태왕한 토를 疏土(소토)하는 약신이 된다. 火(화)는 용신을 극상하는 또 하나의 병신에 수는 병신인 화를 제거하는 또 하나의 藥神(약신)이 된다.

乙運(을운)에 관성(자식)약신이 되어 길한데 庚申(경신)년에 財星(재성)(처)을 생하니 成婚(성혼)하고 癸亥年(계해년)에 亥未木(해미목)이 관성(자식)이 되니 여식을 얻었다.

巳運(사운)에 병신을 도와서 극용신하니 흉한데 乙丑年(을축년)에 군비쟁재하고 日支(일지)(배우자궁)를 丑未冲(축미충)하니 이혼하였다.

丙寅(병인)년에 官星(관성)(자식)이 되고 寅巳申三刑(인사신삼형)(구설)이 되니 재혼하고

丁卯年에 관성(자식)이 되니 長男을 두고 辰運에 왕토를 도와서 흉한데 甲戌年에 辰戌冲發한 왕토에 군비쟁재하니 또 이혼하였다.

을해년에 재성이 되니 三婚하고 丙子年에 자수가 약신이 되니 차녀를 얻고 丁丑년에 酉丑金이 용신을 도우니 차남을 두었다.

*. 離婚은 많은 比劫에 群比爭財한 연고다. 四柱原局에 비겁이 많은 者는 배우자의 異性關係를 의심하는 경우가 많다.

1945년생(여명) 살인상생

丁 己 甲 乙
卯 巳 申 酉

74 64 54 44 34 24 14 04
壬 辛 庚 己 戊 丁 丙 乙
辰 卯 寅 丑 子 亥 戌 酉

이 명조는 己土日主가 申月의 상관월에 태어나 申酉에 설기당하고 甲·乙·卯官星의 극을 받고 있으니 신약하다. 의지처는 丁巳火이다. 약한 기토일주를 생하고 왕한 상관을 극하는 火가 용신에 목은 용신인 화를 생하는 희신이고 水運은 화를 극상하는 병신에 토운은 그 수를 제거하는 藥神이다.

술운에 약한 일주를 도우니 길한데 이때 歷史學을 전공했다. 역사학은 印星이 용신이고 土가 길신인 연고다.

丁運에 용신을 도와서 길한데 庚戌年에 官殺婚雜에서 偏官인 을목을 합거하니 正官(正夫)인 갑목의 작용으로 성혼하고 辛亥年에 辛金이 식신(자식)에 亥卯木이 관성(남편)을 도우니 득남하고 丁運末 癸丑年에 弱身을 돕고 巳酉丑의 傷官(자식)이 되니 차남을 얻었다. 己運부터 PC방을 자영한다. PC방은 火가 길신인 연고다. 庚運에 火가 길신에 벽갑인화하여 길한데 己卯年에 관봉관운과 관성인 卯木을 卯酉冲하니 은행에 다니던 夫君이 퇴직하고 퇴직금의 수입은 있었다. 여기서도 알 수 있듯이 퇴직은 凶한 일이지만 퇴직금 수입은 吉하다고 볼 수 있으므로, 人間事에는 이처럼 喜悲가 교차하는 경우가 많다. 寅大運에 관봉관운에 寅巳申三刑[75]하는데 甲申년에 寅申申爭충하니 교통사고를 당했다.

75) 인사신삼형에 건강문제가 발생하는 경우가 많다.

1951년생(여명) 신약한 토금식신격

癸 己 丁 辛
酉 未 酉 卯

78 68 58 48 38 28 18 08
乙 甲 癸 壬 辛 庚 己 戊
巳 辰 卯 寅 丑 子 亥 戌

이 명조는 기토일주가 酉月의 식신이 왕한 계절에 태어나 약지인데 辛酉酉金과 계수가 있으니 식신과 재성이 태왕한데 묘목의 극을 받고 있으니 身弱한 土金食神格이다. 왕한 식신을 극하고 일주를 생하는 丁火가 용신에 목은 희신이고 수가 병신에 토는 약신이 된다.

亥運에 亥卯木 즉 관성(남편)을 도와 용신을 생하는데 병진년에 용신을 돕고 약신을 도우니 성혼하고 丁巳年에 용신을 도우니 득남하고 庚大運에 왕한 식신을 도와서 흉하지만 기미년에 약신을 도우니 여식을 얻었다. 子大運에 병신을 도와서 흉한데 癸亥年에 또 병신을 도우니 子宮外 妊娠이 있었다. 이는 여명에서 食傷(자식)이 태왕하면 자궁에 비하여 자식이 넘쳐나는 형국이 되므로 子宮外 妊娠이 되기 쉽다.

丑大運(축대운)에 약신을 도우니 부군의 사업이 번창하여 甲戌年(갑술년)에 용신을 생하고 약신을 도우니 집을 구할 수 있었다. 壬運(임운)에는 병신을 도와서 흉한 듯하지만 地支寅木(지지인목)의 작용으로 길하여 辛巳年(신사년)에 인성인 용신을 도우니 제주도에 땅 3,000坪(평)을 샀다.

*. 火(화)가 용신이니 음식점을 경영한다.

1963년생 살인상생격

丙 己 辛 癸
寅 巳 酉 卯

75 65 55 45 35 25 15 05
癸 甲 乙 丙 丁 戊 己 庚
丑 寅 卯 辰 巳 午 未 申

이 명조는 기토일주가 유월의 식신월에 태어나 酉金(유금)이 설기하고 계수재성이 투출하였고 寅卯木(인묘목)의 관성이 있으니 신약하다. 의지처는 인성인 화뿐이다. 즉 火(화)가 용신에 木(목)은 화를 생하는 희신이고 수는 화를 克傷(극상)하는 병신에 토운은 수를 제거하는 약신이다.

午運(오운)에 용신을 도와서 길한데 乙亥年(을해년)에 관성(자식)희신이 되고 亥水(해수)가 坐(좌)하를 冲動(충동)하니 성혼하고 丙子年(병자년)에 용신을 돕고 午火(오화)의

桃花印星(도화인성)을 冲(충)하니 득남하였다.

정대운에 용신을 도와서 길한데 戊寅年(무인년)에 약신과 희신을 도우니 次男(차남)을 얻었다.

*. 午運(오운)은 용신을 도와서 길운이지만 丙子年(병자년)에 대운인 午火(오화)와 세운인 子水(자수)가 子(자)(재성=재산)午(오)(인성)冲(충)하니 즉 재산을 충하니 1억원의 손재가 있었다. 여기서 볼 때 大運(대운)도 중요하지만 歲運(세운)도 큰 작용을 하고 있음을 알 수 있다.

1960년생(여명) 신왕용살

己 己 丙 庚
巳 卯 戌 子

74 64 54 44 34 24 14 04
戊 己 庚 辛 壬 癸 甲 乙
寅 卯 辰 巳 午 未 申 酉

이 명조는 기토일주가 戌月(술월)의 토왕절에 태어나 二土(이토)가 돕고 二火(이화)가 생토하니 신왕한 중에 왕한 비겁인 토가 흠이 된다. 토를 제거하는 卯木(묘목)이 용신에 자수는 용신을 생하는 희신이고 경금은 용신을 傷害(상해)하는 병신이고 火(화)는 그 병신을 제거하는 약신이다.

申運(신운)에 傷官(상관)(자식)이 되는데 庚申年(경신년)에 또 상관이 되고 좌하를 卯(묘)

申暗合(신암합) 성혼하고 辛酉年(신유년)은 기토일주와 같은 陰干(음간)의 해이니 女食(여식)을 두고 癸亥年(계해년)도 기토일주와 같은 음간의 해이니 次女(차녀)를 두었다.

癸運(계운)은 용신을 생하여 길하였다.

미운은 戌未刑(술미형)도 되지만 卯木(묘목)(남편)이 他(타) 五行(오행)인 未土(미토)와 합을 이루니 夫君(부군)의 妻(처)외 異性關係(이성관계)로 부부 갈등이 있었다.

壬運(임운)은 용신을 생하여 길하였다. 그러나 午運(오운)은 藥神(약신)인 火(화)를 도와서 길할 것 같으나 子水(자수)(재성)를 冲(충)하니 5천만원의 손재가 있었다.76)

*. 火(화)가 길신이니 음식물업을 자영한다.

1954년생 살인상생격

乙 己 甲 甲
亥 亥 戌 午

80 70 60 50 40 30 20 10
壬 辛 庚 己 戊 丁 丙 乙
午 巳 辰 卯 寅 丑 子 亥

76) 임철초가 지은 『적천수천미』에서는 신살에 비중을 두고 있지 않다. 그러나 이 명조에서 입증되었듯이 사주명리학은 용신론을 위주로 하고, 장남이 지은 『명리정종』에서처럼 신살론은 보조로 적용하면 적중률이 훨씬 높아짐을 알 수 있다.

이 명조는 기토일주가 술월의 토왕절에 태어나 旺地(왕지)이지만 雙亥(쌍해) 水(수)의 재성과 三木(삼목)의 관성이 身(신)을 극하니 신약하다. 午火(오화)를 써서 목을 설기하여 약한 기토일주를 생하여야 한다. 즉 火(화)가 용신에 목은 희신이고 水(수)가 병신에 토는 수를 제거하는 약신이 된다.

살인상생격이 貴格(귀격)인데 丙運(병운)에 학문인 印星用神(인성용신)을 도우니 商大(상대)를 졸업했다. 자운은 길운이 아니지만 경신년에 火(화)가 길신에 劈甲引火(벽갑인화)한 火(화)가 용신을 도우니 은행에 취직했다. 丁大運(정대운)에 용신을 돕고 丑大運(축대운)에 약신을 도우니 길하였다. 戊運(무운)에 약신을 도와서 길한데 丁丑年(정축년)에 용신과 藥神(약신)을 도우니 길한데 이때 경제학박사학위를 받았다. 寅運(인운)에 喜神(희신)인 木(목)을 도와서 용신을 생하니 길한데 무인년에 또 藥神(약신)과 喜神(희신)을 도우니 은행지점장이 되었다. 寅運末(인운말) 癸未年(계미년)에 희신과 약신을 도우니 땅 1,800坪(평)을 샀다. 땅은 土(토)가 길신인 연고다. 卯運(묘운)에 吉神官星(길신관성)을 도우니 직업에 변동이 있겠는데 庚寅年(경인년)에 지점장으로 퇴직했다. 화가 길신에 경인년의 경금이 갑목을 斫破生火(작파생화)하니 물론 퇴직금 수령은 있었다.

*. 퇴직 이후 木(목)이 吉神(길신)이니 과수원농사를 짓는다.

1955년생(여명) 신약인성위용

癸 己 丁 乙
酉 卯 亥 未

78 68 58 48 38 28 18 08
乙 甲 癸 壬 辛 庚 己 戊
未 午 巳 辰 卯 寅 丑 子

이 명조는 기토일주가 亥月의 수왕절에 태어나 약지인데 癸水가 투간하였으니 재성이 왕하고 亥卯未木에 을목이 투간하였으니 관성이 왕하다. 따라서 의지처는 인성인 정화다. 즉 丁火가 抑扶 및 調候하는 用神이고 燥木은 희신이 되고 수가 병신에 토는 약신이 된다. 土(中央)가 길신이니 국문학을 전공하였다. 丑運에 병신인 수를 제어하니 용신인 정화가 생기를 얻어 길한데 庚申年에 傷官(자식)을 도우니 성혼하였다. 庚大運에 상관을 도와 병신을 생하니 흉하지만 壬戌年에 약신이 되니 장녀를 얻고, 갑자년에 희신이 되니 차녀를 두었다. 寅大運에는 희신이 되어 길한데 庚午年에 용신을 도우니 득남하였다. 辛大運에 용신인 丁火(인수=어머니)를 충하여 흉한데 甲戌年에 戌未刑이 되고 火가 戌에 입묘하니 母喪을 당하였다. 卯大運에 卯卯(남편)酉爭충이 되어 흉한데 壬午년에 임수는 병신을 도우고 木(목)(남편)은 午火(오화)에 死地(사지)가 되니 夫喪(부상)을 당하였다. 이는 일지가 배부자궁인데 卯酉冲(묘유충)이 되어있는 연고다.

向後(향후) 남방화운은 용신을 도와서 길하리라.

*. 일지가 충이 되어 있으면 이혼을 하든지, 배우자와 死別(사별)을 하든지, 그것도 아니면 배우자의 健康(건강)때문에 늘 고생을 하게 된다.

*. 己土(기토)가 태약에 가까우니 胃(위)와 子宮(자궁)이 약하고 殘疾(잔질)이 염려 된다. 卯酉冲(묘유충)이 되어 있으니 편두통이 염려 되는데, 이는 목은 머리인데 충이 된 연고다. 卯酉冲(묘유충)은 간혹 갑상선을 앓는 이도 있다.

1956년생 조후용신

庚 己 己 丙
午 丑 亥 申

77 67 57 47 37 27 17 07
丁 丙 乙 甲 癸 壬 辛 庚
未 午 巳 辰 卯 寅 丑 子

이 명조는 기토일주가 亥月(해월)의 수(재성)왕절에 태어나 丙·午火(병오화)가 생하고 월상의 己土(기토)가 일주를 돕고 있지만 해와 축사이에 子水(자수)를 끼고 들어오니 身弱(신약)하고 寒濕(한습)하다. 火(화)가 용신에 목운은 희신이 되고 수가 병신에 土(토)는 약신이 된다.

火(화)가 용신이니 방송언론과 관련이 있어 신문방송학을 전공했다. 壬運(임운)에 病神(병신)인 財星(재성)(아버지)이 득세하는데 갑자년에 또 병신을 도우니 父喪(부상)을 당하고, 화가 길신에 시상의 경금이 갑자년의 갑목을 斫破生火(작파생화)하니 서울의 빌딩을 상속재산으로 받았다. 큰 재산인 빌딩을 받은 것은 월지의 재성이 뿌리가 깊기 때문이다. 壬運(임운)에 財星(재성)(처)이 득세하는데 丙寅年(병인년)에 용신을 도우고 희신 관성(자식)이 되니 성혼하고 丁卯年(정묘년)에 용신을 돕고 관성이 되니 여식을 얻고 寅運(인운)에 희신관성(자식)運(운)이 되어 길한데 辛未年(신미년)에 득남하였다.

*. 火(화)가 용신이니 양주매매점을 경영한다. 술도 도수가 낮은 것은 물에 속하고 알코올 도수가 40%이상이 돼서 불이 붙으면 火(화)로 봐야 된다.

1955년생(여명) 살인상생

丁 己 戊 乙
卯 酉 子 未

78 68 58 48 38 28 18 08
丙 乙 甲 癸 壬 辛 庚 己
申 未 午 巳 辰 卯 寅 丑

이 명조는 기토일주가 子월의 수왕절에 태어나 酉金이 설기하고 乙·卯木이 기토를 극하니 신약하고 한습하다. 丁火가 조후용신이고 목은 화를 생하는 희신이고 수는 화를 극상하는 병신에 토는 그 병신을 제거하는 藥神이다.

庚運에 傷官(자식)이 되는데 병진년에 병화는 용신을 돕고 자진수가 목(관성=남편)을 생하니 성혼하고, 寅大運에 관성을 돕는데 丁巳年에 용신을 도우니 장남을 두고 己未년에 약신을 도우니 차남을 얻었다.

壬運에 용신인 정화를 합거하여 흉한데 癸酉年에 계수는 병신을 도와서 용신인 정화를 충하고 유금은 용신의 근이 되는 卯木(관성=남편)을 卯酉酉쟁충하니 夫喪을 당했다. 이는 사주원국에서 이미 일지(배우자궁)와 卯木(남편)이 冲한 연고다.

남방화운인 "癸大運부터 재산이 모이더라." 고 했다. 여기서 우리가 알 수 있는 것은 가령 癸巳大運 10年 동안을 볼 때, 전체 100%에서 天干인 癸水는 30%정도의 영향력이 있고 地支인 巳火가 70% 정도의 영향력이 있다는 것을 알 수 있다. 다시 말하면 30%정도의 癸大運에는 그 中 30%정도가 癸水가 작용하고 나머지 70%정도는 巳火가 작용하고, 그리고 70%정도의 巳大運에는 그 중

30%정도가 癸水(계수)가 작용하고 나머지 70%정도는 巳火(사화)가 작용한다는 것이다. 때문에 天干癸大運(천간계대운)에 벌써 地地巳火(지지사화)의 영향을 받아서 財産(재산)이 모이기 시작한 것이다.

*. 木火(목화)가 길신이니 떡장수다.

1945년생(여명). 신약인성위용

丙 己 戊 乙
寅 卯 子 酉

71 61 51 41 31 21 11 01
丙 乙 甲 癸 壬 辛 庚 己
申 未 午 巳 辰 卯 寅 丑

이 명조는 기토일주가 子月(자월)에 태어나 酉金(유금)이 설기하고 三木(삼목)이 극토하니 신약하고 한습하다. 병화를 써서 약한 토를 생하고 調候(조후)하여야 한다. 즉 병화가 용신에 목은 희신이고 수가 병신에 토는 약신이 된다. 辛大運(신대운)에 용신인 병화를 丙辛合去(병신합거)하여 흉하지만 庚戌年(경술년)의 술이 일지의 관성과 합하니 성혼하였다. 卯大運(묘대운)에 희신관성(남편)을 도우니 辛亥年(신해년)에 장남을 얻고 임자년에 차남을 두었다. 卯大運(묘대운)은 희신이 되고 壬大運(임대운)은 見水顯節(견수현절)하니 부군의 사업도 발전하였다. 辰大運(진대운)은 子辰水(자진수)가 병신을 도우고 癸大運(계대운) 또한 병신을 도우니 부군의 사업이 침체기였다. 巳·甲大運(사갑대운)은 용신을 도우고 생하니 부군의 사업이 번창하였다. 午大運(오대운)은 용신을 도와서 길하였으나 子午冲(자오충)과 卯(묘)(부군)酉冲(유충)이 되니 부군의 알코올중독증세로 마음의 고생이 있었다. 未大(미대)운은 약신이 되어 길하겠으나 官星(관성)이 入墓(입묘)하니 부군의 건강요망.

1961년생(여명) 신약비겁위용

辛 己 庚 辛
未 丑 子 丑

75 65 55 45 35 25 15 05
戊 丁 丙 乙 甲 癸 壬 辛
申 未 午 巳 辰 卯 寅 丑

이 명조는 己土日主(기토일주)가 子月(자월)의 수가 왕한 계절에 태어나 庚·辛·辛(경신신) 食傷(식상)의 설기가 태심하니 신약하고 한습하다. 의지처인 토가 용신에 화는 희신이고 木運(목운)이 병신에 금은 약신이 된다.

印星(인성)인 火(화)가 길신이니 先生(선생)이고 未丑丑(미축축)이 華蓋星(화개성)이니 예체능에 능한데 金(금)(兌爲口(태위구)=입)이 吉神(길신)이니 음악선생이다.

1953년생 신왕관성위용

丙 己 乙 癸
寅 丑 丑 巳

79 69 59 49 39 29 19 09
丁 戊 己 庚 辛 壬 癸 甲
巳 午 未 申 酉 戌 亥 子

이 명조는 己土日主(기토일주)가 丑月(축월)의 토왕하고 한습한 계절에 태어나 丙·巳火(병사화)가 생토하고 雙丑土(쌍축토)가 도우니 신왕하고 한습하다. 身旺(신왕)한 中(중)에도 많은 土(토)가 흠이 되니 토를 제거 하여야 한다. 즉 疏土(소토)하는 木(목)이 용신에 수는 희신이고 金(금)이 병신에 火(화)는 약신이 된다.

癸大運(계대운) 임자년부터 벤드마스터로서 맹 활약을 해왔다. 이는 丑丑(축축)에 華蓋星(화개성)이 있는 연고다. 壬大運(임대운)에 財星(재성)(처)을 도우는데 癸亥年(계해년)에 또 재성을 도우니 성혼하고 甲子(갑자)년에 官星(관성)(자식)을 돕고 생하니 得男(득남)하고 戌運(술운)에 왕토를 도와서 흉하지만 丁卯年(정묘년)에 약신과 용신인 관성(자식)을 도우니 여식을 얻었다. 辛大運(신대운)은 병신을 도와서 용신이 상해되어 흉한데 壬申年(임신년)에 寅巳申三刑(인사신삼형)이 성립하고 용신의 뿌리인 寅木(인목)을 冲(충)하니 부부가 이혼을 하였다. 이는 原局(원국)에서 坐下比肩(좌하비견)과 月支(월지)에 비견으로 인한 群比爭財(군비쟁재)가 원인이다. 그해 壬申年(임신년)에 재성(처)을 돕고 생하니 재혼하고 乙亥年(을해년)에 관성(자식)을 돕고 생하니 득남하였다.

*. 辛大運(신대운) 壬申年(임신년)에 재혼한 여인은 戊運(술운) 戊辰年(무진년)에 만난 여인인데 이로 인하여 戊運(술운)에 관재구설을 격고 난 다음 辛大運(신대운) 壬申年(임신년)에 재혼한 것이다.

*. 內緣(내연)의 여인이 있는 것은 丑丑中(축축중)의 地藏干(지장간)에 癸癸水(계계수)(재성=여자) 즉 숨겨둔 女人(여인)이 있는 연고다.

1964년생 신왕용관

壬 己 丁 甲

申 卯 丑 辰

74 64 54 44 34 24 14 04

乙 甲 癸 壬 辛 庚 己 戊

酉 申 未 午 巳 辰 卯 寅

이 명조는 기토일주가 丑月(축월)의 토왕절에 태어나 丑·辰土(축진토)가 일주를 돕고 정화가 일주를 생하니 신왕한 중 많은 비겁인 土(토)가 흠이 된다. 토를 제거하는 木(목)이 용신에 수는 용신인 목을 생하는 희신이고 금은 용신인 목을 상해하는 병신이 되고 화는 병신인 金(금)을 제거하는 약신이 된다.

火가 길신이니 化學을 전공하였다.

辰大運은 왕토를 도와서 길운이 아니지만 丙子년에 桃花財星(처)이 되니 성혼하였다. 辛運에 病神을 도와서 용신을 상해하여 흉한데, 己卯년에 日柱伏吟[77]되니 부부가 이혼하였다. 이혼은 日支(배우자궁)과 時支(자식궁)가 空亡인 연고다.

77) 日柱伏吟: 己卯日柱에 己卯가 와서 겹치는 것을 말한다. 즉 또하나의 내가 와서 경쟁관계가 성립한다. 따라서 기묘일주가 기묘년에 군비쟁재가 되어 이혼을 하였다. 이와는 다르게 日柱反吟이 있는데 日主의 天干과 地支를 沖하는 것을 말한다. 가령 己卯日柱가 乙酉 혹은 癸酉를 만나는 것과 같다. 反吟이 되면 배신을 당한다든지, 차사고가 난다든지, 자기통제가 안 된다든지, 배우자에게 문제가 생기는 등의 일이 있다. 丁巳年 辛亥月 庚申日 戊寅時가 故박정희 대통령사주인데 甲寅年에 日柱反吟이 되니 육영수여사를 잃었다.

10.7 庚 金

1957년생 신약인성위용

戊 庚 甲 戊

寅 申 寅 戌

78 68 58 48 38 28 18 08

壬 辛 庚 己 戊 丁 丙 乙

戌 酉 申 未 午 巳 辰 卯

이 명조는 庚金日主(경금일주)가 寅月(인월)의 絶地(절지)에 태어나 木(목)은 旺(왕)하고 金(금)은 가장 약한 계절에 태어났다. 土(토)는 셋이나 되지만 木旺節(목왕절)에 土(토)는 旺(왕)木(목)에 극을 당하기 때문에 아주 弱(약)하다. 또 일지에 申金(신금)이 있지만 寅(인)申寅冲(신인충)으로 寅木(인목)은 旺者冲之益發(왕자충지익발)하고 申金(신금)은 衰者冲之拔根(쇠자충지발근)하므로 木(목)은 더욱 旺(왕)해지고 金(금)은 더욱 약해진다. 따라서 사주팔자중에 경금을 생해주는 토가 셋이고 나를 도와주는 申金(신금)이 하나가 있으니 사주여덟자 중에 내편은 다섯이고 내편이 아닌 五行(오행)은 셋뿐이다. 그러나 寅木(인목)과 戌土(술토)가 半合化(반합화)한 火(화)가 되어 나를 극하니 결국 내편이었던 戌土(술토)는 相對方(상대방) 便(편)이 되고 만다. 따라서 身弱(신약)한 사주가 된다.

이 명조에서 身弱(신약)의 원인은 왕한 財星(재성)에 있다. 따라서 財星(재성)을 克(극)하는 比劫(비겁)이 用神(용신)이 되는 것이 定理(정리)이다. 그러나 이 명조에서는 그렇지 않고 印星(인성)인 土(토)가 用神(용신)이 된다. 왜냐하면 金(금)이 용신이면 土(토)가 희신에 火(화)는 病神(병신)이 되고 水運(수운)은 약신이 되는데, 그렇게 되면 수는 身弱(신약)한 경금일주의 氣(기)를 설기하여 旺財(왕재)를 生(생)하게 되는 논리에도 맞지 않는 결론에 도달하게 되므로 金(금)이 아닌 土(토)가 용신이라는 것이다. 土(토)가 용신이면 火(화)는 희신이고 木(목)이 病神(병신)에 金(금)이 藥神(약신)이 되므로 身弱(신약)한 日主(일주)의 氣(기)를 빼앗기지 않아도 되는 논리적인 解法(해법)이 된다.

木(목)(재성=아버지)은 병신이 되는데 寅運(인운)에 병신이 득세하는데 甲辰年(갑진년)에 갑목은 병신을 도우고 辰(진)은 용신의 根(근)인 戌土(술토)를 冲(충)하니 父先亡(부선망)하였다. 이는 재성(아버지)이 凶神(흉신)인 연고다.

乙運(을운)에 병신을 도우는데 戊申(무신)년에 雙寅(쌍인)과 雙申(쌍신)이 冲(충)하니 母喪(모상)을 당했다. 이는 旺木(왕목)에 土(토)(어머니)가 傷(상)한 연고다.

辰運(진운)은 용신의 뿌리인 戌土(술토)를 충하니 길운은 아니지만 辛酉年(신유년)에 桃花(도화)년이 되고 약신을 도우니 성혼하고 癸亥年(계해년)에 戊癸合(무계합)한 火(화)(자식)가 되니 여식을 얻었다. 丁大運(정대운)은 病神(병신)이 되는 旺木(왕목)을 설기하여 용신을 생하니 吉(길)한데 乙丑(을축)년에 用神(용신)을 도우니 아들을 얻었다.

丁巳大運(정사대운)은 희신이 되어 길하였다. 戊大運(무대운)은 用神(용신)을 도와서 길하였지만 丙子年(병자년)에 官逢官運(관봉관운)이 되고 子水(자수)가 生(생)한 旺木(왕목)(처)이 用神(용신)을 克(극)하니 부부가 이혼하였다. 이는 日支(일지)가 부부궁인데 冲(충)이 된 연고다. 午運(오운)은 희신을 도와서 길하지만 辛巳年(신사년)에 寅巳申三刑(인사신삼형)이 성립하니 官災口舌(관재구설)이 있었다. 壬午年(임오년)에는 용신을 생하니 동생의 도움으로 경영하던 음식물업을 확장하였다. 음식물업은 火(화)가 길신인 연고이고 동생의 도움이 있었던 것은 身弱(신약)한 사주에 비겁이 약신이 된 연고다. 己大運(기대운)은 용신을 도와서 길하였다. 未運(미운)은 용신인 土(토)가 戌未刑(술미형)이 되니 胃病(위병)으로 辛苦(신고)하다.

*. 사주원국에 財星(재성)이 旺(왕)한 자는 길운일 때 사업으로 성공하는 경우가 많다.

1958년생 신왕용재

乙 庚 甲 戊
酉 辰 寅 戌

71 61 51 41 31 21 11 01
壬 辛 庚 己 戊 丁 丙 乙
戌 酉 申 未 午 巳 辰 卯

이 명조는 庚金日主(경금일주)가 인월의 목왕절에 태어나 三木(삼목)의 재성이 있어서 약지이나 三土(삼토)가 생금하고 時支(시지)의 酉金(유금)이 일주를 도우니 신왕한 사주로 바뀌었다. 신왕한 중에 인성인 土(토)가 많아 흠이 되니 토를 제거하는 木(목)이 용신에 수는 희신이고 금이 병신에 화는 약신이 된다.

초년 木·火運(목화운)은 용신을 도우고 약신을 도우니 유복한 가정에서 태어나 성장했다. 寅中(인중)의 戊土(무토)가 인성 즉 학문인데 寅木(인목)이 驛馬殺(역마살)이니 중학교 때부터 고향을 떠나서 도시에서 공부했다. 土(토)는 병신을 생하여 흉한데 辰運(진운)의 辰土(진토)가 辰戌冲(진술충)하니 冲發(충발)한 토가 稀少(희소)한 水(수)를 극하니 신장결석수술을 받았다. 이는 질병론에서 임수를 방광이고 癸水(계수)는 腎臟(신장)인데, 사주원국에서 희소한 辰中(진중)의 癸水(계수)는 甲·乙·寅(갑을인) 旺木(왕목)에 설기되어 있는데 辰運(진운)에 辰戌冲發(진술충발)한 旺土(왕토)가 水(수)를 또 극상한 연고다. 火(화)가 길신이니 기계공학을 전공하였다. 巳運(사운)에 약신이 되어 길하지만 寅巳刑(인사형)도 되는데 癸亥年(계해년)에 用神(용신)의 根(근)이 되는 寅木(인목)과 寅亥合化木(인해합화목)이 극토(어머니)하니 母喪(모상)을 당하였다. 巳運(사운) 丁卯(정묘)년에 용신인 財星(재성)(처)을 도우니 성혼하고 丁卯年生(정묘년생) 장녀를 얻고 戊運(무운)에 旺土(왕토)를 도와 흉한데 辛未年(신미년)에 병신인 금을 도우고 생하니 차녀를 얻었다. 午運(오운)에 用神(용신)인 木(목)의 死地(사지)가 되어 흉한데 癸酉年(계유년)에는 병신을 도우니 병원에 입원한 일이 있었고 乙亥年(을해년)에는 用神(용신)의 根(근)인 寅木(인목)을 寅亥合去(인해합거)하니 신부전증으로 신 이식수술을 받았다. 腎(신)은 癸水(계수)에 해당한다.

1963년생(여명) 신약인성위용

丁 庚 乙 癸
丑 午 卯 卯

73	63	53	43	33	23	13	03
癸	壬	辛	庚	己	戊	丁	丙
亥	戌	酉	申	未	午	巳	辰

이 명조는 경금일주가 卯月(묘월)의 재왕절에 태어나 三木(삼목)의 재성과 二火(이화)의 관성이 극신하고 癸水(계수)는 일주를 설기하니 신약한 사주에 의지처는 丑土(축토)다. 즉 축토가 용신에 화가 희신이며 목이 병신에 금은은 약신이다.

묘대운은 병신이 되어 길운이 아닌데 甲辰年(갑진년)에 불에 화상을 입고 丙運(병운)에 관운이 되어 건강이 염려되는데 戊申(무신)년에 뜨거운 물에 火傷(화상)을 입었다. 이는 탕화살[78]이 있는 연고다.

78) 湯火殺(탕화살)

戊大運(무대운)에 용신인 土(토)를 도우니 안태고향에서 최고 명문대 철학과를 졸업했다. 철학은 印星(인성)이 용신인 연고이고 고향에서 공부를 한 것은 土(토)(중앙)가 用神(용신)인 연고다.

己運(기운)에 용신을 도와서 길한데 丁丑年(정축년)에 관성(남편)이 되고 용신이 도우니 吉(길)하여 결혼을 했다.

未大運(미대운)에 용신을 丑未冲(축미충)하여 흉한데 壬午年(임오년)에 관봉관운(여명은 家內憂患(가내우환))이 되니 이혼하고 癸未年(계미년)에 丑未未爭冲(축미미쟁충)하니 자기통제가

基準 / 適用	寅日生	午日生	丑日生	作　　用
(年,月,時)支	巳,申 三刑	午(自刑) 丑(害) 辰(隔角)	戊未三刑 午(害)	火傷(화상), 飮毒(음독). 남명은 銃(총), 破片傷(파편상)이나 자신이 아니면 처첩 애인이 飮毒(음독). 여명은 음독 黑痣(흑지), 얼굴이 얽었거나 등. 戊寅日生: 湯火殺+七殺+多逢寅(다봉인)=湯(탕), 七殺(칠살) 太旺(태왕)으로 被害太重(피해태중). 戊子日生은 탕화는 아니나 坐財(좌재) 身弱(신약)에 柱中寅(주중인), 巳(사), 申逢(신봉) 三刑(삼형)+冲(충)=大災(대재)

되지 않아서 精神科(정신과) 치료를 받았다.

1959년생 신약인성위용

乙 庚 丁 己
酉 寅 卯 亥

71 61 51 41 31 21 11 01
己 庚 辛 壬 癸 甲 乙 丙
未 申 酉 戌 亥 子 丑 寅

이 명조는 경금일주가 묘월의 목왕절에 태어나 三木(삼목)의 재성이 있고 해수가 경금을 설기하니 신약이다. 의지처는 인성인 己土(기토)다. 즉 己土(기토)가 용신에 정화는 용신을 생하는 희신이고 목은 용신인 토를 傷害(상해)하는 病神(병신)에 酉金(유금)은 병신인 목을 제거한는 약신이다.

甲大運(갑대운)에 재성(처)이 되는데 癸亥年(계해년)에 坐下(좌하)(일지=배우자궁)를 合(합)하니 성혼하고, 子運(자운)에 도화대운이 되는데 丁卯年(정묘년)에 丁火官星(정화관성)(자식)을 돕고 생하니 아들을 두고, 癸運(계운)은 喜神(희신)인 丁火官星(정화관성)(직장)을 克(극)하여 흉하지만 辛未年(신미년)에 용신을 도우니 딸을 얻었다.

亥運(해운)은 寅亥木(인해목)이 병신을 도와서 용신인 土(토)를 극하니 사업이 실패하고 壬水運(임수운)도 병신인 목을 생하여 용신인 토를 극하니 損財(손재)가 있었다.

*. 印星(인성)이 용신이니 기획사무를 본다.

*. 印星(인성)이 吉神(길신)인 者(자)는 교육자 공직자 기획부서에 많다.

*. 1959년 陰曆(음력) 2월 1일 해질녘에 태어났다고 했다. 陽曆(양력)으로는 3월 9일인데, 大韓民曆(대한민력)을 보면 3월 9일에는 18시 34분이 日入時刻(일입시각)이다.

1959년도는 우리시계를 썼는데 즉 東經(동경)127.5도(표준으로 정한 서울의 경도)를 표준으로 시간(태양의 족적)을 定(정)했다. 15:00부터 17:00전까지는 申時(신시)이고 17:00부터 19:00전까지는 酉時(유시)이다. 해질녘이라고 했으니 申時(신시)도 될 수 있고 酉時(유시)도 될 수 있다. 여기서 출생시각을 申時(신시)인지 酉時(유시)인지를 定(정)하는 방법은, 申時(신시)이면 寅申冲(인신충)이 되어서 부부간에 이혼 등의 문제가 있었을 것이고 酉時(유시)이면 寅酉寃嗔殺(인유원진살)은 있지만 이혼까지는 아니다. 따라서 부부간에 문제가 없다고 하므로 酉時(유시)로 定(정)했다.

1970년생(여명) 신왕용관

丁 庚 庚 庚
亥 午 辰 戌

75 65 55 45 35 25 15 05
壬 癸 甲 乙 丙 丁 戊 己
申 酉 戌 亥 子 丑 寅 卯

이 명조는 경금일주가 辰月(진월)의 토왕절에 태어나 二土(이토)가 生金(생금)하고 雙庚金(쌍경금)이 도우니 身旺(신왕)한 中(중)에 비겁이 왕하다. 비겁을 제거하는 관성이 용신에 목운은 희신이 된다. 女命(여명)이지만 魁罡殺(괴강살)[79]이 있으니 카리스마가 넘친다. 火(화)가 吉神(길신)이니 방송국 리포터(reporter)다.

79) 魁罡殺

基準(기준)	魁罡殺(괴강살)	作用(작용)
柱中(주중)	庚辰, 庚戌, 壬辰, 壬戌, 戊戌 (戊辰 포함 可)	타인제압. 大富豪(대부호)가 되거나 聰明(총명), 殺傷(살상), 荒暴(황폭) 등 극단으로 흐른다. 여명에서 日時(일시) 魁罡逢冲(괴강봉충)이면 偏房(편방), 獨守空房(독수공방)과 夫君(부군)의 拉致(납치), 橫死(횡사), 無責任(무책임), 家出(가출), 財蕩盡(재탕진)이 있다.

1956년생 신왕용살

庚 庚 壬 丙

辰 午 辰 申

71 61 51 41 31 21 11 01

庚 己 戊 丁 丙 乙 甲 癸

子 亥 戌 酉 申 未 午 巳

이 명조는 庚金日主가 진월의 토왕절에 태어나 二土가 생금하고 二金이 일주를 도우고 있으니 신왕하고 습하다. 습하다고 함은 寒暖燥濕論에서 언급하였듯이 사주여덟자 중에 庚庚辰辰申은 濕한 五行이고 丙午는 燥한 오행이니 결국 濕한 사주가 된다. 따라서 身旺用殺하여 火가 용신에 목운은 용신을 생하는 희신에 수는 용신인 화를 상해하는 병신에 燥土는 수를 제거하는 약신이 된다.

乙運에 용신을 생하여 길한데 丁卯年에 재성(처)이 되니 성혼하고 己巳年에 용신을 도우니 남아를 득하고, 官逢官運이 되니 이혼하였다. 이혼은 沒財星인 연고다.

*. 직업은 의류상을 자영한다. 의류는 木(목화나무)이 길신인 연고다.

*. 병대운은 용신을 도와서 길하지만 乙亥年에 해수가 병신을 도

와서 용신을 상해하니 肝炎으로 입원한 일이 있다. 간은 을목에 해당하는데 辰中의 乙木이 미약한 연고다.

1980년생(여명) 신왕용관

甲 庚 辛 庚
申 寅 巳 申

74 64 54 44 34 24 14 04
癸 甲 乙 丙 丁 戊 己 庚
酉 戌 亥 子 丑 寅 卯 辰

이 명조는 경금일주가 巳月의 화왕절에 태어나 약지이지만 네 개의 비겁이 도우고 있으니 신왕한 사주로서 많은 比劫이 흠이 된다. 따라서 비겁을 제거하는 관성인 火가 용신이고 목은 희신이다.

묘대운에 용신을 생하니 길한데 뉴질랜드에 유학하고 寅大運 壬辰年 현재 호주에서 국제법학을 전공하고 있다. 남쪽나라에서 공부하는 것은 印星(공부)인 무토를 함유한 寅木이 驛馬·地殺에 火가 길신이기 때문이고 국제법은 寅巳申三刑에 驛馬·地殺인 연고다.

1969년생(여명) 신왕용살

辛 庚 己 己
巳 戌 巳 酉

71 61 51 41 31 21 11 01
丁 丙 乙 甲 癸 壬 辛 庚
丑 子 亥 戌 酉 申 未 午

이 명조는 경금일주가 巳月(사월)의 화왕절에 태어나 약지이지만 三土(삼토)가 생금하고 二金(이금)이 일주를 도우니 오히려 태왕한 사주가 되었다. 태왕하여 식상이 있으면 설기함이 당연한데 식상이 없으니 관성인 火(화)를 쓴다. 즉 火(화)가 용신에 목운은 희신이 된다.

辛未大運(신미대운)에 왕신을 돕고 생하니 길운이 아니므로 인문계고등학교를 타향에서 졸업한 것이 전부다. 他鄕(타향)에서 공부한 것은 사중의 무토가 印星(인성)(공부)인데 사화가 地殺(지살)인 연고다.

壬運(임운)에 식신(자식)이 되는데 己巳年(기사년)에 巳火官星(사화관성)(남편)이 되니 성혼하고 경오년에 오화의 관성도화가 용신을 도우니 長女(장녀)를 두고 辛未(신미)년에 次女(차녀)를 얻었다.

火(화)가 길신에 戌(술)에 華蓋星(화개성)이 있으니 미용기술을 익혀서 미용업을 自營(자영)한다.

계운에 병신이 되어 길운이 아니지만 己卯年(기묘년)에 용신인 화를 생하니 길한데 이때 집을 사고 경진년에 진술충발한 왕토가 旺身(왕신)을 생하니 흉하므로 失宅(실택)하였다.

계운에 병신이 되어 관성을 극상하는데 辛巳年(신사년)에 신금은 왕신을 도와서 군비쟁관하고 巳火(사화)는 관봉관운이 되니 부부가 이혼하였다. 부부이혼은 巳戌(사술)이 원진살이고 庚戌魁罡(경술괴강)성(고독성)의 작용이다.

壬午(임오)년에 官星(관성)(남자)桃花(도화)가 되니 제3의 남자를 만났다. 酉運(유운) 甲申年(갑신년)에 본원을 찾아온 것은 癸未年(계미년)에 천오백만원을 갖고 떠난 그 사람에게 언제 돈을 받을 수 있는지 궁금해서였다. 丙(병)(丙火(병화)가 用神(용신)을 돕고)戌年(술년)이 아니면 甲(갑)(喜神財星(희신재성))大運(대운)에서야 받을 수 있었을 것이다.

1975년생(여명) 신약비겁위용

辛 庚 壬 乙
巳 戌 午 卯

72 62 52 42 32 22 12 02
庚 己 戊 丁 丙 乙 甲 癸
寅 丑 子 亥 戌 酉 申 未

이 명조는 경금일주가 오월의 화왕절에 태어나 午戌火(오술화)와 巳火(사화)가 身(신)을 극하고 을묘목의 재성이 있고 임수가 설기하니 身弱(신약)하고 燥熱(조열)하다. 술토에 의지하려고 하니 오술화로 변해버렸다. 따라서 의지처는 辛金(신금)이다. 즉 辛金(신금)이 용신에 濕土運(습토운)은 희신이고 화가 병신에 壬水(임수)는 화를 제거하는 약신이 된다. 印星(인성)(교육관련)이 길신이니 연길성에서 문서학을 전공했다. 乙運(을운)은 병신을 도와 흉하지만 日干(일간)인 庚金(경금)과 합하고 丁丑年(정축년)에 丁(정)은 正官(정관)(정부)이 되고 축은 희신이 되니 한국 사람과 성혼하였다. 이는 年支(년지)인 묘목을 기준으로 보면 巳火(사화)(남편)에 驛馬殺(역마살)이 있기 때문이다. 무인년에 무토가 희신이 되니 여식을 얻었다. 酉大運(유대운)은 용신의 뿌리가 되어 길한데 桃花殺(도화살)인 묘목과 충하고 甲申年(갑신년)에 용신을 도우니 得男(득남)하고 다복하다.

향후 火運(화운)은 왕화를 도와 경금을 극하면 길운이 아닌데 이때 신경쇠약 혈압 치질 폐 대장 등의 건강에 유의 요망. 이때를 지나 北方水運(북방수운)은 藥神(약신)이 되어 왕화를 제거하면 용신이 생기를 얻어서 길하리라.

1958년생(여명) 신왕용살

辛 庚 戊 戊

巳 申 午 戌

72 62 52 42 32 22 12 02

庚 辛 壬 癸 甲 乙 丙 丁

戌 亥 子 丑 寅 卯 辰 巳

이 명조는 경금일주가 오월의 화왕절에 태어나 약지이지만 戊·戊·戌土가 생금하고 辛申金이 일주를 도우니 신왕한 사주로 바뀌었다. 身旺用殺하여 화가 용신에 목운은 희신이고 수운은 병신에 토는 약신이다.

초년 화운은 용신을 도와서 길하니 富家에서 성장하였다. 辰運에는 申辰水가 용신을 극상하니 흉한데 이때 아버님이 사업을 실패하고 특히 甲寅年에는 日柱를 천극지충하니 조부님의 喪을 당했다. 을운에 용신을 생하여 길한데 印星이 길신이기 때문에 교육학을 전공하고 癸亥年부터 어린이집을 자영하였다. 卯運에 용신을 생하여 길한데 병인년에 官星(남편)用神을 도우니 성혼하고 병인년생 아들을 얻고 甲大運에 용신을 생하여 길한데 경오년에 여식을 얻었다. 寅大運에는 사업으로는 가장 성공하였으나 日支(배우자궁)를 冲하므로 부부가 別居(별거)하였다.

1959년생 식신생재

甲 庚 辛 己
申 戌 未 亥

74 64 54 44 34 24 14 04
己 戊 丁 丙 乙 甲 癸 壬
卯 寅 丑 子 亥 戌 酉 申

이 명조는 경금일주가 未月(미월)의 토왕하고 조열한 소서절에 태어나 三土(삼토)가 생금하고 二金(이금)이 일주를 도우고 있으니 身(신)이 태왕하다. 태왕자는 食傷(식상)으로 설기하여야 한다. 즉 食神(식신)인 亥水(해수)가 설기하고 조후하는 用神(용신)에 금은 용신인 수를 생하는 희신이고 토는 용신인 수를 克傷(극상)하는 병신에 甲木(갑목)은 토를 제거하는 약신이다.

酉大運(유대운)은 용신을 생하여 길한데 수학교육학을 전공하고 교육계에 투신하였다. 教育(교육)은 인성이 길신인 경우에만 해당하는 것이 아니라 食傷(식상)이 吉神(길신)인 경우에도 해당된다.

甲大運(갑대운)에 약신인 목을 도와서 병신인 토를 소토하니 용신인 해수가 생기를 얻어서 길한데 乙丑年(을축년)에 乙木(을목)은 일주인 경금과 乙庚合(을경합)

하고 丑戌未三刑(축술미삼형)이 되니 성혼하고 을축생 아들을 두었다. 戌運(술운)은 병신을 도와서 길운이 아니지만 丁卯年(정묘년)에 묘목이 약신을 도우니 여식을 얻었다.

*. 天乙貴人(천을귀인)이 둘이니 理科(이과)다.

1972년생(여명) 상관생재 조후용신

癸 庚 丁 壬
未 戌 未 子

74 64 54 44 34 24 14 04
己 庚 辛 壬 癸 甲 乙 丙
亥 子 丑 寅 卯 辰 巳 午

이 명조는 경금일주가 未月(미월)의 화토가 왕한 계절에 태어나 未·未·戌土(미미술토)가 생금하지만 丁未未戌(정미미술)이 조열하다. 따라서 食傷生財(식상생재) 및 食傷制殺(식상제살)하여야 한다. 즉 水(수)가 生財(생재) 및 調候(조후)하는 用神(용신)에 금운은 용신인 수를 생하는 희신이고 토는 수를 극상하는 병신에 목운은 토를 제거하는 藥神(약신)이 된다.

巳大運(사대운)에 地殺(지살)이 되고 辛未年(신미년)에 辛金(신금)이 용신인 수를 생하는데 수가 필요하니 바다를 건너 미국에 유학을 떠났다. 巳大運(사대운)은 길운이 아닌데도 불구하고 유학까지 갈수 있었던 것은 用神(용신)인 水(수)가 年柱(년주)

즉 부모자리에 있기 때문이다. 부모자리에 용신이 있으니 父母德(부모덕)이 있는 팔자다.

甲大運(갑대운) 己卯年(기묘년)에 藥神桃花(약신도화)가 되어 병신인 토를 제거하니 用神(용신)인 水(수)가 生氣(생기)를 얻어서 길한데 이대 미국공인회계사(cpa)자격을 취득하고 癸未年(계미년)에 귀국하였다.

*. 어린이집을 운영하고 있으며 세무회계사무실도 운영한다. 어린이집은 食傷(식상)(敎育(교육)도 됨)이 吉神(길신)인 연고다.

1959년생(여명) 조후용신

己 庚 壬 己
卯 午 申 亥

78 68 58 48 38 281 8 08
庚 己 戊 丁 丙 乙 甲 癸
辰 卯 寅 丑 子 亥 戌 酉

이 명조는 경금일주가 申月(신월)의 金旺節(금왕절)에 태어나 雙己土(쌍기토)가 생금하니 신왕한 사주에 습하다. 조후하는 午火(오화)가 용신에 묘목은 희신이고 수가 병신에 土(토)는 약신이 된다.

酉大運(유대운)에 희신인 卯木財星(묘목재성)(父星(부성))을 충하니 아버님이 사업에 실패했다. 酉運(유운)에 卯酉沖(묘유충)하는데 辛亥年(신해년)에 지살을 돕는데 亥中(해중)의 戊(무)

土가 印星으로 공부에 해당하므로 타향에서 공부를 하기 시작했다. 병운에 官星(남편)을 돕는데 병자년에 좌하의 관성을 冲動하니 성혼하고 丁丑년에 용신을 돕고 약신을 도우니 여식을 얻었다. 子大運은 병신을 도와서 길운이 아니지만 壬午年에 용신을 도우니 집을 사고 계미년에 亥卯未목이 용신을 生니 또 집을 샀다. 子大運은 吉運이 아니지만 丙大運에 吉했던 나머지 吉한 歲運에 집을 살 수 있었던 것이다.

*. 木이 길신이니 의류상이다.

1961년생 조후용신

辛 庚 丙 辛
巳 子 申 丑

79 69 59 49 39 29 19 09
戊 己 庚 辛 壬 癸 甲 乙
子 丑 寅 卯 辰 巳 午 未

이 명조는 경금일주가 申月의 금왕절에 태어나 三金이 도우고 축토가 생하니 신왕하고 습하므로 조후가 급하다. 火가 調候用神에 목운은 희신이 되고 수는 병신에 燥土는 약신이 된다.

초년 甲木運(갑목운)에 용신을 생하여 길한데 이때 해양대학교 기관학과를 졸업하고 원양어선기관실에 근무하여 득재하였다. 기관학은 火(화)가 길신인 연고다. 巳火(사화)(자식)運(운)에 용신을 도우는데 甲戌年(갑술년)에 희신재성(처)이 되니 결혼하였다. 乙亥年(을해년)에 집을 사고 아들을 얻었다.

*. 이 명조에서 火(화)는 자식이고 눈인데 丙辛水(병신수)하고 巳申水(사신수)하며 時支(시지)(子息宮(자식궁))의 巳火(사화)가 空亡(공망)이니 아들이 色盲(색맹)이다.

1960년생(여명) 상관생재

癸	庚	乙	庚
未	申	酉	子

77	67	57	47	37	27	17	07
丁	戊	己	庚	辛	壬	癸	甲
丑	寅	卯	辰	巳	午	未	申

이 명조는 경금일주가 유월의 羊刃月(양인월)에 태어나 未(미)토가 생금하고 庚(경)·酉(유)·申(신)금이 일주를 도우니 身(신)이 태왕하다. 태왕한자는 설기함이 正解(정해)인데 설기하는 水(수)가 용신에 태왕한 금은 용신인 수를 생하는 희신이 아니라 金多水濁(금다수탁)하므로 오히려 병신이 되고 화운은 병신인 금을 제거하는 약신이다. 未土(미토)는 용신인 수를 극상하는 또 하나의

병신에 乙木(을목)은 병신인 土(토)를 제거하는 또 하나의 약신이 된다.

未運末(미운말) 壬水運(임수운) 進入前(진입전) 즉 27세 생일전에 未土(미토)는 병신인 未土(미토)를 도와서 흉한데 丙寅年(병인년)에 官星(관성)(남편)藥神(약신)이 되고 寅木(인목)이 乙木藥神(을목약신)을 돕고 日支(일지)(배우자궁)를 冲動(충동)하니 成婚(성혼)(음력 3월 18일)하였다.

壬運(임운)에 용신인 傷官(상관)(자식)을 도와서 길한데 戊辰年(무진년)에 申辰水(신진수)가 용신을 도우니 吉(길)하여 득남하였다.

午運(오운)은 약신관성(남편)이 되니 길한데 이때 부군이 사업에 성공하고 甲戌年(갑술년)에 화가 길신에 劈甲引火(벽갑인화)하니 길하므로 여식을 두었다.

辛運(신운)은 병신인 비겁을 도와 群比爭財(군비쟁재)하는데 이때 夫君(부군)이 사업에 失敗(실패)했다.

*. 月支(월지)(부모자리)에 도화가 있으니 친정어머니가 연애 결혼했다.

*. 年支(년지)(조상자리)에 용신인 자수가 있고 月(월)(부모자리, 형제자리) 上(상)의 乙木(을목)은 약신이 되니 친정아버지 한의사였다. 즉 父母德(부모덕) 있는 팔자다.

1967년생(여명) 상관생재

庚 庚 己 丁
辰 子 酉 未

72 62 52 42 32 22 12 02
丁 丙 乙 甲 癸 壬 辛 庚
巳 辰 卯 寅 丑 子 亥 戌

이 명조는 경금일주가 羊刃月(양인월)에 태어나 三土(삼토)가 일주를 생하고 二金(이금)이 일주를 도우고 있으니 身(신)이 태왕하다. 태왕한자는 식상으로 설기하여야한다. 즉 子水(자수)가 설기하는 용신에 태왕한 금은 수를 생하는 희신이 아니라. 金多水濁(금다수탁)이 되니 오히려 병신에 丁火(정화)는 금을 제거하는 약신이다. 土(토)는 수를 극상하는 또 하나의 병신에 木運(목운)은 토를 제거하는 또 하나의 藥神(약신)이 된다.

火(화)가 길신이니 전자공학을 전공하고 壬運(임운)에 용신을 돕는데 己巳(기사)年(년)에 官星(관성)(직장)을 도우니 관광공사에 취직하여 癸酉年(계유년)에 관성인 火(화)가 酉(유)에 死地(사지)가 되니 퇴직하였다. 관광공사는 水(수)(서비스업)가 길신인 연고다.

子運(자운)에 傷官(상관)(자식)이 되는데 癸酉年(계유년)에 癸水(계수)는 상관을 돕고 酉金(유금)은 桃花(도화)가 되니 성혼하였다. 甲戌年(갑술년)에 劈甲引火(벽갑인화)가 藥神官星(약신관성)을 생하니 아들을 두고 丙子年(병자년)에 병화는 正官(정관)을 돕고 子水(자수)는 도화상관(자식)이 되니 차남을 두었다. 그리고 戊寅年(무인년)에 약신이 되어 병신인 土(토)를 극하니 用神(용신)인 子水(자수)(자식)가 생기를 얻으니 三男(삼남)을 얻고 得宅(득택)까지 했다.

丑大運(축대운)은 병신이 되어 흉한데도 불구하고 癸未年(계미년)에 미용실을 자영하여 甲申年(갑신년)에는 문을 닫았다.

1968년생 식신생재격 4대독자

乙 庚 壬 戊
酉 辰 戌 申

71 61 51 41 31 21 11 01
庚 己 戊 丁 丙 乙 甲 癸
午 巳 辰 卯 寅 丑 子 亥

이 명조는 경금일주가 戌月(술월)의 토왕절에 태어나 三土(삼토)가 생금하고 二金(이금)이 일주를 도우고 있으니 사주여덟자 중 일주를 포함하여 여섯이 印星(인성)과 比劫(비겁)이다. 따라서 태왕한데 태왕한 자는 설기하여야 한다. 泄氣(설기)하는 壬水(임수)가 용신에 申酉戌(신유술)의 태왕한 금은 희신이 된 수 없고 오히려 병신이 되는데 이때 火(화)는 병신인 금을 제거하는 약신이 된다. 用神(용신)인 임수를 극하는 토 역시 병신이 되는데 乙木(을목)은 토를 제거하는 약신이 된다.

亥運(해운)에 용신을 도와서 길하지만 甲寅年(갑인년)에 日主(일주)를 甲庚冲(갑경충)하고 辰戌冲(진술충)에 寅申冲(인신충)하니 눈을 다쳤다. 이는 눈은 火(화)에 속하는데 戌中(술중)의 丁火(정화)가 辰戌冲(진술충)되어 있는 연고다.

子大運(자대운) 癸亥年(계해년)에 申子辰(신자진)·壬水(임수)와 癸亥水(계해수)에 乙木(을목)(재성=아버지)이 浮木(부목)되니 父喪(부상)을 당하였다. 이때 財産相續(재산상속)도 있었다.

子運末(자운말) 丁卯年(정묘년)에 卯酉冲(묘유충)과 辰戌冲(진술충)하니 胃手術(위수술)을 하였다. 胃手術(위수술)은 胃(위)는 토에 속하는데 辰戌冲(진술충)이 된 연고다.

乙運(을운)에 약신인 목을 도와 병신인 토를 제거하니 용신인 수가 生氣(생기)를 얻어 길한데 癸酉年(계유년)에 또 용신을 도우니 得宅(득택)했다.

丙運(병운)에 藥神官星(약신관성)(자식)이 되어 길한데 戊寅年(무인년)에 寅戌火(인술화)가 관성을 도우니 성혼하고 己卯年(기묘년)에 약신을 도우니 득남하고 庚辰年(경진년)에 집을 하나 더 구했다.

丙大運(병대운) 壬午年(임오년) 戌月(술월)에 辰戌爭冲(진술쟁충)이 되니 교통사고를 당했다.

寅運(인운)에 약신인 을목을 도와서 길하지만 四冲(사충)이 되기도 하는데 癸未年(계미년)에 戌未刑(술미형)까지 겹치니 7세때 다쳤던 눈이 설명되었다.

*. 辰(진)과 戌(술)이 화개성이 되니 격투기에 능하다.

*. 向後(향후) 사업계획은 수목원을 경영하려고 한다. 수목원은 木(목)이 길신인 연고다.

1974년생(여명) 신왕용재

甲 庚 甲 甲
申 戌 戌 寅

79 69 59 49 39 29 19 09
丙 丁 戊 己 庚 辛 壬 癸
寅 卯 辰 巳 午 未 申 酉

경금일주가 술월의 토왕절에 태어나 雙戌土(쌍술토)가 生(생)하고 時支(시지)의 申金(신금)이 일주를 도우고 있으니 身旺(신왕)한 中(중)에 土(토)가 欠(흠)이 된다. 토를 제거하는 木(목)이 용신에 수는 희신이고 금이 병신에 화는 약신이 된다.

초년 壬水運(임수운)은 용신을 생하니 길한데 이때 케임부리지대에서 經濟學(경제학)을 전공하였다. 영어 스페인어 불어 한국어 4개 국어에 능통하다. 申運(신운)에 寅木(인목)을 冲(충)하여 길운이 아니지만 壬午年(임오년)에 官星(관성)(남편)年(년)이 되니 成婚(성혼)하였다.

*. 偏財星(편재성)이 길신이니 경제에 밝다.

*. 甲木(갑목)과 庚金(경금)이 충하고 있으니 편두통이 있다.

1953년생 신왕용재

戊 庚 壬 癸
寅 戌 戌 巳

76 66 56 46 36 26 16 06
甲 乙 丙 丁 戊 己 庚 辛
寅 卯 辰 巳 午 未 申 酉

이 명조는 경금일주가 戌月(술월)의 토왕절에 태어나 三土(삼토)가 생금하니 身旺(신왕)한 中(중)에 많은 토가 흠이 된다. 토를 제거하는 寅木(인목)이 용신에 水(수)는 희신이고 金運(금운)이 병신에 巳火(사화)는 약신이 된다.

戊大運(무대운)에 왕토를 도와서 흉한데 庚午年(경오년)에 用神(용신)인 寅木(인목)을 합거하니 해병대중령으로 전역했다. 武官(무관)은 偏官(편관)인 巳火(사화)가 길신이고 海兵隊(해병대)는 水(수)가 길신인 연고다. 領官級(영관급)은 庚戌(경술)·壬戌(임술)의 괴강살이 있는 연고다. 將軍(장군)에 미치지 못한 것은 午大運前(오대운전)은 길운이 아니기 때문이다.

*. 丁大運(정대운) 壬午年(임오년)에 사기를 당한 것은 재성인 木(목)이 午火(오화)에 死地(사지)가 되기 때문이다.

*. 戌戌(술술)이 화개성이니 그림에 소질이 있다.

1964년생(여명) 금수식신격에 희견관성

丁 庚 乙 甲
丑 辰 亥 辰

77 67 57 47 37 27 17 07
丁 戊 己 庚 辛 壬 癸 甲
卯 辰 巳 午 未 申 酉 戌

이 명조는 경금일주가 亥月(해월)의 수왕한습한 계절에 태어나 조후가 시급하다. 경금은 原鑛石(원광석)이니 더욱 용광로가 필요하다. 丁火(정화)가 용신에 목은 화를 생하는 희신이고 수는 용신인 火(화)를 상해하는 병신이고 토는 병신인 수를 제거하는 藥神(약신)이다.

甲木(갑목)이 길신 현침성이니 의상디자인을 전공했다.

癸運(계운)에 상관(자식)이 되는데 甲子年(갑자년)에 상관을 돕고 일지(배우자궁)를 合(합)하니 성혼했다.

酉運(유운)에 병신인 수를 생하여 용신인 관성정화(남편)를 극하는데 병인년에 관봉관운이 되니 부부가 이혼하였다. 이혼은 庚辰魁罡(경진괴강)(고독성)殺(살)의 作用(작용)이다.

壬運(임운)에 丁壬合木(정임합목)(다음지합)하는데 癸酉年(계유년)에 도화년이 되니 다른 남자를 만나서 申大運丙子年(신대운병자년)에 申子辰水食神(신자진수식신)이 用神官星(용신관성)(남자)을 극하니 離別(이별)하였다.

*. 年柱(년주)는 조상자리인데 年上(년상)에 길신인 갑목재성이 있으니 상속 받을 父母財産(부모재산)이 있고, 년지의 辰土(진토)는 길신인 인성(할아버지)이니 부자인 할아버지의 도움으로 19세부터 31세까지 누욕에서 의상디자인 工夫(공부)를 할 수 있었다.

1959년생(여명) 금수상관격에 희견관성

壬 庚 乙 己
午 戌 亥 亥

75 65 55 45 35 25 15 05
癸 壬 辛 庚 己 戊 丁 丙
未 午 巳 辰 卯 寅 丑 子

이 명조는 경금일주가 亥月(해월)의 수왕절에 태어나 三水(삼수)가 설기하고 을목의 재성이 있으니 신약하고 한습하다. 金水食神格(금수식신격)에 喜見官星(희견관성)하여 관성인 화가 용신에 을목은 화를 생하는 희신이고 수는 화를 傷害(상해)하는 병신에 토는 병신인 수를 除去(제거)하는 약신이다.

丑大運(축대운)이 길신인성이니 불문학을 전공하는 중 辛酉年(신유년)에 결혼하였다. 불문학전공은 사주가 文科(문과)인데 印星(인성)(교육)이 길신인 연고다. 辛酉年(신유년)에 結(결)혼한 것은 丙火日主(병화일주)인 夫君(부군)에게는 辛酉(신유)가 財星(재성)(처)이기 때문이다.

丑大運(축대운)에 藥神(약신)을 돕는데 癸亥年(계해년)에 傷官(상관)(자식)이 되니 여식을 얻고 寅大運(인대운)에 용신을 생하니 길한데 戊辰年(무진년)에 약신을 도우니 득남하였다.

卯運(묘운)은 용신을 생하니 길한데 이때 아파트를 한 채 더 샀다. 그러나 桃花殺(도화살)이 되니 代行(대행)으로 夫君(부군)의 外道(외도)는 있었다.

*. 금수상관격에는 관살의 혼잡을 꺼리지 않는다고 함은 丙火(병화)는 調候(조후)하고 丁火(정화)는 鍊金(연금)하기 때문이다. 경금은 원관석인데 정화로서 연금하여야 器物(기물)을 작성한다.

*. 癸巳年 庚申月 丙午日 壬辰時生이 남편이다.

1964년생 금수상관격에 희견관성

甲 庚 丙 甲
申 寅 子 辰

80	70	60	50	40	30	20	10
甲	癸	壬	辛	庚	己	戊	丁
申	未	午	巳	辰	卯	寅	丑

이 명조는 경금일주가 子月(자월)의 수왕절에 태어나 신자진수국에 설기되고 雙甲(쌍갑)·寅木(인목)의 재성과 병화의 관성이 있으니 身弱(신약)한 金水傷(금수상)

官格이다. 원관석인 경금은 화를 만나야 기물을 작성한다. 즉 丙火가 調候用神에 목은 희신이 되고 수가 병신에 조토는 약신이 된다.

日支의 寅中의 戊土가 인성(학업)에 해당하는데 인목이 地殺이 되고 驛馬인 申金과 冲을 하고 있는데 丑運 庚申年(고등학교 1학년)에 地殺과 驛馬살이 爭冲을 하니 이때부터 타향에서 공부를 했다. 지살과 역마살이 서로 충하고 있으니 旅行과 관련되는 관광학과를 졸업했다. 卯大運의 재성이 용신을 생하여 길한데 己卯年에 또 희신재성을 도우니 서울에 와서 得財하고 있다. 사주원국에서 寅木(재성=아버지)이 寅申冲이 되어 있는데 묘대운 기묘년에 子卯(父星)刑이 성립되니 父喪을 당하였다. 부상을 당한 것은 슬픈 일이지만 喜神財星을 도우니 재산상속은 받았다. 사주명리학을 연구하다보면 이처럼 슬픔과 기쁨이 겹쳐서 오는 경우가 많이 있음을 알 수 있다. 경대운에 이르도록 미혼인 것은 日支(배우자 궁)가 寅申冲이 된 연고다.

향후 경대운은 벽갑인화하여 길하겠지만 辰大運은 申辰水에 용신이 傷害되면 길운이 아니며, 辛大運은 용신을 합거하니 길운이 아니다. 이때를 지나면 南方火運은 용신을 도와서 길하리라.

*. 年柱에 길신재성이 있으니 상속받을 재산이 있는 명조다.

1954년생(여명) 금수상관격에 희견관성

丙 庚 丙 甲

戌 戌 子 午

74 64 54 44 34 24 14 04

戊 己 庚 辛 壬 癸 甲 乙

辰 巳 午 未 申 酉 戌 亥

이 명조는 경금일주가 자월의 수왕절에 태어나 金水傷官格에 喜見官星하여 火가 용신에 목은 용신인 화를 생하는 희신이고 수는 화를 상해하는 병신에 土는 수를 제거하는 약신이 된다.

癸大運에 傷官(자식)이 되는데 辛酉年에 상관을 생하니 성혼하고 壬戌年에 상관과 약신을 도우니 장녀를 낳고 酉運에 상관을 생하는데 甲子年에 용신을 생하고 상관이 되니 차녀를 낳고 壬大運은 식신(자식)이 되는데 戊辰年에 약신을 도우니 득남하였다.

*. 壬大運에는 食神이 되어 官星(夫君)을 克하는데 壬大運戊辰年에 天干에는 壬丙丙克과 甲戊克하고 地支는 辰戌戌冲과 子午冲하니 夫喪을 당하였다. 이는 官殺이 太多하고 관성인 오화가 子午冲하고 庚戌이 魁罡殺인 연고다.

*. 未運現在 木이 길신이니 화장품업체 종업원이다.

1956년생(여명) 식신생재

乙 庚 辛 丙
酉 子 丑 申

78 68 58 48 38 28 18 08
癸 甲 乙 丙 丁 戊 己 庚
巳 午 未 申 酉 戌 亥 子

이 명조는 경금이 축월의 토왕하고 한습한 계절에 태어나 調候(조후)하는 丙火(병화)가 用神(용신)인 듯하지만 네 개의 金(금)과 이를 생하는 丑土(축토)가 있으므로 身(신)이 태왕하다. 따라서 泄氣(설기)하는 수가 용신에 태왕한 금은 희신이 아니라 오히려 병신이 되고 火(화)는 금을 제거하는 약신이 된다. 용신인 수를 극하는 土(토) 또한 병신에 乙木(을목)은 약신이 된다.

교육과 관련이 되는 傷官(상관)이 용신이니 유아교육학을 전공하였다. 亥(해)(자식)運(운)에 용신을 도와서 길한데 壬戌年(임술년)에 壬水(임수)(자식)는 용신을 돕고 丑戌刑(축술형)이 되니 성혼하고 癸亥年(계해년) 상관(자식)인 용신을 도우니 여식을 얻고 甲子年(갑자년)에 약신과 용신인 수(자식)를 도우니 득남하였다.

丁大運(정대운)에 약신을 도와서 병신인 금을 제거하니 용신이 생기를 얻어 길한데 乙亥年(을해년)에 약신과 용신을 도우니 유치원건물을 짓고 경영해서 酉運 己卯年까지 대길하였다. 그러나 酉運에 태왕한 庚金의 羊刃이 되어서 흉한데 기묘년에 양인을 卯酉酉爭冲하니 여식을 잃었다. 이는 太旺한 金에 傷官(자식)인 水가 濁해진 연고다. 유대운에 태왕한 금을 도와서 흉한데 庚辰·辛巳年에 庚辛金과 巳酉丑金이 또 태왕한 금을 도우고 진토는 申子辰水 즉 용신을 합거하니 흉한데 이때 유치원을 정리하여 빚잔치를 하였다. 이는 群比爭財하고 태왕한 금에 용신인 水가 濁해진 연고다. 이때 사회공포증과 뇌가 마비되고 우울증과 허언증(헛소리)이 생겼다. 이는 태왕한 금에 목(머리)이 傷하고 흉신인 금으로 인하여 虛言症이 온 것이다.

*. 丁大運에 관봉관운(남편 있는 여자사주에 남편운을 만남)이 되는데 병자년에 상관이 관성(남편)을 극하니 남편이 실직되었다.

*. 병대운에 관봉관운이 되니 부부가 별거중이다.

1958년생(여명) 신왕용재

甲 庚 乙 戊
申 寅 丑 戌

71 61 51 41 31 21 11 01
丁 戊 己 庚 辛 壬 癸 甲
巳 午 未 申 酉 戌 亥 子

이 명조 경금일주가 축월의 토왕절에 태어나 三土(삼토)가 생금하고 時支(시지)의 申金(신금)이 일주를 도우니 신왕사주 중에 많은 토가 흠이 된다. 土(토)를 제거하는 木(목)이 용신에 수는 희신이고 목을 극상하는 금이 병신에 火運(화운)은 金(금)을 제거하는 약신이 된다.

壬運(임운)에 식신(자식)이 되는데 辛酉年(신유년)에 식신을 생하니 성혼하고 壬戌(임술)년에 식신을 도우니 得男(득남)하였다.

酉運(유운)에 병신인 申金(신금)을 도와 군비쟁관하는데 丁丑年(정축년)에 관봉관운에 왕토를 도우니 부부가 別居(별거)에 들어갔다. 부부가 별거는 일지가 부부궁인데 寅申冲(인신충)된 연고다.

庚運(경운)에 화가 길신에 경금이 갑목을 冲發(충발)한 火(화)가 약신이 되는데 이때 호프집을 자영하여 득재하였다. 호프집은 水(수)가 길신인 연고다.

10.8 辛 金

1957년생 살인상생

戊 辛 壬 丁
子 亥 寅 酉

72 62 52 42 32 22 12 02
甲 乙 丙 丁 戊 己 庚 辛
午 未 申 酉 戌 亥 子 丑

이 명조는 辛金日主(신금일주)가 寅月(인월)의 재왕절에 태어나 三水(삼수)가 설기하고 정화의 관성이 있으니 신약하다. 寅(인)에 長生(장생)한 戊土(무토)가 용신에 丁火(정화)는 희신이고 木(목)이 병신에 酉金(유금)은 약신이 된다.

*. 辛金(신금)이 懸針星(현침성)이고 亥水(해수)가 천문에 속하므로 活人方(활인방)인 藥師(약사)다.

1963년생(여명) 재다신약

丙 辛 甲 癸
申 卯 寅 卯

76 66 56 46 36 26 16 06
壬 辛 庚 己 戊 丁 丙 乙
戌 酉 申 未 午 巳 辰 卯

이 명조는 辛金日主가 인월의 재왕절에 태어나 四木이 있고 癸水가 生木하며 병화의 관성이 있으니 財多身弱에 의지처는 申金이다. 신금이 용신에 土運은 희신이고 丙火가 병신에 水는 약신이다.

丁大運에 官星(남편)運이 되는데 戊辰年에 용신을 생하니 결혼하고 己巳年에 忌神인 甲木을 合去하고 寅巳申三刑하니 병원에서 수술해서 아들을 낳고 巳運에 관성을 돕고 寅巳申三刑이 되는데 癸酉年에 용신을 도우니 병원에서 수술해서 여식을 낳았다. 巳運은 관봉관운이 되어 길운이 아닌데 丙子年에 桃花年이 되고 용신을 申子合去하니 離婚하였다.

*. 水가 길신이니 酒店이고 재다신약이니 自營한다.

1953년생 기명종재격

己 辛 乙 癸
亥 未 卯 巳

75 65 55 45 35 25 15 05
丁 戊 己 庚 辛 壬 癸 甲
未 申 酉 戌 亥 子 丑 寅

이 명조는 辛金日主(신금일주)가 묘월의 재성이 왕한 계절에 태어나 亥卯未木局(해묘미목국)을 이루고 癸水(계수)가 일주의 氣(기)를 설기하여 재성을 생하니 재성이 태왕하다. 시상의 己土(기토)는 亥卯未木局(해묘미목국)위에 있으니 氣(기)가 태약하여 일주에게 도움이 안 된다. 그리고 年支(년지)의 사화는 일간을 극하고 있다. 따라서 陰干(음간)에 太弱(태약)을 면하지 못한 辛(신)금은 재성을 따를 수밖에 없다. 즉 棄命從財格(기명종재격)에 從(종)하는 오행인 木(목)이 용신에 수는 희신이고 금운은 병신이 되고 火(화)는 그 병을 제거하는 약신이다.

초년 木水運(목수운)에 용신을 도우고 생하니 유목한 가정에서 태어나 명문대 工大(공대)(火(화)가 길신)에 입학하고 丑大運(축대운)간은 이미 버린 나를 生(생)하는 운이 되어 棄命從財格(기명종재격)이 棄命從財格(기명종재격)이 아닌 운이 되니 노이로제증세로 辛苦(신고)하였다. 대체적으로 四柱八字(사주팔자)에서 지지가 冲(충)하는 운이 되면 쉽게 표현해서 지진이 일어나는 형국과 같으니 노이로제 등으로 自己 통제가 잘 안 되는 현상이 일어나는 경우가 많다. 壬大運에 용신인 재성(처)을 생하여 길한데 戊午年에 官星(자식)桃花年이 되니 성혼하고 己未年에 득남하고 辛酉年에 딸을 얻었다. 壬子·辛亥大運에 용신을 생하니 길하여 자동차부품회사를 자영하여 得財하였다. 자동차부품회사는 약신인 火가 경공업에 해당하기 때문이다. 庚大運은 병신이 되어 용신을 극하니 凶한데 丁丑年에 또 버렸던 일주를 生하고 亥卯未三合의 未土를 冲하여 三合을 깨트려버리니 공교롭게도 IMF를 맞고 戊寅年에 事業體를 임대주고는 사업을 접었다.

1946년생 신왕용재. 뇌졸중

戊 辛 辛 丙
戌 卯 卯 戌

76 66 56 46 36 26 16 06
己 戊 丁 丙 乙 甲 癸 壬
亥 戌 酉 申 未 午 巳 辰

이 명조는 辛金日主가 묘월의 재성이 왕한 계절에 태어나 雙卯의 재성과 병화의 관성이 있지만 월상의 辛金이 일주를 돕고 三土

가 일주를 생하니 약이 반왕하여 신왕한 사주중에 많은 印星이 흠이 된다. 인성인 토를 제거하는 木이 용신이고 水運은 용신인 목을 생하는 희신이다. 금은 용신인 목을 극하는 병신에 화는 병신인 금을 제거하는 藥神이다.

*. 年上에 병화가 吉神官星이고 月支의 묘목이 길신이니 부모덕이 있고 상속받은 財産(100억원)도 있다.

*. 食傷인 水가 길신이니 교사출신이다.

*. 丙運은 길하지만 癸酉年에 용신인 재성(처)을 충하니 부인과 死別하고, 丁大運 壬午年에 藥神官星(자식)이 되니 재혼하고 이때 함께 온 女息이 둘이다.

*. 丁大運은 吉하지만 乙酉年에 병신인 金을 도와 乙辛沖과 卯酉爭沖을 하니 노졸증이 왔다. 노졸증은 乙卯木(머리)과 辛酉金이 沖된 緣故다.

*. 酉運에 용신인 卯木을 卯卯(재성=처)酉爭沖하여 흉한데 戊子年에 子水와 卯木이 子卯刑하니 離婚하고 위자료 20억원이 나갔다. 위자료는 辛辛酉金이 群比爭財한 연고다.

1952년생 관인상생격

癸 辛 甲 壬
巳 亥 辰 辰

71 61 51 41 31 21 11 01
壬 辛 庚 己 戊 丁 丙 乙
子 亥 戌 酉 申 未 午 巳

이 명조는 辛金日主가 辰月의 토왕절에 태어나 旺地이지만 三水의 食傷이 설기하고 갑목의 재성과 사화의 관성이 있으니 신약하다. 依支處는 토다. 토가 용신에 사화는 희신이고 갑목이 병신에 금운은 약신이 된다.

官印相生格이니 행정직 공무원이다. 丁火官星(자식)大運에 용신을 생하여 길한데 丙辰年에 丙火官星(자식)이 용신인 토를 생하고 진토는 용신인 토를 도우며 日干과 丙辛合하니 결혼하고 미대운에 용신을 도와서 길한데 丁巳年에 관성(자식)이 되니 장녀를 얻고, 기미년에 용신을 도우니 차녀를 얻고, 무운에 용신을 돕는데 임술년에 용신을 도우니 득남하였다. 申運에 약신이 되지만 申巳(자식)刑이 되고 丁卯年에 病神인 木을 도와서 用神인 土를 克하니 아들을 잃어버렸다. 己大運에 印星(문서)用神을 돕는데 癸酉年에 약신이 되니 득택하고, 丙子年(병자년)에 巳火官星(사화관성)(직업)이 透干(투간)하니 사무관으로 승진하였다. 경대운에 벽갑인화하여 길하지만 甲申年(갑신년) 寅月(인월)에 寅巳申(인사신) 三刑(삼형)과 寅申冲巳亥冲(인신충사해충)하고 用神(용신)인 辰土(진토)를 合去(합거)하니 퇴직하였다. 그해 酉月(유월)부터 음식물업을 자영하여 대길하다. 음식물업은 火(화)가 길신인 연고다.

1968년생 상관생재

己 辛 丙 戊
丑 亥 辰 申

78 68 58 48 38 28 18 08
甲 癸 壬 辛 庚 己 戊 丁
子 亥 戌 酉 申 未 午 巳

이 명조는 신금일주가 辰(진)월의 토왕절에 태어나 四土(사토)가 생금하고 申金(신금)이 일주를 도우니 身(신)이 태왕하다. 태왕한 者(자)는 식상으로 설기하여야함이 定石(정석)이다. 즉 설기하는 수가 용신에 금은 수를 생하는 희신이고 토는 용신인 水(수)를 극상하는 병신에 목운은 병신인 토를 제거하는 약신이 된다.

辛申(신신)이 현침성(활인방=의사 약사 간호사 종교가 명리가 등)이고 해수가 天門(천문)이니 巫堂(무당)이다.

未運(미운)에 병신을 도와서 용신인 水(수)를 克(극)하니 흉한데 癸未年(계미년)에도 인생상담차 온 고객을 상대로 혹세무민하여 금전을 갈취하다가 甲申(갑신) 年末(년말)에 사기죄로 징역3年(년)을 확정선고 받고 수감되었다.

*. 未大運(미대운) 甲申年(갑신년)에 상기 명조에게 금전적 정신적인 사기를 당한 여자고객이 본원에 와서 이 사람에 대해서 물었다. 본원 왈 未大運(미대운)은 용신인 水(수)를 克(극)하고 있는데 乙酉年(을유년)은 일지를 기준으로 판단할 때 災殺(재살)[80]이 되므로 구속될 거라고 말해주었다. 결과는 甲申年(갑신년) 丁丑月(정축월)에 사기죄로 징역3年(년)을 선고 받고 수감되었다고 했다.

80) 災殺(一名 囚獄殺)

年(日)支 基準	巳酉丑	申子辰	亥卯未	寅午戌	作　　用
災殺(재살)	卯	午	酉	子	송사, 납치, 감금등 신상의 구속. 경찰관, 형무관, 사법권 장악직이 적당

1929년생(여명) 신약인성위용

癸 辛 己 己
巳 巳 巳 巳

71 61 51 41 31 21 11 01
丁 丙 乙 甲 癸 壬 辛 庚
丑 子 亥 戌 酉 申 未 午

이 명조는 신금일주가 巳月의 화왕절에 태어나 四巳火의 관성이 극신하고 계수가 설기하니 身弱하고 燥熱하다. 의지처는 印星인 己土다. 즉 토가 身을 생하는 용신에 태왕한 화는 희신이 아니라 오히려 병신이 되고 癸水는 그 병을 제거하는 약신이고 木運은 용신을 극하는 또 하나의 病神에 金은 또 하나의 약신이 된다.

辛金이 현침성이니 간호사 출신이다. 申大運 丙申年에 食傷(자식)을 生하여 길하므로 결혼하였다. 申癸酉大運은 약신을 도와서 길하므로 부군이 운수업으로 성공하였다. 夫君의 운수업은 巳火(관성=부군)가 地殺인 연고다. 甲大運에 용신인 기토를 합거하여 흉한데 壬子年에 傷官이 官星(남편)을 극하니 夫喪을 당하였다. 戌運은 왕화가 入墓하므로 길운이 아닌데 이때 家長으로서 辛苦하였다. 북방수운동안은 藥神食傷(자식)이 되니 자식들의 出身이 있어서 길하였다. 丁大運 辛巳年에 旺火官星을 도우니 흉한데 이때 유방암 수술을 하였다. 乳房癌은 土는 여명에서 子宮인데 子宮은 乳房과 관련이 있는 연고다. 癸未年에는 팔이 절단되는 사고가 있었다. 이는 己己巳巳巳巳가 曲脚殺인 연고다. 丁大運 말 甲申年에 甲木은 用神을 合去하고 申巳刑이 되니 去世하였다.

1949년생 식신생재

己 辛 己 己
亥 丑 巳 丑

72 62 52 42 32 22 12 02
辛 壬 癸 甲 乙 丙 丁 戊
酉 戌 亥 子 丑 寅 卯 辰

이 명조는 辛金日主가 巳月의 화왕절에 태어나서 五土가 生金하니 신이 태왕하고 조열하다. 태왕하고 조열하니 설기하는 亥水가 용신이고 金運은 희신이고 토가 병신에 목운은 약신이 된다.

食神生財格이니 경영학을 전공하였다. 寅運에 藥神이 되어 병신인 왕토를 疏土하니 용신이 생기를 얻어서 길한데 己未年에 日支를 冲動하니 성혼하여 득남하고, 乙運에 약신이 되어 길한데 庚申

년에 용신을 생하니 길하므로 次男(차남)을 얻었다.

*. 식신생재격에 水(수)가 길신이니 호텔을 경영한다. 水(수)에 속하는 직종에는 운수 유통 무역 서비스업이 있다.

1955년생(여명) 신약인성위용

癸 辛 壬 乙
巳 丑 午 未

80	70	60	50	40	30	20	10
庚	己	戊	丁	丙	乙	甲	癸
寅	丑	子	亥	戌	酉	申	未

이 명조는 辛金(신금)일주가 午月(오월)의 화왕절에 태어나 巳午未方合化火(사오미방합화화)하여 金(금)을 克(극)하고 을목의 재성과 계수의 설기가 있으니 身弱(신약)하고 燥熱(조열)하다. 의지처는 丑土(축토)뿐이다. 축토가 용신에 태왕한 화는 희신이 아니라 오히려 병신이 되고 癸水(계수)는 火(화)를 제거한 약신이 된다. 목은 용신인 축토를 극상하는 병신에 金運(금운)은 을목을 제거하는 또 하나의 藥神(약신)이 된다.

申運(신운)에 藥神(약신)이 되어 병신인 을목을 제거하니 용신인 축토가 생기를 얻어 길한데 庚申(경신)년에 또 약신이 되니 結婚(결혼)하고 癸亥年(계해년)에 藥神(약신)

食傷(자식)이 되니 제왕절개수술을 하여 得男하였다. 제왕절개수술은 토는 子宮인데 丑未冲된 연고이고 申巳刑이 된 연고다.

酉運에 약신이 되어 길한데 壬申年에 약신인 계수와 금을 도우니 得宅하였다.

酉大運 癸酉年에 자궁근종수술을 하였다. 자궁근종은 토는 자궁인데 丑未冲된 연고다.

1958년생 상관생재

壬 辛 戊 戊
辰 未 午 戌

75	65	55	45	35	25	15	05
丙	乙	甲	癸	壬	辛	庚	己
寅	丑	子	亥	戌	酉	申	未

이 명조는 辛金일주가 午月의 화왕절에 태어나 약지인데 五土가 생금하니 신이 태왕하고 조열하다. 태왕하고 조열하니 설기하는 壬水가 調候用神이고 금운은 수를 생하는 희신이고 토는 병신에 목운은 토를 제거하는 藥神이 된다.

초년 금대운에 용신인 수를 생하여 길한데 이때 金融業을 自營하여 大吉(대길)하였다. 戌運(술운)에 병신을 도와서 용신인 수를 극하니 이때 28억원의 損財(손재)를 보았다. 금융업은 身旺財弱(신왕재약)한 연고이고 自營(자영)은 傷官生財格(상관생재격)인 緣故(연고)다.

辛運(신운)에 용신을 생하여 길한데 癸亥年(계해년)에 용신을 도와서 財星(재성)(처)을 生(생)하니 성혼하고, 甲子年(갑자년)에 甲木(갑목)이 官星(관성)(자식)을 생하니 장녀를 두고 丙寅年(병인년)에 관성을 도우고 생하니 차녀를 두었다. 壬運(임운)에 용신을 도와서 길한데 壬申年(임신년)에 또 용신을 도우고 생하니 득남하였다.

水運(수운)들어 용신을 도와서 길한데 모래(금)골재업을 자영한다.

1957년생 신약비겁위용

辛 辛 丁 丁
卯 卯 未 酉

74 64 54 44 34 24 14 04
己 庚 辛 壬 癸 甲 乙 丙
亥 子 丑 寅 卯 辰 巳 午

이 명조는 辛金日主(신금일주)가 소서절에 태어나 燥土(조토)는 金(금)을 생할 수 없는데 雙丁火(쌍정화)의 극을 받고 雙卯財星(쌍묘재성)이 있으니 신약하고 조열하다. 의지처는 比劫(비겁)이다. 즉 金(금)이 용신에 습토운은 희신이 되고 화가 병신에 수운은 약신이 된다. 사주원국에서 丁辛冲(정신충) 丁辛冲(정신충)하고 지지에도 卯酉冲(묘유충)을 하니 불안정하다. 癸大運(계대운)에 약신이 되지만 천간에서 辛辛丁丁癸(신신정정계)의 五冲(오충)이 되고 癸酉年(계유년)에 지지에서 또 雙卯(쌍묘)와 雙酉(쌍유)의 四冲(사충)이 되니 누구에게 납치되었는지 집나간 후 소식이 끊겼다. 이는 年支(년지)를 기준으로 볼 때 卯卯(묘묘)가 災殺(재살)이 된 연고다. 그 이후 10年(년)동안 전혀 소식이 없었다. 10년동안 아들 걱정에 勞心焦思(노심초사)하시던 어머니께서 2003년 기미월(양력 7월 17일)에 본원에 와서 "아들의 生死與否(생사여부)만이라도 알려줄 수 있는가?" 라고 했다.

2003년 현재 47세 壬大運(임대운)인데 壬大運(임대운)의 壬水(임수)가 천간의 충이 되는 丁火(정화)를 合(합)해서 冲(충)을 구하고 癸未年(계미년)의 未土(미토)와 사주원국의 未土(미토)가 원국의 雙卯木(쌍묘목)과 2: 2로 合(합)하여 冲(충)을 구하여 길하니 아마 용신을 도우는 申月(신월)이나 酉月(유월)에 소식이 있으리라고 일러두고 잊어버리고 있었다.

그 후 2003년 辛酉月(신유월)(양력 9월 13일) 己未(기미)일에 어머니가 아들의 소식을 들었다. 팔십이 다된 어머니는 이미 돌아가신 줄 알고 四寸兄(사촌형)에게 연락이 왔는데, 그동안 中國(중국)에서 납치된 것이나 마찬가지 상태에서 있었기 때문에 소식을 전할 수 없었단다.

*. 命理學(명리학)에서 合(합)이 안정된 상태라면 충은 行止(행지)가 不定(부정)한 상태

라고 할 수 있다.

1983년생(여명) 식신생재격

己 辛 己 癸
丑 丑 未 亥

79 69 59 49 39 29 19 09
丁 丙 乙 甲 癸 壬 辛 庚
卯 寅 丑 子 亥 戌 酉 申

이 명조는 辛金(신금)일주가 未月(미월)의 토왕절에 태어나 五土(오토)가 생하고 있으니 身(신)이 태왕하다. 태왕한 자는 식상으로 설기하여야 한다. 즉 水(수)가 用神(용신)에 金運(금운)은 희신이고 토가 병신에 목운은 약신이 된다.

초년 금운은 희신이 되어 길한데 사범대를 졸업하였다. 이는 食神(식신)이 용신이 되는 자는 教育事業(교육사업)과 관련이 있기 때문이다. 壬運(임운)에 용신을 도와서 길한데 辛卯年(신묘년)에 처녀의 몸으로 임신을 했다. 이는 未(미)中(중)의 丁火(정화)가 남편이고 亥水(해수)는 傷官(상관)으로 자식이 되는데 亥未合(해미합)을 하는 연고이다. 壬辰年(임진년)에 낙태하였다. 이는 壬水(임수)는 辛金日主(신금일주)의 傷官(상관)으로서 子息(자식)이 되는데 辰(진)에 入墓(입묘)(무덤에 들어감)되기 때문이다.

1952년생(여명) 신왕용재

辛 辛 戊 壬
卯 卯 申 辰

72 62 52 42 32 22 12 02
庚 辛 壬 癸 甲 乙 丙 丁
子 丑 寅 卯 辰 巳 午 未

이 명조는 辛金日主(신금일주)가 申月(신월)의 금왕절에 태어나 二土(이토)가 生金(생금)하고 二金(이금)이 일주를 도우니 신왕하다. 신왕용재하여 木(목)이 용신에 水(수)는 희신이고 金(금)이 병신에 火(화)는 약신이다.

*. 火(화)가 길신이니 방송인이다.

*. 巳運(사운)에 申巳刑(신사형)에 土(토)는 자궁이 되는데 壬戌年(임술년)에 辰戌冲(진술충)하니 자궁근종수술을 받았다.

1968년생(여명) 식신생재

戊 辛 庚 戊
子 未 申 申

78 68 58 48 38 28 18 08
壬 癸 甲 乙 丙 丁 戊 己
子 丑 寅 卯 辰 巳 午 未

이 명조는 辛金日主(신금일주)가 三金(삼금)이 도우고 三土(삼토)가 생하니 身(신)이 태왕하다. 태왕한 자는 설기함을 기뻐한다. 즉 태왕한 금을 설기하는 水(수)가 용신에 태왕한 金(금)은 수를 濁(탁)하게 하므로 희신이 아니고 오히려 병신이 되는데 이때 火(화)는 약신이 된다. 土(토) 또한 용신인 수를 극하는 병신에 木運(목운)은 약신이 된다.

午運(오운)은 약신관성(남편)이 되어 길한데 임신년에 상관(자식)년이 되니 결혼하고 癸酉年(계유년)에 식신을 도우니 長男(장남)을 득하고 丁大運(정대운)에 약신관성이 되어 길한데 을해년에 乙木(을목)은 약신이 되고 해수는 상관(자식)용신이 되니 차남을 얻었다.

水(수)가 길신이니 바다건너 미국에서 수가 길신이니 술(酒(주))상회를 경영한다. 巳運(사운)에 경영하여 火運(화운)동안은 약신이 되어 평길하였고 辰運(진운)은 用神(용신)을 合去(합거)하니 길운이 아니다.

向後(향후) 목수운은 약신이되고 용신을 도와서 길하리라. 그러나 丑大運(축대운)은 용신을 克傷(극상)하여 흉하리라.

1939년생. 신왕용재

己 辛 癸 己
丑 亥 酉 卯

71 61 51 41 31 21 11 01
乙 丙 丁 戊 己 庚 辛 壬
丑 寅 卯 辰 巳 午 未 申

辛金日主(신금일주)가 금이 가장 왕성한 酉月(유월)에 태어나 三土(삼토)가 생금하니 신왕한 중에 많은 토가 흠이 된다. 따라서 흠을 제거하는 卯木(묘목)이 용신에 수는 용신을 생하는 희신이고 금이 병신에 화운은 약신이 된다. 食傷(식상)이 吉神(길신)이니 교육사업과 관련된 영어번역작업을 하고 있다. 초년 土金運(토금운)은 길운이 아니었다. 午運(오운)은 약신이 되어 병신인 금을 제거하니 용신인 목이 생기를 얻으니 길하였다. 己大運(기대운)은 왕신을 생하여 길운이 아니지만 庚戌年(경술년)에 戌中(술중)의 丁火(정화)가 官星(관성)(자식)이 되니 성혼하고 辛亥年(신해년)에 희신을 도우니 장남을 얻고 임자년에 喜神(희신)을 도우니 차남을 득하였다. 巳大運(사대운)은 역마와 지살이 巳亥冲(사해충)하니 東西(동서)(卯酉(묘유))南北(남북)(巳亥(사해))으로 바쁜 나날을 보냈다. 戊辰大運(무진대운)은 왕신을 생하여 길운이 아니었다. 丁大運(정대운)부터 木火運(목화운)은 용신과 약신을 도와 길하였다. 그러나 卯大運(묘대운)에 卯(묘)(재성=재산)酉(유)(비견=형제·친구)爭冲(쟁충)이 되니 친구에게 사업장을 빼앗기는 등의 財産的(재산적) 손실도 있었다.

향후 丑大運(축대운)은 왕금이 入墓(입묘)하므로 흉하다.

*. 金日主(금일주)가 너무 습하니 알코올중독증세가 있다. 즉 金(금)이 술독에 빠져있는 形局(형국)임.

*. 卯木(묘목)재성(처)을 卯酉冲(묘유충)하고 있으니 부인의 건강이 염려된다. 본인은 편두통과 근골통이 염려되고 巳月(사월)과 未月(미월)에 차조심이 요망됨.

1963년생 식신생재

癸 辛 辛 癸
巳 酉 酉 卯

73 63 53 43 33 23 13 03
癸 甲 乙 丙 丁 戊 己 庚
丑 寅 卯 辰 巳 午 未 申

이 명조는 신금일주가 酉月(유월)의 금왕절에 태어나 巳酉酉金(사유유금)과 월상의 辛金(신금)이 일주를 도우니 신이 태왕하다. 태왕한 자는 설기하여야 한다. 즉 설기하는 계수가 용신에 태왕한 금은 용신을 생하는 희신이 될 수 없을 뿐만 아니라 金多(금다)에 水濁(수탁)하므로 오히려 병신에 巳火(사화)는 병신인 금을 극하는 약신이 되고 토운은 용신인 수를 克傷(극상)하는 또 하나의 병신에 木은 토를 제거하는 또 하나의 약신이 된다.

오운에 병신이 되는 금을 제거하니 용신인 수가 생기를 얻어 獸醫學科를 전공하고 수의학과 교수다. 수의학은 토끼인 묘목이 길신이고 현침성인 연고이고 교수는 食神(교육)이 길신인 연고다.

午運에 藥神官星(자식)이 되어 길한데 辛未年에 卯未木合이 卯(처)酉沖을 救하니 卯木財星(처)이 생기를 얻어 결혼하고 癸酉年에 용신을 도우니 득남하였다. 丁大運에 藥神官星이 되는데 丙子年에 약신인 火官星(자식)을 돕고 용신인 水를 도우며 子水는 桃花星이 되니 여식을 얻었다.

巳運에 약신인 사화를 도와서 길할 것 같지만 巳巳酉酉合金하여 비겁이 되고 辛金이 또 비겁이 되니 群比爭財하므로 처가 가출해버렸다. 이는 酉酉가 忌神自刑이 되고 사주원국에서 묘목(재성=처)이 卯酉酉爭沖인 연고다.

*. 이 명조에서처럼 乾命에서 財星(처)이 沖이 되어 있는 명조는 生別이 아니면 死別 혹은 妻의 健康을 잃는 경우를 가끔 본다. 이 경우 妻의 命造에서 健康을 잃거나 死亡할 때가 아니라면 살기 위해서 離婚하거나 家出한다고 판단해도 된다.

1966년생. 신왕용재

乙 辛 戊 丙
未 酉 戌 午

74 64 54 44 34 24 14 04
丙 乙 甲 癸 壬 辛 庚 己
午 巳 辰 卯 寅 丑 子 亥

戌月의 토왕절에 태어나 辛金日主는 왕지인데 三土가 생하고 酉金이 도우고 있으니 신왕한 중에 많은 인성인 土가 흠이 된다. 土를 제거하는 乙木이 용신에 수운은 희신이고 금이 병신에 화는 약신이 된다. 火가 길신이니 工學을 전공하고 辛運 癸酉年(양력 8월 29일)에 辛이 官星(자식)인 丙火를 合해오고 酉는 日支伏吟되고 癸水는 戊土와 合하여 官星(자식)이 되니 성혼하고 癸酉年(양력 11월 26일)生 장녀를 얻고 壬大運에 희신이 되어 길한데 己卯年은 년주를 기준으로 도화가 되어 冲하고 용신을 도우니 차녀를 두었다. 지난 辛丑大運은 기신을 도우니 흉하였고 壬運 이후는 길신을 도우니 경공업에 종사하여 다복하였다. 향후 수목화운은 길하지만 辰運에 旺土를 충발하면 흉하리라.

*. 任娠을 한 후에 결혼식을 한 것은 년상의 관성(자식)이 일간과

합을 이룬 命造(명조)이기 때문이다.

*. 總角(총각)이 子息(자식)을 얻는 경우

①. 日支(일지)의 地藏干(지장간)에 재성(처)과 관성(자식)이 함께 있는 자

②. 日支(일지)에 있는 재성이 관성과 합한 자

③. 日支(일지)에 있는 관성이 재성과 합한 자

④. 財星(재성)과 官星(관성)이 각각이라도 日主(일주)와 합한 자

*. 두 자녀를 둔 것은 官星(관성)이 火(화)에 속하기 때문이다.

*. 吉神(길신) 桃花星(도화성)이 있으니 美男(미남)이다.

1954년생 신왕용재

壬 辛 甲 甲
辰 酉 戌 午

73 63 53 43 33 23 13 03
壬 辛 庚 己 戊 丁 丙 乙
午 巳 辰 卯 寅 丑 子 亥

이 명조는 辛金日主(신금일주)가 戌月(술월)의 토왕절에 태어나 辰·戌土(진술토)가 生金(생금)하고 酉金(유금)이 일주를 도우니 신왕한 중에 旺土(왕토)가 흠이다. 흠을 제거하는 木(목)이 용신에 수는 목을 생하는 희신이고 酉金(유금)은 목을 상해하

는 병신이 되고 火는 병신인 금을 제거하는 약신이다.

丁大運에 약신을 도와서 병신인 유금을 제거하니 용신인 甲木財星이 생기를 얻으니 商街建物 등의 부동산업으로 득재하였다. 商街建物 등의 부동산은 木(건물)이 길신인 연고다. 戊運에 왕토를 도와서 흉한데 己巳年에 用神인 甲·甲木(재성=어버지)과 己土가 甲甲己爭合化土(인성=어머니)하여 흉신인 왕토를 도우니 父母님이 차 사고를 당하여 별세하였다. 戊運末 庚午年에 火가 길신인데 劈甲引火하니 부모재산상속과 부동산업(팬션, 매매 등)으로 160여억원의 財産增殖이 있었다.

*. 재성이 길신인 명조에서 年柱(조상자리)에 재성이 있으면 반드시 상속받을 父母財産이 있다.

1966년생(여명) 금수상관격에 희견관성

戊 辛 己 丙
戊 巳 亥 午

74 64 54 44 34 24 14 04
辛 壬 癸 甲 乙 丙 丁 戊
卯 辰 巳 午 未 申 酉 戌

이 명조는 辛金日主가 亥月의 수왕절에 태어나 설기가 甚한데 三火의 관성이 있으니 身弱한 金水傷官格이다. 금수상관격에 희견관성하여 火가 용신에 목운은 희신이고 수가 병신에 토는 약신이 된다.

丁大運은 용신을 도와서 길했으나 酉大運은 용신인 火의 死地가 되니 길운이 아니므로 대학진학을 포기하였다. 酉運은 길운이 아니지만 병인년에 관성용신을 도우니 正官이 길신이므로 행정직공무원이 되었다. 酉大運 말 己巳年에 官星(남편)用神을 도우니 成婚과 동시에 집을 사고 己巳年은 辛金日主와 같은 陰干해이므로 同性인 女息을 얻었다. 丙大運에 용신을 도와서 길한데 壬申年의 壬水는 辛金日主의 상관(자식)이 되고 辛金日主와는 다른 양간해이므로 아들을 얻었다. 申大運에 病神을 생하여 흉한데 병자년에 용신의 근인 午火官星(직장)을 子午冲하니 행정공무원을 퇴직하였다. 申運 丙子·丁丑年에 신금은 병신을 생하고 巳亥冲과 子午冲하고 丑戌刑이 되니 흉한데 이때 카센터 세차장을 경영하여 失敗하였다.

1958년생(여명) 신약한 금수상관격

己 辛 癸 戊

亥 卯 亥 戌

71 61 51 41 31 21 11 01

乙 丙 丁 戊 己 庚 辛 壬

卯 辰 巳 午 未 申 酉 戌

이 명조는 辛金日主(신금일주)가 亥月(해월)의 수왕절에 태어나 三水(삼수)가 설기하고 묘목의 재성이 있으니 身弱(신약)한 金水傷官格(금수상관격)이다. 의지처인 土(토)가 왕수를 제거하고 약한 신을 생하는 용신에 화운은 용신을 생하는 희신이고 木(목)은 土(토)를 克傷(극상)하는 병신에 금운은 목을 제거하는 약신이 된다.

庚申大運(경신대운) 庚申年(경신년)에 약신이 되어 병신인 목을 제거하니 용신인 토가 생기를 얻고 日支卯(일지묘)와 卯申暗合(묘신암합)하니 成婚(성혼)하고 壬戌年(임술년)에 상관(자식)이 되고 용신을 도우니 여식을 얻었다. 癸亥年(계해년)에 식신(자식)이 되니 아들을 낳고 乙丑年(을축년)에 용신을 도우니 차남을 얻었다.

己運(기운)은 용신을 도와서 다복한 가정이었다. 未運(미운)은 亥卯未木(해묘미목)의 병신이 용신인 토를 극하여 흉한데 甲戌年(갑술년)에 용신의 根(근)인 戌(술)이 戌未刑(술미형)과 官星(관성)(남편)인 火(화)가 戌(술)에 再入墓(재입묘)하니 부군과 사별하였다.

1953년생 신약한 금수상관격

戊 辛 甲 癸
子 酉 子 巳

80 70 60 50 40 30 20 10
丙 丁 戊 己 庚 辛 壬 癸
辰 巳 午 未 申 酉 戌 亥

이 명조는 辛金日主(신금일주)가 자월의 식신월에 태어나 三水(삼수)가 설기하고 甲木(갑목)의 재성이 있으니 무토가 생금하고 유금이 일주를 도우고 있지만 신약하고 한습하다. 금수식신에 희견관성하여 巳火(사화)가 調候用神(조후용신)에 갑목은 용신을 생하는 희신이 되고 수는 용신을 상해하는 병신에 戊土(무토)는 병신인 水(수)를 제거하는 약신이 된다.

子大運(자대운)에 약한 신금을 심하게 설기하니 기관지천식으로 신고했다. 기관지천식은 辛金(신금)은 肺(폐)가 되는데 약한 신금이 왕수에 설기된 연고다.

癸運(계운)은 병신인 수를 도와서 용신을 상해하니 흉한데 甲木財星(갑목재성)(아버지)은 浮木(부목)되고 壬寅年(임인년)에 寅巳刑(인사형)을 하니 父喪(부상)을 당했다.

戌運(술운)에 약신을 도와서 길한데 기미년에 또 약신을 도와 병신인 수를 제거하니 용신인 巳火(사화)가 생기를 얻으니 성혼하고 경신년에 경금이 甲木을 冲發한 화가 火官星(자식)을 도우니 여식을 얻었다. 辛大運 甲子年에 甲木이 희신을 도와 용신인 火(관성=자식)를 생하니 차녀를 얻고 酉大運 運丁卯年에 용신인 火를 생하니 셋째 여식을 얻었다.

酉大運에 巳火(자식)用神이 死地에 들어 흉한데 戊辰年에 子子辰水病神이 용신을 극하니 長女息을 잃었다. 이는 男命에서 자식은 관성이 되는데 旺한 식상이 관성을 극한 연고다. 己大運은 약신을 도와서 길할 것 같지만 己土가 甲木財星(처)을 合去하니 부부가 이혼을 했다.

1958년생(여명) 금수상관격에 희견관성

壬 辛 甲 戊
辰 巳 子 戌

78 68 58 48 38 28 18 08
丙 丁 戊 己 庚 辛 壬 癸
辰 巳 午 未 申 酉 戌 亥

이 명조는 辛金日主가 자월의 수왕절에 태어나 戊·戌土와 辰土가 생하고 있지만 辰土는 子辰水에 壬水가 투간하고 갑목의 재성이 旺水의 生을 받고 있으니 한습하고 신약하다. 身弱한 金水食神

格(격)에 조후가 시급하다. 금수식상격에 관성인 화를 만나기를 기뻐하니 巳火(사화)가 용신에 갑목은 희신이 되고 수가 병신에 土(토)는 약신이 된다.

初年(초년) 수운은 병신인 수를 도와서 길운이 아니다. 戌運(술운)에 약신을 도와 水(수)를 제거하니 용신인 巳火(사화)가 생기를 얻어서 길한데 甲子年(갑자년)에 갑목은 희신을 도와서 용신인 火(화)를 생하고 자수는 食神(식신)(자식)을 도우니 성혼하였다. 乙丑年(을축년)에 희신과 약신을 돕는데 辛金日主(신금일주)도 陰干(음간)이고 乙木(을목)도 陰干(음간)에 음과 음은 동성이니 여식을 두고 辛運(신운)은 병신을 생하여 흉한데 丁卯年(정묘년)의 丁(정)은 용신을 돕고 卯(묘)는 희신을 돕는데 辛金日主(신금일주)와 丁卯(정묘)는 같은 陰(음)에 속하니 동성인 두 번째 여식을 두었다. 酉運(유운)에 용신인 巳火官星(사화관성)(남편)을 합거하여 길운이 아닌데 癸酉年(계유년)에 용신인 巳火(사화)(남편)는 死地(사지)에 들고 群比爭官(군비쟁관)하니 부부가 이혼을 하였다. 이는 좌하에 관성이 용신으로서 길하지만 年柱(년주)를 기준으로 보면 空亡(공망)인 연고다.

庚大運(경대운)에 화가 길신에 벽갑인정하여 길하니 乙亥年(을해년)에 득택하였다. 申運(신운)은 申子水(신자수)가 병신을 도와서 길운이 아닌데 上(상)(庚金大運(경금대운))下(하)(己土大運(기토대운))가 길운이니 무흠하였다. 기운 이후 약신을 도우니 경영하는 음식점이 繁昌(번창)하고 있다.

向後(향후) 화토운은 용신을 도우고 약신을 도와서 길하리라.

*. 健康(건강)은 신금일주가 물통(자진과 임수)와에 빠져 있는 형국이니 알콜중독 症勢(증세)가 있기 쉽다.

1962년생(여명) 신약한 금수식신격에 희견인성

癸 辛 壬 壬
巳 丑 子 寅

78 68 58 48 38 28 18 08
甲 乙 丙 丁 戊 己 庚 辛
辰 巳 午 未 申 酉 戌 亥

이 명조는 辛金日主(신금일주)가 자월의 수왕절에 네 개의 食傷(식상)이 설기하고 인목의 재성과 사화의 관성이 있으니 극설이 겹쳐서 身(신)이 태약한다. 의지처는 丑土(축토)뿐이다. 丑土(축토)가 용신에 巳火(사화)는 희신이고 인목이 병신에 금운은 藥神(약신)이 된다.

술운에 용신을 도와서 식상을 제거하니 日主(일주)와 喜神(희신)이 생기를 얻는데 이때 正官(정관)인 巳火(사화)가 희신이니 行政學(행정학)을 전공했다. 戌運(술운) 丙寅年(병인년)에 官星(관성)(남편)인 喜神(희신)을 도우니 성혼하고 丁卯年(정묘년)에는 辛金日主(신금일주)와 같은 陰干(음간)의 해이니 同性(동성)인 딸을 얻고 己大運(기대운) 庚午年(경오년)에 用神(용신)

과 藥神(약신)과 喜神(희신)을 돕는데 庚午年(경오년)은 陰干(음간)인 辛金(신금)과 다른 陽干(양간)의 해이니 異性(이성)인 아들을 얻었다. 酉運(유운)에는 약신이 되어 병신인 木(목)을 제거하니 용신이 생기를 얻어 길한데 甲戌(갑술)년에 寅戌火(인술화)가 희신관성(직업)을 도우니 행정직공무원이 되었다. 戊運(무운)에 용신을 도와서 길하지만 庚辰年(경진년)에 子辰旺水(자진왕수)의 食傷(식상)이 官星(관성)(남편)을 극하니 부부가 이혼하였다.

*. 금수상관격에 희견관성이란 말은, 官星(관성)을 감당할 수 있도록 어느 정도 比劫(비겁)과 印星(인성)의 도움이 있는 후에 관성을 기뻐한다는 말이다. 이 명조처럼 太弱(태약)한 命造(명조)는 依支處(의지처)인 印星(인성)이 용신일 수밖에 없다.

1957년생(여명) 신왕용재

甲 辛 癸 丁
午 丑 丑 酉

74 64 54 44 34 24 14 04
辛 庚 己 戊 丁 丙 乙 甲
酉 申 未 午 巳 辰 卯 寅

이 명조는 辛金日主(신금일주)가 축월의 토왕절에 태어나 雙丑土(쌍축토)가 생금하고 酉金(유금)이 일주를 도우니 신왕한중에 인성인 土(토)가 흠이 된다. 토를 제거하는 甲木(갑목)이 용신에 계수는 희신이고 금이 병신에 오화는 약신이 된다.

卯運(묘운)에 용신을 도와서 官星(관성)(남편)을 生(생)하는데 戊午年(무오년)에 관성도화를 도우니 성혼하고 己未年(기미년)에 장녀를 두고 丙運(병운)에 관성약신을 돕는데 辛酉年(신유년)에 차녀를 두었다.

辰運(진운)에 旺身(왕신)을 生(생)하여 흉한데 庚午年(경오년)에 용신인 갑목을 충하고 官逢官運(관봉관운)이 되니 부부가 이혼을 하였다. 巳運(사운)에 藥神官星(약신관성)(남편)을 돕는데 丙子年(병자년)에 桃花官星(도화관성)을 冲動(충동)하니 재혼하였다.

午運(오운)에 관봉관운이 되어 가내에 근심이 있겠는데 乙酉年(을유년)에 관성(남편)인 화가 死地(사지)에 드니 부군이 뇌졸중으로 신고하다.

午運(오운)에 관봉관운이 되어 길함이 적은데 戊子年(무자년)에 子水食神(자수식신)이 도화관성을 子午冲(자오충)하니 부부가 이혼하고 위자료로 이십억원을 받았다. 그리고 그해 子月(자월)에 도화관성을 충하니 또 남자를 만났다.

己大運(기대운)에 용신인 甲木財星(갑목재성)을 합거하니 흉한데 빌려준 돈 2억5천만원을 받기 어려운 處地(처지)에 놓여있다.

*. 吉神桃花(길신도화)가 있는 명조는 미인이고 이성으로부터 금전적 도움을 받는다.

1930년생. 상관생재격

己 辛 己 庚
亥 酉 丑 午

80 70 60 50 40 30 20 10
丁 丙 乙 甲 癸 壬 辛 庚
酉 申 未 午 巳 辰 卯 寅

이 명조는 辛金日主가 축월의 토왕절에 태어나 三土가 생금하고 庚·酉金이 일주를 도우고 있으니 신이 태왕하다. 태왕한 자는 설기함을 기뻐한다. 즉 泄氣하는 水가 용신에 金이 많으면 수가 濁하게 되니 금은 희신이 되는 것이 아니고 오히려 病神 되는데 이때 火는 금을 제거하는 약신이 된다. 또 土는 용신을 극하는 병신이 되는데 木運은 토를 제거하는 또 하나의 약신 된다. 용신인 亥水가 日支酉를 기준으로 하면 驛馬殺이므로 철도청에서, 身旺財弱하니 경리국장직을 午運己巳年에 用神을 冲하니 퇴직하였다. 乙大運에 왕토를 극하니 용신인 해수가 살아나는데 이때 보험대리점을 자영했다. 未大運은 丑未冲發한 旺土가 용신인 水를 극하니 閑人이 되었다. 丙運은 약신인 火를 도와 길하지만 癸未年에 용신을 亥未木으로 合去하고 金이 太旺하니 자전거에 부딪쳐서 土가 太旺하니 땅에 넘어진 후 식물인간이 되었다. 丙大運(병대운) 甲申年(갑신년)에 旺金(왕금)을 도와 濁(탁)한 水用神(수용신)을 더 濁(탁)하게 하니 去世(거세)하였다. 時支(시지)의 亥水(해수)가 子食宮(자식궁)인데 年柱(년주)인 庚午(경오)를 기준으로 하면 庚午(경오) 辛未(신미) 壬申(임신) 癸酉(계유) 甲戌(갑술) 乙亥(을해)에서 甲(갑)과 乙(을)의 地支(지지)가 되는 戌亥(술해)가 공망이니 所生子息(소생자식)이 없다.

1945년생 신왕용재

庚 辛 己 乙
寅 卯 丑 酉

74 64 54 44 34 24 14 04
辛 壬 癸 甲 乙 丙 丁 戊
巳 午 未 申 酉 戌 亥 子

이 명조는 辛金日主(신금일주)가 축월의 토왕절에 태어나 二土(이토)가 생금하고 二金(이금)이 도우고 있으니 신왕하다. 身旺用財(신왕용재)하여 木(목)이 용신에 水(수)는 희신이고 金(금)이 병신에 寅中(인중)의 火(화)는 약신이다.

丙運(병운)에 藥神官星(약신관성)(자식)이 되는데 壬子年(임자년)에 도화성이 財星(재성)(처)을 生(생)하니 성혼하고 癸丑年(계축년)에 장남을 두고 戌運(술운)에 寅戌火藥神官星(인술화약신관성)(자식)이 되어 길한데 乙卯年(을묘년)에 용신을 도와서 관성을 생하니 차남을 두었다.

甲大運에 庚金이 甲木財星(처)을 冲하는데 己巳年 辛未月에 寅(처)巳刑과 丑未冲하니 卯(처)酉冲이 되는데 이때 부인이 난소제거수술을 하였다.

*. 卯木이 현침성이니 침치료사다.

10.9 壬 水

1957년생 신약인성위용

丙 壬 壬 丁
午 子 寅 酉

72 62 52 42 32 22 12 02
甲 乙 丙 丁 戊 己 庚 辛
午 未 申 酉 戌 亥 子 丑

寅月의 목왕절에 태어나 임수는 泄氣가 태심하다. 壬子水가 도우고 酉金이 생수하여 내편이 모두 넷이고 상대편도 넷이니 수적으로는 같지만 사주팔자에서 30% 이상의 영향력이 있는 月支인 寅木과 三火가 相對便에 있으니 신약함을 면하지 못한다. 즉 身弱한 水木食神格에 印星이 용신에 관성운은 희신이 되고 재성이 병신에 비겁이 약신이 된다. 財多身弱이니 商高를 졸업하고 己大運에 吉神官星(직장)년이 되는데 庚申년에 용신인 印星(문서)을 도우니 국세청에 입사하였다. 亥運에 약신을 도와 길한데 甲子年에 桃花星인 오화를 爭冲動하니 성혼하고 乙丑年에 관성(자식)년이 되니 득남하고

丁卯年에 丁壬合木(다음지합)과 年支의 桃花를 충하니 차남을 득하였다. 戊大運의 관운을 만나니 직장에 변동이 있을 조짐인데 壬申年에 화가 흉신인데 見水顯節되어 凶한데 월지를 포함하여 四冲을 하니 퇴직되었다. 戌運은 寅午戌火가 병신을 도우고 丁運 또한 병신을 도우니 길함이 적었다. 財星이 흉신인데 특히 丁大運 己卯年에 用神을 포함하여 四冲이 되니 父喪을 당하고, 壬午年에 재성을 쟁충하니 손재가 있었다. 酉大運은 용신을 도우니 길하였고 丙運은 흉신인 재성을 도와 길함이 적었다.

向後 신대운은 용신을 도와서 길하겠으나, 寅申刑과 四冲이 되는 이것을 대비하여야 한다. 을운 이후는 길운이 아니다.

1956년생(여명) 신왕용재

癸 壬 庚 丙
卯 子 寅 申

74	64	54	44	34	24	14	04
壬	癸	甲	乙	丙	丁	戊	己
午	未	申	酉	戌	亥	子	丑

이 명조는 壬水日主가 寅月의 식신월에 태어나 약지이지만 庚·申金이 생하고 癸·子水가 일주를 도우니 오히려 신왕한 사주로 바뀌

었고 한습하다. 丙火(병화)가 조후하는 용신이고 목은 희신이며 수가 병신에 토운은 藥神(약신)이 된다.

戊大運(무대운) 癸丑年(계축년)에 財星(재성)(아버지)인 丙火(병화)가 戊·丑土(무축토)에 泄氣(설기)되니 父喪(부상)을 당하였다. 이는 丙火(병화)의 根(근)인 寅木(인목)이 寅申冲(인신충)을 당한 연고다. 子大運(자대운)은 병신을 도와 길운이 아니기 때문에 대학진학을 포기했다.

亥大運(해대운)에 寅亥木(인해목)이 식상(자식)을 도와 길한데 甲子年(갑자년)에 火用神(화용신)에 庚金(경금)이 甲木(갑목)을 작파생화하니 성혼을 하고 을축년에 食神(식신)을 돕고 관성(남편)년이 되니 長女(장녀)를 두고 丁卯年(정묘년)에 용신을 도우고 食傷(식상)을 도우니 次女(차녀)를 두었다.

丙戌大運(병술대운)에 재성용신을 도우고 약신을 도우니 길한데 庚午年(경오년)부터 화가 용신이니 음식물업체에 취직하고 득재하였다. 戌運(술운)은 藥神(약신)을 도와서 길하지만 女命(여명)에 관봉관운이 되니 가정에 금심이 있겠는데, 丙子年(병자년)에 병신인 비겁을 도우니 群比爭官(군비쟁관)하여 이혼하였다. 乙大運(을대운)은 용신을 생하여 길하지만 庚辰年(경진년)에 病神(병신)을 생하여 群比爭財(군비쟁재)하니 損財(손재)를 보고 흉신인 印星(인성)(어머니)인 申金(신금)을 돕고 申辰合去(신진합거)하니 母喪(모상)을 당하였다. 辛巳年(신사년)부터 식당을 자영하고 있다.

*. 부부이혼은 寅中(인중)의 戊土(무토)가 夫君(부군)인데 寅申冲(인신충)이 되고 坐下(좌하)에

比劫인 있는 연고다.

1963년생 신약한 수목상관격

辛 壬 乙 癸
丑 申 卯 卯

78 68 58 48 38 28 18 08
丁 戊 己 庚 辛 壬 癸 甲
未 申 酉 戌 亥 子 丑 寅

이 명조는 壬水日主가 卯月의 목왕한 계절에 태어나 三木이 설기하고 丑土의 관성이 신을 극하니 신약한 수목상관격이다. 金이 用神에 土는 희신이 되고 火運이 병신에 水는 약신이 된다. 사주원국에 목이 태왕한데 卯大運 甲辰年에 태왕한 木이 土를 극하니 소아마비 환자가 되었다. 소아마비는 胃經에 속하는데 왕목이 약한 土(胃)를 극한 연고다.

癸大運에 약신을 도우니 길하여 공대전자계산학과를 졸업했다. 축대운은 官運이 되고 傷官이 見官하니 방황기 였다. 壬大運에 약신을 도와서 길한데 印星이 용신이니 교과서관련회사에 入社하였다. 子大運 丙子年에 群比爭財(재성=父)하니 父喪을 당했다. 子大運

에 약신이 되어 길한데 丁丑(정축)년에 丁火(정화)가 日主(일주)와 丁壬合(정임합)하고 丑(축)은 관성(자식)이 되니 성혼하고 戊寅年(무인년)은 用神(용신)을 冲(충)하여 흉하지만 戊土(무토)가 관성(자식)이 되니 여식을 얻었다. 辛運(신운)에 용신을 도우고 갑신년에 또 용신을 도우니 得男(득남)하였다.

*. 토는 위에 해당한다. 辛運(신운) 癸未年(계미년)에 原局(원국)에서 이미 丑土(축토)가 旺木(왕목)에 극을 당하고 있는데 丑未冲(축미충)을 하니 胃病(위병)으로 병원에 입원한 일이 있다.

1975년생(여명) 신약한 수목상관격

乙 壬 己 乙
巳 申 卯 卯

73 63 53 43 33 23 13 03
丁 丙 乙 甲 癸 壬 辛 庚
亥 戌 酉 申 未 午 巳 辰

이 명조는 壬水日主(임수일주)가 卯月(묘월)의 상관월에 태어나 四木(사목)이 설기하고 巳火(사화)의 재성과 己土官星(기토관성)이 있으니 극설이 겹쳐서 신약한 수목상관격이다. 印星(인성)인 申金(신금)으로 旺木(왕목)을 극하고 약한 일주를 도와야 한다. 즉 申金(신금)이 용신에 토는 희신이고 화가 병신에 수운은 약신이 된다.

*. 金(금)이 용신이니 신문방송학과를 졸업했다.

*. 生理痛(생리통)이 있다. 女命(여명)에서 土(토)는 자궁인데 태왕한 목이 토를 극하는 緣故(연고)다.

*. 속이 울렁거려서 토한다. 이는 土(토)는 또한 爲(위)가 되는데 태왕한 목이 土(토)를 극하는 연고다.

*. 팔다리가 저리다. 手足(수족)은 胃經(위경)에 속하는데 태왕한 목이 토를 극하는 緣故(연고)다.

1969년생(여명) 신약인성위용

甲 壬 戊 己
辰 戌 辰 酉

77 67 57 47 37 27 17 07
丙 乙 甲 癸 壬 辛 庚 己
子 亥 戌 酉 申 未 午 巳

이 명조는 壬水日主(임수일주)가 辰月(진월)의 土旺節(토왕절)에 태어나 弱地(약지)인데 五土(오토)가 日主(일주)를 克(극)하고 갑목이 설기하니 극설이 겹쳐서 身(신)이 太弱(태약)하다. 의지처인 酉金(유금)이 용신에 태왕한 토는 토가 많으면 금이 묻히므로 금을 생하는 희신이 아니라 오히려 병신이 되므로 木(목)은 토를 제거하는 약신이다. 그리고 화운은 금을 상해하는 또 하나의 병신에 水運(수운)은 화를 제거하는 또 하나의 藥神(약신)이 된다.

午運(오운)에 도화(이성과 관련)재성이 官星(관성)(남편)인 토를 생하는데 庚午年(경오년)에 또 官星(관성)을 생하니 성혼하였다.

의상디자인학을 전공했다. 의상디자인은 甲木(갑목)(木花(목화)=의류)이 吉神(길신) 懸針星(현침성)인 연고다.

辛運(신운)에 용신을 도와서 길한데 병자년에 丙火(병화)는 병신인 관성을 생하여 흉하지만 子水(자수)는 약신인 수가 되니 딸을 낳고 己卯年(기묘년)에 己土(기토)는 병신인 土(토)를 돕지만 卯木(묘목)은 약신인 木(목)을 도우니 아들을 낳았다.

未運(미운)은 병신이 되는 관성인 태왕한 토를 도우니 흉한데 이때 財星(재성)(아버지)인 火(화)는 太旺(태왕)한 土(토)에 의해서 설기되어버리고 印星(인성)(어머니)인 酉金(유금)은 태왕한 토에 의해서 묻혀버리니 親庭(친정)이 망해버렸다고 했다.

1974년생 신약비겁위용

甲 壬 戊 甲
辰 辰 辰 寅

75 65 55 45 35 25 15 05
丙 乙 甲 癸 壬 辛 庚 己
子 亥 戌 酉 申 未 午 巳

이 명조는 壬水日主가 辰月의 土旺節에 태어나 四土가 일주를 극하고 三木이 일주를 설기하니 신이 太弱하다. 태약하지만 종격이 될 수 없는 것은 壬水는 陽干[81]으로서 辰中의 癸水에 뿌리를 내리고 있기 때문이다. 따라서 辰中의 癸水에 의존할 수밖에 없다. 즉 癸水가 용신에 金運은 용신인 수를 생하는 희신이고 土가 병신에 木은 병신인 土를 제거하는 약신이 된다.

午大運은 병신을 도와서 길운이 아니기 때문에 전문학교에서 전자과를 專攻하였다.

辛運은 印星(문서)喜神이 되니 길한데 戊寅年에 약신을 도우니 통신회사에 就職하였다.

---

81) 陽干인 甲·丙·戊·庚·壬은 他 五行을 잘 따르지 않는 강한 성질이 있기 때문에 從格이 잘 되지 않는다.

未大運 癸未年에 官星(자식)이 되니 結婚하고 甲申年에 약신인 목을 돕고 용신인 水를 생하니 득남하였다.

*. 食神制殺하여 목이 용신에 진중의 계수는 목을 생하는 희신이고 金運은 목을 상해하는 병신에 火運은 병신인 금을 제거하는 약신인 것으로 풀이 할 수도 있겠으나, 未大運甲申과 乙酉年에 吉하였다고 하니 上記와 같이 풀이함이 타당하고, 또 火는 病神이 되는 太旺한 土를 生함에도 불구하고 藥神이 된다는 모순을 배제할 수 있기 때문에 더욱 上記와 같이 풀이 하였다.

*. 통신회사라고는 하지만 電線(구리선 등)으로 전기시설을 設備하는 회사다. 이는 金이 길신인 연고다.

1966년생 재다신약

庚 壬 癸 丙
辰 戌 巳 午

72 62 52 42 32 22 12 02
辛 庚 己 戊 丁 丙 乙 甲
丑 子 亥 戌 酉 申 未 午

이 명조는 壬水日主가 巳月의 화왕절에 태어나 丙·巳·午財星이 태왕하고 辰戌(진술)의 관성이 있으니 재다신약이다. 신약의 주원인은 旺(왕)火(화)에 있으므로 火(화)를 제거하는 水(수)가 용신에 金(금)은 희신이되고 토는 병신에 木運(목운)은 약신이다.

丙運(병운)에 財星(재성)(처)이 되는데 辛未年(신미년)에 辛金(신금)은 용신을 생하고 未土(미토) 官星(관성)(자식)이 되니 결혼하고 申運(신운)에 용신을 생하여 길한데 壬申年(임신년)에 용신을 도우고 生(생)하니 여식을 얻었다. 申運(신운)은 용신을 생하여 길하지만 甲戌年(갑술년)에 辰戌爭冲(진술쟁충)한 왕토가 용신인 水(수)를 극하니 이혼을 당하였다. 이혼사유는 未大運(미대운) 乙丑年(을축년)에 丑戌未三刑(축술미삼형)이 되는데 이때 밀수와 절도죄를 지은 犯罪者(범죄자)였기 때문이다.

*. 財多身弱(재다신약)한 명조는 재산에 대한 욕심이 지나친 경향이 간혹 있다.

1950년생(여명) 재다신약

丙 壬 辛 庚
午 戌 巳 寅

77 67 57 47 37 27 17 07
癸 甲 乙 丙 丁 戊 己 庚
酉 戌 亥 子 丑 寅 卯 辰

이 명조는 壬水日主가 巳月의 재왕절에 태어나 寅午戌火에 丙火까지 투간하였으니 재다신약에 의지처는 金이다. 금이 용신에 습토운은 희신이고 火가 병신에 수운은 약신이 된다.

卯大運 乙卯年에 도화상관(자식)이 되니 성혼하였다. 戊運에 喜神官星(남편)이 되는데 丙辰年에 또 희신관성을 도우니 장녀를 두고 戊午年에 장남을 얻고 庚申年에 용신을 도우니 차녀를 얻었다. 寅運은 吉運이 아니지만 壬戌年에 약신이 되고 관성을 도우니 차남을 얻었다.

결혼 이후 戊大運에는 官星(남편)이 旺盛하고 寅運은 寅午戌이 官星을 生하고 丁運 또한 官星을 生하니 夫君이 사업에 성공했다. 丑運은 관성이 丑戌刑이 되니 부군에게 관재가 있어서 흉했다. 丙運은 官星을 생하니 부군에게 사업상 발전이 있었다. 子運은 藥神이 되어 길하지만 子午冲하는데 壬午年에 子午午爭冲이 되니 父喪을 당했다. 父喪은 財星(父星)인 火가 폭발한 연고다.

火(재성=재산)가 흉신인데 子大運 甲申년에 子午冲 寅申冲하고 庚金은 甲木을 斫破하여 生火하니 凶한데 이때 시동생으로 인하여 1억 5천만원의 損財가 있었다.

*. 四柱原局이 太燥한데 水를 만나면 吉할 것 같지만 오히려 凶

하게 되는데 이와 같은 현상을 명리학에서는 過於燥熱(과어조열)이면 水激處(수격처)에 反爲凶災(반위흉재)라고 한다. 이는 맹열한 불길을 잡기위하여 한 컵의 작은 물을 뿌린다면 불길이 더욱 맹열하게 치솟아 흉해지는 것에 비유할 수 있다. 마찬가지로 그 반대 현상을 過於寒濕(과어한습)이면 和暖處(화난처)라도 終難奮發(종난분발)이라고 한다.

*. 金水(금수)가 필요한 명조이므로 금수가 넘쳐나는 명조 즉 甲申年(갑신년) 庚午月(경오월) 癸亥日(계해일) 癸亥時生(계해시생)과 결혼했다.

*. 임철초는『적천수천미』에서 用神(용신)이 자식이라고 했다. 金(금)은 4,9인데 用神(용신)이니 4子女(자녀)를 두었다.

1958년생(여명) 신약비겁위용

甲 壬 戊 戊

辰 午 午 戌

80	70	60	50	40	30	20	10
庚	辛	壬	癸	甲	乙	丙	丁
戌	亥	子	丑	寅	卯	辰	巳

이 명조는 임수일주가 午月(오월)의 재왕절에 태어나 午火(오화)와 午戌火(오술화)의 재성이 태왕하고 四土(사토)의 관성이 있고 갑목의 식신이 설기하니 신이

太弱하다. 壬水日主는 陽干이고 辰中의 癸水에 뿌리를 내리고 있으므로 종격은 아니다. 辰中의 癸水가 용신에 금운은 희신이고 토가 병신에 木은 藥神이 된다.

병대운에 병신을 생하여 길운은 아니지만 甲木이 藥神으로서 길신이므로 의상학을 전공하였다. 辰運에 임수가 근을 얻어 길하고 또 官星(남편)이 되는데 乙丑年에 또 관성을 도우니 성혼하고 丙寅年에 食神(자식)이 되니 장녀를 얻었다. 乙大運은 약신인 식신을 돕는데 庚午年에 차녀를 얻었다. 卯大運 乙亥年에 亥卯木이 官星을 克하니 부부가 別居에 들어가고 甲大運 辛巳年에 또 官星을 극하고 病神을 생하니 부부가 이혼하였다. 이혼은 관성이 기신이고 官殺混雜한 연고다.

*. 甲運에 약신을 돕고 庚辰年에 수를 생하여 길한데 이때부터 水가 吉神이므로 커피숍을 자영한다.

*. 陽干은 자기 주관이 강하기 때문에 從格이 잘 되지 않는다.

*. 木은 肝·膽인데 甲木이 旺火에 설기되니 간수치가 높다.

1974년생(여명) 신약비겁위용

辛 壬 庚 甲
亥 寅 午 寅

78 68 58 48 38 28 18 08
壬 癸 甲 乙 丙 丁 戊 己
戌 亥 子 丑 寅 卯 辰 巳

이 명조는 壬水日主가 午月의 화왕절에 태어나 寅午寅合化火의 재성이 왕하고 甲木의 설기가 있으니 신약하고 燥熱하다. 의지처인 辛金이 용신에 濕土運은 금을 생하는 희신이 되고 火는 용신인 金을 克傷하는 병신이 되고 亥水는 병신을 제거하는 약신이다.

辰運의 濕土官星이 용신을 생하니 길한데 己卯年에 己土가 관성을 도우니 의대를 졸업하고 소아과 의사다. 醫大는 甲辛이 현침성이고 亥水가 天門인 연고이고 소아과의사는 辛金(음간=소극적, 섬세, 작음)이 用神인 연고다.

初年 午運의 病神을 도와 용신을 상해하는데 丁巳年에 丁火(아버지)가 辛金(어머니)을 冲하니 부모님이 이혼하였다. 辛金(인성=어머니)이 用神이니 어머니 밑에서 자랐다.

1968년생 신약인성위용

辛 壬 己 戊
丑 辰 未 申

76 66 56 46 36 26 16 06
丁 丙 乙 甲 癸 壬 辛 庚
卯 寅 丑 子 亥 戌 酉 申

이 명조는 임수일주가 未月(미월)의 토가 가장 왕성한 계절에 태어나 약지인데 五土(오토)가 일주를 극하니 신약하다. 의지처인 印星(인성)인 金(금)이 용신에 太旺(태왕)한 土(토)는 금을 생하는 희신이 아니라 土(토)가 많으면 金(금)이 묻히므로 오히려 病神(병신)이 되고 木運(목운)은 土(토)를 제거하는 약신이고 火運(화운)은 금을 상해하는 병신에 水運(수운)은 火(화)를 제거하는 또 하나의 약신이 된다.

초년 金運(금운)에 용신을 도우니 富家(부가)에서 성장하고 대학졸업후 戌運(술운)은 병신인 왕토를 도와서 길운이 아니었다. 癸水大運(계수대운)부터 약신이 되니 길한데 이때부터 의료기 판매사업을 하고 있다. 의료기는 辛申(신신)이 현침성이고 판매는 水(수)가 길신인 연고다.

1975년생(여명) 三伏(삼복)에 生寒(생한)

辛 壬 癸 乙
亥 申 未 卯

75 65 55 45 35 25 15 05
辛 庚 己 戊 丁 丙 乙 甲
卯 寅 丑 子 亥 戌 酉 申

이 명조는 壬水日主(임수일주)가 화토가 왕성한 未月(미월)(大暑(대서) 後(후) 2日(일))에 태어나 약지인데 사주팔자중에 다섯 字(자)가 金水(금수)가 되니 三伏(삼복)에 生寒(생한)하여 오히려 木火土(목화토)가 길신이다. 즉 火(화)가 用神(용신)에 木(목)을 용신을 생하는 희신이고 水(수)는 용신인 화를 극상하는 병신에 土(토)는 수를 제거하는 약신이다.

酉運(유운)은 병신인 수를 생하니 길운이 아닌데 이때 아르바이트해서 번 돈으로 대학교에 다니고 의상디자인학을 전공했다. 의상디자인은 卯木(묘목)이 懸針星(현침성)(설계 디자인도 됨)이면서 길신인 연고다.

戌運(술운)에 藥神官星(약신관성)(남편)이 되는데 甲申年(갑신년)에 甲木食神(갑목식신)(자식)이 되니 結婚(결혼)하였다.

이 명조에 대해서 특별한 기억이 나는데, 甲申年(갑신년) 丙寅月(병인월)에 本院(본원)에 와서 열 달 후(양력 12월)에 결혼식 날을 擇日(택일)해달라고 했다. 그래서 양력 12월 중 이 명조에 吉日(길일)이 되는 날 中(중)에 공휴일인 戊午(무오)日(일)을 정해주었다. 그날 결혼식을 마치고 남아시아에 新婚旅行(신혼여행)을 다녀온 후 며칠도 안 되어 신혼여행을 다녀왔던 그곳에 地震海溢(지진해일)이 일어나서 20여만명의 인명피해가 있었다는 뉴스를 접했다고 했다. 結婚式(결혼식) 날을 잘 택해주어서 죽음을 免(면)할 수 있었다고 하면서 큰절을 했다. 큰 절을 받는 나로서는 조금은 당황스러웠다. 그래서 擇日(택일)이 더욱 필요한 것 같다.

*. 酉大運(유대운)보다는 丙火大運(병화대운) 이후가 훨씬 삶의 한경이 좋아졌다고 하니 三伏(삼복)에 生寒(생한)으로 풀이 하였다.

1968년생(여명) 愛酒家(애주가)

戊 壬 庚 戊
申 申 申 申

78 68 58 48 38 28 18 08
壬 癸 甲 乙 丙 丁 戊 己
子 丑 寅 卯 辰 巳 午 未

이 명조는 壬水日主(임수일주)가 申月(신월)의 金旺節(금왕절)에 태어나 왕지인데 다섯 金(금)이 생수하니 身(신)이 太旺(태왕)하다. 태왕한 자는 설기함이 정리이지만 설기할 食傷이 없다. 태왕한 명조에 설기할 식상이 없다고 하여 용신이 없다고 단정하면 아니 된다. 用神이 없는 四柱는 없고 四柱原局에는 반드시 用神이 있다. 따라서 旺한 身을 제거할 戊土官星이 용신이 되고 재성인 火는 희신이 된다. 목운은 용신을 극상하는 병신이 되지만 태왕한 금은 약신이 될 수 없다. 이처럼 사주구성에 따라서 통변을 달리해야 한다.

午運에 用神을 생하니 길한데 이때 化學科를 졸업했다. 화학은 火가 吉神인 연고다.

午運 以後에 喜神財星運이 되니 경제적으로 여유로웠다. 丁運에 丁壬合木(多淫之合)하고 官星(남편)을 생하니 남자를 만났으나 丙子年에 群比爭官하니 그와 이별하였다.

巳運에 用神인 토를 생하는 喜神이 되지만 申巳刑에 申巳合化水 즉 財星인 巳火를 합거한 水의 비겁에 群比爭財하여 凶한데 癸未年에 癸水는 比劫이 되어 또 群比爭財하고 未土는 官逢官運이 되니 4억원의 부도를 맞았다.

*. 寒濕하므로 女命이지만 愛酒家다.

*. 坐下(일지=배우자궁)가 忌神이고 戊土官星(남편)은 그 食傷인 太旺한 金으로 인하여 泄氣가 太甚하니 남편덕은 기대하기 어렵다.

1954년생(여명) 신왕용재

壬 壬 壬 甲
寅 戌 申 午

79 69 59 49 39 29 19 09
甲 乙 丙 丁 戊 己 庚 辛
子 丑 寅 卯 辰 巳 午 未

이 명조는 壬水日主(임수일주)가 申月(신월)의 금왕절에 태어나 왕지인데 신금이 일주를 생하고 雙壬水(쌍임수)가 일주를 돕고 있으니 身旺(신왕)하다. 신왕용재하여 화가 용신에 목은 용신을 생하는 희신이고 수는 용신인 화를 克傷(극상)하는 病神(병신)에 戌土(술토)는 병신을 제거하는 약신이다.

庚大運(경대운)에 화가 길신에 벽갑인화하니 길한데 이때 도시개발에 힘입어 親庭(친정)의 재산이 불같이 일어났다.

午運(오운)에 용신을 도와서 官星(관성)(남편)인 土(토)를 생하는데 辛酉年(신유년)에 壬水日主(임수일주)의 沐浴殺(목욕살)이 되니 성혼하고 己大運壬戌年(기대운임술년)에 관성을 도우니 아들을 얻고 癸亥年(계해년)에 딸을 두었다.

巳運(사운)은 寅巳申三刑(인사신삼형)이 되어 길운이 아닌데 이때 디스크로 고생했다. 디스크는 寅申沖(인신충)인 연고다.

辰大運(진대운)은 申辰水(신진수)에 群比爭財(군비쟁재)하니 損財(손재)가 있었다.

丁大運(정대운)은 용신을 도와서 吉(길)하지만 甲申年(갑신년)에 病神(병신)인 旺水(왕수)를 生(생)하여 用神(용신)인 財星(재성)(아버지)을 克(극)하니 父喪(부상)을 당했다.

*. 목은 식상으로서 자식인데 甲木(갑목)이 현침성이니 아들이 의사다.

*. 巳大運己巳年(사대운기사년)에 용신인 재성을 도우니 득택하였다,

*. 木(목)이 길신이니 농고를 졸업했다.

1956년생(여명) 조후용신

甲 壬 丁 丙
辰 寅 酉 申

78 68 58 48 38 28 18 08
己 庚 辛 壬 癸 甲 乙 丙
丑 寅 卯 辰 巳 午 未 申

이 명조는 壬水日主(임수일주)가 유월의 금왕절에 태어나 辰酉金(진유금)과 申金(신금)이 생수하니 신왕하고 한습하다. 신왕한 중에도 많은 인성인 金(금)이 흠이 된다. 따라서 금을 제거하는 火(화)가 調候用神(조후용신)이고 목은 용신을 생하는 희신이고 수운은 용신인 화를 상해하는 병신이고 土(토)는 병신이 되는 수를 제거하는 藥神(약신)이 된다.

乙運(을운)에 목이 길신이니 農高(농고)를 卒業(졸업)한 것이 학력의 전부다. 대학

진학이 어려운 것은 月支酉金이 桃花星인데 乙運의 傷官(자식)運과 未運의 官星(남자)運을 만난 연고다.

未運에 관성(남자)이 되는데 戊午年에 관성을 돕고 용신을 도우니 10세 年上의 남자와 성혼하였다. 나이 많은 남자와 결혼한 것은 壬·癸水日主[82]의 특징이다.

甲大運은 용신을 생하여 길하였고 午運은 용신을 도와서 길하였다. 그러나 癸運에는 병신이 되어 용신인 화가 被克되니 흉한데 癸酉年에 또 병신을 도우고 생하니 부부가 이혼을 하였다. 이는 坐下食申에 辰土官星(남편)이 空亡인데, 더구나 癸大運의 癸水와 癸酉年의 癸水가 壬水日主와 함께 群比爭官한 연고다. 즉 여러 兄弟(임계계)가 한 남편(진토)을 두고 쟁탈전이 벌어진 연고다. 이혼의 생물학적 또 다른 주요원인은 生産이 불가능한 때문이다. 소생이 없는 것은 時支는 子息인데 時支의 辰土가 空亡이고, 질병론에서 辰土는 인체로 말하면 子宮인데 空亡이 되어 있으니 나팔관이 유착되

82) 壬·癸水일주의 여명을 實觀해보면 80여% 이상이 적어도 4세 이상, 평균적으로 7~8세 많은 남자와 결혼을 하고, 10여%는 남들처럼 한두 살 많은 남자와 결혼하며, 10여%는 연하의 남자와 결혼 한다. 이는 "壬癸日主는 鴨養鷄子" 라고 하여 오리가 닭 새끼를 키운다는 뜻이다. 즉 후처로 남의 자식을 키운다는 뜻이니 곧 나이 많은 남편과 결혼하게 될 확률이 높은 것이다.

어 임신이 불가능하다고 한다.

巳運에 용신을 도와서 吉한데 己卯年에 己土는 官星(남자)이 되고 卯木은 용신을 생하여 길한데 卯木이 桃花星인 酉金을 冲하니 새로운 남자를 만나서 同居中이다.

*. 申金이 印星(공부)인데 驛馬殺이 되니 고등학교는 타향에서 공부했다.

1978년생 살인상생격

丁 壬 辛 戊
未 寅 酉 午

71 61 51 41 31 21 11 01
己 戊 丁 丙 乙 甲 癸 壬
巳 辰 卯 寅 丑 子 亥 戌

이 명조는 임수일주가 酉月의 金旺節에 태어나 왕지인데 寅木이 설기하고 丁·午火의 재성과 戊·未土官星이 있으니 내편은 셋이고 나의 氣를 극설하는 오행은 다섯이나 되니 왕이 약으로 변했다. 의지처인 金이 용신에 土는 용신인 금을 생하는 희신이고 火는 금을 손상하는 병신에 水運은 화를 제거하는 약신이다.

官星이 吉神이니 法大를 졸업하였다.

子運(자운)에 藥神(약신)이 되어 병신인 화를 제거하니 용신인 금이 생기를 얻어서 길한데 乙酉年(을유년)에 용신인 인성을 도우니 소방공무원의 되었다. 소방은 水(수)가 길신이고 공무원은 官星(관성)이 길신인 연고다.

1938년생(여명) 기명종재격

乙 壬 壬 戊
巳 午 戌 寅

73 63 53 43 33 23 13 03
甲 乙 丙 丁 戊 己 庚 辛
寅 卯 辰 巳 午 未 申 酉

이 명조는 壬水日主(임수일주)가 戌月(술월)의 火土(화토)의 庫藏月(고장월)에 태어나 地支(지지)는 巳火(사화)의 재성과 寅午戌火財星局(인오술화재성국)을 이루니 재성의 태왕함이 극에 이르렀다. 年上(년상)의 무토는 극신히고 時上(시상)의 을목은 재성을 생하고 있으니 임수가 뿌리를 내릴 곳이 없다. 따라서 기명종재격이 된다. 從(종)하는 五行(오행)인 火(화)가 용신에 목은 희신이고 수가 병신에 토는 약신이 된다. 태어나서 돐 때(己卯年(기묘년)) 아버지는 그의 妾(첩)과 새 결혼을 했다. 이는 財星(재성)(아버지)이 다른 五行(오행)과 합이 되어 있으니 아버지의 바람기는 예정되어 있는데 己卯年(기묘년)에 卯木(묘목)의 桃花(도화)가 재성을 생한 연고다. 초년 金運(금운)은 病神(병신)을 生(생)하니 어려운 가정에서 성장하고 학력은 國卒(국졸)이 전부였다. 己大運(기대운)에 藥神官星(약신관성)(남편)이 되어 길한데 庚子年(경자년)에 日支(일지)를 冲動(충동)하니 성혼하였다. 己大運(기대운)에 약신이 되어 길한데 癸卯年(계묘년)에 상관(자식)이 되어 용신을 생하니 장남을 득하고 乙巳年(을사년)에 용신을 도우니 차남을 득하고 집도 마련했다. 未大運(미대운) 丁未年(정미년)에 약신과 용신을 도우니 三男(삼남)을 얻었다.

戊大運(무대운)에 약신을 도와서 길한데 甲寅年(갑인년)부터 부군이 서울강남에서 화물운수업을 경영하여 午·丁·巳·丙火運(오정사병화운) 동안은 용신인 재성을 도우니 크게 성공하였다. 운수업은 夫君四柱(부군사주)(己卯年(기묘년) 辛未月(신미월) 辛亥日(신해일) 己丑時生(기축시생)으로 조후하는 亥水(해수)가 용신이다.)의 用神(용신)이 水(수)가 된 연고다. 辰大運(진대운)에 들어 病神(병신)인 壬水(임수)가 생기를 얻으니 흉한데 이때 國內(국내) 경제환경으로는 IMF를 맞아 되는 일이 없었다. 乙大運(을대운)은 희신이 되어 재성을 생하니 경제적으로는 길하지만 한편으로는 乙木傷官(을목상관)이 官星(관성)(남편)을 극하여 흉한데 癸未年(계미년)에 癸水(계수)는 病神(병신)을 도우고 未土官星(미토관성)은 原局(원국)의 戌土官星(술토관성)과 戌未刑(술미형)을 이루니 夫喪(부상)을 당하였다.

向後(향후) 목대운은 희신이 되어 길하지만 北方水運(북방수운)은 병신을 도와서 흉하다.

1958년생(곤명) 관살혼잡

丙 壬 壬 戊
午 申 戌 戌

75 65 55 45 35 25 15 05
甲 乙 丙 丁 戊 己 庚 辛
寅 卯 辰 巳 午 未 申 酉

이 명조는 임수일주가 술월의 토왕절에 태어나 三土(삼토)의 官星(관성)과 二火(이화)의 財星(재성)이 있으니 身弱(신약)하다. 의지처는 뿌리가 없는 壬水(임수)는 아니고 申金(신금)이다. 즉 申金(신금)이 용신에 태왕한 토는 土多(토다)에 埋金(매금)되므로 喜神(희신)이 아니고 오히려 病神(병신)이고 木運(목운)은 토를 제거하는 약신이 된다. 용신인 금을 상해하는 火(화)는 또 하나의 병신에 水(수)는 병신인 화를 제거하는 또 하나의 藥神(약신)이 된다.

초년 금운에는 용신을 도우니 부가에 태어나 多福(다복)했다. 그러나 25세부터 南方火運(남방화운)이 흐르고 있으니 성취하는 일이라고는 없다.

*. 관살혼잡에 水(수)가 길신이니 남성들을 고객으로 하는 서비스업에 從事(종사)하고 있다.

*. 正官(정관)도 두 개 이상이면 殺星(살성)이 된다.

1955년생 조후용신

壬 壬 丁 乙

寅 辰 亥 未

77 67 57 47 37 27 17 07

己 庚 辛 壬 癸 甲 乙 丙

卯 辰 巳 午 未 申 酉 戌

이 명조는 壬水日主(임수일주)가 해월의 수왕절에 태어나 壬·亥水(임해수)가 일주를 돕고 辰土(진토)는 水(수)의 庫藏(고장)이 되니 한습하다. 火(화)가 조후하는 용신에 목은 용신인 화를 생하는 희신이고 수는 용신인 화를 상해하는 병신에 土(토)는 병신인 水(수)를 제거하는 약신이 된다.

火(화)가 길신이니 화학을 전공했다.

甲運(갑운)은 용신을 생하여 길한데 甲子年(갑자년)에 甲木(갑목)은 용신을 생하고 子水(자수)는 桃花殺(도화살)이 되니 성혼하고 乙丑年(을축년)에는 관성(자식)이 되어 藥神(약신)인 未土(미토)를 沖(충)하니 여식을 얻었다. 申運(신운)은 旺水(왕수)를 生(생)하고 寅申沖(인신충)하니 길운이 아닌데 己巳年(기사년)에 용신을 돕고 藥神官星(약신관성)을 도우니 아들을 얻었다.

*. 갑운에 용신인 재성을 생하여 길한데 丙寅年(병인년)에 용신재성을 돕고 생하니 得宅(득택)하였다.

*. 辰未(진미)에 華蓋星(화개성)이 있으니 운동을 좋아한다.

1971년생 조후용신

丙 壬 己 辛
午 子 亥 亥

75 65 55 45 35 25 15 05
辛 壬 癸 甲 乙 丙 丁 戊
卯 辰 巳 午 未 申 酉 戌

이 명조는 壬水日主(임수일주)가 亥月(해월)의 수왕절에 태어나 왕지인데 辛金(신금)이 생수하고 亥·亥子水(해해자수)가 일주를 도우니 신이 태왕하고 한습하다. 太旺(태왕)한 자는 식상으로 설기함이 定石(정석)이지만 설기할 식상이 없다. 따라서 차선책으로 身旺用財(신왕용재)하고 조후하여야 한다. 즉 財星(재성)인 화가 용신에 목운은 화를 생하는 희신이고 수는 용신인 화를 상해하는 병신에 土(토)는 병신인 水(수)를 제거하는 약신이다.

병운에 음대를 졸업하였다. 音大(음대)는 亥亥天門(해해천문)(음악치료=활인방)이 있는 緣故(연고)다.

丙運(병운)에 용신을 도와서 길한데 己卯年(기묘년)에 用神財星(용신재성)(처)을 生(생)하니 結婚(결혼)을 했다.

乙運(을운)에 용신을 생하여 길한데 이때부터 경영하는 음악학원에 학생들이 많아졌다고 한다. 丁亥·戊子年(정해 무자년)에 음대석사학위를 받았다.

*. 水旺(수왕)하니 火(화)가 약한데 더구나 弱(약)한 午火(오화)가 왕한 자수에 충을 당하고 있으니 眼力(안력)이 부족하여 안경을 쓴다.

*. 財星(재성)(처)인 화가 용신이니 처 또한 음악학원을 경영하여 경제적으로 많은 도움을 주고 있다.

*. 桃花羊刃(도화양인)이 재성용신을 충하고 있으니 부인의 건강 등 부부관계가 염려된다. 桃花(도화)가 충을 만났으니 이성관계 또한 염려된다.

*. 用神(용신)을 생하는 희신인 목이 원국에 없고 용신이 충을 만났으니 格(격)이 한층 떨어진다.

1941년생(여명) 조후용신

癸 壬 庚 辛
卯 寅 子 巳

76 66 56 46 36 26 16 06
戊 丁 丙 乙 甲 癸 壬 辛
申 未 午 巳 辰 卯 寅 丑

이 명조는 임수일주가 子月(자월)의 수왕절에 태어나 왕지인데 계수가 도우고 庚辛金이 생수하니 신왕하고 한습하다. 巳火가 조후용신이고 목은 희신이고 수가 병신에 土運은 약신이 된다.

寅運에 食傷(자식)인 희신을 도와서 길한데 壬寅年에 또 식상을 도우니 성혼하였다. 癸卯年에 상관을 도와서 득남하고 癸大運에 병신을 도와서 흉한데 丁未年에 용신을 도우고 卯未木이 食神(자식)이 되어 용신을 생하니 여식을 얻고 己酉년에 약신이 되고 傷官桃花를 충하니 得男하였다.

火가 용신인데 갑대운에 벽갑인정하니 대길하여 藥神이 되는 땅을 샀다. 辰運은 왕수가 입묘하여 흉한데 이때 心臟病과 혈압에 이상이 왔다. 火는 심장에 해당하는데 왕수에 화가 상한 연고다. 乙·巳·丙대운은 희신을 도와 용신을 생하고 용신을 도와서 길하였다. 그러나 午大運은 용신을 도와서 길한듯하지만 月支인 子水가 재성인 午(丙己丁 中에 己土는 官星으로서 男便)火를 충하니 己土官星이 傷하여 흉한데 辛巳年에 寅(戊丙甲中서 戊가 官星=男便))巳(戊庚丙中서 戊가 官星=男便))刑 즉 男便인 戊土官星이 刑하니 喪夫하고 壬午年에 子午午(재성=재산)爭冲이 되니 損財가 있었다.

*. 食傷이 木이니 三子女를 두었다.

1957년생 식신생재

癸 壬 壬 丁
卯 申 子 酉

77 67 57 47 37 27 17 07
甲 乙 丙 丁 戊 己 庚 辛
辰 巳 午 未 申 酉 戌 亥

이 명조는 임수일주가 子月(자월)의 羊刃月(양인월)에 태어나 왕지인데 申子水(신자수)와 壬癸水(임계수)가 일주를 돕고 酉金(유금)이 생수하니 身(신)이 태왕하다. 태왕한 자는 설기하여야 된다. 즉 卯木(묘목)이 태왕한 수를 설기하는 용신에 太旺(태왕)한 수는 희신이 아니라 水多木浮(수다목부)하므로 오히려 병신이 되고 土運(토운)은 수를 제거하는 약신이다. 金(금)은 용신인 목을 극상하는 또 하나의 병신에 丁火(정화)는 金(금)을 제거하는 또 하나의 약신이 된다.

*. 이 명조에서는 申(신)(申中(신중)의 壬水(임수))과 子水(자수)가 合(합)하여 水(수) 즉 比肩(비견)이 되니 異腹兄弟(이복형제)[83]가 있는 것이다.

*. 모두 6남매다. 즉 壬水日干本人(임수일간본인)과 月上(월상)의 壬水(임수)와 時上(시상)의 癸水(계수)와 申中(신중)의 壬水(임수)와 子中(자중)에 壬水(임수)와 癸水(계수)하여 모두 여섯이다.

83) 異腹兄弟(이복형제)가 있는 명조: 日支(일지)의 比劫(비겁)(형제)이 柱中(주중)의 比劫(비겁)과 合(합)하는 者(자)는 이복형제가 있다. 또 日干(일간)과 合(합)하여 비겁이 되는 명조도 이복형제가 있다.

*. 壬水日干(임수일간)과 남동생 하나와 여동생 하나는 親(친)어머니가 낳았고, 둘째어머니가 낳은 男(남)동생 하나와 女(여)동생 하나가 있고, 셋째어머니가 낳은 女(여)동생 하나를 더해서 6남매다.

*. 未婚(미혼)이다. 이는 사주원국에 官星(관성)(남편)이 없고 比劫(비겁)이 太多(태다)하여 群比爭官(군비쟁관)한 연고다.

*. 木(목)이 길신이니 의류수선공이다.

1954년생(여명) 신약인성위용

庚	壬	丁	甲
戌	午	丑	午

75	65	55	45	35	25	15	05
己	庚	辛	壬	癸	甲	乙	丙
巳	午	未	申	酉	戌	亥	子

이 명조는 임수일주가 小寒節(소한절) 中(중) 大寒日(대한일)에 태어나 한습한 때이지만 갑목이 설기하고 三火(삼화)의 재성과 二土(이토)의 관성이 있으니 身弱(신약)한데 의지처는 印星(인성)이다. 즉 庚金(경금)이 용신에 丑土(축토)는 희신이고 火(화)가 병신에 水(수)는 藥神(약신)이 된다.

해운에 약신이 되어 길한데 丁巳年(정사년)에 日干(일간)과 合(합)하고 官星(관성)을 生(생)

하니 성혼하고 그때부터 집은 있었다. 戊午年에 官星을 도우고 生하니 長男을 얻었다. 甲大運은 弱身을 설기하여 길운은 아니지만 庚申年에 용신을 도우니 次男을 얻고 壬戌年에는 官星(남편)을 도우니 남편이 博士學位를 받았다. 戌運은 官逢官運이 되고 丑戌刑이 되어 길운이 아닌데 丙寅年에 寅午戌火가 병신을 도와 用神인 印星(문서)을 克傷하니 집을 잃는 아픔이 있었다. 癸運은 藥神이 되어 길한데 癸酉年에 용신인 印星을 도우니 아파트가 당첨되고 酉大運에 용신을 도와서 길한데 丙子年에 약신을 도우니 아파트에 입주했다. 壬大運도 藥神을 도와서 길하였고 申大運도 용신을 도와서 길하지만 辛巳年에 申巳刑과 병신인 財星(시어머니)을 도우니 시어머니喪을 당하였다.

*. 壬水日主의 男便은 官星인 土가 되는데 그 官星인 土를 낳은 시어머니는 財星인 火가 된다. 財星이 申巳刑이 되니 시어머니의 喪을 당한 것이다.

*. 申巳刑에서 申中에는 戊己壬庚이 있고 巳中에는 戊庚丙이 있는데 申中의 壬水가 巳中의 丙火를 克傷하니 刑이 되는 것이다.

1958년생 식상제살격

甲 壬 乙 戊
辰 辰 丑 戊

79 69 59 49 39 29 19 09
癸 壬 辛 庚 己 戊 丁 丙
酉 申 未 午 巳 辰 卯 寅

이 명조는 壬水日主(임수일주)가 丑月(축월) 小寒節(소한절)에 태어나 五土(오토)의 관성이 있으니 官星(관성)이 태왕하다. 태왕한 관성을 설기해주는 인선인 금이 없으니 食傷(식상)으로 官星(관성)을 除去(제거)하여서 弱(약)한 日主(일주)를 구출하여야 한다. 즉 食傷(식상)이 用神(용신)에 水運(수운)은 용신인 食傷(식상)을 生(생)하는 喜神(희신)이고 金運(금운)은 用神(용신)인 木(목)을 傷害(상해)하는 病神(병신)에 火運(화운)은 병신인 금을 제거하는 약신이 된다.

丁火(정화)(재성=아버지)운에 약신이 되어 길하지만 辛酉年(신유년)에 병신이 되어 용신이 상해되고 丁火(정화)가 酉金(유금)에 死地(사지)가 되니 父先亡(부선망)하였다.

己大運(기대운)은 왕토를 도와서 길운이 아니지만 己卯(기묘)년에 용신을 도우니 得宅(득택)하였다.

*. 木(목)이 吉神(길신)이니 종이(펄프=나무)로 인쇄하여 광고대행사를 한다.

10.10 癸 水

1962년생(여명) 신약한 수목상관격

丙 癸 壬 壬
辰 卯 寅 寅

80 70 60 50 40 30 20 10
甲 乙 丙 丁 戊 己 庚 辛
午 未 申 酉 戌 亥 子 丑

이 명조는 癸水日主(계수일주)가 寅月(인월)의 傷官月(상관월)에 태어나 寅卯辰東方木(인묘진동방목)이 설기하고 병화의 재성과 진토의 관성이 있으니 身弱(신약)한 水木傷官格(수목상관격)이다. 壬水(임수)가 진중의 계수에 뿌리를 내리고 있으니 용신이 될 수 있다. 즉 壬水(임수)가 용신에 금운은 희신이다. 태왕한 목은 약한 일주의 기를 빼앗아갈 뿐 藥神(약신)이 될 수 없다.

丑土運(축토운) 己未年(기미년)에 官星(관성)(남자)이 되니 남자를 만났으나 실패했다. 이는 坐下(좌하)의 食神(식신)과 旺木(왕목)이 官星(관성)(남편)인 土(토)를 극하는 연고다. 庚大運(경대운)에 용신을 생하여 길한데 甲子年(갑자년)에 桃花年(도화년)이 되니 남자를 또 만났으나 己大運(기대운)에 官逢官運(관봉관운)이 되니 壬申年(임신년)에 또 헤어졌다. 壬申(임신)

年(년)에 헤어진 것은 群比爭官(군비쟁관)하고 官星(관성)(남편)인 辰土(진토)를 申辰水合去(신진수합거)한 연고이고 남자로 인하여 금전적 損失(손실)이 많았기 때문이다.

*. 異性(이성)으로 인한 금전적 손실이 있는 것은 忌神桃花(기신도화)의 작용이다.

*. 職業(직업)은 水(수)가 길신이니 영업부서에서 印星(인성)이 길신이니 기획이고 敎育(교육)이다.

1958년생(여명) 신약한 수목상관격

庚 癸 甲 戊

申 酉 寅 戌

77 67 57 47 37 27 17 07

丙 丁 戊 己 庚 辛 壬 癸

午 未 申 酉 戌 亥 子 丑

이 명조는 癸水日主(계수일주)가 寅月(인월)의 상관월에 태어나 甲·寅木(갑인목)이 계수를 설기하고 무술토가 일주는 극하니 身弱(신약)한 水木傷官格(수목상관격)이다.

印星(인성)인 金(금)은 왕한 상관을 극하고 약한 일주를 생하는 용신이고 토는 용신을 생하는 희신이고 火運(화운)은 용신인 금을 상해하는 병신에 水運(수운)은 火(화)를 제거하는 藥神(약신)이다.

壬大運 戊午年에 官星(남편)이 되니 성혼하고, 장남을 얻었고, 子大運 辛酉年에 藥神이 되고 용신을 도우니 차남을 두었다.

戌運에 관봉관운이 되는데 己卯年에 桃花인 卯木이 卯酉冲(도화봉충)하니 夫外 男子를 만났다. 癸未年에 관봉관운이 되고 관성이 戌未刑이 되니 이혼하였다. 이혼은 寅酉冤嗔殺이 있고 戌土(관성)가 空亡인 緣故다.

*. 『적천수천미』에 의하면 用神을 子息으로 보는데 金이 용신이니 넷 자식이 된다. 즉 所生子息이 둘이고 재혼할 남자의 소생이 둘이니 합해서 넷 子食이다.

*. 여기서 사주 여덟자 中에 나와 나를 生해주는 금이 셋이니 내편이 넷이고 나를 설기하는 木이 둘이고 나를 극하는 官星이 둘이니 나를 힘들게 하는 편이 넷이니 수적으로는 4:4이지만 身弱한 것은 사주 여덟자의 영향력이 각기 다르기 때문이다. 즉 月支의 영향력은 30%이상이고 그 다음이 時支이고 또 그 다음이 日支이고 가장 영향력이 적은 것이 年支이다. 따라서 이 명조는 身弱한 命造가 된다.

1954년생(여명) 신약한 수목식신격

癸 癸 丁 甲
亥 未 卯 午

78 68 58 48 38 28 18 08
己 庚 辛 壬 癸 甲 乙 丙
未 申 酉 戌 亥 子 丑 寅

이 명조는 癸水日主(계수일주)가 卯月(묘월)의 식신월에 태어나 약지인데 地支(지지)에 亥卯未木局(해묘미목국)에 甲木(갑목)이 투간하였으니 식상이 태왕한데 丁午(정오)의 財星(재성)까지 있으니 신이 太弱(태약)에 가깝다. 식상이 태왕하면 인성으로서 식상을 제거하고 약한 일주를 생함이 正解(정해)이지만 印星(인성)이 없으니 時上(시상)의 계수에 의지할 수밖에 없다. 즉 癸水(계수)가 용신에 금운은 희신이 된다. 토가 병신에 木(목)이 藥神(약신)인 듯하지만 이 명조처럼 木(목)이 太旺(태왕)하여 흉신이 되는 경우는 藥神(약신)이 되지 아니한다.

丑運(축운)에 좌하관성(남편)을 冲動(충동)하는데 丙辰年(병진년)에 正官(정관)(정부)年(년)이 되니 成婚(성혼)하고 金水(금수)가 필요한 사주이기 때문에 캐나다에서 살게 되었다. 丑運(축운) 정사년에 장남을 얻고 기미년에 차남을 두었다. 甲大運(갑대운) 이후 北方水運(북방수운)동안은 夫君(부군)의 사업이 번창하였다. 戌運(술운)은 病神(병신)을 도우고 戌未刑(술미형)이 되니 夫君(부군)의 사업이 침체기 였고 夫君(부군)의 胃病(위병)으로 辛苦(신고)하다.

向後(향후) 금운은 용신을 생하여 길하리라.

1962년생 식신생재

壬 癸 癸 壬
子 亥 卯 寅

74 64 54 44 34 24 14 04
辛 庚 己 戊 丁 丙 乙 甲
亥 戌 酉 申 未 午 巳 辰

이 명조는 癸水日主(계수일주)가 卯月(묘월)의 弱地(약지)에 태어났으나 사주팔자중에 日主(일주)와 比劫(비겁)이 여섯이나 되니 신이 태왕하다. 태왕한 자는 설기함이 定理(정리)이니 식상인 목이 용신에 태왕한 수는 희신이 아니라 오히려 병신이 되는데 土運(토운)은 수를 제거하는 약신이 된다. 金運(금운)은 용신인 목을 제거하는 또 하나의 병신이 되는데 火運(화운)은 병신인 금을 제거하는 또 하나의 藥神(약신)이 된다.

巳`丙運(사 병운)에 藥神(약신)이 되어 길한데 癸亥年(계해년)에 물리학과학부에 입학한 후 졸업하고 丙運己巳年(병운기사년)에 전자공학석사과정에 입학하고 午運(오운)에 약신이 되니 석사학위를 받았다. 物理學(물리학)은 火(화)(공대)가 길신이고 卯(묘)

가 天乙貴人(창의력)인 연고다.

午運에 재성(처)이 되는데 癸酉年에 도화성인 묘목을 충하니 성혼하고, 甲戌年에 용신을 돕고 관성(자식)약신이 되니 아들을 두고, 丁運에 藥神財星이 되어 길한데 丙子年에 약신재성을 돕고 桃花年이 되니 女息을 두었다.

*. 午大運 庚午年부터 藥神財星이 되어 길한데 이때부터 한국화학에 4년간 근무하고, 현대에 2년간 근무하고, 삼성에 8년간 근무한 후 未大運 甲申年에 용신인 묘목을 亥卯未合去하고 寅木을 寅申冲하니 퇴직하였다. 火가 길신이니 화학이고 공업이고 전자다.

未大運 甲申年부터 음식물업을 자영한다. 음식물업은 火가 길신인 연고이고 食神生財格이니 自營한다.

1964년생 신약비겁위용

己 癸 戊 甲
未 巳 辰 辰

77 67 57 47 37 27 17 07
丙 乙 甲 癸 壬 辛 庚 己
子 亥 戌 酉 申 未 午 巳

이 명조는 癸水日主(계수일주)가 辰月(진월)의 토왕절에 태어나 甲木(갑목)의 상관이 일주를 설기하고 巳火(사화)의 재성과 五土(오토)의 관성이 있으니 신이 太弱(태약)하다. 의지처는 진중의 癸水(계수)다. 즉 계수가 용신에 金運(금운)은 용신인 수를 생하는 희신이고 土(토)는 용신인 수를 극하는 병신에 갑목은 병신인 토를 제거하는 藥神(약신)이다.

인성인 금(兌爲口(태위구))이 吉神(길신)이니 어학을 전공했다.

午運(오운)에는 肺(폐)가 弱(약)했다. 이는 肺(폐)는 金(금)에 속하는데 오운에 금이 왕화에 被傷(피상)된 연고다.

壬水運(임수운)에 용신을 도와서 길한데 辛巳年(신사년)부터 의류수출업을 자영한다. 衣類(의류)는 木(목)이 길신인 연고이고 수출업은 水(수)가 길신인 연고다.

壬水運(임수운)은 용신을 도와서 길하지만 癸未年(계미년)에 未土(미토)가 太旺(태왕)한 官星(관성)(관재)을 더하니 官災(관재)가 있었다.

甲申年(갑신년)에는 申金(신금)이 용신을 생하는데도 불구하고 1억원의 부도가 났다. 이는 申金(신금)이 길신이지만 巳火(사화)(재성=재산)를 申巳刑(신사형)한 때문이다.

申大運(신대운)에 용신을 생하여 길한데 乙酉年(을유년)에 乙木(을목)은 약신인 목을 도와서 병신인 土(토)를 제거하고 酉金(유금)은 巳酉金(사유금)하여 용신인 水(수)를 생하니 길한데 이때 아파트형 사무실을 분양받아 入住(입주)했다.

*. 壬水運(임수운)은 용신을 도와서 길한데 이때 주식에 투자하여 得財(득재)하였다.

*. 申大運(신대운) 乙酉年(을유년)에 도화성이 되니 여자를 만났다.

*. 太旺(태왕)한 토에 목(肝(간))이 絶(절)되니 지방간 있다.

*. 周易(주역)에 兌卦(태괘)는 입에 속한다.

1972년생(곤명) 식신생재

癸 癸 甲 壬
亥 酉 辰 子

73 63 53 43 33 23 13 03
丙 丁 戊 己 庚 辛 壬 癸
申 酉 戌 亥 子 丑 寅 卯

이 명조는 癸水日主(계수일주)가 辰月(진월)의 토왕절에 태어나 약지이지만 辰酉(진유)金(금)이 생수하고 癸(계)·亥(해)·壬(임)·子水(자수)가 일주를 도우니 태왕한 명조로 바꾸었다. 태왕한 명조는 설기함이 正解(정해)이다. 즉 태왕한 수를 설기하는 甲木(갑목)이 용신에 태왕한 수는 목을 생하는 희신이 아니라 水多木浮(수다목부)하므로 오히려 병신이 되고 토는 약신이 되고 金(금)은 용신인 목을 극상하는 또 하나의 병신에 火運(화운)은 병신인 金(금)을 제거하는 또 하나의 약신이 된다.

寅大運(인대운)에 용신을 도우이 길한데 이때 컴퓨터공학을 전공했다. 컴퓨터는 火(화)가 길신인 연고다.

丑運(축운)에 官星(관성)(직장, 자식, 명예)藥神(약신)이 되는데 庚辰年(경진년)에 辰土(진토)가 또 官星(관성)를 도우니 취직하고 결혼하였다.

丑運(축운)에 관성을 돕는데 壬午年(임오년)에 약신이 되니 길한데 이때 교육학석사과정에 입학하고 庚大運(경대운) 乙酉年(을유년)에 印星(인성)을 도우니 석사학위를 취득하였다. 子大運(자대운)에 왕수를 도와서 흉하지만 庚寅年(경인년)에 寅木(인목)이 용신을 도우니 교육학박사학위를 취득하였다. 教育學(교육학)은 食傷(식상)이 吉神(길신)인 연고다.

*. 丑大運(축대운)에 약신관성이 되어 길한데 甲申年(갑신년)에 甲木(갑목)이 용신을 도우니 得宅(득택)하고 경운에 왕수를 생하여 흉한데 무자년에 또 왕수를 생하니 失宅(실택)하였다.

*. 子大運(자대운)에 왕수를 생하여 흉하지만 己丑年(기축년)에 藥神官星(약신관성)이 되니 승진하고 IT파트로 영전되었다. IT분야는 火(화)가 길신인 연고다.

1970년생 신왕용재 조후용신

癸 癸 辛 庚
亥 卯 巳 戌

75 65 55 45 35 25 15 05
己 戊 丁 丙 乙 甲 癸 壬
丑 子 亥 戌 酉 申 未 午

이 명조는 계수일주가 巳月(사월)의 화왕절에 태어나 약지인데 庚辛金(경신금)이 생수하고 癸·亥水(계해수)가 일주를 도우고 있으니 약이 반왕하여 신왕한 사주가 되었다. 사주팔자 중에 다섯 자가 금수이니 濕(습)하다. 조후하는 巳火(사화)가 용신에 묘목은 희신이 되고 수가 병신에 술토는 수를 제거하는 藥神(약신)이 된다.

巳大運(사대운) 庚戌年(경술년)에 태어나기 전에 부모님이 이혼하였다. 부모님의 이혼은 巳火(사화)는 재성으로서 아버지인데 日柱(일주)를 기준으로 볼 때 巳火(사화)가 空亡(공망)인데 더구나 戌年(술년)에 入墓(입묘)한 연고다.

未大運(미대운)에 藥神官星(약신관성)이 되어 길한데 이때 의상학을 전공하였다. 의상학은 卯木(묘목)이 길신인 연고다.

甲大運(갑대운)에 화가 길신에 벽갑인화하니 길한 것만 같지만 친어머니인 庚金(경금)과 甲木(갑목)이 충하는데 丙子年(병자년)에 庚金(경금)이 子(자)에 死地(사지)가 되니

母喪을 당했다. 이때 물론 火가 길신에 벽갑인화하니 재산상속은 있었다.

申運에 병신을 생하여 흉한데 庚辰年에 辰土官星(남편)이 되니 성혼하고 庚辰生 아들을 두었다. 乙運에 용신을 생하여 길한데 甲申年에 火가 길신에 갑목과 경금이 벽갑인화하니 吉하므로 차남을 두었다.

1966년생 무계합화화격. 공인회계사

戊 癸 癸 丙
午 巳 巳 午

71 61 51 41 31 21 11 01
辛 庚 己 戊 丁 丙 乙 甲
丑 子 亥 戌 酉 申 未 午

이 명조는 癸水日主가 巳月의 화왕절에 태어나 五火가 太盛한데 癸水가 뿌리를 내릴 곳이 없다. 계수일주는 戊癸合化火하여 火를 따르는 戊癸合化火格이 된다. 從格은 종하는 오행이 용신이 되는데 火가 용신에 목운은 희신이고 수가 병신에 토는 그 병신을 제거하는 藥神이다.

未大運에 용신인 화를 巳午未合去하고 甲子年에 병신인 水를 도와서 용신을 극하니 흉하므로 대학진학을 못하고 丙大運(병대운)에 용신을 돕고 乙丑年(을축년)에 用神(용신)을 생하고 藥神(약신)을 도우니 길한데 이때 商大(상대)를 입학하였다. 商大(상대)는 재성으로 從(종)하는 연고다.

丙大運(병대운) 戊辰年(무진년)에 藥神(약신)을 도와서 병신인 月上(월상)의 癸水(계수)를 제거하니 길하므로 이때 공인회계사자격시험에 合格(합격)했다.

申運(신운)은 병신인 水(수)를 생하므로 길운이 아니었으나 乙亥年(을해년)에 乙木(을목)은 용신을 생하고 亥水(해수)는 坐下(좌하)를 冲動(충동)하니 결혼하고 丁運(정운)에는 財星用神(재성용신)을 도우니 大財(대재)를 득하였다. 酉運(유운)은 용신인 火(화)의 死地(사지)가 되니 수입이 정체되었다. 酉運(유운)에 용신인 財星(재성)(父星(부성))의 死地(사지)가 되는데 壬午年(임오년)에 심근경색을 원인으로 父喪(부상)을 당했다.

*. 癸水(계수)는 腎臟(신장)인데 계수일주가 太弱(태약)하니 전립선이 약하다.

1970년생(여명) 신약인성위용

甲 癸 辛 庚

寅 丑 巳 戌

79 69 59 49 39 29 19 09

癸 甲 乙 丙 丁 戊 己 庚

酉 戌 亥 子 丑 寅 卯 辰

이 명조는 癸水日主(계수일주)가 巳月(사월)의 財星(재성)이 旺(왕)한 계절에 태어나 축술의 관성이 일주를 극하고 甲·寅木(갑인목)이 일주를 설기하니 신약하다. 의지처는 인성인 金(금)이다. 즉 금이 용신에 토는 희신이고 화가 병신에 수운은 약신이 된다. 卯大運(묘대운)에 식신도화가 傷官(상관)(자식)을 도우는데 乙亥年(을해년)에 또 식상을 도우고 약신이 되니 성혼하였다. 결혼한 그해(乙亥(을해))에 정신분열증이 발생했다. 이는 원국에 寅巳刑(인사형), 丑戌刑(축술형), 甲庚冲(갑경충)이 있어서 흉한데 乙亥年(을해년)에 巳亥冲(사해충)까지 겹친 연고다. 甲木(갑목)은 머리인데 庚金(경금)이 갑목을 冲(충)하고 있음이 가장 큰 원인이다.

卯運(묘운)에 식신(자식)운이 되는데 丙子年(병자년)은 음간인 계수일주와는 다른 양간의 해이니 남아를 두고, 무운은 官星(관성)(남편)을 돕는데 己卯(기묘)(식신=자식)年(년)은 계수일주와 같은 음간의 해이니 女息(여식)을 얻었다.

1959년생(여명) 신약비겁위용 조후용신

壬 癸 己 己
戌 巳 巳 亥

79 69 59 49 39 29 19 09
丁 丙 乙 甲 癸 壬 辛 庚
丑 子 亥 戌 酉 申 未 午

이 명조는 癸水日主(계수일주)가 巳月(사월)의 火旺節(화왕절)에 태어나 雙巳火(쌍사화)의 재성과 三土(삼토)의 관성이 있으니 신약하고 조열하다. 의지처인 水(수)가 용신에 金運(금운)은 喜神(희신)이다.

辛大運(신대운) 辛酉年(신유년)에 용신을 생하니 결혼하고 未大運(미대운) 癸亥年(계해년)에 용신을 도우니 장남을 얻고 壬大運(임대운) 戊辰年(무진년)에 용신을 돕고 용신인 水(수)가 辰土(진토)에서 뿌리를 얻으며 官星(관성)(남편)을 도우니 차남을 얻었다.

申大運(신대운) 丙子年(병자년)에 용신을 생하고 도와서 길하지만 巳申刑(사신형)하고 官星(관성)(남편)인 己·戌土(기술토)가 子(자)에 絶地(절지)와 胎地(태지)가 되니 夫喪(부상)을 당하였다. 夫喪(부상)은 壬戌(임술)이 白虎殺(백호살)[84)]에 魁罡殺(괴강살)인 연고다.

酉運(유운)에 용신을 생하여 길한데 癸未年(계미년)에 소설부분으로 문단에 등단했다. 문단은 巳巳(사사)가 天乙貴人(천을귀인)(창의력)인 연고다. 甲申年(갑신년) 현재 문예창작과 졸업예정이다.

---

84) 白虎殺

基　準	甲 乙 丙 丁 戊 壬 癸 辰 未 戌 丑 辰 戌 丑	비명횡사. 偏財白虎殺은 父 또는 妻妾의 凶死. 女命官星白虎殺은 夫凶死. 年(祖上), 月(父母兄弟), 日(配偶者), 時(子息).
(年,月,日,時)柱		

1966년생 기명종재격

甲 癸 甲 丙
寅 卯 午 午

78 68 58 48 38 28 18 08
壬 辛 庚 己 戊 丁 丙 乙
寅 丑 子 亥 戌 酉 申 未

이 명조는 癸水日主(계수일주)가 午月(오월)의 재왕절에 태어나 三火(삼화)의 재성이 태왕한데 四木(사목)의 식상이 재성인 화를 생하고 있으니 재성의 太旺(태왕)함이 극에 이르렀다. 뿌리가 없는 계수는 재성을 따를 수밖에 없다. 棄(기)命從財格(명종재격)에 從(종)하는 五行(오행)인 火(화)가 용신에 목은 희신이고 水運(수운)은 병신에 토는 藥神(약신)이 된다.

기명종재격은 재산에 관심이 많으므로 經營學(경영학)을 전공했다. 酉大(유대)運(운)은 吉運(길운)이 아니지만 火土(화토)가 길신이므로 건설회사에 근무했다. 戊(무)戌大運(술대운)은 藥神(약신)이 되어 길하므로 부동산업을 자영하여 득재하고 있다.

*. 癸水(계수)는 腎臟(신장)에 속하는데 태약하므로 신장에 결석이 있다.

1944년생 신왕용재

癸 癸 庚 甲
亥 亥 午 申

73 63 53 43 33 23 13 03
戊 丁 丙 乙 甲 癸 壬 辛
寅 丑 子 亥 戌 酉 申 未

이 명조는 癸水日主(계수일주)가 午月(오월)의 화왕절에 태어나 약지이지만 庚申金(경신금)이 생수하고 三水(삼수)가 일주를 도우고 있으니 약이 변하여 신왕한 사주로 바뀌었다. 身旺用財(신왕용재)하여 오화가 용신에 갑목은 희신이고 수가 병신에 土運(토운)은 藥神(약신)이 된다.

酉運(유운)은 도화대운이 되는데 乙卯年(을묘년)에 도화를 충하고 재성(처)을 생하니 결혼하였다. 甲大運(갑대운) 丙辰年(병진년)에 官星(관성)(자식)이 되니 장녀를 얻고 戊午年(무오년)에 관성(자식)을 돕고 생하니 장남을 얻고 庚申年(경신년)에 차녀를 얻었다. 戌大運(술대운) 壬戌年(임술년)에 관성이 되니 차남을 얻었다.

火(화)가 吉神(길신)인데 甲大運(갑대운)에 庚金(경금)이 斫破生火(작파생화)하니 吉(길)한데 이때 전기통신사업을 자영하여 대길하였다. 전기통신은 火(화)가 길신인 연고다. 戌大運(술대운)에 火(화)(재성=부성)가 入墓(입묘)하는데 甲子年(갑자년)에 용신인 午火(오화)(財星(재성)=父星(부성))를 冲(충)거하니 父喪(부상)을 당하고 상속재상이 있었다. 사주명리학을 연구하다보면, 父喪(부상)을 당한 것은 슬픈 일이지만 相續財産(상속재산)을 받은 것은 기쁜 일이 되는데, 이처럼 喜悲(희비)가 겹치는 경우가 있음을 알 수 있다. 乙運(을운)은 용신을 생하여 사업의 발전이 있었으나 亥運(해운)은 병신을 도와서 용신을 극상하니 사업상 침체가 있었다. 丙大運(병대운)은 용신을 도와서 길하였다. 子運(자운)은 용신인 財星(재성)(재산)을 충하여 흉한데 癸未年(계미년)에 癸水(계수)는 印星(인성)(어머니)인 金(금)을 설기하고 未土(미토)는 用神(용신)인 午火(오화)를 午未合去(오미합거)하니 母喪(모상)을 당하였다. 그리고 甲申年(갑신년)에는 申金(신금)이 比劫(비겁)을 生(생)하여 群比爭財(군비쟁재)하는데 이때 兄弟(형제)로 인하여 1억 5천만원의 손재가 있었다.

*. 계수일주가 화왕절에 태어났다고 해서 무조건 金水(금수)를 調候用神(조후용신)으로 쓸 것이 아니라, 이 명조처럼 火旺當令(화왕당령)한 계절에 태어났더라도 사주환경전체가 寒濕(한습)하면 火(화)를 조후용신으로 쓴다.

*. 火(화)가 필요하므로 화가 넘쳐나는 명조 즉 庚寅年(경인년) 辛巳月(신사월) 壬戌日(임술일) 丙午時生(병오시생) 여자와 결혼했다.

1946년생 기명종재격

壬 癸 乙 丙
戊 卯 未 戌

74 64 54 44 34 24 14 04
癸 壬 辛 庚 己 戊 丁 丙
卯 寅 丑 子 亥 戌 酉 申

계수일주가 未月의 火炎之節에 태어나 戌卯火에 丙火가 투간하고 乙·卯木이 生火하니 假棄命從財格이다. 火가 용신에 목은 희신이 되고 壬水가 병신에 토는 약신이 된다.

초년 丁火운은 용신을 도우니 秀才였다. 酉運 癸卯年에 공군기술시설대에 이등병으로 입영해서 戊運 壬子年에 선임상사로 전역했다. 현역상사 신분으로 무운 기유년에 토목공학과에 입학해서 壬子年에 졸업했다. 토목공학은 火土가 길신인 연고다. 戊運에 약신을 돕는데 癸丑年에 또 약신을 도우니 화토가 길신으므로 건설회사에 취직하였다. 亥運에 병신인 壬水를 도와서 흉한데 乙丑年에 丑戌未三刑이 되니 퇴직하였다. 丙寅年부터 용신을 도와 길한데 이때부터 건설사업을 시작했다. 庚子大運은 병신인 임수를 생하고 도우니 흉한데 辛未年에 戌未戌未刑이 되니 부도나고 丙子年에 病神인

水(수)를 도우니 또 부도를 맞았다. 그런 가운데 戊寅年(무인년)에 용신을 생하고 약신을 도와 길한데 東南方(동남방)이 吉方(길방)이므로 경주에 산 2만평을 부인명의로 취득했다.

*. 뿌리를 얻지 못한 壬水(임수)는 의지처가 되지 못하므로 身弱(신약)에 比劫爲用(비겁위용)이 아니라 假棄命從財格(가기명종재격)이 된다.

*. 이 명조가 기명종살격이 아닌 것은 乙卯木(을묘목)의 食傷(식상)이 있는 연고다.

*. 土(토)는 위인데 술미형이 있으니 당료가 있다.

1955년생(여명) 관설혼잡

丙 癸 癸 乙
辰 未 未 未

76	66	56	46	36	26	16	06
辛	庚	己	戊	丁	丙	乙	甲
卯	寅	丑	子	亥	戌	酉	申

이 명조는 癸水日主(계수일주)가 未月(미월)의 토왕절에 태어나 四土(사토)가 일주를 극하고 병화의 재성이 있고 을목의 식상이 설기하니 身(신)이 太弱(태약)하다. 의지처는 水(수)다. 즉 水(수)가 용신에 金運(금운)은 희신이고 토가 병신에 을목은 약신이 된다.

酉運은 용신을 생하여 길한 중에 丙辰年에 正官(남편)년이 되니 결혼했다. 丁巳年에 장녀를 얻고 己未年에 차녀를 얻었다.

丙運은 病神을 생하여 흉한데 壬戌年에 陰干日主가 陰陽이 다른 陽干年이 되니 득남하였다. 戌大運에 용신의 근이 되는 진토를 충하여 흉한데 乙丑年에 병신인 토가 丑戌未三刑이 用神인 水를 극하니 壬戌生 아들을 잃어버렸다. 丁大運은 용신인 癸水를 冲하니 슬픔의 나날인 가운데 水가 용신이고 주변에 官星(남자)이 太多하니 남성들 사이에서 酒店을 경영하여 癸酉年에 용신을 도우고 생하니 집을 살 수 있었다. 亥大運에 용신을 도우니 날로 번창하였으나 戊大運은 병신을 도와서 흉한데 임오년에 또 병신인 토를 생하니 失宅하였다.

*. 丁巳生과 己未生의 자식을 둔 것은 夫君의 四柱에서 火土가 필요하기 때문이다. 夫君의 명조는 壬辰年 甲辰月 辛亥日 癸巳時生으로 土가 用神에 火는 喜神이 되는 명조다.

*. 棄命從殺格이 될 수 없는 것은 乙木이 從神이 되려는 官星을 극하므로 불가하고, 月上의 癸水와 계수일주가 辰中의 癸水에 뿌리를 내리고 있기 때문에 不可하다.

*. 子息을 잃은 것은 乙木(자식)의 墓가 되는 未土위에 있는 연고다.

1959년생(여명) 신왕용재

丁 癸 壬 己
巳 未 申 亥

74 64 54 44 34 24 14 04
庚 己 戊 丁 丙 乙 甲 癸
辰 卯 寅 丑 子 亥 戌 酉

이 명조는 癸水日主가 申月의 금왕절에 태어나 생수하고 壬亥水가 일주를 도우니 신왕하고 습하다. 火는 조후하는 용신에 목운은 희신이고 水가 병신에 토는 약신이 된다.

乙大運에 食神(자식)이 되어 용신을 생하니 길한데 癸亥年에 일지를 합하니 성혼하고 갑자년에 도화년이 되고 甲木이 용신을 생하니 得男하고 戊辰년에 약신관성이 되니 여식을 얻었다. 丙大運은 용신을 도와서 길하였으나 子大運은 병신인 비겁(형제)이 득세하니 群比爭財(여러 형제가 재산을 두고 다툼), 群比爭官(여러 형제가 한 남편을 두고 다툼)의 현상이 일어나니 실제로는 부부가 정신적으로 힘들었다. 丁大부터 用神을 도와서 吉한데 이때부터 카페(cafe)

를 경영하고 있다.

*. 時上(시상)에 길신편재가 있으니 木·火·土運(목화토운)은 희신이 되고 용신을 도우고 약신을 도와 大吉(대길)하리라.

*. 火(화)가 용신이니 두 자녀다.

1975년생(여명) 신왕용재

庚 癸 甲 乙
申 巳 申 卯

78	68	58	48	38	28	18	08
壬	辛	庚	己	戊	丁	丙	乙
辰	卯	寅	丑	子	亥	戌	酉

이 명조는 癸水日主(계수일주)가 신월의 금왕절에 태어나 왕지인데 三金(삼금)이 일주를 생하고 있으니 신왕한 중에 많은 인상인 金(금)이 흠이 된다. 인성인 금을 제거하는 재성인 火(화)가 용신에 목은 희신이고 수운은 병신에 土運(토운)은 藥神(약신)이 된다.

酉運(유운)은 용신인 巳火(사화)(부성)의 死地(사지)가 되어 흉한데 辛未年(신미년)에 辛金(신금)은 旺金(왕금)을 도우고 未土(미토)는 용신인 巳火(사화)를 巳未半合化火(사미반합화화)하니 父喪(부상)을 당했다. 병대운에 용신을 도우니 길한데 身旺財弱(신왕재약)하므로 商高(상고)를 졸업하고 甲戌年에 갑목은 용신을 생하고 술토는 藥神官星(직장)이 되니 경리직에 취직하였다. 戌運에 약신관성이 되는데 辛巳年에 用神을 도우니 성혼하였다. 그러나 辛巳·壬午年에 의류상을 자영하여 팔천만원의 빚을 졌다. 藥神인 戌運에 빚을 진 것은 火(재산)가 戌에 入墓한 연고다. 丁大運은 용신인 사화가 투출하여 길한데도 불구하고 癸未년에 癸水는 丁火를 冲하고 未土는 用神인 巳火를 合去하니 어머님이 중풍을 얻었다. 어머니의 중풍은 申金과 巳中의 庚金이 어머니인데 巳申刑이 된 연고다.

1972년생(여명) 식신생재

辛	癸	己	壬
酉	卯	酉	子

71	61	51	41	31	21	11	01
辛	壬	癸	甲	乙	丙	丁	戊
丑	寅	卯	辰	巳	午	未	申

이 명조는 계수일주가 金旺한 계절에 태어나 雙酉와 辛金이 생하고 壬·子水가 도우니 신이 태왕하다. 태왕한 자는 식상으로 설기함이 정해이다. 즉 卯木이 용신에 금이 병신에 화운은 약신이 된다.

丁大運(정대운)에 약신이 되어 병신인 금을 제거하니 길하지만 甲子年(갑자년)에 用神(용신)인 卯木(묘목)과 子卯刑(자묘형)이 되니 뇌수술을 하였다. 뇌수술은 사주원국에서 용신인 卯木(묘목)이 머리인데 卯酉酉爭冲(묘유유쟁충)이 된 연고다. 식상이 용신이 되는자는 교육사업과 관련이 있는 때문에 수학을 전공하고 午大運(오대운)에는 약신이 되니 용신이 생기를 얻으니 학원에서 강사생활을 편하게 했다. 乙大運(을대운)부터 용신을 도우니 수학전문학원을 自營(자영)하고 있다. 을운에 용신을 도와서 길한데 癸未年(계미년)에 관성(남편)이 되니 결혼하였다.

1955년생(여명) 관인상생격

丙 癸 乙 乙
辰 巳 酉 未

74 64 54 44 34 24 14 04
癸 壬 辛 庚 己 戊 丁 丙
巳 辰 卯 寅 丑 子 亥 戌

이 명조는 癸水日主(계수일주)가 酉月(유월)의 금왕절에 태어나 왕지이지만 雙乙木(쌍을목)의 식신이 설기하고 二火(이화)의 재성과 辰未土(진미토)의 관성이 있으니 왕이 변하여 신약한 사주로 바꾸었다. 의지처는 酉金(유금)이다. 즉 유금이 용신에 진토는 희신이 되고 火(화)가 병신에 水運(수운)은 약신이다.

무대운에 正官(정관)(남편)大運(대운)이 되는데 기미년에 또 관성년이 되니 성혼하고 기미년생 딸을 얻었다. 子大運(자대운)은 약신이 되니 용신이 생기를 얻어 길한데 乙丑年(을축년)에 사유축금의 인성(문서)이 되니 부모님으로부터 재산상속을 받았다. 丑大運(축대운)은 관봉관운이 되어 길운이 아닌데 乙亥年(을해년)에 坐下(좌하)(배우자궁)를 충하니 부부가 이혼하고 丁丑年(정축년)에는 병신인 火(화)(재성=재산)를 도우고 官逢官運(관봉관운)에 관성이 丑未冲(축미충)하니 친구로 인하여 손재가 있었다.

*. 수가 길신이니 유통업을 자영한다.

1954년생 식신제살

丙 癸 甲 甲

辰 丑 戌 午

75 65 55 45 35 25 15 05

壬 辛 庚 己 戊 丁 丙 乙

午 巳 辰 卯 寅 丑 子 亥

이 명조는 계수일주가 戌月(술월)의 토왕절에 태어나 三土(삼토)가 약신을 극하고 丙午火(병오화)의 재성에 雙甲木(쌍갑목)이 설기하고 있으니 신약하다. 傷官制殺(상관제살)하여 목으로 왕토를 제거하여야 한다. 즉 木(목)이 용신에 수운은 희신이고 丑戌中의 辛金이 병신에 오화는 약신이다.

火가 길신이니 化學을 전공했다. 丁大運에 재성(처)을 도우는데 癸亥年에 성혼하고 丑運에 官星(자식)을 돕는데 甲子년에 甲木이 용신을 돕고 桃花財星인 午火를 충하니 여식을 얻고 丁卯年에 약신과 용신을 도우니 득남하였다.

*. 계수일간이 辰中의 癸水와 丑戌中 辛金에 의지할 수 있으므로 從格은 아니다.

*. 木이 용신이니 상가건물을 객체로 부동산업을 자영한다.

*. 丑戌의 官星이 刑을 이루고 있으니 관재수가 염려된다.

*. 健康은 토가 왕하니 위약이 염려되고 癸水가 허약하니 膀胱과 腎臟病 유의요망.

1954년생(여명) 신약인성위용

戊 癸 甲 甲
午 丑 戌 午

75 65 55 45 35 25 15 05
丙 丁 戊 己 庚 辛 壬 癸
寅 卯 辰 巳 午 未 申 酉

이 명조는 癸水日主(계수일주)가 戌月(술월)에 태어나 약지인데 雙甲木(쌍갑목)이 계수를 설기하고 雙午火(쌍오화)의 재성이 있으니 신이 太弱(태약)하다. 의지처는 丑(축)중의 계수다. 즉 水(수)가 用神(용신)에 丑戌中(축술중)의 辛金(신금)이 희신이고 토가 병신에 목은 약신이 된다.

초년 금수운에 용신을 생하고 도우니 有福(유복)한 가정에서 태어나 교육대학을 졸업했다. 敎職(교직)은 인성이 길신인 연고다. 辛運(신운)에 용신을 생하여 길한데 己未年(기미년)에 관성(남편)년이 되니 성혼하였다. 辛大運(신대운) 庚申年(경신년)에 火(화)가 흉신에 벽갑인정하여 인성인 金(금)을 극하니 退職(퇴직)하였다. 庚申年(경신년)에 용신을 생하니 장녀를 득하고 壬戌(임술)년에 임수가 용신을 도우니 차녀를 얻고 미대운에는 병신을 돕고 축술미삼형이 되어 길운이 아닌데 丙寅年(병인년)에 약신을 도우니 득남하였다. 경대운에 화가 흉신인데 벽갑인화하여 흉한데 신미년에 辛金(신금)이 용신을 생하고 未土(미토)는 관성을 도우니 다시 직장을 얻었다. 未大運(미대운)부터 夫君(부군)의 발전은 있었지만 本人(본인)은 힘들게 살아왔다고 했다.

*. 이 명조는 午戌火(오술화)에 時支(시지)의 오화가 화를 도우고 雙甲木(쌍갑목)이 火(화)를 생하니 戊癸合化火格(무계합화화격)인 듯하지만 金水運(금수운)이 吉(길)하였다고 하니 身弱(신약)한 正格四柱(정격사주)임이 분명하다.

*. 棄命從殺格(기명종살격)이 될 수 없는 것은 雙甲木(쌍갑목)의 상관이 관살을 극하

고 있기 때문이다. 마찬가지로 比劫(비겁)이 있으면 棄命從財格(기명종재격)이 될 수 없고, 財星(재성)이 있으면 從印格(종인격)이 될 수 없으며, 印星(인성)이 있으면 棄命從兒格(기명종아격)이 될 수 없다.

1965년생 신왕용재

辛 癸 丁 乙
酉 巳 亥 巳

79	69	59	49	39	29	19	09
己	庚	辛	壬	癸	甲	乙	丙
卯	辰	巳	午	未	申	酉	戌

이 명조는 癸水日主(계수일주)가 亥月(해월)의 수왕절에 태어나 왕지인데 辛酉金(신유금)이 생수하고 해수가 일주를 도우니 신왕하고 한습한데 의지처는 巳火(사화)다. 신왕용재하여 巳火(사화)가 調候用神(조후용신)에 을목은 용신을 생하는 희신이고 수는 용신을 상해하는 병신에 土運(토운)은 병신인 수를 제거하는 약신이 된다.

酉運(유운)은 병신인 수를 생하여 흉하지만 좌하(일지=배우자궁)를 巳酉合(사유합)하고 壬申年(임신년)에 丁壬合木(정임합목)(다음지합)하니 결혼하였다. 酉運末(유운말) 癸酉年(계유년)(갑대운 진입 전 즉 생일 전)에 장녀를 얻고, 甲大運(갑대운)에 용신을 생하여 길한데 甲戌年(갑술년)에 용신을 생하고 약신이 되니 차녀를 얻고, 丙子年(병자년)에 병화는 용신을 돕지만 자수는 병신을 돕는데 이때 三女(삼녀)를 두었다. 申運(신운)에 병신인 수를 생하여 흉한데 辛巳年(신사년)에 팔충이 되는데 四女(사녀)를 얻었다. 癸運(계운)에 병신인 수를 도와서 흉한데 丙戌年(병술년)에 용신을 돕고 약신이 되니 晩子(만자)를 두었다.

*. 甲大運(갑대운)에 용신인 재성(재산)을 생하니 길한데 이때 경공업제품 수출입을해서 100여억원의 득재가 있었다. 경공업제품은 火(화)가 길신인 연고다. 그러나 申運(신운)부터 그 돈에 손재가 있기 시작하더란다.

*. 遺腹者(유복자)다. 이는 巳火(사화)가 財星(재성)(아버지)인데 亥大運(해대운) 乙巳年(을사년)에 巳巳亥爭冲(사사해쟁충)이 된 연고다.

1963년생(여명) 식신생재

壬 癸 癸 癸
戌 未 亥 卯

71 61 51 41 31 21 11 01
辛 庚 己 戊 丁 丙 乙 甲
未 午 巳 辰 卯 寅 丑 子

이 명조는 계수일주가 해월의 수왕절에 태어나 四水(사수)가 일주를 돕고 있으니 신이 태왕하다. 태왕한 자는 食傷(식상)으로 설기하여야 하니 의지처는 설기하는 卯木(묘목)이다. 木(목)이 用神(용신)에 태왕한 수는 목을 생하는 희신이 아니라 太旺(태왕)한 수에 목은 浮木(부목)되므로 수가 병신에 수를 제거하는 土(토)는 약신이 된다. 金運(금운)은 목을 상해하는 또 하나의 병신에 되는데 火運(화운)은 金(금)을 제거하는 또 하나의 약신이 된다.

寅運(인운)에 상관(자식)이 되는데 壬申(임신)년에 寅申刑(沖動)(인신형 충동)이 되니 성혼하고 癸酉年(계유년)에 장녀를 두었다. 丁運(정운)에 藥神財星(약신재성)이 되어 길한데 甲戌年(갑술년)에 傷官(상관)(자식)用神(용신)과 藥神(약신)을 도우니 차녀를 얻고 丙子年(병자년)에 丙火(병화)는 藥神(약신)을 돕고 子水(자수)는 병신인 수를 돕는데 이때 三女息(삼여식)을 얻었다. 卯運(묘운)에 용신을 도와서 길한데 辛巳年(신사년)에 財星藥神(재성약신)이 되니 四女食(사녀식)를 두었다. 戊大運(무대운)에 藥神官星(약신관성)을 돕는데 丙戌年(병술년)에 晩子(만자)를 얻었다.

*. 丁大運(정대운)에 부군과 동업으로 경공업제품수출입업을 自營(자영)해서 100여억원의 收入(수입)이 있었다.

*. 女命(여명)은 寅巳申三刑(인사신삼형)하는 때 성혼하는 경우가 많다. 이는 寅巳申三刑(인사신삼형)은 官災(관재)(남자에 의한 災(재))에 의해 몸에 傷痕(상흔)이 남는데 이것도 官災(관재)에 해당한다.

1968년생(여명) 식신생재

壬 癸 甲 戊
子 丑 子 申

71 61 51 41 31 21 11 01
丙 丁 戊 己 庚 辛 壬 癸
辰 巳 午 未 申 酉 戌 亥

이 명조는 癸水日主(계수일주)가 子月(자월)의 수왕절에 태어나 水(수)가 다섯이나 되니 太旺(태왕)하다. 태왕자는 설기하여야 한다. 즉 甲木(갑목)이 용신에 태왕한 수는 희신이 아니라 오히려 병신이 되고 土(토)는 水(수)를 제거하는 약신이다. 또 甲木(갑목)을 傷害(상해)하는 金運(금운)은 病神(병신)이 되고 火運(화운)은 金(금)을 제거하는 藥神(약신)이 된다.

戌大運(술대운)에 官星(관성)(남편)을 도우는데 丙寅年(병인년)에 藥神(약신)이 되고 用神(용신)을 도우니 남자를 만났으나 戊辰年(무진년)에 관봉관운이 되고 大運(대운)과 歲運(세운)이 冲(충)하니 헤어졌다. 辛大運(신대운)에 왕수를 생하여 흉하지만 庚午年(경오년)에 藥神(약신)이 되어 官星(관성)(남편)을 生(생)하니 결혼하고 酉大運(유대운) 癸酉年(계유년)에 桃花年(도화년)이 되니 여식을 얻었다.

1934년생 조후용신

癸 癸 丙 甲
亥 亥 子 戌

77 67 57 47 37 27 17 07
甲 癸 壬 辛 庚 己 戊 丁
申 未 午 巳 辰 卯 寅 丑

이 명조는 계수일주가 子月의 수왕한 계절에 태어나 四水가 일주를 돕고 있으니 신이 태왕하고 한습하다. 太旺者는 설기하여야 하므로 甲木이 용신에 태왕한 水는 木을 생하는 희신이 아니라 오히려 病神이 되고 土는 수를 제거하는 藥神이다. 金運도 용신인 木을 상해하는 病神에 火는 病神인 金을 제거하는 藥神이다.

初年부터 火運은 약신을 도우니 길하고 토운도 약신을 도우니 길하며 목운은 용신을 도와서 길하다. 따라서 富家에서 성장하고 화가 길신이니 己土官星(직장)運에 삼대일간지 신문사에 기자로 입사했다.

卯大運에 吉神桃花가 財星(처)을 생하는데 甲辰年에 갑목은 재성을 생하고 辰土官星(자식)年이 되니 성혼하고 乙巳年에 용신을 돕고 관성(자식)인 토를 생하니 득남하고 丁未年에 丁火는 官星을 생하고 未土는 官星을 도우니 여식을 얻었다.

경대운은 화가 길신에 庚金(도끼)이 甲木을 斫破生火하니 길한데 이때 처갓집에도 財産을 증여해 주었다.

辰大運은 子辰水가 旺水를 도와 群比爭財하고 辛大運은 藥神인 丙火(재성)를 丙辛合化한 水가 旺水를 도와 群比爭財하니 흉한데 이때 주식에 투자하여 損財가 있었다.

巳大運은 약신을 도와서 길했고 壬大運은 병화가 길신에 見水顯節하여 吉했으며 午運은 약신을 도와서 대길하였다. 그러나 癸大運은 病神인 旺水를 도와서 흉한데 甲申년에 申金이 旺水를 또 生하니 太旺한 水에 金(精神)沈하니 精神科 치료차 병원에 입원한 일이 있다.

太濕하니 調候用神으로 풀이하여 丙火가 調候하는 용신에 木은 화를 생하는 희신이고 水는 用神인 화를 극상하는 병신에 토는 수를 제거하는 약신으로 풀이하여도 결과는 차이가 없다.

1971년생 종강격

辛 癸 辛 辛
酉 亥 丑 亥

79 69 59 49 39 29 19 09
癸 甲 乙 丙 丁 戊 己 庚
巳 午 未 申 酉 戌 亥 子

참으로 難解(난해)한 四柱(사주)다. 癸水日主(계수일주)가 丑月(축월)의 토왕하고 한습한 계절에 태어나 雙亥水(쌍해수)가 도우고 四金(사금)이 생수하니 身(신)의 太旺(태왕)함이 極(극)에 이르렀다. ① 水曰潤下格(수왈윤하격)으로 보려고 하니 많은 印星(인성)인 金(금)이 水(수)를 따르지 않으니 수왈윤하격은 아니다. ② 印星(인성)으로 從(종)하는 從印格(종인격)으로 보려고 하니 癸水日主(계수일주)가 雙亥水(쌍해수)의 도움을 받고 있으므로 나를 버리고 金(금)을 따르지 않으므로 從印格(종인격)도 아니다. ③ 四柱原局(사주원국)에 印綬(인수)가 重重(중중)하고 比刦(비겁)이 疊疊(첩첩)하며 日主(일주)도 當令(당령)하였으나 食傷(식상) 財星(재성) 官殺(관살)의 氣(기)는 끊어져 터럭만큼도 없을 때 從强格(종강격)의 성립조건이 된다. 이 명조는 亥子丑月(해자축월)은 水旺節(수왕절)인데 癸水(계수)가 丑月(축월)에 태어나 雙亥水(쌍해수)의 도움을 받고 있으니 水(수)가 한쌍을 이루고, 金(금)은 丑土(축토)에 뿌리를 두고 네 개의 金(금)이 있으니 金(금)이 한 쌍이 된다. 즉 印綬(인수)가 重重(중중)하고 比劫(비겁)이 疊疊(첩첩)하여 印星(인성)과 比劫(비겁)으로 從(종)하는 從强格(종강격)이 된다.

이 格은 印星과 比劫이 二人同心하여 强이 極에 이르렀기 때문에 順함은 가하지만 逆함은 不可하다. 따라서 印星運과 比刦運만 吉할 뿐 食傷運은 强한 印星과 冲剋하므로 凶하고 財星運은 强神인 印星과 부딪쳐서 凶하고, 官星運은 强神인 比劫과 부딪쳐서 凶하다.

태어나서 丑大運에 强神인 水를 克하여 吉한 운은 아닌데 甲寅年에 强神인 印星과 冲克하니 아버지를 잃었다. 이는 四柱原局에 財星 즉 아버지가 없는 연고이기도 하다. 子大運에 强神을 도와 吉하지만 子水桃花星이 사춘기와 겹치고 戊辰年에 戊土는 從하는 水를 克하고 辰土에 强神이 入墓하니 凶하므로 고등학교 2학년에서 학업을 중퇴하고 家出하였다. 向後 金大運은 從神인 金水를 도우고 生하여 吉하리라.

1960년생(여명) 식신제살격

丙 癸 己 庚

辰 卯 丑 子

72 62 52 42 32 22 12 02

辛 壬 癸 甲 乙 丙 丁 戊

巳 午 未 申 酉 戌 亥 子

이 명조는 癸水日主(계수일주)가 丑月(축월)의 土旺節(토왕절)에 태어나 三土(삼토)가 日主(일주)를 克(극)하고 卯木(묘목)이 일주를 설기하고 丙火(병화)의 재성이 있으니 신약한 중에 많은 土(토)가 흠이 된다. 따라서 食神(식신)으로 制殺(제살)함이 필요하다. 즉 제살하는 卯木(묘목)이 用神(용신)에 金(금)이 病神(병신)에 火(화)는 약신이 된다.

丙運(병운)에 藥神(약신)을 도와 吉(길)한데 甲子年(갑자년)에 傷官(상관)(자식)年(년)이 되니 내가 필요로 하는 木火(목화)가 남아도는 사람과 成婚(성혼)하고 乙丑年(을축년)에 食神(식신)(자식)과 관성을 도와 남아를 얻고 戌運(술운)은 관성을 돕는데 丁卯年(정묘년)에 약신 용신인 식신(자식)을 도우니 차남을 득하였다. 乙運(을운)은 용신을 도와서 길하였으나 酉運(유운)은 用神(용신)을 冲(충)하여 흉한데 庚辰年(경진년)에 경금은 病神(병신)이 되어 용신인 목을 상해하고 진은 자진수의 비겁에 群比爭財(군비쟁재)하니 損財(손재)가 있었다. 甲大運(갑대운)은 용신을 도와서 길하므로 hair·shop을 경영하여 득재하였다. 申運(신운)은 病神(병신)을 도와 길운이 아니고 癸運(계운) 以後(이후) 南方火運(남방화운)은 藥神財星(약신재성)을 도와서 길하리라.

*. hair·shop을 경영하는 것은 辰丑(진축)이 華蓋星(화개성)이니 예능에 능하고 木(목)은 화장품과 관련이 있고 火(화)가 길신이니 電氣(전기)를 이용하는 직업인 연고다.

*. 丁酉年 壬寅月 壬子日 丙午時生이 男便(남편)인데 身弱(신약)한 水木食神(수목식신) 格(격)에 金水(금수)가 필요하고 木火(목화)가 남아돈다.

해석 사주명리학

초판 1쇄 발행 2012년 6월 13일

저 자: 유 경 진
발행인: 유 경 진
발행처: 도서출판 역림관(구,연해명원)
전 화: 02-586-0456
Mobile: 010-2351-0456
Fax: 02-3471-0456
E-mail: chwyhmw@hanmail.net
www.saju2002.com
서울시 서초구 서초동 1665-24. 에이스주택 B. 303호
등록년월일: 2002년 01월 19일
등록번호: 110-90-63846

값 55,000원

93150
9 788995 286937
ISBN 978-89-952869-3-7